辛波斯卡作品

Wisława Szymborska

辛波斯卡：诗心独具的私密传记

Joanna Gromek-Illg
〔波兰〕
尤安娜·格罗梅克-伊尔格 著

毛蕊 译

译林出版社

人走后会留下什么呢？

人走后留下的不是其穷极一生所收集来的，

而是所发散出的。

她对“发散”驾轻就熟。

—— 那谭·格罗斯[1]在写给雅努什·斯坦宾斯基[2]的信中

对辛波斯卡的评价

1 那谭·格罗斯（1919—2005），出生于波兰克拉科夫的犹太剧作家、导演、影评人及诗人，一生用波兰语和希伯来语创作。——译注

2 雅努什·斯坦宾斯基（出生年月不详），克拉科夫 AGH 科技大学教授，辛波斯卡的好友。——译注

目 录

序

对于维斯瓦娃·辛波斯卡来说，1996 年所获的诺贝尔文学奖是命运中不期而遇的一份惊喜礼物。人们都以为，这世上没有一个作家不曾幻想过自己能获此荣誉，而辛波斯卡，似乎就是从未有过此想法的那一位。

关于辛波斯卡获诺奖概率的话题在之前几年就总是被频频提起，她的诗作译本在全世界范围内也越来越受欢迎。因为据说诺奖“分配”是有自己的规律的（这是支持辛波斯卡的读者们和概率计算爱好者们的观点）。没人能料想到，在前一年刚刚嘉奖过爱尔兰诗人谢默斯·希尼后，诺奖桂冠会再次戴在欧洲诗人的头上。所以辛波斯卡甚至在 1995 年希尼获奖后感觉如释重负（值得注意的是，在 1996 年诺奖获奖名单公布当天，希尼正好飞来了波兰）。

第一个知道辛波斯卡获奖消息的人是亚当·米赫尼克——《选举报》的主编。我对此也不惊讶，大型知名报刊的主编应该是最先得到这类通知的。具体为什么米赫尼克是“第一人”，我不打算进行深入研究，我希望他已经通过日记的形式把这一切都记录下来了。然而这位主编获得的消息却又不够确切，因为他并不知道，当时辛波斯卡没接听家里电话的时候她人在哪儿。他给当时住在克拉科夫的、辛波斯卡的挚友塔德乌什·内赤克打了电话。这一切都发生于瑞典学院正式公布获奖得主名单的几个小时之前。米赫尼克将这个消息和内赤克分享，但是有一个条件——辛波斯卡要接受《选举报》采访，并且第二天要见报。可是，内赤克当时也不知道辛波斯卡在哪儿。

熟悉辛波斯卡的人都知道，只要是提到采访，大半是要吃闭门羹的，就跟劝她在公众场合发言一样难如登天。辛波斯卡认为，她想表达的、该告之于世的都在诗歌和专栏文章中体现了，她非常不喜欢接受采访。塔德乌什·内赤克之前从没尝试过劝她接受采访，我也不想知道他在 1996 年 10 月 3 日早上的心情有多复杂。他做出了一个明智的选择——他先给和辛波斯卡关系更为密切的主编安娜·鲁德尼茨卡打了一个电话，从而得知，这位诺奖得主对于自己获奖的事毫不知情，她像往常一样在位于扎科帕内的雅士别墅[1]度假。内赤克和我说过，辛波斯卡获诺奖从一开始就是一

1 位于波兰南部山区扎科帕内的雅士度假别墅，建于 1922 年，后由波兰作家协会使用，曾有多位波兰著名作家在这里创作出了佳作。——译注

件不同寻常的事。[1]因为她是当时历史上[2]唯一一个在官方消息传来之前就已经知道自己获奖的人。虽然不是提前很多，但是无论如何也是早了几个小时。

内赤克和鲁德尼茨卡带着一大束芬芳美丽的鲜花从克拉科夫赶往扎科帕内。他们在其他报社记者赶来之前，对诗人做了一次专访，这篇访谈后来刊登在了10月7日的《选举报》上。在正式的获奖消息公布后，摄影师亚当·格莱茨用镜头记录下的精彩瞬间呈现出了这位新晋诺贝尔文学奖获得者并不正式的形象：发自肺腑的惊喜、笑逐颜开的面庞、拿着香烟的手和一头乱蓬蓬的秀发。特蕾莎·瓦拉斯[3]、布罗尼斯瓦夫·马蒙以及《大众周刊》的托马什·费乌科夫斯基也出现在了那些被普遍认为是捕捉到宣布她获奖时（其实并不是）的照片上，他们都是坐耶日·图罗维奇的公务车来的。当时《选举报》克拉科夫分社的雷沙德·科吉克也在。辛波斯卡走出来见这些记者的时候，上穿一件松松垮垮的白毛衣，下面配了一条很难说是否具有美感的树莓色裙子。当时她是在度假呀，所以穿着自然也是度假时该有的样子。

特蕾莎·瓦拉斯是辛波斯卡的多年挚友，也正是她在诺奖获奖名单公布前夕接到了瑞典学院的波兰人、克利什多夫·巴克教授打来的电话，询问她在雅士别墅是否有人可以用英语交流。瓦

1 作者于2014年7月4日与内赤克的谈话。——原注

2 此处是指在瑞典学院丑闻被披露之前。2017年秋天，媒体指控让－克洛德·阿尔诺对十八名女性实施性侵，他与瑞典学院关系甚密，其妻子为瑞典学院院士卡塔琳娜·弗罗斯滕松。同时他还被指控七次泄密诺奖秘密评选过程及诺贝尔文学奖获奖名单。其中，第一个被泄露的获奖者应该就是维斯瓦娃·辛波斯卡。——原注

3 文学家、文学理论家及评论家，雅盖隆大学波兰语言文学系教授，辛波斯卡的好友，曾陪其出席诺贝尔文学奖颁奖典礼。——译注

拉斯的脑海中迅速闪过一个念头——这一定和诺贝尔奖有关，但是这个念头也只是一闪而过了。因为前一年希尼获奖的时候，在之前也有国外的电视台给她打电话询问辛波斯卡在哪儿。关于辛波斯卡获奖的消息，她是在结束了自己的讲座后听雅盖隆大学波兰语言文学研究所的所长克里斯蒂娜·那拉帕兴高采烈地告诉她的。当特蕾莎来到雅士别墅后，见到了紧张到颤抖、像丢了魂一样的辛波斯卡。她在房门紧锁的房间里和自己的另一位诗人好友玛丽亚·卡洛塔－希曼斯卡喝着白兰地，想要让自己冷静下来。她甚至害怕探出头去看走廊里那些热情似火、时刻准备着扑向她大肆采访的记者们。但当她听到“可以拒绝领奖”这个建议时，表现得异常愤慨，因为她认为这样做就太粗鄙无礼了。特蕾莎认为，现在当务之急是要控制住局面。她组织了一场记者招待会，在会上辛波斯卡（穿着她那件不合时宜的白毛衣）回答着不断聚集来的、越来越多的各个媒体的代表们提出的问题。晚上，特蕾莎对辛波斯卡进行了一场天马行空的采访，后刊登于电视文化杂志《飞马》的特刊中。

辛波斯卡很快体验到了她从一开始就料想到的：获得诺奖，除了给她带来了显而易见的闪耀荣誉外，同时也给她带来了诸多不便。对于这位并不愿意在公众面前抛头露面的诗人来说，最痛苦的莫过于与日俱增的受欢迎程度。她不仅声名远扬，辨识度也越来越高，无论是报纸上还是电视里，处处都是她的照片，随处可见对她的报道，广播里播放的也是其他明星朗诵的她的诗作。总而言之，她出名了，就像她年轻岁月时那些电影明星一样，也许对于有些人来说她是个“圈中名人”，然而有很多平日里从不读诗的人也对她的诗作爱不释手。不幸的事，她的私人生活也成了波兰人关注的重点。

尽管她在后续的采访中有意识地回避了这一话题，可事情的发展却与她的预期南辕北辙。她有丈夫吗？有孩子吗？为什么没有呢？她住在哪儿？她除了写诗还做些什么呢？家庭、友谊、过去——突然之间，所有的一切都事与愿违地成了媒体争相报道的主题，从无伤大雅的趣闻逸事到恶意中伤的谣言再到令人作呕的指责。在面对这场夸夸其谈的惊涛骇浪时，特别是那些或近或远的朋友（更多是关系比较远的人）也参与其中时，这位诺奖获得者感到无能为力，束手无策。幸好，在她获奖后不久米哈乌·鲁辛奈克出现了——他是辛波斯卡的秘书。他当时是特蕾莎·瓦拉斯的学生，幽默风趣，聪颖过人，学识渊博，彬彬有礼又精力充沛，英语也很好。他在辛波斯卡获诺奖后成了她的秘书，直到这位诗人生命的尽头。他就是来直面应对这些繁多又复杂的挑战的。[1]

随着时间的流逝，辛波斯卡的生活也逐渐回归正轨。几个月后，她已经可以自己出门买东西了，她自己坐电车去市中心时，甚至没有任何人会注意到她。她开起了自己“人气”的玩笑。有一次，她听到两位女士在市集上谈论她的对话。其中一个说：“您见到那个诺奖候选人了吗？”另一个说：“见到啦。”“她怎么样？”“哎哟，谁知道啊？！”[2]她还发现，有的时候，哪怕她压低礼

1 米哈乌·鲁辛奈克曾在 2016 年出版的《凡事不凡——关于维斯瓦娃·辛波斯卡》中记录了自己作为辛波斯卡秘书的岁月。——原注

2 辛波斯卡在 1996 年 11 月 18 日克拉科夫老剧院的见面会上自己提到的。——原注

帽帽檐挡住眼睛或者戴着大大的墨镜，人们都会认出她，可是有的时候，她不需要任何“保护色”的掩护人们却认不出她。她从中得出了一个自己认为十分有趣的结论：“有的时候我还是挺像我自己的，有的时候不太像。”每次说到这个的时候，她眼中都会闪烁着光芒。我觉得她之所以那么喜欢这句话，就是因为这句话最接近真相。其中一位她的友人曾在信中这样写道：“维斯卡，你真是一人千面。”这绝对是不无道理的。

安娜·比康特和尤安娜·什琴斯娜两位记者以惊人的速度完成了维斯瓦娃·辛波斯卡的传记。除了令人惊叹的写作速度外，两位作者在写作过程中面对的困难也是巨大的。在开始的时候，辛波斯卡是拒绝合作的，所以她们只能依靠辛波斯卡的亲朋好友传递的信息，然而这些信息的内容无论在价值上还是在客观程度上都非常不同。她们还翻阅了所有的档案资料，从中获得了辛波斯卡父母双方的信息，完成了家庭族谱和家族历史的撰写。当她们通过秘书将第一版完整的书稿交到辛波斯卡手上后，书中的女主人公突然决定要和她们俩见上一面，好好聊一聊：一来是对她们所做的工作表示肯定，二来是对书中的一些信息进行澄清和更正。见面成功破冰，辛波斯卡也不再抗拒两位记者，相反还主动帮助两位记者。不久之后大家都不难发现，两位记者比诺奖得主本人对其家庭的历史和过去更为了解。两位记者将辛波斯卡归为没有传统外部记录传记的作家一类，像利奥波德·斯塔夫[1]一样。看来，如果硬要分类的话，辛波斯卡是接受这一归类的。《辛

1 利奥波德·斯塔夫（1878—1957），波兰诗人，欧洲现代主义的代表人物之一。——译注

波斯卡的纪念杂物、朋友和梦》[1] 一书是一本关于诗人所处的环境、幽默感及其写作艺术的书。在辛波斯卡去世后，两位记者又对这本书中的内容进行了补充丰富，加入了关于辛波斯卡晚年生活的内容。

比康特和什琴斯娜的书刚一出版就吸引了大批读者和如潮好评。这本书的价值自然也毋庸置疑，但是在不影响任何评价的情况下，还是应该注意到，在 1997 年这本书是对这位诺奖得主的生活了解的唯一来源。辛波斯卡从 20 世纪 60 年代起就已经是一位知名诗人了。什么算是“知名诗人”呢？诗歌并不是一个被广泛阅读的文学体裁，尽管如此，辛波斯卡的书在获得诺奖之前就已经售出了两三万册，始终是诗歌爱好者的心头之好。她在文学界也很有名，读者对其评价极高，她的作品是学校学生必读篇目，也因此被所有人所熟知。但是又有谁会在毕业后还记得语文课上读过的诗的作者呢？人们对于文学家想要表达的内容的感兴趣程度远低于现在。在八九十年代，波兰的出版市场上并没有像现在这么丰富多彩的读物。对作家的采访一般只刊登在文学刊物或者是一些社会文化相关的月刊和周刊上。从这些刊物就可以看出，那时候辛波斯卡就不愿意接受采访。克里斯蒂娜·那斯图兰卡和她的对谈收录在 1975 年出版的题为《谈谈自己》的书中，随后 1979 年在《先见之明》杂志中又刊登了一篇对她的专访，直到 1991 年才又有两篇采访分别刊登于《文学周刊》和《第二文论》中。辛波斯卡也曾在与其关系很好的杂志《文学十年》中谈及自

1《辛波斯卡的纪念杂物、朋友和梦》一书出版于 1998 年，作者增补内容后将书名改为《纪念杂物——维斯瓦娃 · 辛波斯卡传记》于 2012 年再次出版。——译注

己的童年。1995 年可以说是她接受采访的高峰之年，因为她在一年中竟然接受了四次采访，但是在其中并未谈及个人生活。突如其来的声名鹊起令她频繁出现在人气热门话题中也就不足为奇了。比康特和什琴斯娜在书中呈现出的她的形象对读者有着非常强的吸引力：她并没有被塑造成奥林匹斯巅峰高不可攀的女诗圣。在《辛波斯卡的纪念杂物、朋友和梦》一书中，辛波斯卡和蔼可亲，幽默至极，对生活充满热爱，一双巧手极具美术天赋，把一封封寄给朋友的信以诙谐风趣的剪贴画的形式呈现在众人面前。辛波斯卡在谈及书中自己这一形象时给予了两位记者作家极高的评价，认为书中的她是没有黑暗面的。但是她也立刻表明了态度，她是绝对不会把自己生活中不那么积极快乐的一面拿出来说的。

在开始写这本书的时候我曾非常认真地思考过，再出版一本这位诺奖得主的传记是否真的有必要。因为我清楚地知道，我所感兴趣的并非是辛波斯卡的外部呈现，而是这位诗人的内心世界、她的个人发展与个性变化，我鼓起勇气开始就这一话题进行写作。这一部分内容也是她曾经坚决捍卫的领地。在多次采访中她都表示“等我死了再说吧”，这也让很多采访者“听”而却步。的确，在她去世后留下了大量只有收信人才知道的信件、卡片和剪贴画。除了她的文学创作，可以通过这些信札往来对她的内心世界进行最全面的观察。对于一个传记作家来说，这些信札则是最宝贵的资料。我阅读了成千上万的辛波斯卡写给别人和别人写给她的信件。我觉得，如果信札学这门即将要消失的艺术有一个大师排行榜的话，那辛波斯卡一定名列前茅。我以这些信件及与辛波斯卡亲朋挚友的对话（这和比康特与什琴斯娜的写作方法类似）

为基础，尝试重建出她一生中曾经最坚守的秘密花园。我的尝试是否成功，要留给读者来评判了。如果不触碰本书主人公的“禁地”的话，我是写不出这本书的。我担心，她曾经说的“等我死后就可以探寻这块领地”这句话是一句纯粹的反讽。因此我也不得不承认，在资料收集的过程中，我总是被一种不安的感觉所包围，我似乎在做一件非常有愧于这位我所认识且珍视的人的事情。同时，也有另外一个声音告诉我，想要向着更好地去理解她迈进一步，就需要跨过私密这条界限。辛波斯卡有很多秘密，她并不希望这些秘密不再是秘密。我只是让其中一小部分见了天日，其实还有很大一部分被深深地隐藏着。辛波斯卡的一生复杂且艰难，这和她的诗歌一样，只是表面看起来简单又易懂罢了。

* * *

维斯瓦娃·辛波斯卡于2012年2月1日在克拉科夫去世，享年八十九岁。她在患病数月后，最终在自己的公寓中逝世。她被埋葬在克拉科夫拉科维茨基墓园的家族墓地中。葬礼于2月9日举行，由于她在文学方面的贡献及在波兰文化历史中毋庸置疑的地位，她的葬礼属于国葬级别。前来参加悼念的有：时任总统布罗尼斯瓦夫·科莫罗夫斯基及夫人、总理唐纳德·图斯克、议会议员、各部部长及以克拉科夫市长亚采克·马伊赫洛夫斯基为代表的政府领导和外交官们。葬礼由知名演员安杰伊·塞维林主持。当十二点葬礼开始之时，克拉科夫市中心广场圣玛利亚大教堂钟楼顶部并没有传来每日都会奏响的小号声，而是放出了最广为人知的、以辛波斯卡的诗为歌词的歌曲《没有任何事会发生两次》。这首诗由安杰伊·蒙德科夫斯基创作了曲谱。演奏者是克拉科夫古典乐乐团的第一小号手马利安·马格拉[1]。

墓地周围聚集了八千多名克拉科夫市民，总统和市长先后讲话。布罗尼斯瓦夫·科莫罗夫斯基表示，辛波斯卡这位展现世界闪光面的诗人与我们永别了，而克拉科夫市长则表达了对辛波斯卡这位自主选择了克拉科夫的公民的离世之惋惜。辛波斯卡多年的挚友亚当·扎加耶夫斯基作为文学界的代表与辛波斯卡这位开放、包容、支持民族多元化的波兰爱国者告别，同时还表达了自己失去挚友后难以抚平的伤痛。

尽管天寒地冻，气温降至摄氏零下二度，墓地过道上仍挤满了密密麻麻的人群，他们只希望哪怕能再看一眼装着她骨灰的骨灰盒。当人群开始慢慢移动，巨大的雪片开始洋洋洒洒地飘落。处处寂静无声。辛波斯卡的秘书——十六年来陪伴诺奖诗人出席大大小小的活动，负责基金会的运转并且照料她的日常生活——米哈乌·鲁辛奈克致了简短的悼词。

“看着眼前发生的一切，听着耳边大家的交谈，我就在想，如果您在，您会说点什么呢？您一定会怀疑，这些人只是碰巧来到这儿的吧，可能是刚好路上有什么阻挠了他们去看一场重要的比赛。又或许您会念一首您自己写的、大家耳熟能详的诗歌，然后眼里闪着光芒说‘塞维林可真有个神父样儿！’？

1 作者参考了 2012 年 2 月 10 日由马乌戈热塔·涅姆钦斯卡所撰写的发表于《选举报》的文章《维斯瓦娃·辛波斯卡的葬礼——在天堂与埃拉相见》。——原注

"我希望，您可别因为这个生我的气。今天这儿来了这么多人，都是您或近或远的朋友、熟人、不太熟的人或陌生人。他们都知道，您不喜欢那些天花乱坠的称赞，他们之前从未敢当面告诉您，他们是多么感恩：感恩您的存在、您的话语和文字，无论是那些诗意盎然的，还是那些稀松平常的，感恩您的幽默感，您或温柔或辛辣的讽刺，以及这世上您那独一无二的笑容。

"此时此刻，我想以大家和我个人的名义，向您表示感谢。

"在您离世不久前，您曾说过，您的一生美好、长寿且丰富多彩。运气很好，常遇良人，特别是结交了很多好友。您总是对命运的馈赠心怀感恩，也能够心平气和地接受发生的一切。

"我很想知道，您现在在做什么。您曾设想过，悲观版的您就得坐在一个小桌子旁，在书上写赠言。那乐观版的您呢？不过，您最喜欢的埃拉夫人[1]也在天上，那您现在肯定是抽着烟，喝着咖啡，在听她的音乐吧。

"与此同时，对我们来说万幸的是，您始终都和我们在一起。您给我们留下了那么多值得阅读和思考的东西。

"感谢您，维斯瓦娃女士。"

随即，埃拉夫人的歌声响起……

这位诺奖诗人的骨灰被安放在她父母的墓地中。古老的墓碑经历了多年风雨已经开裂倾斜了。但是没过多久，人们就为他们立了一块新的墓碑，简洁朴素，要是没有墓园的地图很难找到他们的墓地。来看望她的人会在墓地上留下笔、随笔和书籍。还有

---

1 埃拉夫人，即埃拉·菲茨杰拉德（1917—1996），被公认为 20 世纪最重要的爵士乐歌手之一。——译注

些人会带着烟来看她，可能是受到了格热戈日·图尔闹为她写的幽默的墓志铭的启发吧（写于辛波斯卡去世几年前）：

这里躺着辛波斯卡
墓碑朴素不见泪花
Zet 广播电台说
墓地上只有一个烟头
可是《选举报》却说
有俩[1]

还有一些人一定想到了诗人在60年代时写给自己的那篇风趣的墓志铭：

这躺着一个像逗号般老派的
写过几首诗的女作者。赐予她的
永恒安息来自大地，尽管她的尸体
不属于任何一个文学派系。
然而也没有什么更好的停留在她的坟茔，
除了顺口溜、牛蒡子和猫头鹰。
路过的人啊，拿出文件包里的电子大脑，
花点工夫算算辛波斯卡的命运是好是糟。

（《墓志铭》，选自诗集《盐》，1962年）

1 这首小诗于2005年在克拉科夫新省咖啡馆所举办的墓志铭鉴赏诗会时被首次诵读。——原注

她选择了牛蒡子和猫头鹰作为代表自己的元素：牛蒡子——疯狂生长在路边沟渠里的野草，不怎么漂亮却很肆意妄为，甚至是坚不可摧的，夏天的时候会开出粉紫色的花朵，秋天的时候会偷偷黏附在人的衣服上或动物的毛发上。猫头鹰——美丽，非比寻常，象征着智慧，但是在夜间出没，神秘莫测，拒人于千里之外。无论是牛蒡子还是猫头鹰都是大自然的代表，在波兰诗歌界没有人比她更亲近大自然了。也许电子大脑这个预言并不准确，但是每次我看到人们在辛波斯卡的墓前用手机拍照或用邮件发送照片的时候，我都会想起她的这句诗。

我在这里选择将这位诺奖得主庄严肃穆的葬礼和这两首风趣幽默的《墓志铭》相提并论并非偶然。矛盾、对比、奇妙和惊讶，这些并非日常随处可见的事件，从她出生直到她走入那座白雪皑皑的古老坟墓，都始终伴随着她。

第一部分

我曾是个小女孩

第一章

出生

布宁和库尔尼克的居民对于辛波斯卡出生地的争论充分体现了这位誉满全球的诗人在当地的知名度。她对这此却毫不在意，认为这一争议完全是行政区域重新划分、乡镇合并所导致的。她并不吝惜对大波兰省的赞美和牵挂，将那里称作勤劳善良、勇敢率真的人民的家园。她很喜欢库尔尼克及周边地区，但是她却认为那只是和其父一生息息相关之地，因为她几乎记不得任何在那里度过的时光，毕竟她的父母在她三岁时就搬到了托伦。

在她获得诺奖后，库尔尼克庄园的一栋房子上立刻支起来一块牌子，写着“诺贝尔文学奖得主维斯瓦娃·辛波斯卡于 1923 年 7 月 2 日诞生于此”。布宁辛波斯卡纪念馆创始人及馆长卡齐米日·克拉瓦日博士认为，这座房子的立牌所言并不准确，事实上

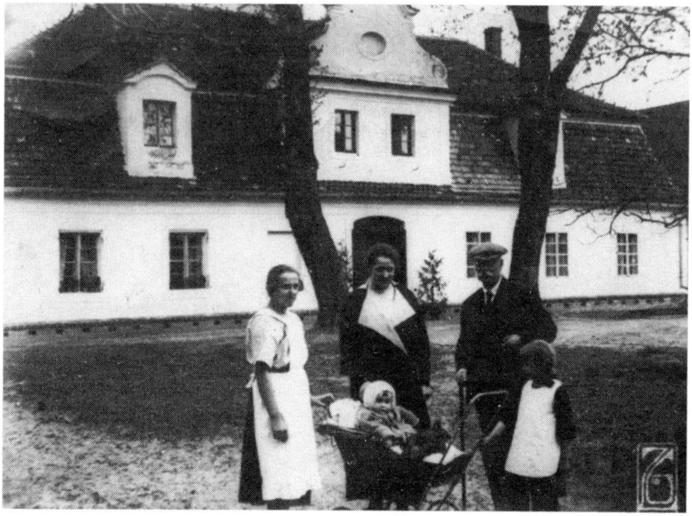

幸福的辛波斯基[1]一家人在位于布宁的故居前留影。图中还有辛波斯基家的保姆玛蕾霞[2]，她后来在克拉科夫也一直陪伴着辛波斯基一家。

1 由于波兰语有阴阳中性之分，姓氏后缀也因性别不同而有所区分。辛波斯基为男士姓，而对应的女士姓则为辛波斯卡。所以辛波斯基一家，父亲名为文岑蒂·考尔文·辛波斯基，母亲为安娜·辛波斯卡，姐姐为娜沃亚·辛波斯卡，本书主人公则名为维斯瓦娃·辛波斯卡。——译注

2 玛蕾霞，波兰女名玛丽亚的昵称。——译注

辛波斯卡应该出生在那座房子对面的庄园主楼之中。克拉瓦日博士找到了当时的出生登记簿，根据记录，辛波斯基夫妇在女儿出生后不久便搬到了另一座公寓中。越是寻找，疑虑越多……

就让诗人的出生地成为当地一段传说吧，但她的出生日期是毋庸置疑的。出生证明上写着：今日，在为本文书签字的民政官面前，文岑蒂·考尔文·辛波斯基，职业：知名主管，居住地：普罗文特，信仰：天主教，特此申报，其妻安娜·辛波斯卡，婚前姓：卡尔普·罗特蒙德，居住地：居住于其夫在普罗文特的户口登记地，信仰：天主教，于 1923 年 7 月 2 日下午 3 时生产一女，并为其取名为玛丽亚·维斯瓦娃·辛波斯卡。[1]

当时女性的"官方"登记文件中都会有"居住于其夫"一词，这就证明了男人才是房屋财产的主人。但是辛波斯基先生并未遵循当时这一观念，他们四年后在克拉科夫购买公寓时，房屋产权夫妻双方各占一半。

* * *

玛丽亚·维斯瓦娃·辛波斯卡出生时，辛波斯基夫妇已经结婚六年了，辛波斯卡的姐姐娜沃亚在前一年 12 月已满五岁。辛波斯卡的母亲安娜即将三十三岁了，而父亲文岑蒂·辛波斯基已经五十三岁了，他们并非一对年轻的父母。

---

1 如未另作标注，所有涉及本书主人公和其家庭的信件及笔记引文均来源于维斯瓦娃·辛波斯卡基金会存放于雅盖隆大学图书馆手稿部的档案记录。——原注

对于安娜和文岑蒂不变的爱情故事如何开始，我们所知甚少，只知道他们于第一次世界大战第二年在扎科帕内相识。彼时她在卢博米尔斯基亲王临时从克拉科夫迁到塔特拉山脉下的办公厅工作，他则管理着扎莫伊斯基伯爵在扎科帕内的庄园地产。若不是战争，他们怕也不能相识。又是谁介绍他们认识的呢？也许是安娜的叔叔，他曾是沙弗拉雷教区的主教；又或许是安娜的表哥弗朗齐歇克·考辛斯基，他曾和文岑蒂一起工作。他们有很多共同的熟人好友，所以很难说究竟是谁让他们结识。

文岑蒂先生在写给齐格蒙特·采利霍夫斯基（扎莫伊斯基家族全权大使）的信中曾写道自己的一个猜测：由于战争动乱导致男丁缺少，罗特蒙德家的安娜已经决定嫁给自己这个大她十九岁的男人了。毕竟在这个祸不单行的年代，伴随着男丁缺少的还有生活必需品的短缺。克拉科夫市民饱受食物供给匮乏的困扰，尽管相比之下扎科帕内的情况略好，但是战争所带来的饥贫也不曾对这个并不富裕的女孩心慈手软。

罗特蒙德一家世代居住在克拉科夫。安娜的父亲和他的父亲及兄弟一样，都在铁路工作。1914 年他和妻子及最小的儿子一起搬到了博赫尼亚。战争的爆发令他们一家的经济状况每况愈下，他也失去了在铁路的工作，因为那时候铁路已经成为奥匈帝国的产业了。他的妻子卡罗琳娜（婚前姓为库巴斯）来自博赫尼亚，在那有一幢带花园的小房子。她可以在小院子里种种菜、养养鸡。在那里他们的生活负担稍稍减轻了些，起码不用再额外负担房租。安娜因为当时在办公厅中工作，所以留在了克拉科夫。后来由于卢博米尔斯基亲王将办公厅迁到扎科帕内，她就住到了她的叔叔

文岑蒂·辛波斯基（中）和两位朋友——梅达尔·科兹沃夫斯基（左）和弗朗齐歇克·考辛斯基（右）于1911年6月在扎科帕内的合影

毛雷齐·罗特蒙德在沙弗拉雷的修道院中。

文岑蒂·辛波斯基早在1906年——一直以来抚养并支持自己的祖母过世后，就来到了扎科帕内。窘迫的经济条件迫使他不得不放弃了本打算在弗罗茨瓦夫进行的农学专业的大学学习。他也放弃了拯救在查尔特基的家族庄园的想法。在艰难困苦时期庄园一直由年事已高的祖母管理，早已负债累累。文岑蒂从未指望过父亲能给予自己任何帮助，因为他几乎不曾和那位一生放荡不羁、游历世界的父亲有过任何接触。1881年父亲过世后，也没有给他留下任何可以继承的遗产。他选择前往扎科帕内主要是害怕感染肺结核，在他还年少时他的妈妈被这个病魔夺去了生命，而山区的气候一直被认为是治疗肺部疾病的良方。他非常喜爱为扎莫伊斯基管理地产这份工作，兢兢业业，干劲十足，因此也得到了赏识和晋升。到了战时，他已经成为主管了。他积极应对艰难的外部环境，把伯爵的地产打理得井井有条。伯爵弗瓦迪斯瓦夫·扎莫伊斯基和他名下地产的动荡命运在文岑蒂的生活中占有举足轻重的地位。多年来，文岑蒂作为庄园主管，在仕途上走得平步青云，然而一切却在1923年——维斯瓦娃出生那一年瞬间崩塌。就在那一年，他们搬到了库尔尼克。

在翻阅罗特蒙德一家的信件往来和档案时，我就在想，这对年轻夫妇能有情人终成眷属，应该离不开托马什·布瓦的帮助，他是和安娜（家里人都叫她小安）相交甚好的表姐雅尼娜·罗特蒙德的丈夫。他认识文岑蒂，也知道那是个正人君子，而且他也是个靠自己双手打拼做出了一些成就的人，肯定能理解一个没有嫁妆也没有财产的自食其力的年轻女性的处境。小安和自己的表姐妹雅尼娜和尤利娅关系一直很好，她们年纪相仿，经常一起在叔叔毛雷齐的修道院玩耍，甚至也许曾经一起在那里居住过一段时间。在一些保留下来的合照上，她们都穿着漂亮的山民传统服饰。我觉得，她们应该一同在扎莫伊斯卡伯爵夫人所创办的女子家庭私塾中学习过。小安，也就是后来的安娜·辛波斯卡，十年来一直与和被女学生们叫作采普簇莱克的主管尤利娅·扎列斯卡是好朋友。如果文岑蒂和安娜的结合真的是布瓦牵线搭桥，那不得不说他这个月老成就了一对年轻人的幸福婚姻，然而他自己的幸福之路却颇为坎坷。雅尼娜在分娩时不幸去世，而他也在几年后撒手人寰，留下年幼的儿子独自一人。

小安和文岑蒂的订婚持续了几个月，对此我们也只能从他们之间几张往来的明信片中略知一二。1916 年 4 月 29 日安娜在明信片上写道："扎科帕内 – 库希尼采，尊敬的庄园主管文岑蒂·辛波斯基先生。"这有点像那些在辛波斯卡获得诺贝尔奖后交到她手上的那些信（确切地说是交到她的秘书的手上的），很多都只写了"克拉科夫，维斯瓦娃·辛波斯卡"。显然文岑蒂先生是当时扎科帕内地区的名人。那张明信片是一张弗朗齐歇克·茹穆尔卡的画作：一位陷入沉思的栗色头发女子。或许这位女子和寄信人有几分相像吧？"尊敬的主管先生！"这位在办公厅工作的小姑娘的信函开场白非常正式，在询问了委托她传达的信件是否送到后，她又写道，"你们那里的春天真美啊，虽然有时阴晴不定，但万物丛生，令人欢喜。致以我无尽的诚挚问候并与您紧紧握手。"若不是春天和紧握的手，这也许只是一封索然无味的信，然而正是这两个词让人联想到书信往来双方的情谊。

安娜·罗特蒙德和表姐雅尼娜。照片背面并未记录两位青年男子的姓名。

文岑蒂先生回信的明信片上是特奥多尔·阿克森托维奇的画作——一位面带如阳光般灿烂笑容的、戴着宽檐帽的年轻女子。他的回复也颇为官方，在结尾处他也提到了天气："我们这里阳光明媚，主佑世界如此美丽。"他附上了吻手礼作为问候并告诉她，自己将到克拉科夫来。安娜那时就在克拉科夫，因为扎科帕内的工作只是暂时的。文岑蒂的下一封信写于 1916 年 6 月，收信人是"克拉科夫嘉尔采尔斯卡街 24 号，尊敬的安娜·罗特蒙德女士"。

由此可见，罗特蒙德家的安娜小姐当时住在修女开办的女生宿舍中。1891 年圣约瑟夫·塞巴斯蒂安·佩尔查尔大主教在嘉尔采尔斯卡街 24 号建立了该宿舍，由波兰圣母玛利亚兄弟会管理（后由同样在佩尔查尔大主教的主持下创办的圣心修女会管理）。兄弟会的使命之一就是改善那些来自克拉科夫周边农村的来此当女佣的女孩的经济状况，并提高她们的宗教道德水平。虽然安娜不是女佣，但是她的工资并不足以负担她的房租，所以在此情况下，住在教会女生宿舍中是一个不错的选择。

文岑蒂先生在信中写道："困难阻碍我，[……] 让我无法集中精神。"他肯定也因此没能写一封长信，只是寄来了一张扎夫拉特山路景色的明信片，上面承载着"最诚挚的问候以及迫不及待想要以最快速度见到您的心情"。他还说自己复活节时也是形单影只："我只能靠我对克拉科夫和博赫尼亚之行的回忆慰藉我的孤独。"显而易见，从 4 月到 6 月，他们之间的关系飞速进展，这位单身男士也被介绍给了安娜的家人认识。"我开始计划去克拉科夫的事情，我渴望能够将时间安排妥当，尽可能长久地与最亲爱的你待在一起。"他还请安娜在回博赫尼亚的时候，将问候带给她的家人，而对安娜本人则说："通过这封信吻你的玉手千百遍。全心全意爱着你的文岑蒂。"

9月末的时候他告诉安娜（通过一张寄到位于克拉科夫巴什托瓦大街10号的卢博米尔斯基亲王办公厅的卡片），他找到了一个可以协助他打理庄园的帮手，这样他就可以来克拉科夫"一解相思之苦"。1916年12月5日他对寄来的包裹表示"感谢惦念和善心"。这份善心体现在何处我们无从知晓，因为缺少包裹的相关信息。我们只知道，文岑蒂先生似乎并不满足于只收到一个包裹，因为他在卡片中这样写道："可惜包裹里一个字都没有，那是我日夜思念等待的。"

思念和等待在几个月后就结束了。我们在沙弗拉雷罗马天主教教会政府的婚姻登记册中可以看到：1917年2月17日，"文岑

温馨的一家四口合影

蒂·弗瓦迪斯瓦夫·辛波斯基，安东尼·辛波斯基与斯坦尼斯瓦娃·普萨尔斯卡之子，出生于大查尔特基，四十七岁”，娶“安娜·尤利娅·尤瑟法·罗特蒙德，扬与卡罗琳娜·罗特蒙德之女，于1890年7月13日出生于克拉科夫”为妻。婚礼由新娘的叔叔神父毛雷齐·罗特蒙德主持，女方的证婚人为新娘的父亲扬·赫里佐斯托姆·罗特蒙德，男方的证婚人为托马什·布瓦。

他们结婚后住在了扎莫伊斯基伯爵位于库希尼采的一栋房子中。也是在同年的12月，玛丽亚·娜沃亚出生了。辛波斯基夫妇搬到了位于克希切利斯卡山谷口的基里的一座庄园之中。他们在那里生活得还算不错，有自己的院子和一头奶牛，但是文岑蒂先生作为庄园主管的工作却十分辛苦，为此他甚至搭上了自己的身体健康。

卡齐米日·克拉瓦日博士提到，在寻找文岑蒂先生作为主管的相关信息时，他曾在20世纪80年代和90年代时与一些当时还在世的、与之有过交集的人聊过。除此之外，他还阅读了大量存放于库尔尼克图书馆中的辛波斯基先生的信件。正是由于他查找收集到的这些资料，他在1992年访问辛波斯卡时才能讲述在她出生之前辛波斯基先生的故事。克拉瓦日博士当时觉得很奇怪，因为辛波斯卡对于自己父亲所做的工作所知甚少，看来在家中的时候也不曾有人谈论这些问题。

1888年的时候，扎科帕内成为扎莫伊斯基伯爵的私有财产。当时他花了远高于土地价值的价格买下这片土地，就是为了不让犹太人有机会购买，这样的做法是符合在当时情况下他的爱国情怀的。当时山区的森林资源被严重破坏，既有天灾，也有人祸。

除了恶劣的自然条件，当时遭受的毫无节制的乱砍滥伐及频繁被作为猎场使用使这片土地急需森林和生态系统重建。扎莫伊斯基发掘到了当地及周边地区作为度假胜地的潜力，并希望能够开建通往扎科帕内的铁路。他在世界各地旅游时，非常关注地区发展与铁路网络联通密不可分的关系。然而当时他的地产主管维尼亚尔斯基先生并没能实现这位伯爵的设想，因为维尼亚尔斯基先生对那些态度强硬、油盐不进且不愿接受改变的山民手足无措，他们千方百计地阻挠改革，哪怕是任命了森林警卫也无济于事，扎莫伊斯基的财产还是经常被抢劫。扎莫伊斯基伯爵任命了自己信任有加的职员——当时三十四岁的辛波斯基为地产主管。他在1903年到1904年期间负责扎科帕内的管理工作。事实证明，这次任命是一个非常成功的决定，这位年轻的主管成为一名大刀阔斧的投资者，主持修建公路（其中包括“海之眼”湖[1]到克希切利斯卡山谷路段）、建造铁路，创办塔特拉山区博物馆等，提出了在库希尼采建雪橇滑道的想法。他还促成了波兰大集市百货大楼的创办。他也参与了塔特拉山区志愿救援队的创建工作，为塔特拉山区森林资源的管理和利用做出了巨大贡献。卡齐米日·克拉瓦日博士提到，文岑蒂·辛波斯基先生知识面宽且爱好广泛，自学了历史、地理、塔特兰山脉采矿历史、林业学、树木学等相关知识，一直手不释卷。他和扎莫伊斯基都是著名的加利西亚森林协会的成员，并且在防治塔特拉山区树木蠹虫虫害上取得了很大的成就。他还计划在扎科帕内进行电气化改造，但是这项工作最终失败了，因

1“海之眼”湖位于波兰南部的扎科帕内，是一处高山天然湖。——译注

为他所选择的移动式发动机供电方式效率低且成本高。

如今来看，文岑蒂·辛波斯基所做的管理扎莫伊斯基伯爵在扎科帕内地产的工作取得了一系列的成绩与成功。然而当时的情况却截然不同，每天不是和山民们发生无穷无尽的冲突，就是与当时的政府法院斗争，他所面对的是奥地利政府。另外他还要与犹太人作对，因为他认为是犹太人把波兰的土地和房屋都买走了，他们想要把扎科帕内变成“小耶路撒冷”。当地的犹太人经常会去住在波波瓦街的拉比那里去告文岑蒂的状，看来他的确是对犹太人的生活造成了很大的困扰。为了能够推行计划实施的改革，他也开始在加利西亚政府官员中寻求盟友——众所周知，腐败可不是我们这个时代独有的产物。辛波斯基先生经常邀请当时的“决策者们”去打猎或是参加纸醉金迷的奢华晚宴。就是这样，他帮扎莫伊斯基争取来了制酒贩酒许可[1]和开采售卖矿泉水的许可。当地人最信任神父，因此为了获得当地神父的支持，他将砍伐的木材中的一部分用于建教堂。也正是他在担任主管期间所付出的这一切努力，让扎莫伊斯基伯爵在扎科帕内的庄园地产发展得欣欣向荣。

辛波斯基机智周旋时最高明的一点就是保证了伯爵的所有财产在战争时期也能免于被没收。在萨拉热窝爆炸事件发生之后，扎莫伊斯基一家作为法国公民自然就成了自己这片位于奥匈帝国和普鲁士王国的土地上的敌人。克拉瓦日博士自己也承认，他现在还没有找到解开这一谜题的关键，但是他猜测，辛波斯基一定是伪造了账簿中的一些信息，才得以让扎科帕内的庄园地产没有

1 土地所有者具有的唯一的制造及贩卖酒类的特权，可以向生活在该土地上的农民销售啤酒及烈酒。——原注

被奥地利人通过国有化而收缴。

“这也成为后来他被指控的主要原因。”卡齐米日·克拉瓦日告诉我，“他本人并没有贪污或者诈骗，只是尽可能地将缴税额降到最低并尽可能在战时动荡时期降低成本。他只对自己的雇主忠心耿耿，而不是对侵略者。他竭尽所能挽救着扎莫伊斯基的财产。”[1]

然而不幸的是，他的命运从此急转直下。当扎莫伊斯基伯爵在1920年五旬节期间回到扎科帕内时，许多“诚实善良”的人把他团团围住，争着抢着当他的顾问。其中一个是亨里克·维尔钦斯基医生，他一直都照料着伯爵的母亲雅德维加·扎莫伊斯卡。维尔钦斯基的话术应该比他的医术高明多了，所以很快就得到了扎莫伊斯基伯爵的青睐和信任，获得了大波兰地区希罗达希莱尼察村庄园的租约，并且经常去库尔尼克。不久之后，扎莫伊斯基伯爵的身体健康开始恶化。卡齐米日·克拉瓦日怀疑，扎莫伊斯卡的去世就是维尔钦斯基医生治疗不当所导致的。沃伊切赫·杰杜舍茨基伯爵告诉克拉瓦日博士，他之前曾目睹过扎莫伊斯基的运动成绩。据说扎莫伊斯基身材高大，壮硕如牛。当他划桨前行时，装了马达的小船也追不上他。他生活规律，饮食健康，然而就是维尔钦斯基医生的拙劣医术导致他的身体状况越来越差，可扎莫伊斯基却对他深信不疑，而且不仅仅是在健康问题上。维尔钦斯基很快就从伯爵那儿获得了扎科帕内地产的全部管理权，尽管他根本没有任何资质。

维尔钦斯基医生还建议辛波斯基一定要好好修养，注意自己

1 作者与卡齐米日·克拉瓦日于2017年7月26日的谈话。——原注

的心脏问题。对此，文岑蒂先生在给妻子的信中嘲讽地写道，在伊沃维奇的疗养院给他的药量，他都怕吃了会中毒。维尔钦斯基坚持认为，扎科帕内的山中气候非常不利于文岑蒂的健康状况，并建议扎莫伊斯基把他调到库尔尼克工作。众所周知，扎科帕内的气候不适合“有心病的人”，但是根本不难想到，这位医生其实就是想把主管赶走，自己好乘虚而入坐上这个位子。最好的一个借口就是为库尔尼克基金会的成立做准备工作，从一开始辛波斯基就负责这项工作。

所以塔特拉山脚下的安稳生活文岑蒂先生并没能够享受多久，1923 年他就被调到了库尔尼克，负责扎莫伊斯基伯爵在那里的庄园财产。因为当时安娜正怀着第二个孩子，全家的搬迁也拖后了几个月，文岑蒂自己先去了库尔尼克，安娜暂时留在了扎科帕内。分别对于这对夫妇来说无疑是十分痛苦的，我们可以从他们的日常书信往来中读出这种感受。一共有五封在那段时间里文岑蒂写给自己“心爱的安安”的信。然而并没有找到回信，尽管安娜肯定写了信并且已寄出。这些信装在了一个灰色的大信封中，信封皮上是辛波斯卡的笔迹，写着“父亲写给母亲的”，这些信被转交到了维斯瓦娃·辛波斯卡基金会档案馆。这个信封和很多卡片文件等都被藏在了一个硬纸板手提箱中。

文岑蒂给安娜写的信情意绵绵，关切地询问了安娜和娜沃亚的身体健康情况，他们称娜沃亚为“淘气包”（“抱紧你，吻你，将我日思夜想的淘气包贴近我的心窝”）。第一封信上的日期是 1923 年 2 月 26 日，上面写着：“我一直在想着你们，我最亲爱的人们，但是每当我想到你们，悲伤都会涌上心头，难过我无法陪在你们身边。我的安安，你一定要好好保重自己，千万不要冒险出门或者去走什么危险的路。我的爱人，我求你了！”肯定是安娜女士不太爱惜自己的身体，让丈夫担心了。也许是她计划要去博赫尼亚，找她的母亲，并且开始寻找新的家园。辛波斯基一家的生活状况非常不稳定，精力充沛的安娜或许想靠自己的双手重新规划全家的未来。未来的安家计划在信件中占了很大篇幅，但是信中并未提到他们将来会一起住在库尔尼克。辛波斯基心里非常清楚，他是很难和扎莫伊斯基说得通了，所以他在信中写道："如果你愿意，那就必须要尽快在博赫尼亚或者维利奇卡买一座小房子，克拉科夫周边也可以，反正就是让我们能尽快住在一起。但是我绝对不想在新塔尔格或其他远离主要铁路交通线的地方。在万不得已的情况下，我也可以勉强答应在古拉卡尔瓦里亚买房，但是那没有小娜沃亚和小维斯[1]可以就读的学校。你要是找到了合适的地方就写信告诉我，到时候我去那儿看一看。”

显然安娜没有打算放弃克拉科夫周边的地方，这肯定是考虑到了那里离自己娘家比较近，而丈夫也同意她的这种考虑。从这封信里我们还了解到，他期待能迎来一个小男孩儿的诞生，并为他起好了名字。我们无从得知，当他期待的小维斯出生时是个小女孩，他是否失望了呢？我们当然希望他没有，但是维斯瓦娃自己却以为（在读了那封信后），自己从一出生就让父母失望了。[2]

1 原文中为“Wicuś”，是波兰男名“Wincenty”的昵称，因为辛波斯基先生在一开始以为妻子腹中怀的是个小男孩，故此称之为小维斯或者小文。——译注

2 辛波斯卡于 1996 年 11 月在安杰伊・科西克为 Arte 电视台所拍摄的电影《有些人喜欢诗》中提到过。——原注

在这封和接下来的几封信中，都显现出了辛波斯基先生职业变动后的惨淡景象：他在失去了扎科帕内庄园地产主管的职位后，成了一个没有使命、没有具体工作、没有实现各种先进计划可能性的人。他写到这些的时候笔触平静，波澜不惊，然而我猜，他当时一定经历了巨大的失落感。在他刚到库尔尼克的时候，工作开展得毫无头绪："我最近还不错，工作也不忙，因为我根本还不知道真正的工作该如何着手。伯爵他可真会用奇奇怪怪的方式打发时间啊，折磨自己也折磨别人。"后面，他在信中提到了工人和承租人雇佣的事情，其中也提到了维尔钦斯基医生的名字。文岑蒂先生认为，他对伯爵财产管理不善。"维尔钦斯基医生做得太不好了，这样他会导致伯爵好几年都没好日子过。但是我还是希望能和维尔钦斯基医生搞好关系，因为我有我自己的计划，我回头就讲给你听。"他一定已经感受到了维尔钦斯基的不友好的态度并且知道了由此所带来的威胁。

在 1923 年 3 月 6 日给妻子的信中他写道："我很高兴，你给我写了信，而不是只寄了卡片。卡片很漂亮，但是每一封你的来信都让我欣喜万分。[……] 我身体很好。休息一周后我又要开始涂碘了。"尽管他说自己身体非常健康，但还是要进行某项治疗。涂碘是一种用于补碘的民间偏方，但是我也不确定他说的到底是不是这个。他的工作情况尚不明朗，他在信中对妻子说："我并不担心。"但他在库尔尼克住在城堡中，所以还是离不开扎莫伊斯基的。"[……] 伯爵那摇摆不定的态度让人失望。我们至今还没谈过住房的问题，我倒是愿意暂时搁置这个问题，因为没有房子这个理由可以让我全身而退。或许维尔钦斯基医生作为整件事的发起人能够搞定这件事。”

辛波斯基一直在犹豫是否要继续为扎莫伊斯基效力，因为这份工作越来越像要随时满足伯爵那些一时兴起的需求。他也一直在努力不让妻子为这些问题担忧，扎莫伊斯基和维尔钦斯基肯定会让安娜心烦意乱，这时以她的身体情况可不应该动怒。哪怕是让他从博赫尼亚或者是维利奇卡长途跋涉，哪怕是从古拉卡尔瓦里亚去上班他都愿意，只要他的妻子能过上安稳生活，他再也不用寄人篱下看别人脸色。他也知道，他很难再找到一份薪水如此丰厚的工作了。但是他向他的小安安保证，复活节假期的时候他会去扎科帕内，然后共同商议未来。

财务问题是两人共同关心的话题：“你写信告诉我，他们要出大价钱买我们房子的时候，我们其实不必卖掉它。但是我得先把和塔尔诺夫斯基的事解决掉。我也不知道，谁会是新的买家。立刻就把伯爵的房子卖了也不太合适。”看来，房子可能是扎莫伊斯基所赠，作为对辛波斯基工作的奖励。务实的安娜只想把房子尽快卖掉后拿到现金，文岑蒂对于他是否可以这样做却心有疑虑。不卖这座房子又很难买新房子。辛波斯基心意已决：“[……]我同意卖掉所有的股份，然后在克拉科夫买幢房子或者在华沙买个公寓。你要是见到考辛斯基的话，让他给他哥哥写封信，也许华沙有这样的房子呢。如果还有其他生意，我也可以从库尔尼克经华沙再到其他地方。”

转让股份也是伯爵奖励员工的一种方式，也正是因此辛波斯基手中才握有波兰矿泉水公司的股份，公司的成立也要归功于辛波斯基。弗朗齐歇克·考辛斯基曾在信中提到，相比依靠雇主，他更加依靠朋友的帮助来解决住房及生活问题。考辛斯基是扎科帕内贸易公司的总裁，也是辛波斯基多年的朋友，辛波斯卡姐妹在1945年后仍与考辛斯基一家保持着密切的联系。

文岑蒂先生无意中见证了扎莫伊斯基伯爵与其姐玛丽亚伯爵关于争夺全权代表权的对话，他们俩谁都不想放手。“我觉得在将军夫人去世后，玛丽亚女士一定会想要和哥哥分家，而且会尽可能地将财产据为己有。现在她只是暂时将自己对哥哥的恨意埋藏在心底。”将军夫人虽然“仍一息尚存”，但是不难预料到，她已命不久矣。辛波斯基还向妻子袒露，他不希望自己这段时间待在库尔尼克，因为他担心会有巨大的动荡出现。他在信的结尾提出了一些非常实际的问题：“对于你所提到的事情，我想告诉你，这里的奶牛贵得离谱。一头好的奶牛要900万。你的那头暂时不要卖掉，等到4月的时候就可以放出去吃草了。”

文岑蒂在3月写给妻子的信中讲述了他去那些富裕的“贵族地主”朋友家做客的事情：“他们都说，要是他们能有像咱们家淘气包一样的女儿，他们情愿放弃整个拉塔耶区。”六岁的娜沃亚写的几行字让他十分感动，他也借此告诉安娜不要自己教她，因为“教育需要专业的人来做，请别人来进行启蒙教育比母亲来做这件事更合适”。

最后他向扎莫伊斯基“申请”一套房子，扎莫伊斯基回复他可以将半个城堡赠予他。辛波斯基痛苦地表示：“这也不过是说说而已，真到需要的时候连一套房子也找不到。”曾经许诺给他的那栋位于普罗文特的带花园的房子一直由管家采利霍夫斯基博士所居住。采利霍夫斯基去世后，他的遗孀住在这栋房子里，迟迟不愿意搬走。“只要一天不给她养老金，她就会一直住在那儿不肯搬走。伯爵一向都愿意这样解决问题，所以他也一直拖着不解决她的养老金问题。”文岑蒂先生估计，有朝一日他也会受到同等对待，所以他寻找其他的途径来保障家庭的经济状况。他想到的是股票，他在信中也告诉了妻子这个想法。但是他没能预料到 30 年代股市崩盘，让这些股票贬得一文不值。他对自己的先见之明感到非常满意，他这样写道：“亲爱的小安安，你看，我这个当爸爸的还是很有办法的，我已经将你们的未来安顿好了，绝对不用再为了养老金而担忧了，我们也能更安心地规划未来了。”

他经常在信中讲述自己的工作，也会强调这份工作并不繁忙。他说他从下午 2 点到 8 点都一直坐在伯爵家里，结合上下文的信息来看还有些好笑。他经常是边读“17 世纪舍普特茨基的事迹”，边等待一些“非常重要的事情”。终于有一天，他们提到了要将“所有的财产捐赠给基金会”。“对于这件事情本身我很高兴，”文岑蒂评论说，“但是国家将成为财产抵押权人的形式与我的想法是背道而驰的。[……] 这样基金会就会变成一个比国库负担更重的机构[1]，尽管建立初衷非常高尚，但是这样带来的利益也会微乎其微。”时间证明，文岑蒂先生是完全正确的，基金会根本无法支撑运转下去，更不要提什么收益了。最终以基金会将扎科帕内的土地作为未按时缴纳税款的补偿金上缴国库告终。

他在信中告诉妻子即将搬家的消息：“[……] 我从下周三开始就要重新粉刷栗树别墅了。”同时他也在考虑其他的可能性，那就

1 斯坦尼斯瓦夫伯爵财产基金会旨在帮助孤儿，但由于法律问题和经营不善最终倒闭。——原注

是购买属于自己的房产。他还请求妻子去和医生谈谈，是否能在怀有七个月身孕的情况下前往库尔尼克，“我甚至想了想，是不是如果你能在库希尼采休息一段时间更好？等到8月之后再彻底搬来库尔尼克。”对妻子的思念和担忧让他心神不宁。

小安可不是什么弱不禁风的女孩儿。她患上了感冒，这让她的丈夫非常担心，但是她同时还在忙着搬家的事情。辛波斯基在信中提醒她：“不要让任何陌生人进门，以防他们把百日咳传染病带进家来。[……]你去问问加布雷舍夫斯基医生，扎科帕内现在有没有传染病？通常这个时节都会有猩红热，所以你买牛奶回来一定要加热煮沸后再喝。”

尽管辛波斯基在库尔尼克庄园地产的工作上尽心尽力，付出得越来越多，但是他却没能摆脱窘境。他对伯爵的忠诚并未对得到一块地或者买房上有一丝一毫的帮助。他在接下来的一封信中写道：“在库尔尼克买房现在是没戏了。我也希望能够拥有自己的房子、自己的花园，但是现在既然没可能，也只能算了。”他仍忙着装修那幢属于扎莫伊斯基的栗树别墅，那里本来应该成为他们的容身之所。他还告诉妻子，四间房间已经粉刷完了，地板也都打过蜡了。他想着，等安娜来了一定会根据他们的需求安排其他的房间该怎么使用。出于对妻子身体的关心以及对孕中的她能否忙得过来的担忧，他甚至给安娜的妈妈写了一封信，请她过来照顾女儿。他还请了自己的表弟去帮助搬运物品和家具。“我特别害怕你会在打包物品的时候伤到自己。我真的太担心了。我求求你，一定要好好照顾自己。比起你自己忙前忙后，最好是能雇几个人，然后请他们来做这些事情。”

终于，这位“全心全意深爱着的丈夫和思念成灾的父亲”在库尔尼克等来了自己的妻子和女儿们。小安在搬家过程中毫发无伤，辛波斯基一家也在 1923 年 7 月 2 日迎来了他们第二个孩子和女儿。1923 年 7 月 3 日他们在布宁民政局登记了她的出生，编号 79，布宁市长文岑蒂・弗兰斯在孩子父亲的申报表上签字。两个月后孩子在圣道博教堂受洗，尤利娅・扎列斯卡（她曾是家庭女子私塾的主管）是她的教母，来自拉泽夫的弗朗齐歇克・杰林斯基是她的教父。[1]

我一直在想，辛波斯基夫妇为什么把两个女儿的第一个名字[2]都取作玛丽亚。一般来说，人们不会给兄弟姐妹起一样的名字，哪怕是考虑到一些更实际的原因也不会这样做。而两个孩子的第二个名字又都非常罕见。他们给大女儿起的名字娜沃亚就是根据古波兰词源学来的，而这个名字并不在天主教教历中，所以他们在给女儿进行教区新公民登记时遭到了神父的反对。尽管如此，文岑蒂先生在给第二个女儿起名时也并没有放弃这种原创性。很明显可以看出他根本不在乎教历上要求的名字，但是为了少点麻烦还是将古波兰语名字维斯瓦娃放在了第二位，而把玛丽亚放在了第一位。

娜沃亚从一开始就被称作娜沃亚。而维斯瓦娃可完全不一样

---

1 引自卡齐米日・克拉瓦日博士 2013 年发表于 powiatowy.pl 网站的文岑蒂・辛波斯基传记。——原注

2 波兰人的姓名顺序一般为：第一个名字 + 第二个名字（中间名）+ 姓氏。并不是每个人都必须拥有第二个名字，一般来说，第二个名字会与纪念的祖先及其他家庭成员相关，或者作为受洗时的教名。根据波兰目前的法律规定，本国公民最多只可以拥有两个名字，而在过去（特别是上流社会）人们通常有数个名字。——译注

了，在她小时候大家都叫她玛丽赫娜[1]，叫得快了就变成了伊赫娜。家里人都叫维斯瓦娃伊赫娜、伊赫卡，她自己在写信给妈妈和其他儿时相识的亲友时也是这么称呼自己的，学校里的女同学也都这么叫她。她开始使用维斯瓦娃这个名字时，已经成年了。1971年辛波斯卡四十八岁时，她正式更改了名字的顺序。克拉科夫兹维日涅茨区国民议会内务部在1923年的出生证明上添上了一条手写注释，将原名顺序“玛丽亚·维斯瓦娃·辛波斯卡”更改为了“维斯瓦娃·玛丽亚·辛波斯卡”。尽管这张证明的登记日期是4月1日，但是政府盖章可以保证这绝对不是一个愚人节的玩笑。

维斯瓦娃曾回忆说，她是个非常麻烦的小孩儿，经常大哭大闹，父母都认为她爱哭是因为焦虑紧张。他们在给这个爱哭的小女儿找保姆方面也是困难重重，一个又一个保姆都辞职不干了。慢慢地，她爱哭的毛病没有了，从照片上看也是个又白又胖的乖宝宝。

位于大波兰省的库尔尼克是一个祥和宁静的小镇，特别适合小朋友：你可以想象，公园景色优美，池塘明澈清幽，庄园古堡四周绿草如茵，一派田园风光最适合漫步和休养。文岑蒂先生肯定没能好好享受这怡人美景和休闲时光。他全身心地投入到了库尔尼克基金会的创建及初期工作之中，积极与律师和捐赠方进行合作。1923年10月，就在玛丽亚·维斯瓦娃出生几个月后，老伯爵夫人雅德维加·扎莫伊斯卡去世了。也正如文岑蒂先生之前所担心的那样，葬礼筹备工作的重担也落在了他的身上。几乎就

1 玛丽赫娜是玛丽亚的昵称，后文的伊赫娜、伊赫卡均为维斯瓦娃·辛波斯卡的昵称。——译注。

辛波斯卡家两姐妹：淘气包娜沃亚和抱着玩具熊的伊赫娜

在一年后，弗瓦迪斯瓦夫·扎莫伊斯基伯爵也离开了人世。扎莫伊斯基伯爵与辛波斯基不仅仅有主仆关系，他们之间还有多年友谊相系，哪怕这份深厚情谊也许并不是完全对等的。若没有辛波斯基的协助，扎莫伊斯基恐怕早就保不住扎科帕内的地产了，而辛波斯基若不是为这位伯爵工作，也可能无从积累广博的知识和丰富的经验。扎莫伊斯基伯爵的葬礼同样由文岑蒂主持。文岑蒂在这位大贵族的棺材旁发表了庄严的告别词，另外还为他还写了一首悼念诗。他甚至还计划要写一部扎莫伊斯基传记，但是这个计划也未能实现。[1]

1 引自卡齐米日·克拉瓦日博士所撰写的文岑蒂·辛波斯基传记。——原注

伯爵去世后文岑蒂先生在基金会中的地位也一落千丈。库尔尼克基金会董事会聘请了安东尼·帕岑斯基作为基金会主席，却没有给辛波斯基安排任何职位。他们只是建议付给辛波斯基每月300兹罗提的终身养老金，这在当时是一笔可观的薪水。但是我能想象，这对于时年五十五岁、经验丰富、忠心耿耿、成绩斐然又精力充沛的辛波斯基来说，无疑是一记羞辱的耳光。如今，我们很难去判断为何辛波斯基会遭到如此对待，但是克拉瓦日博士将辛波斯基失去在基金会的地位都归咎于维尔钦斯基医生的阴谋。也可能是因为辛波斯基习惯了多年来独自一人打理伯爵的财产，所以无法和大批的基金会职员保持顺畅的沟通交流。失去职位是导致辛波斯基一家从库尔尼克搬离的主要原因，他们于1926年1月搬到了托伦。

在搬家之前，文岑蒂先生出发去了特鲁茨卡维茨疗养，这也是我们通过他从桑波尔火车站寄给妻子的明信片上（波兹南郊区的库尔尼克，尊敬的安娜·辛波斯卡女士收）所获知的。正如辛波斯基所写，从库尔尼克到位于利沃夫附近的特鲁茨卡维茨的旅途十分漫长，需要多次中转。所以小安的家人在博赫尼亚火车站等着他，在他于此地中转换车时，为他送上烤鸡、橙子、萝卜和茶叶等食物，以便应对后半段旅程。文岑蒂还告诉妻子，他去看了戈德莱夫斯基医生。或许他还在克拉科夫停留了一下吧，正是戈德莱夫斯基发现了他的心脏虽然有问题但尚不严重，并强调，去特鲁茨卡维茨疗养应该就会对他的病情有所帮助。

辛波斯基一家为什么选择了在托伦这个地方安家呢？我猜测，这可能是一个情急之下的仓促之选，当然他们也考虑到了如何保证家庭财产安全。从日后安娜·辛波斯卡所写的信中我得出结论，很可能就在辛波斯基出售掉部分股份之后，那些在基金会创立之初与文岑蒂先生有过合作的律师们帮助他在托伦买了两栋公寓楼。然而不幸的是，辛波斯基所投资的托伦糖厂的股票在战乱时期失去了价值。辛波斯基一家当时住在莫斯托瓦大街 18 号，但是居住的时间非常短暂，因为 1927 年文岑蒂先生就一直在为购买克拉科夫公寓的事情而努力，而他所做的一切都受到了通货膨胀和即将到来的世界经济危机的阻碍。

库尔尼克的生活并未在伊赫娜的脑海中留下什么深刻的印象，而这段日子对于她的父母来说无疑是一段艰难岁月。从日后的书信往来中可以看出，安娜女士仍将在库尔尼克度过的时光看作是一段美好回忆。她心怀感恩，总是提起在那里结交的朋友和他们所给予的帮助。其中一位雪中送炭的挚友便是小安在扎科帕内就结识的闺蜜，维斯瓦娃的教母尤利娅·扎列斯卡。辛波斯基一家的另一位好友是杰出的画家亚历山大·奥古斯特诺维奇，他是战时著名的肖像画画家、美术促进会成员、爱国主义者，曾为波兰前总统伊格纳齐·莫希奇茨基及波兰重获独立后大波兰省第一位省总督维托尔德·采利霍夫斯基画像。采利霍夫斯基也是辛波斯基一家多年的好友。他曾是一位律师，对重获独立后恢复波兰在大波兰省的行政管理做出了卓越贡献。他还是人民阅览室协会[1]的创办者之一。在波兰被占领期间，面对被捕威胁的采利霍夫斯基曾躲藏在辛波斯基一家位于克拉科夫的家中。

1 创办于 19 世纪末的教育机构，旨在建立和管理公共图书馆。——译注几年过后，十几岁的娜沃亚曾这样回忆亚历山大·奥古斯特诺维奇：

“我记得我们住在库尔尼克的时候，优秀的画家奥古斯特诺维奇经常从波兹南到我们这儿来，他每次来都会在我们家住上较长的一段时间，在库尔尼克城堡中开展绘画研究，他的绘画作品中有数不尽的从这里获得的灵感，比如参天大树林立的库尔尼克公园中的秀美风景，或者库尔尼克和布宁周边小镇中的古老建筑。

“为了感谢我们的热情款待，他给我们留下了一张十分温馨的画，画上是一栋18世纪末巴洛克风格的庄园，我的小妹正是在这里出生。除此之外，上面还画有一片湖景（字迹不清）。每次看到这幅画，我心中都涌起阵阵温情，因为它让我想起了我的童年时光。这幅水彩画呈现出一片奇异的寂静之景。湖面如同一块平滑的玻璃，对岸是茂密的（字迹不清）和菖蒲，以及那片名为兹维日涅茨的秀美森林。松树和橡树织出的苍翠中点缀着如同斑驳铁锈般的树干。”

接下来，娜沃亚对这幅画进行了非常详细的描述。这应该是她写的关于最爱的美术作品的中学作文草稿。娜沃亚的笔触细腻且富有诗意：“整幅画深深地呼吸着这份宁静。”即使娜沃亚只是通过这幅画记住了库尔尼克的景色，而且在伊赫娜的脑海中没有留下关于此地的任何痕迹，但明镜般的湖水、郁郁葱葱的树木及那笼山络野的宁静也依然赋予了她们的童年时光以和谐之美。

第二章

克拉科夫拉齐维沃夫斯卡大街

拉齐维沃夫斯卡大街上的这座公寓楼位于铁路沿线，离火车站很近，到市中心广场也只是几步之遥。这里曾经是 1929 年到 1948 年间伊赫娜的家。她在从托伦搬来克拉科夫后，直到搬到位于克鲁普尼察大街的作家之家前一直居住于此。但是后来的家庭聚会依然还在拉齐维沃夫斯卡的这座公寓中举办，辛波斯卡多年来也一直是在这里度过圣诞节。她小时候的生活重心都在家、院子和住宅周围。当辛波斯基一家搬到拉齐维沃夫斯卡大街的时候，伊赫娜只有六岁，托伦的公寓在她的记忆中也变得模糊不清了。

对于她的母亲来说，从托伦搬到克拉科夫是搬回了老家。这次回归并不轻松，尽管她的社会地位有所提高：安娜女士已经不再是住在女仆宿舍中的职员了。20 年代的时候克拉科夫的公寓非常昂贵。维斯瓦娃曾回忆说，她的父母不得不卖掉托伦的两栋公寓才能买得起在拉齐维沃夫斯卡的这栋。托伦的公寓本来是要作为房产投资并通过出租获得收入的。因为某种原因，这个计划并未实现，不是房租太低就是找不到租客，要么就是购买这些公寓楼本身就是个错误，这些公寓楼所需要的投入远高于能够带来的收益。世界经济危机和通货膨胀更是让情况雪上加霜。辛波斯基一家刚在托伦生活了一年就已经有些受不了了。在克拉科夫，安娜女士有亲朋好友，在皇家都城也更容易找到租客。搬家的过程持续了两年，这段时间里辛波斯基夫妇往返于这两座相距甚远的城市，办理相关手续及偿还负债。

我们可以通过保留下来的当时的购买文件得知一二。我们看到公证书上写着，辛波斯基夫妇从之前的所有者塞林格夫妇两人手中以 11 900 美元的价格“各购得该房产的一半并获得唯一所有权”。根据文件上的信息，他们在签合同的时候支付了 8 000 美元，剩余款项要在 1929 年 2 月前付清。他们于 1927 年 11 月 1 日接管了这栋公寓及与之相关的责任，除了要保持房屋与铁路隔离栅栏完整外，还要支付土地税和房产税及垃圾处理费。

理论上来讲，他们在 1927 年 11 月就可以搬进这栋公寓了，然而实际操作起来却没那么容易：也许在托伦还有些生意牵绊着文岑蒂先生，又或许是还有些租户仍没从公寓楼中搬走。不管怎么样，辛波斯基一家直到 1929 年年初才搬到了真正属于自己的家中。两姐妹充分挖掘着克拉科夫这座大城市所带来的福利和特有的魅力：逛琳琅满目的商店和丰富多彩的剧院、电影院等，在距离自己家数步之遥的普兰蒂环城林荫道上休息玩耍。

他们搬进位于拉齐维沃夫斯卡大街的公寓的那一刻，就意味着文岑蒂先生终于不用再为偿还欠塞林格的债务而奔波了。文岑蒂先生恪守信用，每个月都按时将或多或少的一笔钱付给塞林格。他通过信件将钱寄给塞林格。在其中一封信上写着，这笔钱是股票交易的佣金。看来，文岑蒂先生的股票还是给他带来了些利润。

文岑蒂·辛波斯基在工作中一丝不苟、循规蹈矩。在家庭档案中保留了他认真仔细记录的账本，上面清楚明确地写着租户所交纳的租金，以及用于公寓楼维护、缴税和清扫的支出。他的妻子则负责维护卫生和整洁。第二次世界大战前曾任公寓楼看门人一职者的女儿回忆说，安娜女士经常会戴上浅色的麂皮手套来检查楼梯扶手是否干净和是不是所有地方都擦拭得一尘不染。[1]

然而作为公寓楼的主人，生活也不是一帆风顺的。在档案中我找到了一些体现屋主和租客间矛盾的文件。1927 年 12 月，就在辛波斯基夫妇购买了公寓楼不久之后，他们在房产仲裁局和租客莱昂·汉斯霍贝尔见面商定公寓二楼两居室的租金问题。1932 年，皇家都城克拉科夫租赁事务仲裁局发来了一封关于减免租客埃莱奥诺拉·伊姆贝尔曼租金的告知书，因为租客认为每个月 130 克朗的租金太贵了。仲裁局请了两位房屋租赁仲裁专家，但是两人意见完全相反，所以仲裁局不得不又请了一位专家来协助裁定。第三位专家认为该房租金额是合理的。

在这些文件当中还保留下来了一些文岑蒂先生手写的申诉信，他通过这些字迹工整、笔酣墨饱的信提出了因其收入减少而

1 娜沃亚曾经对埃尔兹别塔·品德洛娃女士讲述过这些事情，品德洛娃女士自 80 年代起住在拉齐维沃夫斯卡大街公寓中。此处为作者与品德洛娃女士的对话。——原注

申请减免公寓楼税费的要求。因为缺少租客，他不得不降低楼内个别公寓的租房价格。除此之外，有几名租客一年间经常不按时交房租。他们在搬出公寓的时候也没有把房租交清，所以公寓楼的主人就不得不替他们承担了垃圾运输费和水电费。公寓楼的投资看起来也无法成为辛波斯基一家经济来源的稳定保障。幸好文岑蒂先生还有库尔尼克基金会所支付的那笔可观的养老金。

对这些困难问题姐妹俩肯定是一无所知的。她们的生活中处处是同龄小朋友的陪伴，有的是学校里的同学，有的是邻家小伙伴。如果单是从辛波斯卡这段时间的经历来看，那可以说是一段幸福安宁的时光。伊赫娜当时有一个保姆，名叫玛蕾霞，她同时也帮助安娜女士打理家务。辛波斯基夫妇将大把的时间都用来陪伴两个女儿，经常和她们俩一起阅读、玩猜谜游戏，以及一起画画，比如有一幅画是娜沃亚画的妹妹的手部轮廓，而且肯定是在他们搬到克拉科夫后不久画的，因为这幅题有“伊赫娜的小拳头，六岁”的小画被保存在家庭档案中。后来，她在这张纸上又画了一只大了很多的“小拳头”，那是伊赫娜十五岁时的手。而伊赫娜的画则是要“出售”的——辛波斯基夫妇总是给小女儿一些零花钱，作为对她画得更漂亮些的作品的奖励，让她可以用这个“报酬”在甜品店大买特买一番。

在家庭档案中还保留了很多类似的作品，然而它们似乎并未预示出这些作品的作者在未来所具有的美术天赋。无非就是一些学龄前阶段或刚上学的小孩最经常表达的形象：公主、圣母像、小矮人、一年四季的拟人形象及耶稣诞生场景等。1930 年，伊赫娜以 10 格罗什的价格将《春日》卖给了爸爸，而妈妈则以 30 格罗什的价格买下了一幅画有身穿鲜艳民族服饰的女人的画。当她八岁的时候，这位小艺术家在一幅画有圣诞场景的画上（还用拉丁语题上了“荣归主颂”的字样）签上了自己的笔名伊狸。现有保存的最早的辛波斯卡画作，是她在三岁时画的。她在四岁的时候已经会签自己的全名了。在许许多多的美丽的女子像、鸟儿和花朵中，有一张画画的是个生了胃病的小孩，双手高高举过头顶，龇着巨大无比的牙齿，朝着一个黄色带耳的容器呕吐。

伊赫娜经常看着姐姐做作业，所以她也很早就学会了写字。除了掌握了字母的写法外，她还特别会通过写作表达感情，最经常的表达对象就是她的妈妈，她经常亲切地把妈妈称呼为“阿妈”。最初，她给妈妈写的信还有很多书写和语法错误，比如：“给马咪的爱信，我的妈咪，你的伊赫娜。”“好妈妈，女我给你写信，我请爱的妈咪，给我一个吻，非常爱你的伊赫娜。”“最优秀也最没丽的我的阿妈，我的小天使，你五岁伴的女儿伊赫娜。”[1] 在这些向妈妈表达爱意的信中有一封与众不同的信，上面只陈述了一个事实：“啄木鸟总是啄树干，啄木鸟在树洞里有个窝。”

在过完暑假回来后，小伊赫娜给妈妈写了这样一封信：“亲爱的妈咪，我很开心，我在克拉库夫，因为在自己的家里，还有门廊。”安娜女士因为心脏的问题要去拉布卡疗养，而在此期间两姐妹经常会被送到在博赫尼亚的外婆家去。辛波斯基先生对于长时

1 因为当时辛波斯卡年纪尚小，所以会犯一些拼写、语法错误，如将“女儿”（córka）一词写为“caca”，“非常美丽的”（przepiękna）写成“psepekna”，以及下文中的“在克拉科夫”（w Krakowie）写成“w krakowje”。除此之外，她还自造了一些缩略词，如把“我的好妈妈”（Mamulko）简化成“Mulko”等。——译注

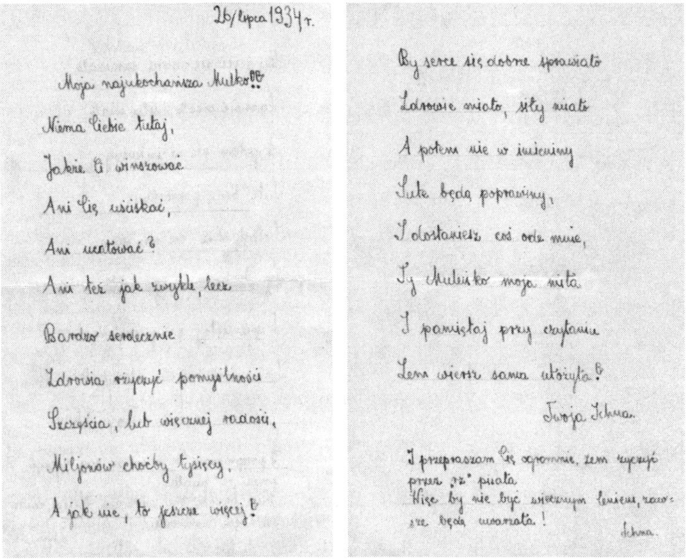

26/lipca 1934 r.

Moja najukochańsza Mutko!!!

Niema Ciebie tutaj,
Jakże Ci winszować
Ani Cię uściskać,
Ani ucałować?
Ani też jak zwykle, lecz
Bardzo serdecznie
Zdrowia życzyć pomyślności
Szczęścia, lub wiecznej radości,
Miljonów choćby tysięcy,
A jak nie, to jeszcze więcej!

By serce się dobrze sprawiało
Zdrowie miało, siły miało
A potem nie w imieniny
Suto będą poprawiny,
I dostaniesz coś ode mnie,
Ty Mutisko moja miła
I pamiętaj przy czytaniu
Żem wiersz sama utworzyła!

Twoja Ichna.

I przepraszam Cię ogromnie, żem życzyć
przez „rz" pisała
Więc by nie być wiecznym leniem, zaw-
sze będę uważała!

Ichna.

十一岁的伊赫娜写给妈妈的一首表达爱意的诗

间在岳母家居住这件事并不热衷，特别是对于那里的条件不太满意。娜沃亚也在给妈妈的信中说，他们住在那里的这段时间，整个博赫尼亚都笼罩在池塘水蒸发所散出的令人窒息的潮气中。可是妈妈却很开心，因为姐妹俩可以在外婆家的花园或者门前凉亭玩耍，而在克拉科夫只有门廊。

终于，伊赫娜要上学了。她知道，上学意味着什么，因为娜沃亚已经上学好几年了。伊赫娜七岁的时候直接开始上二年级，因为她在观察姐姐学习的过程中已经掌握了读、写和算数等技能。通情达理的老师（也可能是父母）认为，她和同龄人一起从零开始学字母肯定会觉得无聊乏味。事实证明，她哪怕是和大一些的孩子同班学习，成绩也是名列前茅，她二年级的期末考试成绩册上的成绩全都是五分。她在约瑟法·尤特伊科学校完成了四年的小学学业后，升入了乌尔苏拉修女会中学，她的姐姐也是在这里上中学的。

娜沃亚可能不太喜欢学习，因为我在他们的家庭书信中发现了一封关于她父母必须和她好好谈一谈迫在眉睫的法语考试的通知信，另外，就在高考即将到来之际，娜沃亚也没有回复那些询问她未来考大学及所学专业计划的信。博赫尼亚的纽霞姨妈（玛丽亚·斯克塔的昵称，她是安娜的姨妈）也问了她未来有什么打算，纽霞姨妈的两个女儿卡齐米拉和索菲亚就要从师范学院毕业了。之前娜沃亚在上学的时候就不喜欢上课发言或者回答问题。从她写的信中也可以看出，她并不喜欢上学。

伊赫娜则截然相反：她在学习上从没有遇到过什么大问题。她给在拉布卡的妈妈写的信中说，学的东西根本一点也不难，甚至数学也学得不错。在很多年后，辛波斯卡回忆时却说，那些理科科目并不是她的强项。她还开玩笑说，要不是希特勒那时候考试都是作为秘密教学的一部分，她数学肯定会考不及格的。鉴于当时特殊的历史情况，老师才给了她一个三分，但是同时也建议她尽量不要选和计算能力相关的大学专业或职业。

伊赫娜上初中的时候并不是优等生。她初一的学年期末考试只有行为规范和宗教课两门课是五分，其他有五门课得了四分，还有三门课得了三分。1938—1939 学年时她是初中四年级 B 班的学生，她的成绩单上行为规范、宗教和波兰语课都是五分，拉丁

小伊赫娜

语、法语、生物、物理、化学、数学、美术和体育都是四分，历史、地理和德语选修都是三分。她曾说过，当二战期间学校所有课都停课时，她是哭着从学校跑回家的。那时她就知道，一切都不会再和从前一样了。

我猜想，伊赫娜一定非常喜爱上学，特别是因为学校里有很多要好的女同学，她们在放学后也经常一起玩耍。她的这些小伙伴也大多是来自知识分子家庭。从书信往来和辛波斯卡自己的回忆中可以看出，她当时在学校最好的朋友是马乌高霞·斯坦尼斯瓦夫斯卡[1]。伊赫娜和她一起“把家折腾了个底朝天”（娜沃亚在给妈妈的信中曾这样告状）。在家庭档案中有很多学生时代的伊赫娜

1 马乌高霞是波兰女名马乌戈热塔的昵称，这里提到的马乌高霞·斯坦尼斯瓦夫斯卡即后文中的马乌戈热塔·斯坦尼斯瓦夫斯卡，后冠夫姓为马乌戈热塔·谢尔霍娃。——译注

穿着制服和她的好朋友们一起拍的照片。照片上有阿拉·比亚伍德、雅尼娜·克舍沃热卡、雅尼娜·霍洛威楚夫纳、安娜·切齐克威楚夫纳和莱尼亚·米恩塔－米克瓦耶维奇。这些小姑娘，应该说是十几岁的少女们，在位于学校对面的报刊大楼房顶上合影留念。显然，这几位姑娘中的某一位一定是记者或者大型杂志报刊出版社工作人员的女儿，因为外人可是不能随便进入这座雄伟大楼的露台的。另外几张在奥尔沙波托茨基贵族庄园拍摄的照片也十分温馨可爱，当时米恩塔－米克瓦耶维奇就住在那里。

辛波斯卡是一个不愿意向别人讲述自己过去的人，但是她却和安娜·比康特和尤安娜·什琴斯娜讲了不少自己在上学期间的故事。所以我们也从中得知，辛波斯卡从小就喜欢读书，她在青少年时期特别喜欢读阿纳托尔·法朗士的小说（他的书可是都在教会禁读书单中的！），《匹克威克外传》和狄更斯的其他小说，以及儒勒·凡尔纳的作品。“我都是从图书馆里借书，而不是从学校的阅览室。我读了很多书，但是都是散文。我认为，我读的每个作家都是已经去世的人，而且是去世了很久很久的人。我在十四岁的时候读了全套陀思妥耶夫斯基的书，但是在长大后不得不重新再读一次。”[1]

比康特和什琴斯娜认真研读了辛波斯卡的《选读札记》，这里收录的是辛波斯卡自60年代起所写的读书笔记连载，从中获得了许多关于辛波斯卡童年、小学和初中时期的信息。这两位传记作者还通过阅读辛波斯卡的读书笔记得出结论，她不喜欢几何，

---

1 安娜·比康特，尤安娜·什琴斯娜，《纪念杂物——维斯瓦娃·辛波斯卡传记》，克拉科夫，2012年，第58—59页。——原注

可是特别喜欢收集那些并没有实用意义的消息。由此，我们也可以看出这位博览群书的初中生对哥特小说的偏爱。在《选读札记》中出现了很多对经典文学作品的介绍和讨论，我们从这里也可以推断出，乌尔苏拉修女们不仅重视女学生们的拉丁语学习，也注意培养她们对古典文学的热爱。在保留下来的辛波斯卡的笔记本中，她非常简洁地记录了自己成年后的不同时期里所阅读的书目，在其中一个本子中记录了很多古代哲学和古典戏剧作品的题目。她摘抄了很多西塞罗、老加图、辛奈西斯和李维的名言，以及塔德乌什·辛卡教授的古代文学教材和安娜·希维德库夫纳教授的《希腊史》中的句子。她在写作中乐于使用箴言警句，应该或多或少和她曾经上过的有趣而生动的拉丁语与古代文化课程相关。

乌尔苏拉修女会学校特别注重学生的爱国主义教育。1935 年 5 月 17 日，当约瑟夫·毕苏斯基元帅的棺材运到克拉科夫时，辛波斯卡及其他女生一起参加了他盛大的葬礼。这一绝非日日可见的大事也吸引了辛波斯基夫妇的关注。他们俩从自己住宅面对铁路那一边的窗户就可以看到载着元帅棺材的火车驶入月台及在火车站举行的庄严的迎接仪式。游行队伍从火车站先是走到了圣玛利亚大教堂，然后一路前行至瓦维尔山上。在那里，当盛大的教堂葬礼结束后，装有经过防腐处理后的毕苏斯基遗体的银色棺材被安放在了圣伦纳德墓穴中。齐格蒙特钟声响起，一百零一声礼炮在瓦维尔山上响起，举国上下进行三分钟的默哀。据历史学家评价，在波兰，参加人数如此之多、组织范围如此之广的盛大葬礼可以说是前无古人，后无来者。我猜，这次盛大的葬礼也给十二岁的伊赫娜留下了深刻的印象。

乌尔苏拉修女会学校也参加了位于克拉科夫索维涅茨山上的独立之丘的奠基仪式。堆建这座为了纪念从克拉科夫出发征战的毕苏斯基第一军团的小丘是由波兰军团士兵协会倡议开展的。为了体现全社会都参与到这次意义非凡的奠基仪式之中，很多其他地区的市民代表都纷纷从全国各地赶来参加此次活动。他们把在一战中打响波兰武装斗争之处的泥土带到这里，学校的学生也推着一车车的泥土为飞快增高的小丘贡献力量。在毕苏斯基元帅去世后，和波兰典型的此类建筑一样，这座小丘被命名为毕苏斯基之丘。用我们今天的话说，30 年代后期的波兰正处在一个强化爱国主义和民族主义的时期，不幸的是，其中不乏民粹主义和反犹主义色彩。鉴于复杂多变的国际局势，国家领导人渴望建立一个强大的波兰形象，哪怕只是在自己的国民面前。辛波斯基先生是一位狂热的爱国主义人士，所以辛波斯卡两姐妹除了学校组织的活动外，肯定也观看了很多各种各样的爱国主义运动和游行。

学校组织的其中一项活动便是为波兰军队筹集用于军备武装的资金，当时全国各地的乌尔苏拉修女会学校都在为购买一架医疗专机筹资。而就在 1939 年 6 月 18 日，大主教亚当·萨皮哈在克拉科夫布沃尼亚绿地上庄严地将一架用乌尔苏拉修女会学校所募捐来的款项购买的飞机转交给了雷兹 - 希米格维元帅。

学校及与学校有关的一切对于伊赫娜而言都至关重要，而她在那段时期的经历都反映在了她日后的文学创作中，无论是诗歌还是散文中都可以看到那个时代的印记。我们在其中常常可以找到她对校园生活的回忆、对教育的思考、获取知识的动力、对新鲜事物的认知及对行为准则的理解。研究辛波斯卡文学作品的学者爱德华·巴尔采然曾写道："辛波斯卡将具有教育意义的修辞学带到了诗歌领域中。她挽救了以认知和普及科学发现为目的的叙述方式、传统的具有教育意义的散文模式。她为这些叙述经验和交流模式在抒情诗中觅得了一席之地。她还证明了，知识对于诗歌来说可以是具有美感和吸引力的。在她的诗歌世界中，人类的生活恰恰流淌于无知与知识之间，正是在'世界这所学校中'[1]，每个人都在书写着个人的、主观的、独一无二的人生履历。"[2]

辛波斯卡有时会出人意料地在朋友相聚时谈起她对家庭生活的回忆。比如，她在一次人比较多的聚会时提问大家人生中最大的糗事是什么，然后借着这个问题讲她自己的故事：亲朋好友来他们住的拉齐维沃夫斯卡大街上的公寓拜访时，她们姐妹俩都是待在自己的房间，只有在吃甜点的时候才会被请到餐桌旁来。有一次，伊赫娜就拿着一些坚果给一位来访的女士品尝，还说了一句"吃这个对脑子好"。这句话让辛波斯基夫妇感到十分尴尬，所以在一段时间内小伊赫娜失去了和来访的大人们一起吃点心的"特权"。

在童年家庭生活的回忆中，辛波斯卡对于她最喜爱的保姆玛蕾霞把她背在后背上的事记忆犹新。那时玛蕾霞教伊赫娜祈祷，伊赫娜给玛蕾霞背诗，相依相偎的温暖情怀将这二人紧紧相连。所以当玛蕾霞出嫁并从拉齐维沃夫斯卡公寓搬走后，伊赫娜也经常去看望她。在二战结束后，玛蕾霞依然照顾着辛波斯卡，帮她

1 辛波斯卡的诗《没有任何事会发生两次》中写道："哪怕我们是世界这所学校中最愚钝的学生，也没有机会在寒暑假复习重修。"——译注

2 爱德华·巴尔采然，《在世界这所学校中》，发表于 1991 年第 4 期《第二文选》，第 39 页。——原注

打扫整理位于克鲁普尼察大街的公寓。辛波斯卡自己也曾提到过在她儿时曾以一个坠入爱河的女佣的身份给火车司机写情诗的事情。从这里也可以看出，她是一个非常擅于写书信的人。

她喜欢写作。随着她年龄增长和写作形式意识逐渐清晰，她的书信愈加具有文学性。从 1934 年 7 月起她就开始创作诗意盎然的命名日祝福。当时的伊赫娜十一岁，书写认真，字迹工整。为了让每一行的字更整齐，她还用铅笔在纸上打了横线。当时她写给妈妈的一首小诗，虽然有些地方完全不合乎写作规范，还加入了她“个人的”对语法拼写的感叹，但是整首诗却简约精巧。伊赫娜还给所有加粗的感叹号画了妙趣横生的鼻子和眼睛，让这个祝福看起来更加活泼生动。

我最爱的阿妈!!
你不在这里，
要我如何祝福你，
拥抱你，
亲吻你?
今日非同寻常，
全心全意
主福你身体健康，
喜乐绵长，
财富百万哪怕成千
若不够，就再加上万千!
愿你心愉悦

身康健，力满贯。

在命名日之后的一天，

将有一顿丰盛大餐，

还有我的礼物捧到你面前。

我可爱的阿妈，

请你读这首诗时要记住，

这是我自己为你而写！

你的伊赫娜

对了，我要真诚地和你道歉，因为我把“祝福”写成了“主福”。为了不做一个永远的小懒虫，我以后都会记得要怎么写！

伊赫娜

从这张命名日祝福诗中我们还得知安娜女士的身体健康出了问题。十六岁的娜沃亚在这张纸的下半页上提到了母亲的病况，口吻相当稚嫩：“送上我最真挚热忱的祝福，希望可咪[1]的小心脏乖乖的，不要再淘气了，快点恢复健康。”“可咪”是姐妹俩在给母亲的信中对她的爱称，是“小猫咪”这个词的简写。娜沃亚还风趣地写道：“我可不会像伊赫娜那样祝阿妈有百万财富那么多钱。我觉得只要钱的数目和我们俩犯的拼写错误一样多就够用了。”两个女儿其实对父母的困难是有所察觉的，尽管维斯瓦娃曾经说过，在家里父母从来不会在孩子面前谈论钱的问题，对于健康问题也

1 这一姐妹俩创造的对母亲的昵称，来自“小猫咪”一词。波兰语中“小猫咪”一词经常被用于亲密的爱人或家人间的称呼。——译注

同样不会谈起。

1932 年暑假，辛波斯基先生带着姐妹俩在博赫尼亚的外婆家度过，这样就可以省下钱给安娜女士在拉布卡进行治疗。

娜沃亚当时在给母亲的信中写道：“爸爸和伊赫娜不是一直都听话。”这封出自心事重重的青春期少女之手的“告状信”让我们不难看出家庭成员不同的角色特征。妈妈和娜沃亚严肃认真、原则性强，而爸爸和伊赫娜天性活泼、爱玩洒脱，这样的性格特征造就了他们“不听话”的特性。多年后，负责照顾娜沃亚晚年生活的埃尔兹别塔·品德洛娃问起她童年之事时，娜沃亚回忆说，维斯瓦娃可以轻轻松松就让妈妈顺着她的心意，而她自己则要对妈妈言听计从。埃尔兹别塔女士认为，安娜女士对于大女儿娜沃

在博赫尼亚的卡罗琳娜外婆家

亚有着很深的影响，而小女儿维斯瓦娃则保留了自己的独立性。[1]

我们很难确认父母对两姐妹的家庭教育究竟是什么样子的，我们只能从维斯瓦娃只言片语的回忆中去拼凑自己的想象。辛波斯卡曾对比康特和什琴斯娜讲述过，妈妈总是督促她们的行为规范，而和爸爸可以聊天玩耍。她还回忆起，在她还不认字的时候，妈妈总会给她讲故事。当有客人来拜访她们的父母时，两姐妹总是躲在门后偷听。当她们因为顽皮而不得不面对惩罚的“暴风雨”时，她们就躲到客厅的钢琴下面。这件优雅的、资产阶级情调的乐器的唯一功能大概就是两姐妹的“避难所”，因为她们俩并没有学过弹钢琴。或许是她们俩未曾显露出音乐天赋，抑或是当时父母没有钱给她们请钢琴老师？娜沃亚在多年后给品德洛夫家的孩子们送书时还说过，她们俩小时候可没得到过那么多精美的礼物。甚至有些送给孩子们的书是她先读过的，比如全套的《绿山墙的安妮》。

当1934年安娜女士再次到拉布卡治疗时，姐妹俩在信中经常向妈妈汇报家中的情况。娜沃亚在信的开头写道：“最爱的阿妈！天哪，你不在，简直太让我们难过了。这想念也太难熬了。”伊赫娜更为自然地将思念加入到了对家庭日常的描述中：“没有你，这里空荡荡的。”她通过描述女佣的行为表达这种情感：“费尔佳经常会冲到餐厅里想问你什么问题，进去后才想起来，你去了拉布卡。”

安娜女士的两个女儿都很想在五旬节的时候去探望她，而且在这个问题上姐妹俩好像闹了不愉快：伊赫娜想在拉布卡待上一周，娜沃亚则因为妹妹更受偏爱而感到受伤，决定用自己攒下的

1 来自作者与埃尔兹别塔·品德洛娃的谈话。——原注

零花钱去疗养中心。辛波斯基先生结束了姐妹俩这场争吵，他告诉她们俩，大家一起去，就去两天。小娜沃亚就和妈妈告状说，爸爸想花 150 兹罗提买一顶礼帽，在她看来这简直是疯狂乱花钱。我们可以看出，在妈妈不在家的这段时间，大女儿认为她应该是这个家的主人，当然，她不至于可以独自挑战父亲的权威。她还告诉安娜女士，她去了莫西齐采和奥科齐姆旅游，在那儿品尝了美味的三明治和啤酒。克拉科夫暑热难当，“疯狂的佐西卡”——我们从后面一句话中可以猜到她指的是裁缝——还没把衬衫都缝好就走了。娜沃亚还抱怨伊赫娜霸道的占有欲，她不仅霸占了妈妈的床，“这还不够，还要来挤我”，“我就不向你提任何问题了，因为伊赫娜肯定会问个不停的”。在信的结尾处她写道：“我亲亲你的左眼，再亲亲你的右眼，吻你”，落款因无心的一个笔误显得十分俏皮：纳芙齐亚。她在另外一封信中使用的落款是“阿亚”。看来，要想给娜沃亚找个昵称还真不是容易的事。

伊赫娜果然在信中提了很多问题，看来她爱刨根问底在家里人中是出了名的。“拉布卡景色怎么样？住在那感觉怎么样”[……]“你经常出门散步吗？你去拉布卡的途中一路顺利吗？”[……]“你在拉布卡吃冰激凌了吗？”也许伊赫娜当时正处在这样一个年龄段（不管怎么样她还是个刚十一岁的孩子），或许她本身就是一个对世界充满好奇的孩子。她自己也提到过，当父亲被她无数个问题包围时仍非常耐心地回答，她有时还会在百科全书中检查父亲的知识是否正确，当然父亲从没让她失望过。在给妈妈的问题中也包括了“我哪天可以去找马乌高霞玩儿呢？或者哪天她可以来咱们家？你别担心，我们俩不会捣乱的，我们可不想让别人说我们‘把家折腾了个底朝天’”。

当然，丈夫也在信中向正在休养的安娜女士讲述了家中发生的一切。但是在他开始说这些事之前，他写道：“我唯一的爱人！思念之情，唯有信传。今日却还没收到你给我的任何一封信。”这对恩爱夫妻每天都会给对方写信，信写得情意绵绵，满纸爱意流淌。写信人当时不会想到，除了自己的爱妻外，日后还有其他读者。这些信件也充分体现了辛波斯基夫妇之间多年来的真挚情谊。

之前家中的各项事务都是安娜女士来操持的，当然文岑蒂先生也参与其中。他告诉妻子，收取垃圾运输费用的人来的时候，他刚好不在家，所以他要去巴尔斯卡大街缴费。其中一个租户带着歉意表示，这周他还是没钱交房租。显然，这种情况已经发生了不止一次，因为文岑蒂先生准备要和律师见面解决这个问题。他在信中也列举了自己已经解决的事情，比如他已经交了失业金、煤气费，第二天还会去把电费交好。他在信中问道：“什么时候该缴房屋租赁税呢？”他还向妻子转达了其他关心她身体状况的亲友们的问候，提到了绍科夫斯基先生已经把《火与剑》那本书还回来后，想要帮他的女儿克雷霞再借《洪流》读一读，因为“她在得了麻疹之后感到身心疲惫”。他准备带着两个女儿坐周六14时48分的火车，还提到他会把“早上新鲜宰好的”小鸡仔从博赫尼亚给她带到拉布卡去。很明显，安娜女士明确地告诉了丈夫要给女儿们这次出行准备什么样的衣服。文岑蒂先生引用了扬·赫里佐斯托姆·帕塞克所写的《回忆录》中的一个故事，开玩笑地反驳道：“当他履行承诺步行前往琴斯特霍瓦时，她的母亲坐在马车里，他们是去参加耶稣升天节的，当时天气炎热，田地干涸。

但是当他们返回的时候，却天降大雪，都无法坐马车下山。”然而妻子那些条条框框的规定并没有框住文岑蒂先生的温柔，他在信的最后写道：“亲吻你的小手和嘴唇”，落款是“你的奴隶小文”。

第二张信纸又被姐妹俩占满了。伊赫娜显得有些语无伦次，一股脑地把所有事都写了上去。她在信的开头写道：“我最可爱的甜心可咪！”仿佛准备打破溢美之词的纪录。娜沃亚也不甘示弱：“我最亲爱的宝宝妈咪！”伊赫娜在信中表达了对于班级出游去琴斯特霍瓦而不是去利沃夫而感到的沮丧。但是除此之外，我们能读到的全是迸发出的热情：“所有事都让我兴高采烈，无论是来拉布卡看你还是去琴斯特霍瓦游玩。[……]还有，我们会去下姆沙纳度假，爸爸已经答应我了，会叫人在那里帮我搭一个球千[1]。棒不棒？”伊赫娜仍然经常会出现拼写错误，但在我看来这都不算什么，因为更重要的是她的性格开朗乐观，在各种情况下都能看到好的一面。她开心地告诉妈妈，她本来要在校长命名日那天在学校表演三人舞[2]，但是无论如何都打不开装有演出服的箱子——肯定是克拉科夫裙，但是万幸的是最后在娜沃亚的帮助下找到了钥匙。她还不经意地提起：“昨天马乌高霞【·斯坦尼斯瓦夫斯卡】[3]来了，我们俩在玩球的时候不小心把伊姆贝尔曼家的窗户打碎了。但是你不要担心，等你回家的时候，肯定已经都修好了。”

大女儿问妈妈的问题则更为实际：“我在来之前应该把头发

---

1 因为波兰语中“ch”和“h”发音一样，辛波斯卡错将秋千“huśtawka”一词拼成了“chuśtawka”。——译注

2 波兰西里西亚地区民间舞蹈，三人一组，每组含一名男舞者和两名女舞者。——译注

3 方头括号中的内容是作者在所引文字中补充的信息。——编注

虽然是假期，但是礼帽和手包的搭配可不能马虎

烫卷吗？我们应该把备用物品装在哪儿？是不是应该把它们和衣物分开装呢？我们要把连衣裙撞[1]在卧室柜子里的那个箱子里带来吗？”除此之外，她还写道：“今天夜里我这儿来了……一只臭虫！这是你去疗养后第一次。它顺利逃脱了，我早上才发现被咬了。”她还抱怨道：“伊赫娜真是太不听话了！你都无法想象给她洗澡时她鬼哭狼嚎的叫声。她从来都不愿意把身上的肥皂冲干净。”娜沃亚可比伊赫娜把球砸到玻璃这件事看得严重多了：“昨天对我来说简直糟糕透了，因为那个小巫婆马乌高霞来了。她们俩像两头野驴一样从早上疯玩到下午 4 点。她们把费尔佳“静”心打扫的门前过道弄得脏乱无比，又用球砸坏了伊姆贝尔曼家的窗户。爸爸

1 娜沃亚错把“装”（wziąć）拼写成了“wziąść”，这是波兰人最经常犯的拼写错误之一。——译注

看了还笑，就说了句‘让她们玩吧’。我已经气得想哭了。我最最亲爱的阿妈，你给伊赫娜写信，让她别再请那个小恶魔到家里来玩了！！”娜沃亚应该想到了，妈妈一定会站在她那一边，伊赫娜不得不（起码暂时）停止那些疯狂的调皮捣蛋，爸爸却总是饶有兴致地观察着小女儿的顽皮，也许从中他看到了快乐生活的真谛吧。幸好，这份快乐一直陪伴在小女儿左右。

辛波斯基一家的家庭生活再现主要是建立在他们旅行、周年纪念、各种节日期间的书信往来的基础之上，所以并不是他们生活图景的全面展现。但是这些保留在家庭档案中的图画、祝福卡片充满着自然真挚的情感，让我可以心甘情愿地不去计算这些资料究竟在他们生活中的占比有多少。在这些资料中，有一封给文岑蒂先生的命名日祝福，上面还画着一束栩栩如生的康乃馨。

> 爸爸，你的命名日是如此重要，又是如此令人喜悦，
> 所以今天我可以不去上学。

如果妈妈在，肯定是不会让这样疯狂的想法成真的，爸爸可能就会“网开一面”。尽管文岑蒂先生对姐妹俩更加放任，但是姐妹俩始终只是称呼他为“爸爸”。尽管妈妈严肃认真，要求很高，又非常有原则，但是姐妹俩却始终像小时候一样，以最亲昵的口吻称呼她。姐妹俩成年后依然在信的开头称呼她为“宝贝妈妈”“可咪”。也许安娜女士就喜欢这些昵称吧。

辛波斯基夫妇把伊赫娜的写作作品都保留了下来，辛波斯卡对此深表感激。当时他们二老肯定没想到，这些作品有一天会成为

诺贝尔文学奖得主的少年时代代表作。在她去世后，她这些年少时期创作的作品加入了插图和照片后，结集成册，以《左轮手枪的光芒》为题出版。辛波斯卡自己可能不一定愿意将这些作品公之于众，因为在她看来这只是她儿时的消遣娱乐罢了，她在其中并没有看出自己有任何诗歌或绘画天赋。但是对于读者们来说，这并非只是把她的早期创作东拼西凑在一起，因为无论是她的诗歌还是插图都非同凡响。这位未来女诗人儿时无心插柳的创作并非刻意选择的结果，把它们放到诗人后期创作的背景中去考虑也大可不必。但我坚定地认为，辛波斯卡年少时期的创作有着独一无二的特殊魅力。

与众不同的幽默感、与现实保持距离的讽刺是伊赫娜的鲜明特征，这些即使不是她与生俱来的，也是她在学会拿笔写字开始时就掌握了的技能。这就是她的消遣游戏：

在卡齐米日街上
住着几位小阿姨。
个个冰清玉洁，
生得羞花闭月。
她们都在拼命找老公，
但是没一个能让她们相中。
有时甚至还会出现，
根本没有合适人选。
我也想给她们些帮助，
因为我也想要个小叔。
可是我却什么忙都帮不上，

因为没有人愿意要我的小阿姨。
也许她们有自己的相好，
但是她们非常善于伪装。
是否真的什么也不会发生
是否也不应该再有幻想
也许没人做媒
空把岁月浪费
我可不能袖手傍观
任凭我的小阿姨变老姑娘
我怎么也得给两个阿姨找到对象
这样才能让小叔叔们给我买糖
无论是甜品屋还是咖啡馆
我慢慢沦陷在对甜蜜的疯狂渴望。

嫁人、做媒、女性之美……曾经对于女孩的教育中，最重要的就是要将她培养成未来的贤妻良母。显然，伊赫娜可不管这一套，她甚至还觉得有些好笑。

比康特和什琴斯娜请辛波斯卡回忆童年时，辛波斯卡对她们讲述，她曾很喜欢去电影院看电影，特别是去看那些给大人看的电影。马乌戈热塔·斯坦尼斯瓦夫斯卡（后随夫姓谢尔霍娃），那个曾经打碎窗户的“小恶魔”告诉两位为《辛波斯卡的纪念杂物、朋友和梦》一书收集资料的记者，正是当年欢乐影院（位于克拉科夫斯塔罗维希尔纳大街，一直到20世纪90年代仍在营业）放映的那部《会议在跳舞》（1931）点燃了这两位年轻的电影爱好者的热情。这是一部由莉莲·哈维主演的音乐喜剧。这部电影被定义为一部“电影轻歌剧”，以幽默风趣的手法讲述了1815年召开的维也纳会议期间亚历山大一世的罗曼史，于1931年首次上映。马乌戈热塔·谢尔霍娃还提到了《摩洛哥》和《蔚蓝天使》两部画作，除此之外也表达了她们年少时对葛丽泰·嘉宝和玛琳·黛德丽出众才华的由衷钦佩。她们也曾迷恋埃罗尔·弗林、加里·库珀和泰隆·鲍华，她们总是对着从报纸上剪下来的他们的照片赞叹不已。与自己的同龄人相比，她们俩的情感更为浓烈炙热：她们进行电影桥段扮演，并为自己设计出新的故事发展情节。她们都曾梦想能够成为明星、演员，演一场与贵族——最好是法国贵族——谈恋爱的浪漫场景。她们的同学中只有一个人实现了这些姑娘少女时代的梦想——那就是达努塔·米哈沃夫斯卡。她真的成了一名女演员，在波兰被占领期间她就开始在狂想曲剧院登台演出。

达努塔·米哈沃夫斯卡讲述了她们这些出身名门贵族的女孩子们在大卡西纳期间发生的故事，女生们当时来到了乌尔苏拉修女的村舍居住。其中一个女孩子的哥哥来看望她，当时很多小女孩都对这个大男孩一见倾心。为了能让自己小鹿乱撞的情绪得以释放，她们建议他一起玩印第安人的游戏。她们把他绑在了树上，就这样绑了一夜。我不知道，伊赫娜当时是否也参加了这个游戏，但是她所创作的那首题为《山民之爱》的诗完美地体现出了她对情感生活的想象。

当最后一缕阳光
落在裹着浓雾的大地上
我与我亲爱的达努塔
漫步在山间。

哦！如果真需要
我愿将我的一切奉献给她
哦！只要她想要
我愿倒在这大地上。

我们站在
吉尔拉赫的顶峰
她莞尔一笑问道：
要是我从你身边跑掉
亲爱的，你该如何是好？

突然大雪纷飞，而她坠入深渊
只剩我形只影单，
而她命悬一线
她猜对了。

第三章

遗产

20世纪30年代初，经济大萧条的阴影笼罩着整个世界，充斥着破产和财富崩塌，货币汇率飘摇不定，许多企业和商店都关门了，大批移民如潮水般涌去美国。辛波斯基一家遭受着这场经济危机的双重打击：文岑蒂先生寄予厚望能够赚钱的托伦糖厂股票一跌再跌；波兰矿泉水公司的股票命运也同样悲惨，当时扎莫伊斯基伯爵曾将该公司的股份作为工资支付给员工。这是击向辛波斯基一家家庭财务预算的第一记重拳。而第二拳，比第一重打击的影响还要严重很多：库尔尼克基金会的财务状况陷入了困境。我们应该还记得，基金会是要每个月支付辛波斯基先生300兹罗提终身养老金的。1932年，基金会将这个数额缩减至一半，然后在接下来的一段时间根本没有支付给辛波斯基先生这笔钱，通过这种方式向这位曾经的庄园主管施加压力，使他不得不接受巨大的工资削减。辛波斯基除了被动接受，还能做什么呢？辛波斯基一家的生活本就不是挥霍无度、一掷千金的，如今更是要勒紧裤腰带了。除此之外，公寓里的租户们也都陷入了财务困境……

辛波斯基一家通过墨守成规的记账方式来管理家庭财务预算。在保存下来的账本中，我们可以看到他们清楚地记录下了所有家庭收入和支出。我们也可以从这些记录中确定，1935 年的家庭收入与 1934 年相比少了近 1 000 兹罗提。在家庭支出中占最大比例的就是缴税：1934 年他们缴了 2 565.13 兹罗提，1935 年他们缴了 2 049.59 兹罗提。这份账单中的其他支出项目在很大程度上体现了当时辛波斯基一家的生活。“房屋：修缮、电灯、门卫、烟囱、垃圾、楼梯、保险；佣人：工资及支付医疗费。”这里可以看出辛波斯基一家是非常善良慷慨的，因为很少有人会替用人支付保险和医疗费，甚至一些位高权重的资本家都尽量去躲避这一项额外的支出。所以，用人和保姆们在二战后都还和安娜女士保持着联系也就不足为奇了。辛波斯基一家也替看门人支付了医疗费，并且在 1935 年还给了他暑期度假补贴。其他用于家庭的支出包括取暖、电费（1935 年节省了将近 40 兹罗提）、煤气费、医生诊疗费和药费（1934 年此项的支出费用更高，有 365.4 兹罗提，但是他们应该不会在医生和药费上节省）。除此之外，还有用于旅行和电影票及剧院演出等享受生活乐趣的支出——在这一项他们也节省了将近 50 兹罗提。享乐是最快被理智现实击打得体无完肤的。他们在购买命名日和圣诞节礼物、家用电器、四个人的衣服开销上并没有节省。伊赫娜和娜沃亚的学费分别是 1 005 和 1 097 兹罗提。除此之外，辛波斯基夫妇还买了 70 兹罗提的国债[1]。

也许对未来诺奖得主父母的开销进行如此诘究本末的调查并无太大意义，因为毕竟辛波斯卡本人当时对于家庭收支并起不到什么直接影响。但是我却觉得，人花钱的方式很大程度上体现了他们的生活态度。维斯瓦娃的家风令她秉持着真诚对待并尊重每一份工作的原则。辛波斯基夫妇非常注重为家人挑选礼物，从每年的年度开销清单中都要把这一项单独列出就可以看出。他们夫妇俩认为，情感需要表达，而礼物正是实现情感表达的重要方式。这种潜移默化的教育一定是姐妹俩的成长过程中一个重要的部分。在辛波斯卡晚年——我那时候已经与她结识，她总是对送礼物很花心思，送给朋友们的礼物总是很合时宜。她去有小孩的朋友家做客时，总是会单独给小朋友们带些可爱的小礼物。

1936 年 8 月，库尔尼克基金会正式通知辛波斯基先生，完全停止向他支付养老金。这个决定对他无疑是一个非常沉重的打击。日子一天天过去，辛波斯基先生逐渐失去了养家糊口的基础。多年来他尽职尽责地为扎莫伊斯基伯爵家族管理庄园和土地，为他们赚得了可观的收入，可如今竟落得个如此下场。文岑蒂・辛波斯基先生传记的作者克拉瓦日博士[2]认为，基金会停止支付养老金这件事如同是把棺材上最后一个钉子也钉死了，彻底压垮了这位昔日的扎科帕内庄园土地大主管。辛波斯基先生很长时间以来都有一些健康问题，但都不是什么严重的大问题，因为他一直身体素质

1 国债是波兰在第二次世界大战之前为了应对财政赤字于 1933 年开展的经济措施：公民购买年利率为 6% 的国家债券，政府将在 1944 年偿还。——原注

2 他是《波兰传记大辞典》中词条“文岑蒂・辛波斯基”的编撰者。——原注

很好，常常和两个女儿一起玩耍，特别是要陪伴伊赫娜这样精力充沛的孩子，对体能的要求是非常高的。他在假期的时候经常带着两个女儿到波特古热区玩耍，他还特别喜欢散步，所以在保存下来的那些家庭旅行的照片中，很多都是全家人漫步在田野中或草坪上时拍摄的。他可能患有冠心病，体重超重还抽烟。但是很明显，是巨大的压力把他置于死地，他于 1936 年 9 月 9 日因心脏病离世。

对于妻子和两个女儿来说，辛波斯基先生的离去犹如天塌地陷。全家人一直亲密无间，彼此感情深厚，从那些充满着爱意的书信往来就可以感受得到，如此真挚的情感绝非只是纸上空谈。为辛波斯卡拍摄诺贝尔奖颁奖纪录片的拉尔斯·赫兰德曾经问过她和父母的关系，辛波斯卡坦然表示，她对父亲的爱甚至是歇斯底里的。她也曾告诉比康特和什琴斯娜："和父亲是可以谈心倾诉的，而妈妈陪伴长大，要看着我每天是不是把脖子和脸洗干净了、

文岑蒂·辛波斯基先生

袜子是不是换了新的。妈妈并不是一个多姿多彩的人。她坚强独立，从不畏惧直面生活中的困难，在战争期间生活变得异常艰难时更是如此。”[1] 文岑蒂先生作为养老金领取者，时间相对自由，他把大量的时间都花在了抚养女儿上，特别是对伊赫娜。一起散步、一起读书、长时间的对话交流都在他们之间建立起了不可替代的纽带，将他们紧紧相连。他们之间的对话一直影响着日后的辛波斯卡，她十分欣赏畅所欲言、引经据典的谈话和风趣幽默、畅所欲言的谈话者们。辛波斯卡自己也是一个对话大师，轻松却不轻浮。她常常用戏谑的方式掩盖自己细腻的关切，而她从不吝惜对朋友的真挚关怀。

在当时并没有背着孩子谈论死亡的习惯，人们说起“死亡”也不会遮遮掩掩。死了就是死了，不会像今天似的说“离开了”，只是或多或少地戏剧性地结束了生命，“离开了满是泪水的山谷”，将至亲留在了这片难以抚慰的悲恸汪洋之中。家里人都来参加了葬礼，也都不遗余力地对安娜女士和两个孩子表达了哀悼和同情。在葬礼后的丧宴上，大家都纷纷追忆逝者，亲朋好友的支持应该能够抚平一些失去至亲的痛苦。辛波斯卡姐妹俩在之前肯定已经参加过葬礼了，比如神父毛雷齐·罗特蒙德的葬礼。她们也曾经见过毕苏斯基元帅的盛大国葬仪式。但是这些都和这次不一样。安娜女士曾记录下：“1936 年 9 月 9 日上午 9 点，小文死了。”当文岑蒂先生病危去世时，两个女儿是否在他身旁，我们不得而知，但是对于她们俩的沉重打击是可想而知的。哪怕只是日日面对以

1 安娜·比康特，尤安娜·什琴斯娜，《纪念杂物——维斯瓦娃·辛波斯卡传记》，克拉科夫，2012 年，第 60 页。——原注

泪洗面的母亲，已经让两个女孩难过万分了。

我们对于十三岁的伊赫娜经历父亲葬礼时的心情所知甚少。多年后，她才在所写的诗歌中重提失去父母的痛苦感受：

记忆终于找到了她一直所寻觅的。
我的母亲找回来了，父亲也出现在我眼前。
我给他们梦了一张桌子、两把椅子。他们坐在那儿。
他们待我一如从前，他们又重新活在我身边。
在这黄昏时分她们的面庞如两盏灯般
闪闪发光，就像伦勃朗的画像。

直到现在我才能说出口，
多少次他们都在梦中徘徊，多少次在看热闹的人群中
我把他们从车轮下拉出，
多少次在弥留之际，手握得再紧，他们也还是离我而去。
…………
尽管他们已经在我之外，感受不到疼痛，那又如何？
可他们在我的心里感受得到。
…………
好了，终于来了。
在某个平凡的深夜，
一个普通周五过渡到周六的夜，
他们突然来了，是我一直渴望的模样。
他们在做梦，但又好像摆脱了梦境的束缚，

他们只遵从自己的内心，仅此而已。
在这幅画的深处，所有可能都熄灭了，
偶然也没了必然的形状。
只有他们闪着美好的光，因为就和本身的模样一样。
是他们让我感受到了悠远绵长的幸福。

（《记忆终于》，选自诗集《百般快乐》，1967 年）

安娜女士不仅失去了一直深爱着的丈夫，还失去了面对日常生活中的困难时的所有支持，而难题也如雪崩般滚滚而来。其中最大的问题就是财务问题。文岑蒂在 1933 年 3 月 20 日立下遗嘱，尽管他肯定当时没想到自己会突然离世，只是以防万一对财产进行了分配。他后面起草的一份遗嘱草稿也被保存了下来，但是和在法庭上作为证据提供的版本出入甚大。在手写的遗嘱草稿中，两个女儿是财产继承人，她们可以获得拉齐维沃夫斯卡大街上的这座公寓属于他的部分，也就是这栋楼的一半。这栋楼是当时辛波斯基先生唯一的财产，这样就意味着他肯定在之前就已经把股票都抛售了，或者那些股票全部都赔光了。文岑蒂先生特别强调，女儿们未来的丈夫不可以分得他留给她们的财产，在两页纸的文件上他甚至重复了三次。为什么他要特意强调呢？我们不得而知，或许他就是不喜欢当时追求姐妹俩的那些男同学们，因为很难想象他是担心别人贪图女儿们的嫁妆。他还在遗嘱中附加了一条：“如果当我去世时，我的女儿玛丽亚 · 维斯瓦娃还未满十八岁，我希望能够为她指定一名监护人。”字迹到这里戛然而止，他心中伊赫娜法定的监护人人选是谁我们无从得知，但是我们可以想到，他在准备这封遗嘱的时候，娜沃亚已经满十八岁了，也就是说最早有可能是在 1935 年，也就是他去世前一年写的。一定也是因为这封遗嘱并没写完，也没签字，所以法院只承认之前立的遗嘱文件的有效性。在这份遗嘱中并没有关于女儿未来丈夫的部分，但却有一段对自己爱妻的温暖告白：“即将离别之际，我想向我的挚爱、我的妻子致以最诚挚的感谢，感谢她，让我在我们如阳光般明亮的幸福婚姻中始终被爱、真心和深情所包围。愿主保佑她生活幸福，顺利把女儿抚养长大。”辛波斯基在遗嘱中也对两个女儿有所寄语，一直强调，她们是他生活中的快乐源泉。希望她们俩能尊敬母亲，要永远记得她“是她们最好的朋友，对她们的最伟大的爱始终如熊熊烈火”。他还提到了自己的经济窘境，因此没有什么能够留给亲人们，除了“一个正直之人的良好声誉及一颗爱国波兰人的赤子之心”。在遗嘱的最后，他请求妻子在他死后继续培养两个女儿对天主教的信仰及“对波兰忠诚且甘于奉献的爱”。两个女儿对于父亲提出的后一条要求始终严肃认真地对待。

当时的法律中并没有免除至亲亲属的遗产继承税，所以辛波斯卡母女三人不得不根据公寓楼的估值来缴纳遗产税。

在由公证员弗瓦迪斯瓦夫·沃津斯基（作为公证员博古斯瓦夫·帕约尔的代理[1]）所撰写的“完成遗产分配协议书”中写明了遗产分配方式。1933 年 3 月 22 日文岑蒂·辛波斯基所立下的遗

1 维斯瓦娃肯定不知道，这位负责她父亲遗产问题的公证员的孙女玛丽亚·帕约尔，婚后改姓为马库赫，就是自己多年的好友玛丽亚·马库赫。——原注

嘱且被认定有效的遗嘱补充说明[1]是分配遗产的基础依据。“未成年的玛丽亚·娜沃亚·辛波斯卡和玛丽亚·维斯瓦娃·辛波斯卡的监护人为安娜·辛波斯卡（父姓罗特蒙德），[……]同时将财产委托授权予她管理。”因为从法律的角度出发，母亲和女儿之间存在继承利益矛盾，所以要指定“保佐人”。据估算，“遗产净值”为 29 282.5 兹罗提。在遗嘱补充说明中还提到了一块赠予安娜女士未成年的侄子扬·罗特蒙德的手表，由他的母亲玛丽亚·罗特蒙德签字接收。

1937 年 6 月 1 日，在一切法律手续都结束后，安娜女士收到了一张 684.1 兹罗提的遗产税缴款单，需要她在 14 日内完成支付。安娜女士没有能力支付这笔款项，所以向“印花税缴纳局”提出了申请并且留了一张字条：“由于我丈夫病重去世及其他与之相关的各种支出，我陷入严重的财务困境，没有能力全额支付此项税款。”她提出了将税款分六次缴清的申请。在保存下来的文件中有她在之后的六个月中分期缴纳税款的记录，由此可见，她的申请得到了批准。在这份申请中，安娜女士提到了丈夫的病情，也许文岑蒂先生的离世并不像维斯瓦娃记忆中那样突然和毫无预兆。

辛波斯卡太太之前就有些健康问题，但是在文岑蒂先生去世后她的身体出现了严重的问题。我觉得，两个女儿并没有意识到问题的严重性，她们的母亲也是考虑到她们而更担心自己的身体状况——因为两个女儿还稚气未脱，尽管娜沃亚比伊赫娜的生活自理能力强一些，但还不能独立照顾好自己的生活。

1 遗嘱补充说明是后期对遗嘱的补充文件，包含在立遗嘱人死亡情况下财产的分配处置，没有明确的继承人。该文件可以代替之前的遗嘱或作为对该遗嘱的补充。——原注

安娜女士在信中向自己的一位女性好友或亲戚倾诉了自己的困难，随后她也收到了回信，但是这封信的签名落款却模糊得无法看清。这位回信的女士宽慰“小安安”，通过手术都可以很顺利地去除像她确诊的这种小肿瘤，她自己之前就做过这样的手术，尽管十个月都躺在床上动弹不了，但是现在活得好好的。她还提到了一位医生的名字——鲁特科夫斯基教授——正是他给她做的手术。这位友人还建议小安去查一下，这位医生是否还在工作，因为她是十几年前做的手术了。看来，安娜女士的身体问题已经很严重了，因为在这封回信中有祈祷上帝会保佑安娜的安慰之词，上帝一定不会任由苦难折磨她的。这位女士写道：“愿主保佑你顺利进行手术，”她还保证，“我们一定还会见面的，而且不止一次，到时候我们一定紧紧拥抱，慰藉我们的心灵。”维斯瓦娃从来没有提过母亲的手术（至少在我所看到的信中从未提过）。在后来的某封信中她说到自己得阑尾炎的事时，提到她妈妈认为每个手术都有致死危险。所以很有可能安娜女士因为担心自己手术失败会令两个女儿变成孤儿而最终放弃了做手术。我们能够确定的事情只有安娜女士在 1937 年夏天去了拉布卡治疗，那位我们无法确定姓名的友人在信中表达，希望安娜女士能变得更健康更坚强。那位友人一定和安娜女士一样，都是非常虔诚的天主教徒。因为她除了坚定地表示上帝一定会关爱怜悯他的信徒外，还如同一个修女般谦卑地写道：“没有无忧无虑的生活，正是因为这些忧愁的存在，上帝才会一点一点地宽恕我们那些罪过，因为生命极为短暂，我们会回到主的身边，那时就真的是无忧了。”我不确定，这样的话对于一个刚刚失去丈夫的寡妇算不算得上安慰。很多事情都证明，

安娜女士和两个女儿

安娜女士勇敢地解决了很多忧愁烦恼。但是如若没有家人和朋友的帮助，哪怕她再勇敢、有再多精力也无济于事。

辛波斯基夫妇的多年好友——弗朗齐歇克·考辛斯基和斯特凡尼亚·考辛斯卡夫妇二人邀请了娜沃亚和维斯瓦娃姐妹到自己家来过暑假。他们住在扎科帕内，和安娜女士的友谊可以追溯到她在扎科帕内工作的时候，或许他们认识的时间更久，因为考辛斯基的父母与罗特蒙德家族在华沙的分支联系密切。对于安娜女士来说，这样的邀请有很多好处——她知道，她可以放心地将女儿交给她的朋友们，和他们一起在山中享受暑期时光，衣食无忧，考辛斯基也会对孩子们关怀备至。而且据说姐妹俩在那里吃住，考辛斯基夫妇没和安娜女士要一分钱。这样，安娜女士自己也可以安心在拉布卡疗养院多待一阵子，好好养养身体。通过姐妹俩写的信，我们可以想象她们在扎科帕内的暑期生活，此外还有几张她们在山中徒步以及和年轻人一起做游戏的照片。

在其中一张照片上，伊赫娜和一群小孩儿一起坐在草坪上，怀里有些笨拙地抱着一只刚出生不久的塔特拉山牧羊犬。她兴高采烈，脸上洋溢着灿烂的笑容，看得出来，她一定在和这个毛茸茸的小家伙说着什么开心的悄悄话。照片背面写着：“我和小狗。

山中之旅留影纪念

我的左边是考辛斯基家的小斯[1]。”在她的左边坐着三个小男孩，其中一个穿着童子军制服的小男孩手里也抱着一只小狗——这个应该就是小斯吧？伊赫娜身上穿着一件浅色的泡泡袖连衣裙和一双白色的便鞋。她的另一边坐着一个小女孩，可能比她年纪大一点，总而言之看起来很严肃。除此之外，照片上还有一只狗坐在后面，但是不太清晰。

娜沃亚在信中充分表达了对于斯特凡尼亚太太教育孩子方式的不满，她竟然不允许自己的孩子出去跑步玩耍，而且还总是给他们穿太多衣服。“斯特凡尼亚太太看见我们不穿长袜，只穿单薄的连衣裙，不穿外套和雨靴，总是特别惊讶我们怎么能穿这么少呢。她的孩子们还穿着秋裤。他们想出去跑跑，她也不让。幸好我们没把球带来，因为这对他们来说是禁忌的游戏——这游戏很危险，甚至可能致命。[……]就因为这些事，她的儿子们在全扎科帕内都出了名。”

伊赫娜和娜沃亚无意中意识到，她们的妈妈对她们并没有过度偏执的关心和照顾。幸好如此，不然情况可能变得更糟。斯特凡尼亚太太的教育方法总是高高在上的，但是伊赫娜也总能幽默应对。在那段时间她写给妈妈的信中，我们随处可见她如同做游戏般的遣词造句及戏谑讽刺的情节描述。

“最最宝贝的科帕内咪[2]！

“所有事情都已经搞定了，阿亚肯定都已经在自己那份‘官腔十足’的汇报信里给你写了。这里处处都是扎科帕内特有的味

1 小斯（Staś），斯坦尼斯瓦夫的昵称。——译注

2 辛波斯卡用自己创造出的一个词给妈妈起的昵称。——译注

道。车站的山民们都喝醉了（也许是为我们的到来而高兴吧，他们表达快乐情绪的方式真别致，是不是？）。

“下午我们骑着拉鲁斯（一匹膘肥体壮、自尊心极强的老马，真搞不懂这种蠢动物怎么好意思称自己为马）。考辛斯卡太太给我套上了一件毛衣（尽管我手脚并用，你懂吗？）。她还想给我围上围巾再让我穿上秋裤（她看见我光着两条腿的时候，无奈地两手一摊）。

“小扬和小斯每人都穿了两件毛衣、长袜、秋裤、短袜、雨靴、风衣，戴着围巾（这俩可怜的淘气鬼！他们俩死后肯定直接上天堂！）。考辛斯卡太太的关怀备至有点烦人了（尽管她是个非常善良的好人）：‘小扬，这么潮湿，你不要老张嘴说话。’‘小斯，你的腿不冷吗？’‘小伊，你把脖子下的扣子扣好了！’‘小扬，把你的耳朵盖好，冷风会把你吹生病的。’‘小斯，看在上帝的分上，你别跑了！’（小斯追着马车跑了一会）”

伊赫娜这个玩自造词游戏的爱好还分享给了马乌高霞·斯坦尼斯瓦夫斯卡，她在给妈妈的信中提到自己这位好友时，风趣地称之为“马猴高热塔”。在一封马乌高霞写给伊赫娜的信中，她以一个叛逆的青春期少女的口吻，请伊赫娜向“霍皮纳”[1]问好。可想而知，这是给娜沃亚起的昵称，我们据此也能看出，这两个小女孩没少惹那位严肃的姐姐生气。

对于一个十四岁的孩子而言，伊赫娜的写作风格极具特色。她轻松自然地就达到了逗笑读信人的目的，而且她自己作为写信

1 亨里克·显克维奇《火与剑》中的人物，是个女巫。——译注

人也收获了颇多乐趣。她的写作肯定有些夸张，又加入了自己的想象，但是又没有让妈妈觉得她所写的内容完全是杜撰的。她轻松幽默的笔触很难不令人暗暗赞叹，特别是和在同一个信封中寄出的娜沃亚所写的信相比。当然，娜沃亚写给妈妈的信感情真挚，如果换一种情况，她的信肯定被认为是写得不错的，但是如果和伊赫娜的写作内容与写作手法相比的话，就会显得过于严肃沉闷，尽管娜沃亚很希望能比得过自己那个聪明伶俐的妹妹。她在最后写道："关于这个家中所有发生的一切趣闻逸事都有伊赫娜来进行描述，因为她强烈要求要由她来做。"

而娜沃亚则向妈妈讲述了一些更为实际的信息，比如他们去山中旅行的干粮由马利安（应该是众多合影留念的男青年之一）来准备，她还提到了想给斯特凡尼亚太太做牛轧糖，这次出行忘记带卷发棒、鞋和裙子，等等。二十岁的少女帮助度假屋的女主人照顾小孩，尽管她可能并不是特别乐意，但是其实也还不错。她这样给妈妈写道："我带着小斯出去散步的时候，我就允许他随便跑。这个小伙子壮实得像一匹小马，可是斯特凡尼亚太太甚至不允许他下地走路。"她还向安娜女士保证，她和伊赫娜尽量不给考辛斯基一家添麻烦，她们俩如果去公园或者其他地方玩的时候都会自己出钱，她们会去采浆果带回来作为饭后水果，而且她们俩总是耐着性子听考辛斯基先生的抱怨。考辛斯基先生很喜欢来她们的房间给她们俩讲自己是如何和自己的消化问题做斗争的。她们俩也会照顾更小的小扬，出乎意料的是娜沃亚在提到他时十分直率："小扬特别喜欢黏着我，一整天都拉着我的手，就像个小跟屁虫。尽管他们家的教育方式很糟糕，但是孩子们特别可爱。"

对于有些最好不要告诉妈妈的事情，伊赫娜写起来也是直截了当，毫不隐藏。她向妈妈讲述了她们的出游："我们说好了带着'破气压表'去玩三天，但是天气糟透了，所以我们只去了一天。[……] 整个塔特拉山都笼罩在雾霭之中，绝对什么景色都欣赏不着，因为十步开外就完全看不到任何东西了。尽管如此，我们此行还是收获颇丰。我们走完了整个'鹰道'[1],所以我们把格拉纳特的三座山峰、公羊顶、默峭峰和扎夫拉特峰都走遍了，然后我们走到了黑池，最后回到了家。真的棒极了！我们不知疲倦地攀绳索、爬天梯、过索道，只要你愿意，有的时候还得手脚并用往上爬。最关键的就是，我们心情舒畅，'美食'可口。"信结尾处的落款是"你的阿尔卑斯山登山探险家们"。对两个没什么登山经验的姑娘来说，此次山中之旅堪比攀登阿尔卑斯山探险。如果天气真的像伊赫娜信中所描述的那样，那么达到"顶峰"的还有此次带她们出行的这些男孩子们很不负责任。现在想想都后怕，她们穿着裙子和普通的便鞋去登山，如果真的遇到暴雪等天气突变情况，她们该如何是好，而且塔特拉山七月飘雪的情况发生过不止一次。

娜沃亚向妈妈所描述的此次山中历险是一个相对温和的版本，但是她和妹妹一样，都认为此次旅行精彩难忘："最美妙之处莫过于我们那两次成功的塔特拉山之旅。第一次是一日游，第二次是两日游，我们周三还要去克希切利斯卡山谷。亲爱的可咪，你看，我们没有浪费时间，当我们回到克拉科夫时，我们一定是

---

1 鹰道是塔特拉山脉最艰难、最崎岖的徒步旅行线路。后面提到的四座山均在这条鹰道上。——译注

身康体健，而心中满载着此次旅行的精彩回忆。”姐姐还在信中提到了他们是如何克服“艰难险阻攀上一座座高峰”和没有做好这次出行的装备准备。除此之外，她还和妈妈承认，她的鞋在经历了这几次山中徒步后彻底坏了，她的厚短裙也破破烂烂。但是作为安慰，她告诉妈妈她的其他裙子几乎都没穿过，还有她的白皮鞋和漆皮鞋也是一样。两姐妹在去别人家做客的时候肯定是穿着漆皮鞋去的，因为安娜女士要求她们去拜访自己的多年挚友尤利娅·扎列斯卡、加布雷舍夫斯基夫妇和兹格莱彻夫斯基先生。是尤利娅·扎列斯卡推荐辛波斯卡姐妹俩去徒步爬山的，她告诉两姐妹（娜沃亚在给妈妈的信中写道）：“如果只是像考辛斯基一家似的只待在家里可太丢人了。”姐妹俩在离开扎科帕内之前又去看望了一次尤利娅·扎列斯卡，特别去感谢了她给她们一个如此棒的建议。

姐妹俩的信，尽管风格迥异，但都充满了从塔特拉山脚下寄给妈妈的爱与思念，祝福与亲吻。娜沃亚向妈妈保证，在安娜女士命名日那天，她们一定会真诚地为她的健康祷告。她还希望在拉布卡的疗养可以让妈妈恢复健康。辛波斯基家的大女儿肯定更加意识到，妈妈的身体状况并不理想，需要治疗和休养。

考辛斯卡女士自己也给安娜女士写了信，并请她放心，两个女儿都很乖巧可爱，她们在暑假期间相处得非常愉快。她在信中和安娜女士说：“我小儿子小扬今年刚满六岁，他特别喜欢这两个姐姐，每天他的童言稚语都会逗得她们俩哈哈大笑，我们也总是被孩子们的快乐情绪所感染。”但是，我们这位对孩子照顾无微不至的女主人却很担心姐妹俩吃得太少，活动量太大：“我就担心她俩太瘦了。”姐妹俩可没有这种担忧，因为她们所受的都是新式教育，喜欢户外活动及与大自然接触。

娜沃亚和伊赫娜的表妹万达·奈伊曼也经常在考辛斯基夫妇家中玩。之前，三个小姐妹就经常在博赫尼亚的卡罗琳娜外婆家见面。辛波斯卡两姐妹和自己的表兄弟姐妹们是亲密无间的好朋友，在很多合影上都可以看到伊赫娜、扬·罗特蒙德和万达三人相拥，开怀大笑。万达的母亲卡齐米拉·奈伊曼（父姓斯克塔）是安娜女士的表妹。当安娜女士刚刚成为辛波斯基先生遗孀时，卡齐米拉也决定对她施以援手，邀请了她的两个女儿在第二年去她家里过暑假。卡齐米拉和丈夫还有孩子们住在比亚沃维耶扎，1938 年的暑假伊赫娜和娜沃亚就是在那里度过的。也正因如此，安娜女士可以安心去拉布卡再一次接受治疗。

卡齐米拉的丈夫、万达的父亲——卡罗尔·奈伊曼自 1934 年 6 月起担任比亚沃维耶扎国家森林管理局的局长。他们一家人住在西维茨基公馆，这座建筑建于沙皇宫殿刚刚在比亚沃维耶扎建好时，也就是 19 世纪末。根据比亚沃维耶扎原始森林在线百科全书：“这座建筑共有十八个装潢舒适的独立房间，还有浴室、公共餐厅和台球室。这里供沙皇的随从居住，他们负责在沙皇来比亚沃维耶扎森林打猎时服侍陪伴。俄罗斯大公尼古拉·尼古拉耶维奇是这里的常客，他非常喜欢在鹿发情的季节去比亚沃维耶扎原始森林散步。”[1] 20 世纪 20 年代波兰画家莱昂·韦楚科夫斯基曾在这里居住过一段时间。

1《西维茨基公馆》/《猎人之家》，由彼得·巴伊科编撰，比亚沃维耶扎原始森林在线百科全书，网站地址：encyklopedia.puszcza-bialowieska.eu。——原注

西维茨基公馆坐落于宫殿花园之中，所以姐妹俩有充分的空间玩耍，她们自由地穿梭于那些被园丁精心修剪过的参天古树和郁郁葱葱的灌木林中。她们当时的玩伴就是奈伊曼夫妇的两个孩子——万达和她的弟弟亚采克。伊赫娜和万达年纪相仿，关系也很好，直到20世纪70年代都一直有书信往来。

尽管卡罗尔·奈伊曼担任局长的时间仅有五年（他1939年9月被苏联军队逮捕，后被内务人民委员部审讯，死于明斯克郊区的集中营中），却给比亚沃维耶扎原始森林留下了宝贵的财富。“他心系比亚沃维耶扎原始森林，始终秉承适度开发的原则，注重保护原始森林珍贵的自然价值。他一直坚持种植树木不应该以经济利益为导向，密切关注原始森林某些林分内部的疏伐实践工作的开展。”[1] 他还建立了驼鹿自然保护区，旨在保护这种可爱的动物免遭灭绝之灾。

卡齐米拉·奈伊曼曾是一位教师。[2] 她住在比亚沃维耶扎期间应该没有从事职业的教师工作，她光是打理这座接待政要、科学家和艺术家的公馆就有忙不完的事情。在丈夫遇难后，波兰仍处于被占领期间，她回到了家乡博赫尼亚去工作。但是在1938年谁也没想到事情发生了天翻地覆的变化。奈伊曼夫妇接待了一群非常重要的客人，就像伊赫娜在信中写的——“全是教授和医生”，所以奈伊曼夫妇给孩子们准备了丰富的暑期娱乐活动：网球、排

1 由彼得·巴伊科编撰，比亚沃维耶扎原始森林在线百科全书，网站地址：encyklopedia.puszczo-bialowieska.eu。——原注

2 作者除了参考比亚沃维耶扎原始森林在线百科全书上的介绍，还参考了维基百科。——原注

球、游泳、皮划艇、自行车和短途旅行……

伊赫娜和阿亚之前没怎么打过网球，也没有去游过泳，肯定也没有自行车。光是交学费就已经花光了家庭预算中用于孩子的开销。十五岁的伊赫娜充分享受着假期带给她的这次机会，“骑上了万达那匹铁马”，学会了游泳，随着码头的留声机轻轻摇晃着双腿……然而最令她兴奋的还是和原始森林的接触。她在给妈妈的信中对此赞不绝口：“我们拥抱着百年参天古树”，“我们在茂密的灌木丛和七零八落倒在地上的腐烂的树干堆间穿梭”。为了减少一些如此悲凉场景的描述，伊赫娜还写道：“比亚沃维耶扎的城徽上除了欧洲野牛应该再加上蚊子。这两种动物才是这片美丽森林的象征。也正是因为它们，地球上没有一个地方可以和比亚沃维耶扎相提并论。”辛波斯卡两姐妹还有机会体验了猎鸭，根据伊赫娜的叙述，猎鸭没有造成鲜血淋漓的场面。让她颇为高兴的是，那些猎人并不是百发百中，所以没有任何事影响到她与自然的密切接触。

十几岁的伊赫娜所写的信最令人惊艳的还不是她那成熟巧妙的写作风格，而是她敏锐而细腻的观察力。通过精巧的用词创造出一幕幕充满性格鲜明的人物的场景，如同一部话剧。其中更不乏风趣幽默与机智讽刺，一封原本普通的书信俨然是一部文学作品。

> 林深之处！森林是什么？对猎人来说，意义显而易见。是天堂？这比喻真蠢。在这片领地上，那个帽子上插着羽毛、肩膀上扛着双管猎枪的人双颊潮红，悄然潜行，一会儿蹲下，一

会儿左顾右盼，走过泥泞的水坑，兴奋不已地观察着周遭的一切，然后举起猎枪瞄准，射击。一般来说（这是基于我个人宝贵的观察所得出的结论），子弹穿破了……比用化学试剂清洗过还要干净的天空。

诗人将迷失在灌木丛生的荒野中，他将步履蹒跚，双眼如饥似渴地欣赏着鬼斧神工的斑斓色彩，在终于回到家以后，在享受完一顿丰盛晚餐以后，他把自己锁在房间里“奋笔疾书”，要浪费掉十几张干净的白纸和一夸脱墨汁。

还有一位来自华沙的摩登“女郎”，她眼中原始森林与众不同。她给自己的好友写信说："我们像疯子一样开车，终于停在了赌场门口。我跳舞跳到精疲力竭。那儿的香槟芬芳可口……"

所以每个人置身于原始森林之中，都会收获不一样的感想。但是我和他们任何一个人都不一样。

若我身背猎枪，每分每秒我都会踌躇不决，而那些野鸭则完全可以无忧无虑，无须担心自己的生命安全。

我也不当诗人，做出这个选择是为了节约纸和墨水。

再说说那位华沙女郎……我觉得，上苍会保佑我不遭此厄运。

森林对于我来说，是一个完全不一样的事物，然而上一次的狩猎也让我终生难忘，而且是以一种非常愉悦的方式令我难忘。

我们和一群快乐的猎人兄弟一起去了森林里。全是教授和医生，其中还有一位非常知名的外科医生尤拉什和他的太太。阿亚说这位先生英俊帅气，而我却觉得他不和蔼可亲，他的眼神总是像要做“外科手术”。波兹南的雅各布斯基教授也来了，他曾参加了第一次和最近一次从波兰赴乞力马扎罗的探险。总而言之，这是非常值得去结识的一群人。过几天《波罗的海传奇》的创作者诺沃维伊斯基就要来了，所以我一定能够认识他。

[……] 我们享受着酷暑、阳光，如此炎热的天气让我在家里一分钟都待不住。如果“大气”不妙，我们就去馆藏丰富的阅览室读书，那里有很多各种各样的有趣读物，有国内的也有国外的。我在姨妈的藏书里找到了一本普鲁斯写的不知名的书，我在非常认真的读这本书。这本书比较深奥，我就更需要花更多精力，尽管这本书很难，但是也让我学到很多东西。我有时候也真的不知道该先干什么。是沉浸在普鲁斯的书中，还是出去骑一会儿自行车？是听听收音机，还是去码头岸边听留声机？是骑马去打牌，还是坐火车去打猎？真是甜蜜的烦恼啊，对吧？真心希望你也有这样的烦恼。

伊赫娜

落落大方的伊赫娜非常喜欢住在姨妈家的这些宾客们，而且她还知道“致命外科医生”、“雅各布斯基教授”和“《波罗的海传奇》的创作者”。

那位知名外科医生就是安东尼·托马什·尤拉什，他是波兹南知名的骨外科专家、外科诊室的创立者、几个重要学术协会的创始人，并担任波兹南大学的副校长和医学系系主任。他们在原始森林相识之后大概一年，在九月德国闪击波兰时，尤拉什教授就开始在莫德林为国防守卫军开设野战军医院。

安东尼·弗瓦迪斯瓦夫·雅各布斯基是一名军人，也是一位动物学家、大学教授，他年轻时曾穿越当时的坦噶尼喀和肯尼亚，研究东非尼亚萨湖和鲁夸湖区域内的动物群。他不仅仅因登上了乞力马扎罗山（1910 年），也因他在一战期间参加波兰军团保家卫国的英勇事迹而闻名。他于 1939 年 11 月 8 日被捕，他先后被关押在科曼恰、萨诺克、塔尔努夫和克拉科夫的监狱中，然后又被关进了奥斯维辛集中营长达四年之久，之后又被关进了毛特豪森监狱。雅各布斯基教授一定是一位勇敢坚定的人，在 1945 年 5 月被美国人释放后他又加入了波兰第二军团，当时他已经六十岁了。

伊赫娜提到的那些“非常值得去结识”的人中的最后一位是作曲家费利克斯·诺沃维伊斯基，他也是管风琴演奏家、指挥家和教育学家。他在 1910 年举办的庆祝格隆瓦尔德战役胜利五百周年的纪念活动中，为由玛丽亚·科诺普尼茨卡所创作的《宣誓颂歌》谱曲后，指挥合唱团在克拉科夫马泰伊科广场演唱。他也因此而大受欢迎。伊赫娜知道《波罗的海传奇》这部歌剧，也可能是她在表姨家时听他们说过。我猜测，作曲家诺沃维伊斯基此行一定是和《比亚沃维耶扎交响曲》的创作有关。奈伊曼夫妇尽管住在一间“温馨小屋”中，但是他们的房间里有一架钢琴，可以供作曲家使用。这位作曲家和前面提到的两位大学教授一样，都来自波兹南。但是诺沃维伊斯基也和克拉科夫密不可分，因为他在一战前曾住在那里，在二战期间一度曾躲藏在克拉科夫。

在伊赫娜眼中，在比亚沃维耶扎的快乐生活更具重要意义则是因为她可以自由地去表姨家的藏书室看书。我们也因此知道了她在那里过暑假的时候在读普鲁斯的书，并且可能还读得饶有兴致，起码是非常认真地在阅读。这个充满“甜蜜的烦恼”的暑假令这位十五岁的开朗少女非常欣喜，她以极高的热情拥抱着每一件新鲜事物：无论是毫无限制的各种可能性，还是和那些知识丰富又十分重要的人的会面，以及比亚沃维耶扎原始森林。

娜沃亚更务实，但是在信中同样难掩对此次比亚沃维耶扎之行的满意之情：“在姨妈家简直太好了，我从没想过，我们能这么开心。我们什么都不缺。饭菜也很可口（姨妈家的厨师很棒），我们有一间很温馨的、带盥洗室的房间，冷水热水都有，我们做各种运动，也充分享受快乐。[……]我觉得，我仿佛生活在梦中。比亚沃维耶扎之行一定是我今生最难忘的经历之一。”

娜沃亚因为安娜女士要去治疗而提早结束假期返回了克拉科夫，伊赫娜则在比亚沃维耶扎再留了一段时间。大女儿从妈妈手中接过了和公寓楼租户相关的工作并且非常认真严肃地对待，从她专门用来记录账目情况的笔记本就可以看出。她是自己从比亚沃维耶扎回克拉科夫的，那时她已经是个成年的大姑娘了。她在信中向妈妈描述了她的首都一日行：“[……]我是早上到达华沙的，我一整天都气喘吁吁地忙着参观这座城市，我去了瓦津基皇家公园、国家博物馆（棒极了），晚上我动身前往克拉科夫，我累死了。”她还说，“从明天起”就要开始好好学习了，因为她还有很多东西要复习，但是时间已经不多了。看来娜沃亚在学校落下了什么功课，估计是要补考吧？也许她在上什么补习课或者已经开始上大学了？关于娜沃亚的受教育情况我们了解到的信息并不多。

表哥扬·罗特蒙德到时会把伊赫娜从华沙带回克拉科夫，路上他们还计划要去扎耶夫斯基甜品店买蛋糕（娜沃亚经常说那家甜品店的点心很美味）。

比伊赫娜大不了多少的扬不是第一次照顾表妹了，在前一年他就曾把她送回了家。他给自己的姨妈写信说“我会把伊赫娜带回家的”。伊赫娜却完全忽略了旅途中扬的付出与陪伴，给妈妈写道：“无论怎样我又回来了。有一只公鸡、三块糕饼和四公斤蜂蜜做伴，旅途非常愉快。”这些“旅伴”肯定都是扬帮她一直拿着的。

安娜女士一直努力让孩子们过好暑假，一方面是为了她们的健康着想，另一方面也是希望，新的经历可以对她们起到积极的影响，并帮助她们从失去父亲的悲伤中走出来。假期旅行是一种非常具有力量的情绪助力方式。姐妹俩在假期中需要结识新的人，熟悉陌生的环境，应对毫无预料的情绪。假期旅行让她们融入到成年人的世界当中，让她们变得成熟。父亲的离世对于和他关系更紧密的伊赫娜来说也确实意味着童年的结束。幸好，她走向成年人世界的第一步不是在悲伤的哀乐的伴奏中迈出的。

真正的天崩地裂其实马上就要到来，而辛波斯卡两姐妹对此却丝毫没有察觉。

第四章

战争

自 1938 年 9 月起，人们对于战争的恐惧越来越深。克拉科夫也开展了多次防空警报演习。克拉科夫的地理位置与德意志帝国相邻不到 100 公里，离纳粹的新同盟国——斯洛伐克的边境也很近。[1] 自 1939 年 3 月起，市政府就鼓励市民参与防空和防毒气志愿服务，8 月开始挖壕沟和建避难所，并指定了公寓楼负责人以备战时行动之需，除此之外还建议市民们储备不易腐烂的食物和燃料。政府建议每个家庭都应进行“战时家庭物资储备”，其中包括“三十公斤土豆、十公斤粮食、蔬菜、腌酸菜及少量猪油、果

1 作者从安杰伊·赫瓦尔巴所写的《被占领的克拉科夫 1939—1945》一书和爱德华·库巴尔斯基所写的回忆录《在克拉科夫的德国人》中收集了关于克拉科夫在二战期间被德国所占领时的相关史实内容。——原注

酱、糖、熏五花肉、熏排骨、盐、咖啡和炼乳”。[1]

市政府也开始为克拉科夫大量的艺术品转移做准备。整座城市都在为应对德国袭击而忙碌着。政府还建议市民们把窗户用胶带以十字交叉的方式粘贴好，因考虑到防空安全，电车车窗也被涂成了蓝色。城市中开设了许多志愿兵招募点，一群群被动员起来的人们聚集在火车站，准备前往他们在全国各地的指定单位。“火车站熙熙攘攘，人来人往，过完暑假归家的人令火车站变得更为拥挤。孩子们和年轻人们也都回来了，尽管新学年开学的时间已经推后了。但是有很多原本暂时居住在克拉科夫的人也都离开了这里。‘天哪，这是怎么啦，怎么这么多人！’一位克拉科夫女市民感慨道，‘克拉科夫出现了很多来自卡托维茨、索斯诺维茨、别尔斯科－比亚瓦的人……路上到处都是军队的马车，开往华沙和利沃夫方向的私家车川流不息。每家每户门前的人们都在边聊边比画着什么’”。[2]

辛波斯卡家的母女三人一定也在“边聊边比画着”，她们在自己微薄积蓄允许的范围内买了食品和煤炭，把胶带十字交叉贴在玻璃上……她们还参加了壕沟的挖掘工作，也可能是观摩了别人的工作：“[……]人们在普兰蒂环城林荫道、残疾人广场和三诗人大街挖沟，要知道这条美丽的大街刚刚修建一新，大道两旁绿树成荫、灯火通明。无论是省长市长，还是老少妇孺都参与其中。”[3]

1 安杰伊·赫瓦尔巴，《被占领的克拉科夫 1939—1945》，第 8 页。——原注

2 安杰伊·赫瓦尔巴在《被占领的克拉科夫 1939—1945》中引用的海莱娜·内尔肯所写的《克拉科夫犹太人集中营日记》中的片段，第 9 页。——原注

3 爱德华·库巴尔斯基，《在克拉科夫的德国人》，第 15 页。——原注

终于还是发生了……1939年9月1日凌晨5点，熟睡的克拉科夫市民们被爆炸声所惊醒。低空飞过的飞机轰炸了位于拉科维茨卡大街的军营和克拉科夫火车站，城市中警铃声震天。我不知道是9月1日还是之后的某一天，一颗子弹击中了拉齐维沃夫斯卡公寓楼。我也不知道，这是轰炸火车站的炸弹之一，还是一颗射偏了的防空弹。不管怎样，公寓楼的楼顶和烟囱被炸毁了。辛波斯基家的三位女士从战争刚一开始就遭受了苦难。前文所引用的回忆录片段的作者爱德华·库巴尔斯基也住在位于市中心的弗罗布莱夫斯基大街。在9月3日的日记中他写道："(前一天的) 晚上我不顾警报声和女儿穿过荒凉黑暗的城市回到家中。每隔一小会儿就会听到震耳欲聋的爆炸声。城市漆黑一片，像死了一般。这幅景象触目惊心。我们贴着墙边，借助房檐的掩护一路跑回了家。在月光的陪伴下，我和妻子从晚上到半夜一直坐在房子门口执行防空值班工作。[……] 我们今天迅速陷入了极为激动的情绪中，因为整个轰炸中队如龙卷风般开始袭击了。我们家在铁道附近，炸弹震得房屋的墙壁摇摇晃晃，玻璃也被震碎了。看样子，我们的末日已经临头。[……] 在防空洞中耳朵里传来轰隆隆的轰炸声，眼前是纷纷落下的炸弹，我们的情绪沉重极了。女士们都纷纷向圣母玛利亚祈祷。"[1]

安娜女士不得不忙着解决屋顶修缮、烟囱重建，以及把惨遭轰炸后的阁楼上的一片狼藉打扫干净等问题。在那时，想要找到专业的维修工人去修缮如此严重的损毁，可能比在囊中羞涩的家

1 爱德华·库巴尔斯基，《在克拉科夫的德国人》，第21—23页。——原注

庭预算中拿出可以用于支付这项工作的款项还要困难。由于对火车站的狂轰滥炸，以及投掷在拉科维茨卡大街的炸弹，她们公寓的窗户都被震碎了。由于大部分人家的房屋窗户都遭受了类似的严重损坏，根本找不到人来安装这些窗户。居住在没有窗户的房屋中，而且由于防空要求必须熄灯，关于抢劫和掠夺的传言不绝于耳，可想而知，哪怕有人在几天的轰炸后还残存一丝安全感，此时也荡然无存了。

这个9月接下来的日子也是令人饱尝艰苦：商店门口排起了黑压压的长队，食物短缺，哪都买不到面包和牛奶。库巴尔斯基在日记中记下了那些不同寻常的景象："当有人赶着几头奶牛走过大街小巷时，这儿和其他地方的市民们——一般来说是妇女们，都从家中拿着容器来挤奶。"[1] 此时的普兰蒂环城林荫道上停满了德国装甲车。日复一日，克拉科夫渐渐变成了一座德国城市。瓦维尔皇宫变成了"城堡"，圣玛利亚教堂的号角声也沉寂下来，再也听不到教堂的钟声敲响。许许多多西里西亚省和大波兰省的人拥入克拉科夫，因为那两个省已经被并为德意志帝国的一部分了。克拉科夫的供给问题越来越严重，城市也越来越拥挤，因为这些逃来的人至少需要一个临时住所。安娜女士在自己的家中掩护了维托尔德·采利霍夫斯基，他与辛波斯基先生在库尔尼克时是多年好友。作为大波兰省的省总督，采利霍夫斯基知道，自己一定会被追捕。

由于辛波斯卡家离铁路很近，她们母女三人目睹了部分克拉

1 爱德华·库巴尔斯基，《在克拉科夫的德国人》，第27页。——原注

科夫市民逃难撤离以及波德两方军队交手，这些都是令人悲伤难过的场面。维斯瓦娃·辛波斯卡获得诺贝尔奖时所分享的关于战争的回忆并不多，但其中一次讲述如同在我们面前呈现了一幅格罗特盖[1]的画。“[……] 十六岁的维斯瓦娃看到，街道上到处拥挤着农用手推车，上面躺着头破血流缠满绷带的士兵。辛波斯卡提到这幅景象时说，她当时有一种奇怪的感觉，就好像自己是已经讲过无数次这样场面的一个陌生人。”[2] 也许她在当时那样的环境下看到了如今在波兰文化中经常出现的主题，即把为祖国流血牺牲、忍受痛苦神圣化。“我心中有个声音在说‘好，又来了’，辛波斯卡在面对拉尔斯·赫兰德时曾这样说道。”[3] 这一切一定对辛波斯卡的影响非常深，所以她至今都记得当时的感受。也许正因如此，她与过度渲染为祖国受苦受难的话题保持着距离。在她后期的作品中，战争题材十分罕见，但是总能引起非常强烈的共鸣。

克拉科夫的战争没有持续太久。1939 年 9 月 5 日之后，由于波兰军队向东撤退，以及为了避免城市遭到损毁，公民援助委员会的成员们打开了克拉科夫的城市大门[4]并在远处也能明显看到的地方和包围在克拉科夫西部及南部的山丘上挂上了白旗。

9 月 6 日早上 6 点左右，第一批德国军队从城市南边经毕苏斯基大桥驶入了克拉科夫。[……] 其他德军机构从卡尔迈利茨卡

---

1 阿尔图尔·格罗特盖（1837—1867），波兰 19 世纪浪漫主义画家。——译注

2 安娜·比康特，尤安娜·什琴斯娜，《纪念杂物——维斯瓦娃·辛波斯卡传记》，克拉科夫，2012 年，第 65 页。——原注

3 同上。——原注

4 这里是指由于克拉科夫城市历史悠久，城内文化古迹众多，市政府决定为保护城中珍贵文物建筑不被战火侵袭，故而放弃抵抗。——原注

大街和舍夫斯卡大街进入市中心。德军绕着市中心广场走了好几圈。许多战地记者一直追随着他们，其中就有人拍摄下了德军给波兰小孩糖吃的画面。

一千九百六十一个波兰被入侵的日日夜夜中的第一天就这样开始了。[1]

这一千九百六十一个日夜的每一天都充满了供给短缺、无法购买衣服和基本的电器、出行受限，总之原本生活中最普通的一切都变得困难重重。德军的"行动"却成了日常：驱逐、围捕、强迫劳动、抓捕开展文化及教育活动的公民、侵占房屋乃至整个街区、在街上随意开枪……他们无处不在地播洒着恐慌与痛苦。

我对于在波兰被占领期间辛波斯卡的生活所知甚少。她的回忆非常零散，而且她也根本不愿意回忆那段日子。在一连串被侵略的痛苦日子中，辛波斯卡清楚记得她最后一次去学校的事情。1939 年开学的日子推后到了 10 月 1 日，当时克拉科夫的战争行动已经渐渐安静下来。然而正常的日子却没能持续多久，因为从 11 月 11 日起所有的中学就都被关闭了，伊赫娜就读的乌尔苏拉修女会学校自然也停学了。修女们并没有放弃对女生们的教育，在几周之内她们就组织起了地下秘密教学。然而这所普通得不能再普通，有时甚至有点无聊枯燥、令人疲惫的学校，就这样走到了尽头。

伊赫娜参加在修女家中组织的秘密课程，这个学习小组的人数并不多。这是一个不错的传播知识的模式：老师与女学生们有

1 安杰伊·赫瓦尔巴，《被占领的克拉科夫 1939—1945》，第 18 页。——原注

了更多更深入的交流，女学生们也在这一特殊情况下更加奋发学习。若不是要冒着被逮捕和送去集中营的危险，这种学习模式应该是非常舒适的。然而，危险近在咫尺，占领克拉科夫的德军到处抓捕组织地下秘密教学的人，一次举报也许会令好几个人的生命危在旦夕，因此这就要求秘密教学必须开展得非常谨慎，所以学习小组的女生们每隔一天只和一位老师见面。她们还要非常小心地让会面表面看起来只是女生间的相聚而已。为数不多的由修女教授的课程是在修道院中进行的。

维斯瓦娃很幸运，没有碰到任何突发状况，顺利地接受教育，一直到 1941 年她十八岁的时候参加高考。考试由波兰语笔试、数学、法语笔试、波兰语口试、法语口试、拉丁语口试及历史口试组成。当时维斯瓦娃所获得的纸质高考成绩证书也是在二战之后由克拉科夫教育局下属的国家认证委员会颁发的。委员会于 1945 年 8 月 8 日向维斯瓦娃颁发了高中毕业证书，她的宗教、波兰语、拉丁语、历史都是优秀，法语、当代社会生活、哲学原理都是良好，数学刚刚及格。证书上并没有包含那些乌尔苏拉修女们在家中所教授的课程，然而正是那些课程为维斯瓦娃提供了在大学文科专业学习的可能性。令人觉得好笑的是，在所有的学校证明上，无论是二战前还是二战后的，这位未来的诺奖得主的名字都被写错了。从小学起她的名字就被错写成了“玛丽亚·维耶斯瓦娃”，甚至 1942 年政府发放居民身份识别证[1]时登记的都是正确的“维斯瓦娃”，可是在后来学校里登记的名字依然是错的。

---

1 二战期间，德国入侵波兰后由德国政府向所有年满十五岁的非德国居民强制发放的身份证件。——译注

伊赫娜身穿制服，头戴贝雷帽

在波兰被占领期间，娜沃亚嫁给了斯坦尼斯瓦夫·希曼斯基。婚礼上娜沃亚没能穿上婚纱，当时的情况可想而知，典礼一切从简。那一年娜沃亚二十四岁。从保存下来的照片上我们可以看到新娘穿着一件浅色的羊毛西装，头上戴着一顶有羽毛装饰的礼帽，手里捧着一把小小的花束。她面带微笑，站在她身旁的丈夫脸上的表情有些不确定，手中拿着礼帽和手套。他穿着一件双排扣宽翻领大衣，可以看到里面穿着的白衬衫和系得有些歪的领带。斯坦尼斯瓦夫·希曼斯基的头发梳得一丝不乱，戴着一副眼镜。这张照片应该是婚礼后或者马上就要开始典礼的时候拍的，上面写着送给“亲爱的奶奶”，日期是 1941 年 2 月 24 日。多年后，辛波斯卡在照片背面标明了照片上的人是谁。但是很显然，她不记得

娜沃亚和她的丈夫

是谁陪她参加了这场婚礼，因为她没有标出照片上她身边的男人的姓名，而是打了个问号。她自己——当时还是个不到十八岁的少女——在照片上看起来十分严肃成熟。她身穿一件羊羔绒的外套，头戴一顶黑色皮质小礼帽，俏皮地向右歪着头，腋下夹着一个小手包，看起来似乎比娜沃亚还要成熟。新娘另一侧满面笑容的男士是维托尔德·罗维茨基[1]，应该是这场婚礼的见证人。娜沃亚和他的妻子尤安娜·诺瓦克-罗维茨卡是多年好友。

塔德乌什·克维亚特科夫斯基和维斯瓦娃·辛波斯卡相识多年，他告诉比康特和什琴斯娜，在波兰被德军占领期间，他在维托尔德·卡乌卡家遇见了辛波斯卡（卡乌卡是维托尔德·罗维茨

1 波兰著名指挥家、音乐家、音乐教育家。——译注

基真姓）。音乐家介绍他们认识，并给克维亚特科夫斯基看了眼前这位年轻漂亮的姑娘所写的歌词。他在1996年写给比康特和什琴斯娜的信中说："那些歌词写得轻巧幽默，又充满诗意的辛辣。至今我还记得那诗意的氛围，我非常喜欢。"[1] 如果当时罗维茨基能给这些歌词谱曲，那么当时就能够在某个地下剧院里或者某个票友喜剧表演中听到这些歌吧。对于两位年轻的作词作曲人来说，这是个赚点小钱的机会。对于伊赫娜来说，这是迈出了从给女同学写的幽默小诗到"真正"文学创作的一步，尽管她与诗歌距离尚远。就像辛波斯卡自己所说，她对散文非常感兴趣，也从图书馆借了很多现代小说，但是新诗却丝毫没有吸引她。但是她却对歌曲非常喜欢！

为了能够赚点生活费，伊赫娜在铁路办公室工作。这份工作最大的好处就是可以让她免于被送到德国去进行强制劳动。铁路和铁路工作者在当时的辛波斯基家母女三人的生活中占据着重要地位。安娜女士其实可以说是来自一个"铁路世家"——毕竟她的爷爷、爸爸、叔叔和哥哥都曾在铁路上工作。她在战争爆发前将拉齐维沃夫斯卡大街公寓楼中的一间房子租给了国家铁路局。因为公寓离火车站很近是一个很大的优势，很多来自克拉科夫郊区的铁路工人可以在那里舒舒服服地睡上一觉，第二天再继续起程。波兰被占领期间，所有铁路系统依然在运转着，这也就增加了铁路局需要租用的空间。德国政府把波兰人从宽敞明亮、地理位置优越的公寓里都赶了出去。若不是辛波斯卡母女三人家的一

1 安娜·比康特，尤安娜·什琴斯娜，《纪念杂物——维斯瓦娃·辛波斯卡传记》，克拉科夫，2012年，第68页。——原注

部分是租给铁路局的，她们也难逃颠沛流离的悲惨遭遇。尽管她们的居住空间越来越逼仄，但是幸好她们不用从自己的公寓楼中搬出去。而且很有可能就是租住在她们的公寓楼中的铁路工人们帮她们获得了在火车站卖点心的许可。

辛波斯卡女士是一位精明能干的女主人，所以当家中预算紧张、难以糊口的时候，她就开始做饼干、蛋糕和牛轧糖。她是从哪获得面粉和糖及其他烘焙所需的原材料的呢？她应该是在黑市购买的。也有可能是博赫尼亚的嫂子一直在帮助她？她在战争爆发之前经常收到嫂子给她的制作牛轧糖需要的蜂蜜，所以很有可能在战争期间嫂子也一直在帮助她。母女三人把甜点卖给火车站来来往往的人们。

娜沃亚的丈夫也为这个家能够支撑下去提供了帮助。斯塔舍克[1]·希曼斯基是一个远近闻名的巧手维修工，安娜女士非常欣赏他。他们多年的邻居品德洛夫夫妇——后来也是他们一直照顾娜沃亚，在被问到娜沃亚的第一任丈夫斯塔舍克的时候说，娜沃亚自己告诉他们，只有安娜女士对这桩婚姻特别满意。这也难怪，管理还要打理一座公寓楼对于她们三个孤儿寡母来说简直太难了。家中有一个壮年男子，而且能干又精力充沛，他从岳母肩上接过了养家糊口这个重担，为她解决了不少困难。这让岳母非常满意，然而这对他的妻子来说是远远不够的。他们的婚姻只维持了几年，在战争结束之后他们就分开了。娜沃亚和丈夫一起做鞋，和母亲一起做牛轧糖，而维斯瓦娃的工作则会更少一些，因为她是家中

1 斯塔舍克，斯坦尼斯瓦夫的昵称。——译注

年龄最小的，而且她还在办公室有一份工作。

如果能够和丈夫住在一间独立的两居室中，娜沃亚的婚姻也许是另一种面貌，而她之后的命运也会截然不同。在二战期间，他们夫妇俩和妈妈安娜女士、妹妹伊赫娜，还有之前的保姆玛蕾霞住在一起。由于安娜女士的性格强势，再加之战争期间的问题层出不穷，家中的和谐共处也变得难上加难。维斯瓦娃自己在提到妈妈的时候从来不曾提起过那段岁月，多年后是品德洛娃太太跟我讲述的。

借着修补屋顶和烟囱的机会，他们在公寓楼的最顶层建起了一个隐蔽的小阁楼，犹太租户、裁缝伊姆贝尔曼先生和他太太藏于此处，躲过了二战浩劫。也许大家还记得，伊赫娜曾经用球砸坏了他们家的窗户。娜沃亚曾向品德洛娃太太讲述伊姆贝尔曼夫妇藏匿在“顶峰”的事情：裁缝的妻子在解放之后不久就死了，她因躲藏而“全身发黑”，没人知道伊姆贝尔曼太太到底发生了什么，以及究竟是什么导致了她的死亡。无论如何，伊姆贝尔曼夫妇都没有被抓到犹太人集中营或屠杀灭绝营。二战之后，一位从斯特雷亚被遣返的女士住进了原来伊姆贝尔曼夫妇所居住的房间。另一对居住在拉齐维沃夫斯卡大街公寓楼中的犹太夫妇在战争爆发伊始，就将自己的贵重财物托付给了安娜女士。维斯瓦娃还记得他们：虽然他们逃过了二战，但是丈夫在战争结束后不久就死了，他的妻子后来还常常来参加当年同楼居住、如今已经是诗人的维斯瓦娃的诗歌之夜活动。

辛波斯卡母女三人差一点就被送进了犹太人隔离集中营。德国政府一开始对安娜女士听起来不太波兰的婚前姓氏很感兴趣。

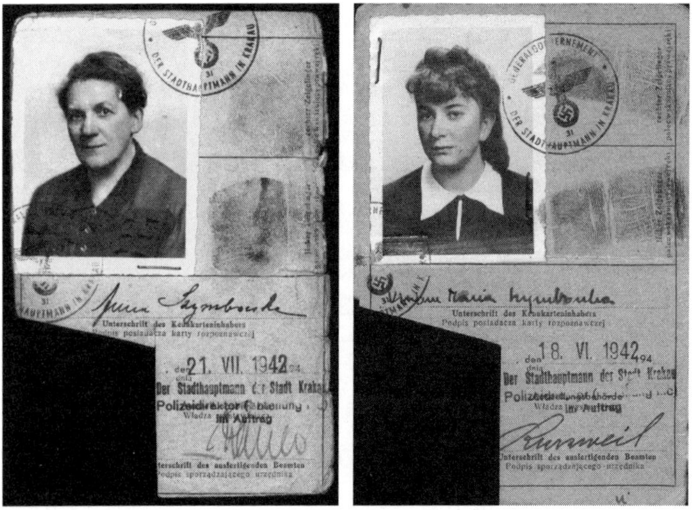

安娜女士和维斯瓦娃的居民身份识别证

他们一开始以为罗特蒙德是一个德国姓，所以建议她把自己登记到德意志人名单中。[1] 安娜女士拒绝后，他们就开始调查她的姓是不是一个犹太姓。安娜女士被迫要求证明自己的姓氏也非犹太姓。光有克拉科夫教堂的受洗证明还不够，她还要提供教堂婚姻证明和自己父亲的教堂受洗证明。这两份 1942 年的证明复印件一直保存在家庭档案之中。当时纳粹德军的恐怖活动愈演愈烈，辛波斯卡母女三人不得不开始担心，因为如果有人想要侵占她们的财产，完全可以说她们提供的证据不够充分。或许是有奇迹吧，她们的证明文件通过了审核，也幸好她们的公寓楼不那么显眼，她们也

1 二战期间，纳粹德国占领波兰后在当地登记有德国血统却非德国公民者的名单。——译注

得以继续留在公寓楼内。但是可以肯定的是，这一定是非常痛苦的经历。

当时，尽管波兰被纳粹德国占领期间条件十分恶劣，但是人们还是有社交生活的。当然这里的社交生活肯定和其普通意义不能相提并论，但是那些年轻人——渴望友谊、欢乐和爱，渴望青春所有特质的年轻人，还是会相约见面，为的是哪怕能够抓住这痛苦生活中的一丝快乐也好。对于伊赫娜和娜沃亚来说，这段时间尽管家国蒙难，但是岁月中却时而也会有翩翩情愫、友人相聚及在周边的短途出游。姐妹俩有不少在那段时间所拍摄的照片都被保留了下来，起码照片上的她们看起来并没有笼罩在那段苦难岁月的阴霾之下。照片上的她们笑靥如花，友人相伴左右，有的是坐在草坪上，有的时候她们还做着鬼脸。与战争之前的照片相比，我们很明显地可以看出，姐妹俩都瘦了很多，但是也都长大了，此时的她们已经完全从懵懂少女蜕变成了魅力女性。毫无疑问，她们有自己的社交圈子。她们的朋友熟人都和艺术家们来往甚密，他们中有些人自己也成了艺术家。其中一位的名字在前文中已经出现了，他就是维托尔德·罗维茨基。罗维茨基在后来成了世界闻名的指挥家，在战争爆发前他就已经在克拉科夫音乐学院完成了学业，成了小提琴专业的讲师。他也曾学习作曲、音乐理论及指挥。在二战期间，这位才华横溢的娜沃亚的同龄人已经是交响乐团中的小提琴首席、作曲家，并且已经首次以指挥的身份登台演出。尽管辛波斯卡姐妹俩更经常地和他的妻子见面，但肯定也经常接触到他的音乐作品。而且我们从前文塔德乌什·克维亚特科夫斯基的回忆中就已经得知，伊赫娜早就和罗维茨基有过“职业合作”了。

伊赫娜也和一些年轻的美术家有交往，我通过她和齐格蒙特·希姆恰克在二战刚刚结束后的书信往来确定了这一点。希姆恰克在当时和伊赫娜一样，也是个画画爱好者。他在战争结束后开始画画并完成了美术专业的大学学习。他因为兴趣使然，经常和一些年轻的艺术家朋友相聚，而伊赫娜也经常陪他一起参加这些聚会，看来，他们二人是非常亲密的朋友。

伊赫娜和同班同学马乌高霞·斯坦尼斯瓦夫斯卡在毕业后一直保持着友谊，当然少了儿时那些疯狂，但也是这段友谊开启了辛波斯卡的首张画作。马乌高霞的父亲扬·斯坦尼斯瓦夫斯基教授是一位十分知名且受人敬仰的语言学教授，他也是很多英语学习教材和词典的作者及编纂者。他在“克拉科夫特别行动”[1]中被捕，与雅盖隆大学的其他教授们一起被关押在萨克森豪森集中营。1940年被释放后，他回到了克拉科夫并为克拉科夫经济学院及雅盖隆大学英语系的学生们开展地下教学工作。他当时所使用的课本是他所编写并在战前出版的教材，当时那本书因为经常使用而已经被翻得破烂了。他一直努力想要出版新的教材（尽管当时是不合法的），并请伊赫娜为他的课本画插图。战争结束后，这本由辛波斯卡画插图的课本合法地出版了。极具美术天赋的伊赫娜原本可以考虑去克拉科夫美术学院读大学，但是在当时的情况下，选择这样一条道路仅有天赋似乎是不够的，还需要有明确的艺术使命感——而这可能正是伊赫娜所不具备的。

---

1 “克拉科夫特别行动”（Sonderaktion Krakau）是纳粹德国在二战初期对波兰克拉科夫市的学者和高级知识分子的抓捕行动。——译注

伊赫娜另一个在高考之后还保持联系的朋友就是莱尼亚·米恩塔－米克瓦耶维奇。莱尼亚的父亲曾是波托茨基贵族庄园在奥尔沙的管家，所以他们一家也住在庄园之中，大家都叫他们“薄荷酒一家”[1]。位于奥尔沙的这个庄园当时还算在城市的郊外，四周环绕着的绿地与农田，一直延伸到拉科维茨卡大街。在某个初春之日，伊赫娜从莱尼亚家回来的路上一脚踩在覆盖着薄冰的水塘上，摔进了冰冷的泥水坑中。后面的2.5公里回家路她不得不穿着又湿又冷的衣服徒步走回去。也因为这件事，确切地说因为这次可怕的难忘经历，她写了这首《溺水者》，并念给了自己的女同学们听。莱尼亚把这篇佳作保存了下来。写着这首诗的纸上的日期是1942年2月20日，但是我们不知道这首诗歌是这个时候创作的还是这两个姑娘还在一起上学的时候创作的。这首“叙事长诗”由两部分诗组成，第一部分描述了惨剧的发生，第二部分是在春天冰雪消融时节受难者的葬礼。这首诗每段四行，每行十一个音节，在第五个音节后有停顿，很明显是一首以俏皮风趣的写作方法模仿浪漫主义时期诗歌作品的仿古诗，有点像密茨凯维奇所写的《格拉日娜》。显然，这位年轻的诗人觉得这种刻意悲怆、使用仿古词汇并使用倒装句式的写法非常有趣，所以在这首诗里肆意使用。

那里有条深深水沟在隐蔽，
汝若望渡之，水必没过背脊。

1 因为他们的姓为Miętta，与波兰语中的薄荷（Mięta）相似，薄荷酒（Miętówka）是亲昵戏谑的叫法。——译注

点点滴滴水，目睹了这悲剧，
年轻的灵魂与死亡奋勇搏击。

她不愿屈服，却已筋疲力尽，
水涌进嘴里，撑破了她的心。
疯子伊赫娜！两条腿着了魔，
把你带进奥尔沙这泥潭漩涡。

你就不该去，或是脚步放缓！
我泪流满面，但也为时已晚。
纵有挽歌也唱不尽心中懊悔，
谁料突然失去是死神的准备？

在接下来的诗句中，她加入了感叹句、祈使句和反问句。朗诵这首感叹句如此密集的诗，对于朗诵者的要求是非常高的。这首诗最终以一个讽刺的场景结尾：

水流声潺潺，漩涡波涛暗涌，
一口吞下她，任她叫破喉咙。
浪花在可怜的她头顶翻腾，
风不再咆哮，泥水没了动静。

几个小气泡伴着汩汩水声，
飘到空中破碎后再无响动。

有个东西像只鸭漂在那里，

是脏兮兮的贝雷帽没人理。

辛波斯卡在这里用自己无与伦比的幽默感证明了，幽默源于悲凉、夸张、自相矛盾和留有悬念。

叙事诗第二部分描述了这位“悲惨的溺水者”的葬礼，是一个使用娴熟的文学写作手法创作的充满诗意的笑话，逗大家一笑。这首《溺水者》的特点就是精巧地平衡了幽默与严肃，这个特点在后来辛波斯卡的文学作品中也经常出现。

在二战期间，伊赫娜拿了一个厚厚的本子做“我问你答本”[1]，这也是当时非常流行的游戏。从 1941 年起，维斯瓦娃就在这个厚厚的、黑色硬皮、纸边被染成红色的笔记本上收集朋友们对于问题的答案。在第一页她写下了“问卷调查”这个题目，有人在下面写道“也就是搞笑捉弄亲友的竞赛”。伊赫娜在下面加上了游戏规则：“作答时应保证字迹清楚并尽可能详尽地回答问题。另外请作答者留下姓名或约好的绰号。非常欢迎加入插图。请不要在吃东西的时候翻看阅读这个本子。”

对其他人而言回答本子主人提出的问题其实也是一种男女之间传情达意的方式。也正是因此，这种“我问你答本”上很多话题都是围绕男女情感的。伊赫娜在“我问你答本”上就提出了如下问题：“你心中想象的完美男人”“你心中想象的完美女人”“你认为什么是性吸引力？你在谁身上感受到了？”还有一些天真烂

1 “我问你答本”（Pêle-mêle）是 20 世纪初流行的一种游戏，由本子的主人在本子的第一页写上问题并编好号，然后交给其他朋友在本子后面的纸上写答案。——译注

漫的问题，比如：“你喜欢夜晚还是白天，为什么？”“厄运是什么？它是怎样纠缠你的？”“你有什么治疗各种疾病的良方？”“你的亲友在哪些地方令你敬佩？”但是也有一些是具有暗示和挑衅意味的问题。还有专门的一类是与文学相关的问题，比如：“哪个恐怖小说让你夜里睡不着觉？”“如果去无人岛，你会带哪十二本书？”“现在，你像个作家一样，写点什么（诗歌、小说、回忆录、童话、艺术散文、哲学思考和其他类似的破玩意儿，只要是自己写的都欢迎）。”还有一些问题是对于人类存在这一哲学命题的思考，比如：“如果你可以成为其他人，你想成为谁？为什么？”“当你得知，你只有三天生命，你会做什么？”“在什么情况下你会借酒消愁以及你还有什么其他方法？”“如果你在街上捡到100万兹罗提，你会怎么办？”

这个厚厚黑色笔记本的主人自己也参与到了这个游戏之中。我们可以通过笔迹特征看出来，有些答案是她自己写的，最后的落款是“O.R.M.M. 主任”（也可能是 O.R.N.M. 主任）。如果想要从这些答案中总结出伊赫娜是个什么样的人，我觉得我们还是不要太过当真吧，因为这里面丰富多彩的自我描述很多都是颠三倒四的。比如说：

写得糟糕的文学作品总是令她大为光火。“借此机会，我想做一个简短的祈祷：‘万能的主啊，您的仁慈善良和无限耐心让您尚未对那些过分的文人举起惩罚之手。我们祈求您，保佑我们不幸的祖国在未来能免遭肮脏墨水洪流的侵袭！阿门。’（那些盼着波兰文学能好的人应该每日诵读）O.R.M.M. 主任。”

她不太愿意谈论自己。在回答“你的亲友在哪些地方令你敬佩？”这个问题时，她写道：“哎哟，只有，只有：当别人还没问你，你就开始谈论你自己了。见鬼，他们是怎么做到的？”很难说，是教育的原因，还是性格的原因，她从青年时代开始就不愿意把自己推到台前谈论自己。尽管不轻易表露情感常常被当作是一种美德，但是这也给这个年轻姑娘的生活带来了些麻烦。比如在回答“如果你可以成为其他人，你想成为谁？”这个问题时，她写道：“除了我自己，我不了解其他任何一个人，所以在这件事上我无法做出任何决定。O.R.M.M. 主任。”从这里我们可以看出，这个本子的主人非常重视自我反省，以及不同的个体之间差异性的难以定义。我希望，“主任”在这个本子上所做出的这些批示——这些她带到棺材中的对于世界和人类的厌恶，都只是个玩笑……

伊赫娜，也就是 O.R.M.M. 主任，在“我问你答本”上写了一首关于完美男人的诗。诗作中的男主人公浑身上下都被她赋予了优点，有点像她在校刊里写的那篇《完美之人》：“他的头发总是分得恰到好处、一丝不乱，胡子梳理得整整齐齐，指甲打磨得干干净净。[……] 对于一天中的每分每秒你都会精准地做出计划，从来不会有任何情况让你措手不及，因为你就像最精确的时钟一样。”四年级 B 班的伊赫娜绝对不会“笔下留情”：“完美的人啊！愿地球对你来说也是轻如鸿毛。”她对于这个“完美”形象在“我问你答本”上的形象更是不吝揶揄：

领带打得漂亮，
皮鞋擦得闪光，

大衣一尘不染，
礼帽亮如太阳。
…………
克利蒙是个投机倒把者，
一切都以利益来衡量：
二战前他是波兰军团的，
二战后他还得仔细想想……
…………
他面前的路总是简单至极，
取之有道且小心翼翼，
他从来不触犯上帝，
他的准则就是：有度和同意。

我只认出了参与这个“我问你答本”游戏中的两个人：一个是署名为“扬·头发掉汤里斯基”的娜沃亚，还有一个是署名“齐格”的齐格蒙特·希姆恰克。还有一位虽然留了真名——神父泰奥菲尔·T.J.——但是却没有留下姓氏，他是一位耶稣会会士。伊赫娜大概邀请了这位学校的传教士来参与到游戏中，他的答案就夹杂在伊赫娜同龄人那些悸动风骚和颠三倒四的回答之中。除此之外，化名为小兔子、小皮特、猫咪、包子、维基、－我－、恶之子、SP（也可能是SD）、WE和“军中之友”的人也都加入到了这个游戏之中。

我对波兰被占领期间辛波斯卡的生活了解得实在是太单薄了，以至于无法重现她当时所处的环境特征。这些文字记录只能

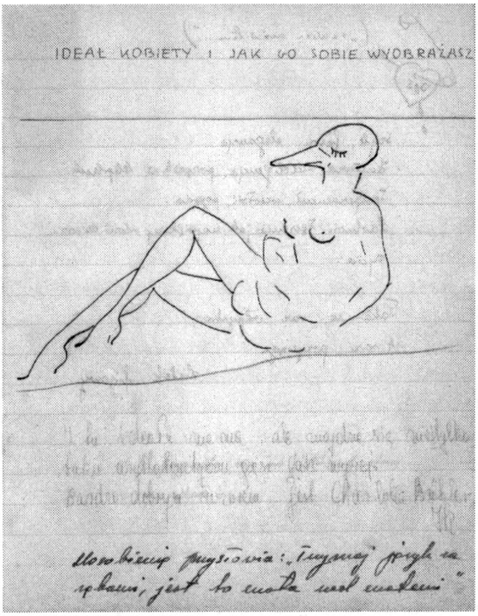

应该是伊赫娜在“我问你答本”上的涂鸦

帮助想象当时的生活情况。她所使用的夸张和嘲讽给呈现出的这些画面增添了几分味道。她曾这样描述当时完美女性的形象：

> 年轻人啊，你若现在想娶妻
> 你就问问她下面这些问题：
> 是否在乡下有叔叔，在坚果村还有个阿姨？
> 是否能够不用肥皂就干干净净地洗衣？
> 是否会用旧窗帘给自己改一件童话中的美丽衣衫，
> 还能把你破了洞的裤子拿出去换回一筐鸡蛋？
> 用冻坏了的土豆也能做出九道可口饭菜

用生锈的破铁锅也能煎出最好吃的牛排？
哪怕家里只剩下些没肉的骨头
也能满足来宾们的大胃口
可为无米之炊，哪怕用烂菜叶也能做出香甜蛋糕
苹果树的叶子里都能挤出玉液琼浆
苦涩的咖啡瞬间香甜无比只因为她微微一笑
哪怕犯罪也要为你觅得香烟
当炉中无碳
哪怕用自己的身体也要将你温暖
停电的时候，她的眼睛就是灯火
爱你爱得轰轰烈烈却不为延续香火
若你这些问题都回答的是肯定答案，
任凭是人还是神，也不能把你和幸福阻断。

在回答对于天堂和地狱的想象这个问题的时候，在答案“地狱——就像但丁，天堂——就像圣方济各”旁边有这样这样一行字：“天堂——小菜一碟，地狱——热汤一碗（1942年，战争的第4年）。”伊赫娜写道：“地狱——当所有年轻男子都死光、只剩下老年男士的时候，天堂——年轻男子也没有，老年男子也没有。”她的这个回答引发了讨论，第一个人评论道：“到时候就是白鹳把孩子送到各家各户。”另一个人在底下写道：“咱们别再讨论这个生孩子的问题了！”

在回答去无人岛带的书目时，有一个人这样写道：“我要带上O.R.N.M.主任所有已出版和未出版（最好再带上那些没写完）

的书。”看来有些朋友在当时就知道可以在哪方面对伊赫娜充满期待……

在关于理想伴侣的回答中，有一个来自“军中之友”的突然告白，而且比其他答案都要严肃很多。他的理想伴侣是“维斯瓦娃，无论是今日的她还是他日成为妻子的她”。这条回答表明，当时有一个人在追求维斯瓦娃，也许就是辛波斯卡自己对比康特和什琴斯娜提到的那个人吧：“她曾经提到过一个心爱之人：他在1943年或者1944年被派往维尔纽斯去执行任务了，然后就音信全无。我试图去寻找他的消息，然而却没有找到一丝一毫，我甚至不知道，他葬在何处。”[1] 没办法，在那个年代这经常发生——失去心爱之人对于一个年轻少女来说一定很难接受。然而更令人难以接受的痛苦之处就在于，眼前一个活生生的人，突然就消失不见了，然后再也寻不到一丝一毫他的踪迹。很有可能就是在这些痛苦经历的影响下，辛波斯卡在二战结束后不久就发表了《小音乐家扬科》和《陌生军人的吻》等诗歌。关于思念一个去参战后再也没能回来的男孩或男人这一话题在辛波斯卡后来发表的诗集《黑色的歌》中也可以找到。如果我们认为，这本之前出版的诗集中的日期正确的话，那么前七首诗应该是创作于波兰被占领期间。这些在辛波斯卡生前并未发表的作品在她后期创作其他诗歌时成了她的灵感宝藏。最典型的例子就是1948年刊登在《文学日报》的诗歌《运送犹太人》，后来在其他诗集中再未发表。当诗人再次回归这一话题时，她写出了她的经典作品之一《再一次》（1957

1 安娜·比康特，尤安娜·什琴斯娜，《纪念杂物——维斯瓦娃·辛波斯卡传记》，克拉科夫，2012年，第70页。——原注

年发表于诗集《呼唤雪人》)，这首诗就借鉴了《运送犹太人》的内容，只是写作手法更成熟，也更正式。什琴斯娜在给《黑色的歌》作序时写道：

> [……] 从墓志铭式的抒情诗和叙事诗《小音乐家扬科》(1945)、《万灵节》(1946) 及《回归悲伤》(1947) 中诞生了1962年出版的诗集《盐》中那篇感人至深的《梦》——
>
> 我那在战争中牺牲的人儿，我那已化为灰烬、隐入尘烟的人儿
>
> 你变成了照片里的一个人像：
>
> 脸上映着树叶的阴影，手中拿着贝壳
>
> 走入我的梦中[1]

辛波斯卡从不喜欢谈论自己，也不喜欢谈论自己的过去，特别是关于二战那段过去，她的档案资料中缺少了很多那个时代的文件(除了几个特例之外)。也许她在六七十年代的时候，和自己大多数的同龄人一样，也曾在与朋友相聚时谈起战争，但是她不曾记录下任何与战争时期相关的回忆录。她也曾被问过，为何如此鲜见她追溯那段历史，辛波斯卡是这样告诉比康特和什琴斯娜的："很难在诗歌中保持公平的分配。[……] 那个时代我大多数诗歌的归宿都是垃圾桶：我从来没有将自己和鲁热维奇或是赫贝特

1 尤安娜·什琴斯娜为2014年出版的辛波斯卡诗集《黑色的歌》所作的序，题为《我曾写诗，我在写诗，我将继续写诗》。——原注

相提并论，在他们的诗歌中对战争中牺牲者的思考是一个永恒话题。我在读他们的诗歌时理解了，他们是在用一种无与伦比的方式表达着自己曾经的经历，而我却无法赋予这段经历任何东西。”[1]

在战火纷飞中，伊赫娜从一个小女孩儿成长为一个女人，从一个小女生变成了一个独立谋生的人，从写几首小诗博亲朋一笑的作者踏上了作家之路。多年后，她自己提到，她最初一直在写小说。但是很不幸的是，没有一篇得以保存至今。也是从那时候起，她开始以严肃认真的态度对待文学。虽然当时她的作品出版无门，但是她一直和好朋友们分享。当时的她尚不知道自己有朝一日想成为一名诗人、作家、艺术家。也许在国破家亡的战争期间她不得不停下来，站在这片不属于自己的土地上静静等待，为另一种截然不同的生活做着准备。

1 尤安娜·什琴斯娜为2014年出版的辛波斯卡诗集《黑色的歌》所作的序，题为《我曾写诗，我在写诗，我将继续写诗》。——原注

第二部分

战后新世界

第一章

心中的春水

若不是战争爆发，伊赫娜原本应该在1941年去上大学。或许她当时也会做出和1945年一样的选择——选择波兰语言文学专业，或许她会选择其他人文学科，也不排除选择去克拉科夫美术学院进修的可能。也许她会写小说，偶尔写诗，在学生刊物上发表。那么她初露头角就可能发生在1942年或者1943年，也许还要更晚一些——但是这些在波兰被占领期间都是不可能的。即使在那时她就在文学界首次亮相，那么所处的背景和领域也完全不同。学生刊物关注的是艺术、文学环境问题，应该也会有一个讽刺小说专栏。辛波斯卡或许也可以在一个更为严肃的文学杂志中首次发表她的作品。如果在那时，她首次发表的作品应该会刊登在《斯卡曼德洛斯》或学生刊物《文学报》上，或者在《雅典学院》上也有可能。的确当时存在着各种各样的可能，然而一切都在1939年9月消失不见了。

短短几年时间，青年时代维斯瓦娃·辛波斯卡的文学创作几乎完全改变了。她自己回忆说，在二战期间她主要写小说，哪怕写诗也只是一些充满幽默玩笑的小诗。直到二战结束后，她才开始感受到对这种精练的写作形式的迫切需要，也正是这样她才走上了写诗的道路。她写的那些小说都没能被保存下来，早期的诗歌创作在她去世后以《黑色的歌》为名结集出版。[1]

我尝试以当时辛波斯卡有接触者的回忆录作为基础，来重新呈现克拉科夫在解放之后的氛围。塔德乌什·克维亚特科夫斯基在1945年积极参与波兰作家工会重新启动的工作，后来还成为撰写关于克鲁普尼察大街22号的作家之家一书的作者。[2]克维亚特科夫斯基在二战刚刚结束时曾多次谈到当时作家们的境遇。作为哲学家、记者、作家以及出版商，维托尔德·泽亨特也曾经描述过在波兰重获独立后出版界重整旗鼓的初始阶段工作。我不认为伊赫娜和他们对那段经历有着相同的感受。所以，如果我要以和伊赫娜相关的人为切入点，我更愿意介绍那些在克拉科夫刚刚恢复自由后的几个月中，和她一起进入到同一个环境中的人。他们在那时与伊赫娜相识，并多年来一直保持着联系。

在克拉科夫刚刚获得解放之时，塔德乌什·克维亚特科夫斯基的生活中出现了重大的变故——他的哥哥去世了。然而悲伤与

---

1 当特蕾莎·瓦拉斯在采访中提到辛波斯卡关于战争的小说时，她表示那些小说写得并不好："我没有写散文小说的天赋。"——原注

2 塔德乌什·克维亚特科夫斯基，《非隐秘回忆的魅力》，克拉科夫，1982年。——原注

痛苦并没有阻止这个年轻人的好奇心：1 月 18 日那天他顺着莱托雷卡大街一直跑向维斯瓦河，想去看看被撤退的德军炸毁的大桥。但他没能到达河边，因为在兹维日涅茨大街巷口十几个苏联士兵正在向丹布尼克区开炮。他往普兰蒂环城林荫道方向走去，然后在沃布佐夫斯卡大街上看到了被人群团团围住的苏联坦克。克拉科夫市民们边给这些浑身脏兮兮、精疲力竭的士兵们递上伏特加和香烟，边好奇地看着这些引擎轰鸣的庞然大物。克拉科夫市民的欢呼雀跃（有的人当时肯定想到了，已经迎来了克拉科夫的解放）和与苏联士兵们的握手问好交织在一起。[1] 克拉科夫获得解放也有其黑暗的一面——人们打劫了德国人留在下磨坊街的烟厂。人群你推我搡地拥进了烟厂，有的人被推下了楼梯，有的人被压在了下面，有的人被踩在脚下，所有人都不管不顾，只想着能够抢走更多的烟草，然后拿去市场卖掉。最终，烟厂被熊熊大火所包围。

城市中到处都是军队，人们的心情跌宕起伏，快乐与恐惧交织在一起：他们害怕德军会杀回来，因为很难相信纳粹们就这样放弃了他们的波兰总督首府。苏联军队带来的变化也让大家感到害怕。但如果我们以克维亚特科夫斯基的回忆为准，那当时的兴奋是大于恐慌的。

在读这些描写克拉科夫重获自由最初几日情形的片段时，我就在想，伊赫娜是否也和克维亚特科夫斯基一样，曾看着一队队被押解的德国战俘穿过大街小巷。“战俘们两两一排走在街上，有

1 塔德乌什·克维亚特科夫斯基，《非隐秘回忆的魅力》，第 14—15 页。——原注

十几个苏联士兵看押着他们。无论是德国战俘还是苏联卫兵都疲惫不堪，迈着懒散的步伐，几乎无声无息地走着。人行道上挤满了人。德国士兵们都没有系腰带，军服看起来也有些诡异，身上裹着破布，缠着绷带，血迹斑斑。他们目光呆滞地看着地面。他们瘦骨嶙峋，灰头土脸，走起来也像不会思考的机器。[……] 苏联士兵看起来也没好到哪儿去。他们个个面容憔悴，大衣沾满油污，身上还背着脏兮兮的包袱。他们倒是腰中系着皮带，身上背着冲锋枪。这就是战败者和胜利者。[……] 路边站着一群默不作声的妇女，她们中的一个从地上捡起一块石头。她把那块石头在手中握了好一会，终于她积攒了足够多的勇气，痛苦的回忆也给了她力量，她将握着石头的手高高举起。突然走在第一排的一个德国士兵回头望向了她。那是一个年轻的男孩子，一只眼睛上缠着纱布。他用手挡住了脸，蜷缩成一团。那个女人扔掉了手中的石头，转身背对着德国士兵放声哭泣。”[1]

我不知道，辛波斯卡是否也曾有过让她想要举起石头的回忆。或许，当她看到押送德国战俘的场景，她会想到他们这一代人的悲惨命运，他们生命中的一切都不会再是简单明了。这是否也会成为她意识到感情的两面性的时刻？憎恨离不开怜悯，而快乐也总有痛苦相伴。

1945 年 1 月克拉科夫的局势在历史学家安杰伊·赫瓦尔巴眼中可不像克维亚特科夫斯基所写的回忆录那般明确，当然这也和回忆录写于不同的年代有关。赫瓦尔巴强调，最重要的一点就是

1 塔德乌什·克维亚特科夫斯基，《非隐秘回忆的魅力》，第 16 页。——原注

老百姓们并没有从苏联军队入城这件事中感受到解放的快乐，大部分市民十分担忧他们将面临另一次入侵占领的威胁。德军半年来都在对苏军的攻打做准备，他们在市中心和郊区建立了反坦克屏障和由钢铁和混凝土制成的柱子，一旦遇到危险就把这些巨柱炸毁（最终没有到这一步）。在道明会教堂门前也立起了很多这样的石柱。他们还在市中心广场上挖了巨大的蓄水池，在挖掘的过程中无意中发现了旧市政厅之前未被开发出的部分。[1] 德国殖民者修建的防御工事只有一小部分派上了用场。苏军在解放城市的过程中考虑到克拉科夫古城的特点没有放弃使用炮击，轰炸避开了市中心老城广场，但是附近的火车站被部分炸毁。苏联军队从城市西面进行包抄，这样没有给德军炸毁市中心的机会，但是瓦维尔皇宫却饱受战火摧残，巴托里圣堂需要重建。[2]

哥白尼大街的圣尼古拉教堂（与拉齐维沃夫斯卡大街毗邻）也遭到严重损坏。根据赫瓦尔巴的记录，苏军在得知费利克斯·埃德蒙多维奇·捷尔任斯基[3] 曾在圣尼古拉教堂举办婚礼时，才匆匆忙忙地对其进行了重建。[4] 历史学家赫瓦尔巴还强调，尽管克拉科夫城市的损毁情况不能与华沙的严重程度同日而语，但是战争、

1 安杰伊·赫瓦尔巴，《被占领的克拉科夫 1939—1945》，第 432 页。——原注

2 引自瓦维尔城堡的档案资料：1945 年 1 月 17 日一颗苏联军队投下的炸弹落在了瓦维尔宫。阿道夫·希什科－博胡什也曾写过："1 月 17 日下午 3 时，第一颗也是最后一颗空弹落在了瓦维尔宫，不幸中的万幸它落在了位于瓦维尔宫主教堂和城堡西翼的巴托里圣堂的院子中，没有完全毁掉这座城堡，但是也在岩石壁上炸了个大洞……几乎所有的窗户都碎了，地上都是玻璃碎片，哥特式扶壁整个从西翼的外立面剥离开来，砸在了巴托里圣堂的房顶上。扶壁的上半部分砸穿了房顶，毁掉了部分拱顶。"——摘自安杰伊·赫瓦尔巴，《被占领的克拉科夫 1939—1945》，第 440 页。——原注

3 费利克斯·埃德蒙多维奇·捷尔任斯基（1877—1926），波兰裔贵族，俄国革命家，全俄肃反委员会创始人。——译注

4 安杰伊·赫瓦尔巴，《被占领的克拉科夫 1939—1945》，第 440 页。——原注

掠夺、抢劫、盗窃和强奸也令这座城市蒙受了巨大的困难，而城市中的居民和历史建筑更是备受摧残。

辛波斯卡母女三人因为住得离火车站很近，所以再一次经历了自己家周围炮火连天的惨痛经历。我不认为她们想躲一躲前线的战火而选择搬离克拉科夫，因为她们当时没有任何保障，就算去博赫尼亚也不知道是否安全。当克拉科夫被轰炸时，她们就躲在地下室中。1945 年年初，大雪纷飞，滴水成冰，凛冽的寒冬让焦灼的前线变得更为恐怖。辛波斯卡曾回忆到，刚刚解放的克拉科夫开始举办诗歌之夜，她于 1945 年 1 月在没有暖气的克拉科夫老剧院参加了这个活动。参加这次活动也许就是战后她意义重大的创作开端。各个年代、流派不同的诗人都参加了这次聚会，许多人都上台展示了自己的诗作，其中就有切斯瓦夫·米沃什。当时在辛波斯卡看来，米沃什是一位风度翩翩、英俊潇洒的男士。亚当·弗沃德克，后来成了辛波斯卡的丈夫，当时作为青年诗人代表被邀请参会，但是因为怯场并没有上台。当时兹比格涅夫·赫贝特也在场。多年后回头再看这次诗人聚会，简直令人难以置信——三个 20 世纪下半叶最伟大的诗人竟然在如此奇怪的历史时刻同时出现在老剧院寒气逼人的大厅之中。

当德军从克拉科夫撤离，而苏军继续西行时，城市社会机构运行正常化的重建工作开始了。这项工作肯定比华沙的重建要容易一些。从东部过来的军队政权也利用了这一契机。正如历史学家乌尔苏拉·利索夫斯卡－科茹赫所写：“1 月 21 日临时政府的全权代表们——教育部部长斯坦尼斯瓦夫·斯克热谢夫斯基、供给与贸易部部长特奥多尔·彼得罗夫斯基、文化与艺术部副部长扬·卡罗尔·文得来到这里，就建立新政权及文化生活发展和新闻出版等事宜进行了商讨[……]。”[1]

卢布林政府非常重视报纸媒体在获得民众信任上所发挥的作用，所以利用这一“前线”大规模开展宣传工作。在克拉科夫有很多印刷厂都幸免于难，这儿还住着很多出版宣传方面的专业人士。克拉科夫也不缺愿意在报纸杂志上发表文章的作家和记者，因为除了生长在瓦维尔皇宫脚下的克拉科夫人，还有很多从华沙来此避难的难民。

在茹科夫元帅的军队开进克拉科夫的第 17 天，第一期《克拉科夫日报》就出版了。战前报纸《每日特快图报》的记者维托尔德·泽亨特曾在回忆录中描述了《克拉科夫日报》出版初期的盛况。[2] 1945 年 1 月 25 日清早，他就被一阵急促的敲门声吵醒，来者正是他在二战前工作的报社同事、主编斯坦尼斯瓦夫·巴利茨基。他在得到了诗人亚当·瓦热克所代表的政府对他的任命后，正式接手了位于大波兰街的新闻大厦（这里曾经是《每日特快图报》报社总部）及所有打印设备的管理工作。泽亨特兴高采烈地接受了在这份白手起家、从零开始的刊物工作的邀请，尽管编辑部被炸碎的窗户外传来了战斗的声音，编辑部中也咆哮着呼呼的风声，不知道是不是在哪个办公桌的抽屉里还能翻出地雷。一周之后，来自卢布林的作家耶日·普特拉门特成了这家报社的主编。

1 乌尔苏拉·利索夫斯卡 - 科茹赫，《1945—1970 年的〈波兰日报〉中书籍的讨论与推广》，博士论文，卡托维茨，西里西亚大学，2007，可从西里西亚数字图书馆网页上进行查询。——原注

2 维托尔德·泽亨特，《生命如匆匆流水》（第一卷和第二卷，第二版，增订版），克拉科夫，1975 年。——原注

亚当·弗沃德克青年时期的照片

《克拉科夫日报》也更名为《波兰日报》，泽亨特称之为“巨变”。除了专业的记者之外，报纸的创办也离不开之前不曾从事新闻写作的作家们，亚当·弗沃德克就是其中之一，还有他的好朋友，同样也是诗人的塔德乌什·严查里克。另外，当时正住在克拉科夫的切斯瓦夫·米沃什也参与其中（他和普特拉门特是相识于维尔纽斯的旧友）。

在 1945 年 2 月 4 日的第一期报纸上，刊登了亚当·弗沃德克首次发表的诗作《祈祷》：

你，无处不在，
咆哮在大炮的奏鸣曲中，

在刺刀的摇曳中如红色的蜡油流淌，
当有人扣动扳机，是你，让子弹偏离，
恳请你听听那简短的祈祷：

让历史之子最后一次将我们拯救，
用双手将我们从这枪林弹雨的摇篮中抱出。
我们永远地埋入大地，
长出一棵大树，
别用我们去做棺材，用我们去做桌子或做床，
去荫蔽年轻的生命。

将这时代射出的五个空壳
抛向远方，
净化这空气，将
饥饿、战火都熄灭
永恒的主啊，请你保佑我们这些凡人！

1944年3月于克拉科夫

这首诗刊登于如何申请“食物分配卡”和“波兰国家银行印制的钞票是唯一合法的支付手段”的消息旁边。当时正值二战结束，由于缺少专门的文学刊物，作家们首次公开发表的作品都刊登在日常的报纸上，当然这也和左翼思潮报纸的创办宗旨息息相关——目的就在于通过现代诗歌和散文影响读者。弗沃德克这首以向上帝祈祷作为结尾的诗并不符合即将到来的时代的精神，但

是这也不足为奇，因为在1945年的时候人们并不知道，“新”文学创作除了和二战前有所不同，究竟是什么样子。在接下来的几年中，一直到1948年，作家和文学评论家们都在讨论新时代文学应该呈现什么样的面貌。

在接下来的几期《波兰日报》中，人们可以读到关于集中营、纳粹德军罪行及欧洲西部的战况等消息，当然也还有一些振奋人心的话题，比如圣玛利亚教堂的每个小时的号角声将重新响起，之前在战争期间只有中午12点的时候才有。2月17日，电车也恢复了运营，全市的电灯将在2月25日重新亮起。除此之外，报纸上还刊登了维斯瓦河上的桥梁修复工程启动仪式。克拉科夫又重新焕发了生机。

2月28日的《波兰日报》中加增了第一期由青年作家主笔的增刊——《战斗》。亚当·弗沃德克为这本增刊作了一篇题为《我们走吧》的开篇序言。他在这篇满纸悲怆的文章中呼唤：

“当敌人剥夺了我们最明显的波兰特征时，我们还是孩子。在家园被占领的年代中，我们连呼吸都急促且压抑。所以，当如今我们能够第一次开诚布公地表达自己的想法、谈论自己的生活，我们就绝对不会再允许这样的机会付诸东流。

“语言，是我们行为的反射，我们用它来建立全新的现实世界。我们用语言强调历史最深刻的含义：战斗。真正的、目标明确的战斗，无处不在的战斗，每分每秒的战斗，为了全新人类社会的战斗。”

在接下来的篇幅中，他还谈到了仇恨，我们应该将仇恨抛给那些教我们去恨的人。除此之外还提到了会在未来如期而至的爱。

还有一篇文章题为《文学作品的社会意义》，也署有 a.w. 两个字母的缩写名。弗沃德克提出了对脱离生活的艺术形式的反对，还表达了对包着艺术外衣的“宣传稿”的批判。他提出，文学作品应该是“社会诉求的震荡反馈”或“社会成就的纪念丰碑”。但是他却没有写明，文学应该通过什么样的形式达到这一目标。在报纸的这一页上，还刊登了弗瓦迪斯瓦夫・马海耶克的诗作，他后来自 1952 年起担任《文学生活》杂志的主编。这位被称作“游击队员诗人”的文学家失去了他所有的“文学创作”，因为“所有的作品都被盖世太保没收了”。在他的诗作旁边，还刊登有编辑部的求助：“如果有哪位同人保存有他任何作品的复印件，请及时送至我们的杂志社供原作者使用。”

在《战斗》杂志编辑寄语那一页的页脚，刊登了这样一则信息：“我们的刊物会在每周三作为《波兰日报》的固定增刊出版。欢迎广大作者投稿，稿件内容包括社会文学生活及青年的生活资讯。编辑部每日办公时间为（除周日外）：9:00—12:00，编辑部地址：克拉科夫大波兰街 1 号，4 层，39 号。”

伊赫娜应该正是因为这条征稿启事来到了新闻大厦。“1945 年 2 月，我带着几首诗来到了编辑部。当时我谁也不认识，没有任何人能够给予我专业的评价和建议，告诉我这些诗是否有意义。[……] 我非常害怕面对质疑，我不知道，如果真的被当面批评我该怎么办。但是直到今天我都坚信，如果我当时的第一次尝试就遭到否定和失败的话，我后面肯定不敢再尝试第二次将我的诗歌给任何人看。”——辛波斯卡在《波兰日报》创刊十周年的一篇文

维斯瓦娃在位于拉齐维沃夫斯卡大街公寓的家中

章中曾这样写道。[1]

若没有亚当·弗沃德克在1970年出版的回忆录《我们的战利品》一书，恐怕除了辛波斯卡诗作的研究学者，没人会了解到她的作品首次公开发表的背景和具体情况。回忆录出版的时候，辛波斯卡已经是一位享有盛誉、备受瞩目的诗人了。但是我不得不指出，回忆录中对于辛波斯卡首篇作品公开发表的讲述有些夸张神化了。弗沃德克这样写道："（她）首次发表的故事可以写成一部引人入胜的小说。"[2] 曾经鼓励亚当·弗沃德克在《波兰日报》工作的编辑维托尔德·泽亨特把这位毫无名气的年轻女诗人的诗递到了他面前。弗沃德克觉得诗写得没什么价值，就一把塞进了

1 维斯瓦娃·辛波斯卡，《亲爱的〈波兰日报〉》，发表于1955年1月23—24日的《波兰日报》，第10页。——原注

2 亚当·弗沃德克，《我们的战利品》，克拉科夫，1970年，第147页。——原注

自己的抽屉里，准备等诗的作者找上门的时候再还给她。然而诗的作者并没有来找他，诗的推荐人泽亨特略带不悦地提醒他，那些诗作还没见报。弗沃德克向泽亨特承诺，自己一定会看的，但是他却一直都没有看。直到气急败坏的编辑又一次来找他，他才决定把其中一首诗删减后在《战斗》上发表。“对于删减这件事，我们俩都据理力争……我是真的想放过泽亨特、放过自己，不想再为了这么点鸡毛蒜皮的小事争论不休了。就在那天下午，想想整件事，我们俩都被自己的行为逗笑了。于是我们俩开始干正事了。那天我们一直工作到深夜。我觉得我们那天对那首写了密密麻麻两页、题为《他们是谁？》的长诗进行了最有意义的‘改写’。很可惜的是，原稿找不到了，不然就能通过对两个版本进行的细致入微的对比研究来为这份回忆再添几分色彩。最终，我们将诗篇中的句子和段落重新排列组合出了一篇新的作品，我们终于完成了一篇可以送去印刷的成品。”[1]

这个词必须要如同一座火山，
跃动，撕扯，喷薄而出，
如同上帝勃然大怒，
如同仇恨汹涌沸腾。

我希望，让这一个词
被鲜血浸透，

1 亚当·弗沃德克，《我们的战利品》，克拉科夫，1970年，第148页。——原注

就像那刑房的墙壁，
装下每一座满是尸骨的坟岗。
就让这个词清楚明确地指出，
他们到底是谁，这儿又发生了什么。
因为我所听到的，
别人所记录的，
都远远不够。
远远不够。[1]

这首诗充满了愤怒、反抗、难以用语言来形容的对一切战争的反对、对无辜死伤的同情、痛苦与悲怆，诗人拒绝对此保持沉默。弗沃德克当时差点就拒绝发表这篇诗作，但在多年之后，却又将自己摆在了共同作者的位置上。他在回忆录中说“我们一直工作到深夜”，这个“我们”意味着当时一起修改这首诗的还有塔德乌什·严查里克。删减缩写一首两页的诗真的这么难又这么耗费时间吗？弗沃德克还想要通过重复的段落来证明自己的功劳和原稿的糟糕。这听起来并不是一个好主意。

但是他也担心原作者来到编辑部时的反应。“她的善解人意给我们留下了深刻的印象：她认可并称赞了我们对她这篇作品的‘改动’！后来她又开玩笑地说：但是这篇‘你们’的作品的稿费是要付给我的吧？”[2]

1 维斯瓦娃·辛波斯卡，《我寻找词语》，发表于 1945 年 3 月 14 日的《波兰日报》增刊《战斗》上。这首诗收录于 2014 年出版的辛波斯卡诗集《黑色的歌》中。——原注
2 亚当·弗沃德克，《我们的战利品》，克拉科夫，1970 年，第 148 页。——原注

当时这位年轻的女诗人是否真的在这样一个并不轻松的情况下轻松幽默地说出了这句话，我们无从而知，但是这次见面是一次意义非凡的开端。两周之后的《战斗》周刊上再次刊登了辛波斯卡的诗作。1945 年在《波兰日报》的版面上还刊登了三首她的诗作，在由弗沃德克任主编的特刊《另一种模样》上，她的第四篇诗作《小音乐家扬科》得以发表。

多年之后，在电影《有些人喜欢诗》的拍摄过程中，特蕾莎·瓦拉斯曾问过她首次公开发表作品之事：

“你还记得当你第一次在报纸上看到自己名字的心情吗？你当时是欣喜还是担忧？”

“我当时肯定很开心，我现在也不会故意假装自己当时并不在乎，”辛波斯卡回答道，“但是我也一下子就感到非常沮丧，天哪，我当时就觉得特别尴尬。而且 [……] 我姐姐和我表哥总是对我冷嘲热讽，[……] 我走到哪儿他们就在我身后念我写的那首诗里的句子。我好像刚刚长出了助我高飞翱翔的翅膀，就瞬间跌落在地。当然，那首诗的确写得不怎么样。”[1]

所以我也不确定，在这首诗发表后究竟辛波斯卡是觉得自己有可能成为一个诗人，还是觉得编辑们滥用了自己的“裁剪刀”呢？但是，正是接下来几次和编辑们的见面以及诗作的发表给予了她力量和支持，让她不再把兄弟姐妹们的嘲讽往心里去。

其实诗作能够走到发表这一步并非易事，然而当时辛波斯卡对于报刊发表的流程毫无概念。真诚善良且善解人意的编辑泽亨

1 辛波斯卡于 1996 年 11 月在安杰伊·科西克为 Arte 电视台所拍摄的电影《有些人喜欢诗》中的回答。——原注

特是她在诗歌道路上遇到的奇迹。如果当时她的诗（不幸）到了一个终日忙忙碌碌，只专注于收集时事新闻的城市记者手里呢？她的那篇原稿的最终归宿就一定是废纸篓了吧？甚至这世界上都不会有人知道，在这废纸篓里埋没了一位年轻有为的女诗人。当然，如果她能坚持下去也许也有可能，诗歌之魂定不舍放弃她，而把她拉到自己的世界中呢？

在3月14日辛波斯卡首次公开发表诗作的那期《波兰日报》上，头版刊登着关于在格丁尼亚和格但斯克的包围圈正在缩紧、莱茵河右岸的桥基正在扩建及华沙重建的新闻。除此之外还刊登了巴顿将军带领的美军已经占领了美因茨和沃尔姆斯。“在最近的三十六小时内，已经俘获了四万名战俘。”而茹科夫元帅的军队“扫清了什切青对面的奥得河右岸”。欧洲地理和政治上的分裂——我们后来所经历的一直持续到1989年的欧洲重新划分——此时尚未开始。任何“铁幕”也尚未出现，报刊可以平等地参考英国广播公司（BBC）和塔斯社（TASS）的消息。

战争是40年代青年诗坛最重要的主题——也很难想象当时还能有什么别的主题。第二重要的主题就是新爱国主义。1945年，大家都在精神百倍地尝试重新定义为祖国而战、为祖国奋斗。亚当·弗沃德克积极参与到这一领域中，就此问题他在《战斗》中专门发表了一篇题为《为祖国而活》的社论。文章中引用了斯坦尼斯瓦夫·斯塔希茨的话：“波兰人能为祖国而死，却（学）不会为祖国而活。”对此他提出了自己的见解：斯塔希茨的话并不完全对，我们应该学会如何为祖国而活。“如今我们正处在新的现实之中，我们所呼吸的空气散发着新时代的气息。尽管重振旗鼓、从零开始的国家重建十分艰难，但是我们坚信：我们在打地基的时候就可以奠定新的原则。”[1]

辛波斯卡早期作品研究专家安娜·扎日茨卡在谈到与辛波斯卡同时代的作家们当时的写作特色时提到：“在当时，许多初露锋芒的诗人在最初发表的诗歌作品中都选取了这一主题，并且从作品中反复出现的对于这一话题的反思也可以看出，当时的青年给自己提出的新任务就是根据新的价值体系意识清晰地重建自己的生活，而价值体系中最重要的就是他人。他们仿佛是和这个充满了碎片瓦砾的废墟现实势不两立，他们在面对这个满目疮痍、战前秩序土崩瓦解的画面时，没有发出痛哭或无助的表达，而是在呼唤对建立简单生活、在精神世界中建立重生的新社会典范的渴望。”[2] 从这里我们不难看出，当时人文学者们的理想追求与新政府所提出的理想不谋而合。但是无论如何，这些文化艺术圈的创作者们，对理想在现实中实践起来会是什么样子，几乎一无所知。不论是辛波斯卡还是弗沃德克，他们都沉浸在新理想建立的幻想中。

在前面提到的弗沃德克所写的那篇文章中，他呼吁：“我们的国家在这一刻仍在进行斗争。我们能为这个国家所做的，就是我们要向前线英勇斗争的士兵们保证，反纳粹军队的神圣战役将是我们面临的最后一场战争。”[3] 战争和纳粹的残酷暴行是每天报纸上所发表的关于文化、文学及戏剧艺术等反思最常见的背景。我们

1 亚当·弗沃德克，《为祖国而活》，发表于 1945 年 3 月 3 日的《波兰日报》增刊《战斗》上。——原注

2 安娜·扎日茨卡，《辛波斯卡的革命，1945—1957——该时代背景下诗人的早期作品研究》，波兹南，2010 年，第 71 页。——原注

3 亚当·弗沃德克，《为祖国而活》。——原注

可以看到，当时的《波兰日报》上充满了这样的消息：“华沙城的废墟之下埋着成千上万被谋杀的人的尸体。”“据近日报道，德军及党卫队于8月初在圣拉撒路医院残杀了二百名工作人员。[……]在格鲁耶茨卡大街20号找到了上千名被德军残杀的华沙市民。受害者都是脑后部中枪而亡。[……]在大街上的受害者遗体已经被华沙的纳粹罪行受害者委员会清运走了，目前正在进行地下室和废墟中的遗体挖掘工作。”[1] 诗歌、小说或是其他文章被这样的信息所包围，自然也蒙上了沉重的色彩。

诗人、文学评论家、文学史研究员亚采克·武卡谢维奇在谈论于二战刚刚结束后不久发表在报刊上的诗歌时，曾经关注到这种现象的特殊性。他认为，将文学作品与前线战事安排在一个版面中，不仅仅是在通过一种特殊的方式对读者产生影响，也对艺术创作者产生了影响，为他们的作品赋予“改变现实”的特征，同时也剥去了其惯有的文学的传统性。换句话说，读者可以认为诗歌是作者观点的直接表达，而诗人在报纸上发表自己的作品就应该接受读者的这种想法，发表在《波兰日报》上的诗歌就属于的情况。“杂志[……]就是要影响那些消极的、不愿接受新现实的公众，打消他们的疑虑，参考这一受众群体真正的喜好、习惯、语言与传统。杂志不应该和某些声明一样，它所面向的受众群体应该是那些在战前就参加过高考并获得毕业文凭的人。尽管随着时间的推移，波兰人民共和国时期不断进步的新知识分子越来越经常地成为潜在的受众。这些享有盛誉又才华横溢的年轻人不仅

1 摘自1945年《波兰日报》。——原注

仅是出版策略的工具，更是教育培养工作的重要目标。”[1]

“教育培养工作”让诗人们相信，他们的诗歌可以改变世界。维斯瓦娃·辛波斯卡显然是最适合参加这种教育的候选人，而亚当·弗沃德克又是一位满腔热忱的导师，鼓励她加入到这场革命之中。弗沃德克对她的影响还不仅仅是思想观念方面的，他们两个人的私交给伊赫娜和亚当的生活带来了巨大的变化。

在弗沃德克去世后出版的《给亚当的时间》一书中，辛波斯卡回忆起他们最初见面的情形：“当我第一次和亚当谈话时，我就知道，我当时对于现代诗的认知几乎为零。我虽然读了很多散文和小说，但是当他提起那些诗人的名字时，除了尤利安·图维，其他名字我几乎都没听过。那次，我从他那儿借了一摞书回去，都是我应该回到家后立刻认真阅读的。的确，这些必读书目在后来对我有很大帮助。亚当并没有直截了当地跟我说，我写的诗很糟糕，但是他非常巧妙地通过借给我一些他推荐的书让我明白了这一点。[……] 每个作家在创作之初都应该有这样一位中肯真诚、耐心细致的读者。”[2]

在弗沃德克的记忆中他们的第一次会面又是另一番模样：“通过我们之间的第一次谈话，她就让我们清楚地意识到，这个年轻女孩的知识水平已经远远超过了她迄今为止的诗歌实践创作。她让我们有机会结识一个能在第一时间就在诸多重要问题上丰富我们眼界的人。而这一切也正发生在‘空中’弥漫着无数重要问题

1 亚采克·武卡谢维奇,《报纸内部的诗》，发表于 1991 年第 4 期《第二文选》，第 8 页。——原注

2《给亚当的时间——忆亚当·弗沃德克》，克拉科夫，2000 年，第 49 页。——原注

的时代。”[1]在辛波斯卡一系列的诗作公开发表后，《战斗》周刊邀请她来编辑部工作。

和铁路办公室的文职工作相比，这样的机会对伊赫娜来说简直是梦寐以求的：既可以赚钱养家，又能实现自己的文学抱负。除此之外，她还获得了激情澎湃的社会热情、对自己所做之事正确性的坚定信念及热忱，这些都是这位心有疑虑的讽刺大师所缺少的。我在她的家庭档案中找到了她在《战斗》杂志编辑部的工作证和该杂志的第三期，她把这些东西保存了一辈子。

没过多久，这张工作证就变成了纪念品，因为《战斗》杂志停刊了，而年轻的诗人辛波斯卡也开始了她一连串在其他编辑部的工作。她曾在《波兰日报》创刊十周年纪念文章中写道：“除了《战斗》周刊外，克拉科夫还兴办起一批由青年文学家主笔的刊物。也是从那时候起，我第一次十分认真地考虑了写诗这件事。”[2]到 1948 年年底为止，辛波斯卡共在报纸杂志上发表了二十八首诗，六篇书评，在《波兰日报》“共读”专栏发表十七篇新闻观察及四篇新闻评论。[3]

继《战斗》周刊之后，辛波斯卡与《克拉科夫文学之家》合作，并于 1947 年成为该杂志的编辑部秘书长。《克拉科夫文学之家》是由信息宣传部出版的杂志，主要面向的群体是文化活动的宣传组织者。在这本杂志停刊后，辛波斯卡于 1948 年 1 月调到了

1 亚当 · 弗沃德克，《我们的战利品》，克拉科夫，1970 年，第 150 页。——原注

2 维斯瓦娃 · 辛波斯卡，《亲爱的〈波兰日报〉》，发表于 1955 年 1 月 23—24 日的《波兰日报》，第 10 页。——原注

3 安娜· 扎日茨卡，《辛波斯卡的革命，1945—1957——该时代背景下诗人的早期作品研究》，波兹南，2010 年，第 319—320 页。——原注

《波兰日报》的读者副刊《文学日报》任编辑工作，后又从《文学日报》调至《文学生活》杂志社。她在那儿既是编辑也是记者。在几年的时间里，她就已经从一名默默无闻的文学爱好者成长为一名专业的新闻工作者。她的世界观和文学创作风格都是在左翼政治环境中塑造的，所以她的转变在某种程度上也要归功于这一政治环境也就不足为奇了。

她的初露锋芒和陆续刊登在报刊上的诗作及她和亚当·弗沃德克的关系，都为她在被吸纳入作家工会前先踏入作家圈助了一臂之力。在当时位于克鲁普尼察大街22号的公寓的波兰作家工会中，有一个"文学俱乐部"，后来改名为"青年社团"。斯特凡·奥特文诺夫斯基和当时同住在"作家之家"的亚当·弗沃德克一起组织了每周一次的文学赏读活动，邀请知名资深的作家们来为刚刚踏入文坛的青年作家提供指导建议。维斯瓦娃经常来参加这一活动。

辛波斯卡在《克拉科夫文学之家》杂志的同事汉娜·皮耶卡尔斯卡曾回忆道："在40年代的'青年社团'论坛上，（辛波斯卡）她曾介绍了自己写的一篇名为《雨》的短篇小说，题目听起来有些特别[1]，是一部讲述伦敦移民生活的独幕讽刺剧。"[2]在一次采访中，辛波斯卡在回答是否尝试写散文和小说时说："我就是从写散文小说开始文学创作的。那时还是二战结束的前一年。我写了好几篇

1 原题目中的两个词，一个是法语"le"，一个是波兰语"deszcz"，混杂写就，所以显得有些不合常理。——译注

2 安娜·比康特，尤安娜·什琴斯娜，《纪念杂物——维斯瓦娃·辛波斯卡传记》，克拉科夫，2012年，第89页。——原注

小说，甚至其中一篇还发表在了学生刊物上。”[1]她在40年代的时候肯定还不曾想过，诗歌对她来说将是最重要的。她完全可以选择写短篇小说、长篇小说或者是戏剧剧本。浸润在文学环境中对她、她的发展和她所做出的（创作方向）选择都有着很大的帮助。在弗沃德克推荐给她的书中，诗歌占了很大比重。这也对她选择这一发展方向起到了重要作用。

亚当·弗沃德克在自己的领域中扮演着新文学“规则制定者”的角色。其中一期《战斗》中刊登的就是年轻诗人们所创作的以华沙起义为主题的诗歌。弗沃德克在一篇关于这一主题的文章中提出了对这些年轻诗人的批评，认为他们是“拥护一个正在消亡的时代的悲观主义者”。怀着一颗正义之心，他向这次起义中的逝者表达了敬意，在结尾处提出了自己的观点，为年轻诗人指明发展道路：“明天一定会更强大的这种愿景会将所有年轻人团结在一起。也许到那时，他们终于不会再被‘华沙那充满冒险精神又多愁善感的女性形象’和‘克拉科夫那面如死灰又庸俗闭塞的男性形象’的鬼魂所困扰。因为我们必须用真正的生活和真正的诗歌将真正的伟大平等且公平地区分开。”[2]

当时在《战斗》杂志上刊登了克日什托夫·卡米勒·巴钦斯基、兹齐斯瓦夫·斯托因斯基、塔德乌什·盖伊茨、罗曼·布拉特内和莱斯瓦夫·巴特尔斯基的诗作。在这一期中还有辛波斯卡

1 安娜·扎日茨卡，《辛波斯卡的革命，1945—1957——该时代背景下诗人的早期作品研究》，波兹南，2010年，第34页，注释75。——原注

2 1945年3月28日的《波兰日报》增刊《战斗——年轻人的文学社会周刊》，第5期。——原注

的诗作《儿童十字军》[1]。新晋诗人辛波斯卡的这首作品在权威诗人群体中大受赞赏。也许当时弗沃德克把这首诗放到这一期中是考虑到这首诗是和华沙相关的，并且这首诗的文学真实性也的确是来源于生活。这首诗的创作源于辛波斯卡的表哥命丧沙场。她的表哥罗曼·普兰科维奇于1944年8月1日在其所在的军队——"加尔乌赫"步兵团以及"库巴"中尉炮兵团在奥肯切军用机场遭到袭击后阵亡。在辛波斯卡的档案资料中，我找到了一张罗曼·普兰科维奇和他的父亲在30年代初拍摄的照片，除此之外，一同合影的还有毛雷奇·罗特蒙德神父、尤利娅·罗特蒙德、玛丽亚·罗特蒙德及其子扬·罗特蒙德（就是那个后来住在拉齐维沃夫斯卡大街公寓、嘲笑辛波斯卡写的诗的那位表哥）。罗曼比扬略年长一些。我还找到了一张写给罗曼但没有寄出的明信片，上面伊赫娜的笔迹仍十分稚嫩。所以，这篇《儿童十字军》并非源于报纸上的新闻或是那些从被烧成一片焦土的首都来的难民的讲述，而是来自作者的个人心路历程。很多维斯瓦娃·辛波斯卡在40年代创作的作品都像这首诗一样，承载着诗人从个人经历中汲取的思考和动力。

弗沃德克在文章中还提出了为青年文学制订的计划："我们要将如今被称为'新现实主义'的原则和目标成文，并对这些原则和目标进行更为明确清晰地定义。"事实上，作家们，特别是最年轻的那些作家们，在如此慷慨激昂地站在新政权一边为其呐喊的时候，对源自苏联的新现实主义所知甚少。显而易见，尽管以耶

1 这首诗后改名为《华沙的孩子》重印于1946年10月的《克拉科夫文学之家》，并加注了作品的日期：1944年。这是辛波斯卡为数不多的注有日期的作品。——原注

日·普特拉门特和亚当·瓦热克为代表的卢布林派作家们所介绍的进步思潮十分模糊，弗沃德克却对此深信不疑。在对于未来文学愿景的描述中，最激动人心的莫过于一个“新”字，这个字以各种形式反复出现。对于弗沃德克来说，真相，即以文学形式呈现出的内容的真实性至关重要，当然对辛波斯卡来说也是如此。

“在战争结束后，无论是新一代还是老一代都坚定不移地相信，战前世界和战后世界之间已经形成了一道不可逾越的鸿沟。”扎日茨卡在一本关于辛波斯卡早期创作的书中写道：“战前世界已经一去不复返了，任何一个经历过‘已经到来过的末日’的人都很难去相信世界复活的可能性。与之相关的一切——价值体系、社会生活架构、文化活动开展形式——都被看作是错误的或是祸国殃民的。[……]对于很多人来说，这也是出现宗教信仰危机和世界观危机的原因，很多人的政治信仰也发生了改变。[……]这种改变所带来的影响之一就是文化文学主题的变化。[……]尽管战争造成了价值体系全方位的危机，但在对抗这种危机的同时，文学家们仍坚信，文学保留下了其本身的教育意义和力量，甚至文学可以让现实世界变得更好，让人们重新对人类和世界的秩序井然抱有信心。”[1]

1 安娜·扎日茨卡，《辛波斯卡的革命，1945—1957——该时代背景下诗人的早期作品研究》，波兹南，2010年，第51页。——原注

* * *

她究竟是一个什么样的年轻女性，可以用如此饱含抗争与愤怒的墨笔写下小起义军故事，又是如此渴望能够用最恰当的笔触记录下祖国被占领期间的经历？在她大多数好友的回忆中，年仅二十几岁的伊赫娜的形象是一位成熟的诗人，她年轻有为、妙笔生花，还十分支持其他青年作家的发展。我尝试通过维斯瓦娃与她当时两位好友——齐格蒙特·希姆恰克和阿尔图尔·韦克斯勒的信件来寻找她当时创作的心路历程。她和韦克斯勒直到 90 年代始终保持着偶尔的书信往来，而和希姆恰克的书信往来都出自 40 和 50 年代。很有可能，辛波斯卡除了在青年时期，后来与他们二位都不能谋面。这两位先生都是在她在《波兰日报》编辑部工作之前就与她有了交集。

当时和伊赫娜鸿雁传书的齐格蒙特·希姆恰克是一位才华横溢、天赋异禀的青年画家。他幸运地将自己的爱好变成了工作。我在 1967 年出版的《艺术博览》中找到了对他的画的鉴赏。他还是 1968 年在索波特举办的波兰青年美术雕塑艺术家作品展画册的设计者，曾于 60 年代任索波特艺术展管理局局长。

希姆恰克在波兰被纳粹入侵时期就已经进入伊赫娜克拉科夫的好友圈了。在 1944 年 10 月寄给伊赫娜的明信片中他将她称呼为“唯一的宝贝”，但这仅仅是个无关爱情的玩笑，因为明信片内容是十分程式化的：“我们第一句要说的就是让我们赞美耶稣基督。”其他明信片上的内容也都类似。和当时的很多年轻人一样，希姆恰克被押送到了克拉科夫郊外格罗姆尼克村去挖防御坦克的沟渠。他在卡片上写道，四十五公里外就是前线，射击和爆炸声音不绝于耳，天空中飞机在盘旋。“一个监狱看守还有一位女士被杀了，我们还没被杀，因为我们要在这泥塘里挖沟。”他还写道，他过得还算开心，希望星期日的时候能去克拉科夫。卡片上有好几个人的签名，签名的位置非常奇怪（在地址栏的字里行间）且模糊不清。看来这又是一个集体参与的游戏，尽管在如此恶劣的条件下，他们依然充满幻想。在后面一封寄来的明信片中，寄信人描述了自己在挖沟的时候鞋里进水的故事，还提到了伯特兰·罗素。他还向伊赫娜抱怨说，朋友把他的衣服放在壁炉旁烤干的时候竟然烧着了。他对此根本毫不在意，或许是他要保持自己的风度吧。

1945 年 3 月希姆恰克离开克拉科夫前往了格但斯克。从信中我们可以得知，他去那里寻找工作机遇，寻找属于自己的一方天地，也寻找多姿多彩的人生经历。他到达格但斯克的时候那里刚刚解放，他提到了住在那里的那些“被赶走的”德国市民。“我们

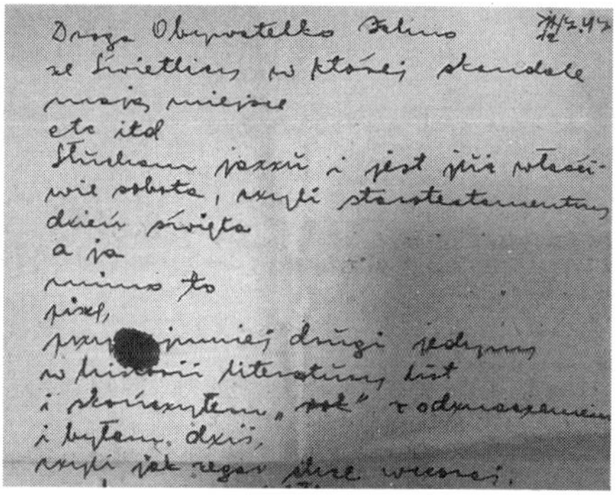
etc itd
a ja

齐格蒙特·希姆恰克及其充满想象、热情洋溢的信

取得了成就。依托这个较为坚实的物质成就，我们扎根，建设家园。我在我们家里必须要再建一面墙，然后修复房顶，[……] 这样才不至于砸烂脑袋。另外，我还得找到几个被遣返的家庭，把他们安置好，再吓唬吓唬那帮德国佬（暴徒！），等等。哦，对了，我没有纸，也没有我最爱的黑色炭笔，哪都买不到，无论是在格丁尼亚，还是在比得哥什，或是在格涅兹诺，都没买到。”我只能从这只言片语中觅得一丝关于他命运的消息。但是有一点可以肯定，他已经开始过上了“新生活”，从头开始构建自己的世界，不是在纸上，而是在实实在在的现实中。

当辛波斯卡第一批诗作发表时，他已经不住在克拉科夫了。他还请伊赫娜帮他保管一段时间他的藏书，请她把她发表的作品给他寄过去。从他写来的一封信中可以看出，伊赫娜应该把诗作给他寄了过去：“现在《儿童十字军》[……] 和《我寻找词语》就摆在我面前。在《儿童十字军》这首诗中，你才摘下面具。我的意思并不是说你以前是一个不思进取的斯芬克司，不是的，而是你抛弃了讽刺的面具、辛辣的面具，继续大步前行。这首《儿童十字军》写得非常有意思，耐人寻味。”他也很喜欢那首《我寻找词语》，他认为这是强劲有力、态度鲜明的沉思翰藻。只有最后一句中的“我不能”让他感到不悦，其实这个词代表着放弃了为表达战争经历寻找合适的描写。他是一位画家，一切皆以视觉为准，他将这位年轻女诗人所写的一切都视觉化了。他认为，这里的“我不能”是诗人悲观消极的体现。他在信中写道“这就是一场表演”。所以，他将这首诗视作惺惺作态的虚伪之作——这简直是最糟糕的了。我不知道，这句“我不能”是出自诗人笔下，还是来自弗沃德克的改动。我们也不得而知，伊赫娜是否因为希姆恰克的批评指责而感到黯然神伤。把这句“我不能”作为一句强有力的呼喊置于诗歌结尾处，而且还重复了一次，这很有可能是出自编辑之手。也不知道，伊赫娜是否曾告诉齐格蒙特，这首诗除了她之外还有两位“合作者”？

希姆恰克眼中的伊赫娜是一个和他人保持着距离，有些顽皮，又带点神秘感，或许还有些封闭的人。除此之外，我觉得还可以加上一条“害羞”，但同时她又是勇敢的，因为她敢于“扔掉面具”。

在信中还可以看出——尽管这些信大多只有一页纸——两位年轻的艺术家对艺术的探讨。他们肯定有时争论不休，有时又窃窃私语。所以我们不难想到，在辛波斯卡去《战斗》之前，已经有可以和她探讨她所感兴趣的话题的人了。希姆恰克那些充满智慧又幽默讽刺的信应该是他们畅所欲言的聚会的延伸。

齐格蒙特告诉伊赫娜，他读了《库西尼察》，因此他也理解了伊赫娜对普日贝谢夫斯基派[1]和唯美主义的批判。辛波斯卡在之前写给他的信中曾强烈批判这是“脱离生活的‘为艺术而艺术’”，很明显这是忠实传达了弗沃德克发表在《战斗》上的声音。一开始，希姆恰克收到辛波斯卡对“在艺术家中培养艺术家的极端手段的批判”时，感到大为惊讶，认为她的观点是无据可循的。他认为，个人主义对艺术家来说至关重要。艺术家最关键的问题就是要在社会中找到属于自己的位置，因为这才是艺术家的守护者。

1 斯坦尼斯瓦夫·普日贝谢夫斯基（1868—1927），波兰小说家、剧作家，颓废派自然主义诗人代表，用英语和德语写作。——译注

他还认为，艺术家正因其艺术敏感度，有权利“在其内心歇斯底里”。他们要避免的就是“将自己的内心推到其他人的眼前”。他还提醒伊赫娜，艺术的源头是不可以分门别类的，没有办法简单地分为好的和不好的。但是他和他自己所描述的观点却又些不同：“你是知道我的，我从来就不会参加游行的，因为我不会。因为去游行就得有仪式感，但每个庄严肃穆的仪式感都让我觉得好笑。”

我猜想，若是十年后的辛波斯卡在面对这些关于艺术自由的观点时，一定会首肯心折，也许她在更早的时候，甚至在被殖民期间就会赞同支持这种观点。我其实一直不太理解，为什么她在几年的时间里一直在参与“游行”。难道她没有意识到条幅上大大的“自由”二字和现实几乎毫无关系吗？她是否真的能够接受并且认真对待那些政治仪式？如果真的是这样，那就意味着她在难以查证的一段时间内放弃了一部分的自我，放弃了讽刺，放弃了距离，放弃了狡黠的幽默……

希姆恰克开诚布公地说：“我是战斗的追随者，[……]应该将旧的一切都颠覆，还有那散发着恶臭的体系。[……]我（尽管我支持在创作过程中绝对的艺术自由），与自我中心主义为敌，与唯美主义为敌，因为我绝对只站在真实的物质主义的土地上。”我相信，他们在这里对于原则问题是统一一致的，但我不知道对于它的实施方法他们是否可以达成共识。

他们之间的书信往来不仅仅是对世界观和艺术形式等严肃问题的探讨，希姆恰克对于辛波斯卡寄给他的卡片爱不释手：“唯一的宝贝，你寄给我的卡片，完美得简直令人难——以——置——信！”还有一次，在他不得不出门的时候，走在街上边走边读她的信："我笑得特别大声，甚至路上的人都躲着我走。"他一定对伊赫娜非常了解，他在信的最后问道："你这幽默背后没藏着泪水吧？"

辛波斯卡在信中向他描述了克拉科夫"战后的野蛮"，他以幽默轻松的口吻回信道："如今连《克拉科夫文学之家》都成了老头子和年轻女诗人打情骂俏的老窝，又哪来的时间和精力去消除野蛮呢？上哪去实现'依靠教育人民创造奇迹'呢？"

显然，伊赫娜向齐格蒙特袒露了自己的情感心声。我也很好奇，这位吸引了年轻诗人的"老头子"又是谁呢？我估计指的肯定不是亚当·弗沃德克，因为弗沃德克只比她大一岁。在另一封信中希姆恰克请她把她未发表的情色小说给他寄过去。看来当时的伊赫娜不仅仅是打情骂俏，她陷入了爱河，写起了情色小说，但是并没有打印出来。她是在保护自己的隐私呢，还是觉得写得不好呢？这份没能开出幸福之花的爱情是齐格蒙特所指的、她藏匿在幽默背后的泪水的原因吗？

其实我们不难想到，这样一位年轻貌美、魅力四射的女性一定会经历这些。我在读希姆恰克写给她的信的时候，多么渴望那些情色小说能够出现在她的家庭档案中啊！这就能够改变辛波斯卡早年创作的作品形象。但是也有可能，所谓的情色小说只是这位友人的一个玩笑，他对她那如火如荼的政治热情也是睁一只眼闭一只眼，并没有当真。

齐格蒙特在 1946 年 3 月 3 日的回信中以一种十分新颖独特的方式回应了辛波斯卡放弃搬来华沙这件事。很显然，伊赫娜在之前的信中向他提起过这样的计划。

华沙怎么了？为什么不来呢？
是牵绊？是家庭？是真情还是安逸？
生活绝不能贪图安逸！
动身吧，姑娘：
从头再来
文化的饥渴
艺术的渴求
一切
我们
我们——你们——他们，民主万岁
姑娘，你快来吧，这一切美好都在向你招手。

这位年轻的画家在打趣当时普遍高涨的热情，但是同时我们也能看出，他对改变的渴望为他的艺术推波助澜，“新生活”给予了他很多乐趣。他并不知道，伊赫娜为什么最终放弃了搬家。也许她的计划被突然打乱了吧；又或许她想离开那个家，离开事事小心谨慎的妈妈和冷嘲热讽的姐姐，离开狭窄拥挤的公寓，离开资产阶级的种种规矩。然而华沙不会为她提供任何有利条件，对于一个来自克拉科夫的诗人来说，想要进入首都的文坛，可以说是难上加难，即使她在华沙有亲戚可以帮助她。她真的难以割舍克拉科夫的牵绊、友人的真情及舒适圈吗？她会不去选择“文化的饥渴和艺术的渴求”？或许她是因为疯狂的情感烦恼想要逃离克拉科夫呢？这种烦恼在这个年纪频频出现，但是来得快去得也快吧。

从她和希姆恰克的书信中我们可以想象到，伊赫娜的生活并非如她晚年看起来的那样一帆风顺，单纯简单。她在和弗沃德克交往并且决定入党之前，经历了犹豫和疑虑，但是这些她后来都不曾提起。

在那段时间中和辛波斯卡通信的还有阿尔图尔·韦克斯勒，他和希姆恰克一样，都问了辛波斯卡搬去华沙的事情及未来对事业的计划。除了他在写给维斯瓦娃的信中对自己的生活提及一二外，我们对这位写信人的事情也知之甚少。要不是他动身启程，我可能甚至不会知道他的存在，以及他和我们这位诗人女主人公的关系。韦克斯勒是一位犹太人，他在 1946 年秋天离开了波兰，很有可能是通过无人看管的森林边防回到以色列地[1]。当他穿过蒂罗尔和意大利及到达目的地后，他一直都在给辛波斯卡写信。

韦克斯勒的第一封信是 1946 年 11 月从帕维亚寄来的。他在信中描述了自己孤独穿越蒂罗尔州森林和皑皑白雪的阿尔卑斯山的经历，“那时你曾与我一起”。他认为自己是一个脚踏实地的现实主义者，然而他却始终梦想着能再回到波兰，哪怕他只有几天的时间能留在克拉科夫，看看他这些在离别前曾承诺要写的浪漫书信的收信人。“浪漫的信”也许只是一句玩笑话，但是离别的痛苦和思念却是千真万确的。阿尔图尔给伊赫娜的信中写道，当他已经安全地回到了家中后，在亲戚的照顾下，他之前所经历的一切都已经过去了。“我爬过那座满山积雪的山峰，整整两天没有喝水；我还在拥挤不堪的站台小厅的地板上熬过了几天，[……] 像

1 以色列地是犹太人对南黎凡特地区的传统称呼。——译注

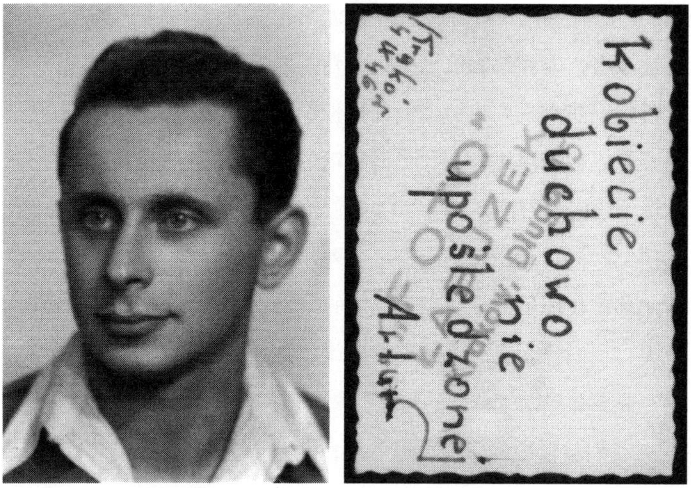

阿尔图尔·韦克斯勒以及给伊赫娜的赠言

沙丁鱼一样挤在卡车里几个小时不吃不喝。”但是他没有抱怨，相反地，他还认为这一切经历都是一个真正的男子汉该经历的，正是这些经历让他珍惜生活的快乐并且对自己的能力充满信心。他开玩笑地质问了伊赫娜给他的照片上所写的赠言——“就让从我把照片送给你的那一刻开始，直到你丢了照片，它都会给你带来最艰难但也最重要的胜利。”他没有弄丢这张照片，但是他却不得不舍弃自己的理想以及读书的梦想。他问伊赫娜：“这究竟是胜利，还是惨败？”

韦克斯勒和辛波斯卡一样，都属于对文学感兴趣、有写作理想的年轻人，但是韦克斯勒的命运和其他同龄好友比起来要坎坷得多。他在信中询问了伊赫娜那些好友们的文学创作成就。韦克斯勒和他们一样，也是克拉科夫人，自幼住在考莱泰克大街。二战期间，他和父母一起被关押在犹太人集中营。他的父亲于1942年被杀害，他和妈妈逃出了集中营，躲过浩劫。他们在琴斯特霍瓦时姆罗热克夫妇收留他们并把他们藏于家中。这段故事的详细内容可以在华沙犹太人历史博物馆的网页上关于国际公民中的波兰援手的内容中读到[1]，姆罗热克夫妇在犹太人大屠杀纪念馆中有一棵纪念树。利用假的身份证，阿尔图尔渡过重重难关到达了德国北部，在那里终于迎来了战争的结束。1945年时，他回到克拉科夫，与同样幸存下来的母亲团聚。他通过了高考，准备学习法律专业，并且继续自己的写作。

我们从信中的口吻可以看出，他与伊赫娜的关系不仅仅是感情的萌动。阿尔图尔非常在意伊赫娜的意见，他也很想知道，她对于他选择离开克拉科夫去（当时尚未以国家形式存在的）以色列是怎么看待的。他清楚地知道，当他跨过边境的那一刹那，之前所有的计划都灰飞烟灭了。原本应该在新礼堂[2]中听讲的他，如今只能在农场或基布兹[3]劳作。他还得先学语言——就像很多在波兰的犹太人一样，他并不会说希伯来语——而且还得先把其他在战争期间落下的课程补上。他其实心里并不确定，自己是不是做了一个正确的决定。

我不知道，伊赫娜是否给这封心事重重又充满疑惑的信写了

---

1 娜塔莉亚·阿莱克修恩，《姆罗热克一家的故事》，网站地址：sprawiedliwi.org.pl。韦克斯勒在留给孩子们的回忆录中记录了他住在克拉科夫考莱泰克大街的生活。——原注

2 雅盖隆大学的大礼堂。——译注

3 以色列的一种集体所有制社区，过去主要从事农业生产，后也从事工业及技术产业生产。——译注

回信。我只知道，阿尔图尔对她来说，绝对不是可有可无的：她一生都仔细珍藏着他那张盖有“杜加大街15号瓦布泽克照相馆”印章的照片。照片上是一张年轻男子帅气的面庞，下颌棱角分明，鼻子高耸挺直，目光如炬，神采奕奕。在照片背面写着赠言：“赠予那位精神完美无瑕的女士。克拉科夫，1946年9月4日”。很显然，他似乎对女性少有赞美，但是对伊赫娜是个例外。这句赠言中的犀利与伊赫娜那句“送给你的那一刻开始，直到你丢了”相比，只多不少，可以看出，他们二人之间的交集绝非仅如温水般不温不火。

阿尔图尔的第二封信是从罗马寄来的，信中洋溢着激动的心情。这已经不再是一份“浪漫的信”了，而是一封真正的情书。这位充满理性、不懈追求明确且重要目标的年轻人，此时懊悔万分，他被思念和离别折磨得十分痛苦。他每天要和其他犹太人一起学习十五个小时，他和这些“同乡”的关系相处得并不好，他在心里想象着和伊赫娜谈天说地的场景。“魔鬼把我的现实主义和愤世嫉俗都带走了，我总是用这些掩盖自己内心最深处的情感，哪怕是我在面对自己的时候。”这封信还是一篇面对照片吐露心声的精彩独白。“[……]你目光如水，望着远方，变得有些陌生。我千万次地想起我与你度过的每分每秒，千万次地吻你的嘴唇、双眼、玉颈和酥胸。我仍在千万次地幻想我们再度相聚的场景。[……]我有时甚至怨你，你把我的时间都带走了，你让我对离开克拉科夫如此后悔莫及，[……]你让我无时无刻不在想着回去，你让我对我所做的一切都感到怀疑，让我怨恨犹太人。”

如此疯狂的告白是否意味着他们之间曾有过疯狂的爱情？阿

尔图尔自己曾经说过，他和辛波斯卡在克拉科夫见面的时候，自己并没有对她有非常深切热烈的情感。伊赫娜肯定是让他着迷心动的，她的智慧更是让他印象深刻，但是直到他离开克拉科夫后才意识到，她曾经对他如此重要。

伊赫娜的回复看起来是冷冰冰的，但是这也没什么好奇怪的，一个以后可能再也见不到的人嘴里说出的伟大爱情让人很难付出真心。阿尔图尔给她写来的后一封信中曾把她称为“最亲爱的愤世嫉俗者！”，他说，读着她的来信，仿佛就像在她身边和她聊天一样。他觉得她似乎在嘲笑他，可是她的吻却又反驳了这一切。“我记得不止一次，当我表达我的真诚情感时，你总是装着听不懂，要么就是取笑我，[……] 这也让我们之间的关系变得辛辣刺激。”希姆恰克在信中也曾用过“辛辣”这个词，两个男人都用了这个如今已经不太常用的词形容伊赫娜。

我们从这些书信往来中可以勾画出一位年轻女性的形象，她一方面渴望与人交往，任由心中的激情汹涌澎湃，而另一方面，她又害怕告白，躲闪着亲密的接触。根据弗洛伊德的理论，被父亲伤害过的女孩儿都会有类似的表现。这就对上了，因为伊赫娜在十三岁的时候就被父亲“遗弃”了。她害怕失去，所以不愿建立任何一段关系，挣扎在自己蠢蠢欲动的情感中。当然，这仅仅是假设。从很多地方都可以看出，二十几岁的伊赫娜小心翼翼地隐藏着自己的情感，我们不知道她是怕受伤害还是有其他原因，也不知道她是故意为之，还是直觉使然。尽管阿尔图尔比她年轻，但是更成熟，他在信中直截了当地写道：“我觉得，我非常了解你，甚至比你自己还了解你。但是你却一直躲躲藏藏，不让人深入了解，那就这样吧。”

当我坐在雅盖隆大学图书馆里读着这些阿尔图尔·韦克斯勒写来的动人书信的时候，我冒出了一个想法：我想要找到他本人。但是非常不幸的是，他在2012年去世了。[1]我在犹太历史研究所的一位历史学家的帮助下联系到了他的儿子约阿夫·韦克斯勒。他没有同意向我公开家庭档案中辛波斯卡回信的建议，我只能通过一些他告诉我的信息更具体地去想象阿尔图尔的形象。

约阿夫·韦克斯勒在信中告诉我，他的父亲在意大利的时候一直在一个专门为在战争中幸存并准备回以色列的犹太人准备的营地，其实就是集中营。当时的以色列（确切地说应该是巴勒斯坦）是英国的保护国，去那里的犹太人的数量是受到严格管控的。所以当时对于很多人来说，到达那里的唯一途径就是非法移民（偷渡）。1947年3月，阿尔图尔和一千三百名难民一起，想要坐船回到巴勒斯坦。他们的船被英国人扣押了，船上所有人都被遣返到了塞浦路斯的集中营（像监狱一样）。他在那里待了两年，其间所写给伊赫娜的信都没有送到，至少在她的家庭档案中我没找到。当英军从巴勒斯坦撤离并宣告以色列为独立国家后，关押在塞浦路斯监狱中的“犯人们”才被释放。1949年1月，阿尔图尔到达了以色列。那里依然战火连天。当时的他年轻力盛，所以被征兵入伍，但是没有参与到真正的战争之中。当时的他二十四岁，战争对他来说，已经持续十年了。

在辛波斯卡的家庭档案中保留下了七封阿尔图尔·韦克斯勒

1 感谢乌尔苏拉·克拉特卡博士的帮忙，如果没有她相助，我将永远无法与韦克斯勒的家人相识。——原注写给她的信。也许当时他们之间还有更多的书信往来，抑或他们通过共同好友保持着联系。1986 年，辛波斯卡给他寄了一本自己的诗集，扉页上写着："赠阿尔图尔·韦克斯勒，是你的回忆打动了我，我从遥远但又近在咫尺的克拉科夫向你送去最最最真挚的问候——维斯瓦娃。"[1] 他在给她的回信中对所赠诗集表示了感谢，还回忆了他们在普兰蒂林荫大道见面的情景。

"这里的第一首诗是关于水的，这还挺奇怪的。在我的脑海中，你总是让我联想到一汪如彩虹般斑斓绚丽的水涡。我不知道你是否还记得，我们常常在戈特利布家附近见面。晚上的时候，我们不止一次坐在池边，看天鹅游来游去。那里还有一座很高的喷泉，亮如白昼的灯火照亮了喷泉的每一个角落，灯光映照在水面上，反射出一道道七色光。喷泉的照明是安装在池底内部的，我在这儿和欧洲见过很多这样的喷泉，每次都会让我想起你。"

韦克斯勒在自传中描述了他们二战之后在克拉科夫第一次见面的情景，他将这段内容翻译成波兰语后与写给辛波斯卡获得诺贝尔奖的祝贺词一起寄给了她。那段内容翻译得并不流畅优美，韦克斯勒在信中说，这本自传本来是要翻译成波兰语出版的，但是最终没能实现。我甚至不愿去想，当时这位新晋的诺奖文学奖得主在读到这些文字的时候会作何感想，尽管她在回忆录中的名字是"维瓦"[2]。

"有一次，我去参加文学聚会的时候到早了，当时那里的人

1 约阿夫·韦克斯勒给我发了一张诗集扉页的照片。——原注

2 维瓦（Viva），音似波兰语维斯瓦娃的昵称，但是用了波兰语中并不存在的字母 V 拼成，同时还有"生活""生机"的意思。——译注

还不多，但是当他们知道我是个犹太人的时候，立刻就对我十分感兴趣。我们正在畅谈的时候，走进来一位比我们略年长些的女士，胸部挺拔丰满，明显的斯拉夫女性的宽阔面庞，大大的眼睛，还有长长的——也许是我见过的最长的——睫毛。略显高傲的脸上挂着一丝尴尬的微笑。[……] 所有人对她都十分尊敬，因为她是一位资深诗人。[……] 有人放了光盘，华尔兹的乐曲声响起。我鼓起勇气邀请了维瓦。华尔兹是我最喜欢的舞蹈，一圈圈的旋转让女孩子们神魂颠倒。”看来就是这“神魂颠倒”让他们有了后来的见面。阿尔图尔请辛波斯卡去咖啡厅，她的克己理智和谦逊有礼深深地吸引了他。每次见面时她的一颦一笑都令他心动。他们每隔两三天就会坐在最喜欢的公园长椅上见面。“我们的爱充满着青春的朝气，非常波兰，也非常浪漫，然而却没有未来可言。”

韦克斯勒在自传中也描述了其他一些人物：自己深爱的姑娘的母亲从窗户看到他来接“维瓦”，当时他头戴一顶学生帽，身穿一件毛线衫和一条短裤。他从这位女士的眼神中看到了不满和惊讶，他感到自己被伤害了。他的母亲碰巧遇到他和伊赫娜一起散步的时候，也没有表现出欣喜，因为她的儿子在和一个看起来像个小男孩一样的波兰女人谈恋爱。当有一次他身穿西服，手捧鲜花来找“维瓦”的时候，她的妈妈脸上的表情完全不一样了，目光里都是欣赏，就像在欣赏中国明朝时期的古董家具或者古董花瓶一般。“维瓦也特别会讨妈妈们欢心，我妈妈在和她聊了十分钟以后就成了她最忠实的粉丝。”

自传的主人公充满深情地回忆了这段为期三个月的浪漫爱情。他强调，他对维瓦始终保持着人与人之间最宝贵的尊重，而与此同时也对她有着男人与女人间最强烈的渴望。“我们之间的感情是以友谊和温情为基础的。我们经常接吻、牵手，我抚摸她的乳房，[……] 然而我却不敢再进一步。”阿尔图尔还写道，有一次他去找心爱的维瓦的时候，她的妈妈恰好不在。要不是当时她的婶婶事先没打招呼就突然来访，他们也许会成为更进一步的爱人吧。

回忆到这里戛然而止，我们也无从得知他们接下来见面的场景是什么样的。他还强调说：“分离对我而言痛苦万分。维瓦给了我一张照片，上面写着‘Vivam’[1]，拉丁语的意思是‘我将一直活着’。有时我看着这张照片会特别怀念，也许并不是想念维瓦，只是对于我们那段浪漫又美好的爱情的怀念。”

我从这句话中也感受到了一个犹太人对于不能再继续当波兰人的怀念。幸运的是，他去往他新的家园后得到了重视，并且开始了自己的新生活。像他之前的理想一样，他成了一名律师，也没有停止写作——他给青少年们写一本关于十字军的小说。“关于他们，他只知道他们曾杀害了很多犹太人。”他承认，显克维奇对他的写作产生了巨大的影响。他在一封信中也提到，尽管战争留给他的几乎都是残酷的回忆（比起他在集中营中的遭遇这样的用词是相当温和的），他仍是一名波兰爱国主义者。在以色列，“波兰人”这个词就是“反犹太”的代名词，这让他十分难过：“我经常要以一当百地站在捍卫波兰的一边。我周围的所有人都知道，波兰是那六年中，犹太人在世界上唯一的家。”

1 如果按照波兰语的语法结构理解，有“维瓦一直在”的意思。——译注阿尔图尔从未和任何人坦露过，他曾与辛波斯卡交往。他写了一部小说，讲的是一个从集中营逃出来的年轻犹太男子的爱情故事（这本书在以色列出版，后又翻译成英语出版）。我在其中没有找到任何阿尔图尔和伊赫娜炙热的爱情的映射。他在留给家人的自传中，对他们之间的情感也只字未提，尽管他一生都珍藏着她的照片。

在辛波斯卡获得诺奖后，他曾提出想要和她见面，想邀请她来看看他亲爱的祖国——以色列，没有任何人能比他做向导做得更好。他非常希望能够通过中间人将这封信封上写着“亲启”字样的信交到辛波斯卡手上。

我不知道辛波斯卡是否对他发出的邀请做出了回应，也不知道她是否给那封描述了对“维瓦”的爱的信写了回信。辛波斯卡一生中只曾经在 2003 年的时候去过一次以色列，但是那次却并没有和韦克斯勒见面。

* * *

1946 年对于辛波斯卡来说，是继处女诗作发表后经历的又一次生活上的重大转折。当时她已经意识到，自己将以写作为生，将在文学杂志社工作，但是对未来她始终没有确切的把握。很多克拉科夫的作家在华沙起义之后出于种种原因和考虑，纷纷回到华沙或者离开克拉科夫前往华沙，一部分人选择去了罗兹。在这两座城市中，都创办了更多的文学刊物，文学圈子也更广，甚至可能更开放、更新颖、更进步。辛波斯卡最终还是放弃了搬家。

当时也许不是她的最终决定，因为后来（1950 年）亚当・弗沃德克在其中一封信中提到“我们也许不得不搬家了”，他当时指的就是搬到华沙去。她是否曾在某一刻考虑过自己的事业发展，想要大展宏图？她理想中的“宏图”又是什么样的呢？当诗人似乎和“宏图”二字背道而驰。她当时顶多想过要在华沙某一家文学杂志社工作吧。

伊赫娜的私人生活至今都是个难解的谜题。一直都很难找到让她做出决定的原因，我们能做的也只有发挥想象。一张 1946 年 6 月 21 日从扎科帕内寄来的明信片才帮我们把诗人那扇紧紧关闭的心门拨开了一道小小的门缝。在这张印有雪绒花的明信片上写着这样几行字：“亲爱的拉齐维沃夫斯卡公寓楼的居民们，我给你们写信就是想要告诉你们，什么事都没发生，没摔倒，没丢东西，也没落下什么。但是这也不是我唯一想和你们分享的事情。考辛斯卡太太简直是一件艺术品。这里的天气一如既往，但是空气和思想都是雾蒙蒙的。没有跳蚤。我睡得像从没杀过人一样。亲吻可咪和娜沃亚，再和小斯挥挥手。伊赫娜。”

从信里我们就可以看出，家里人把她当成一个没长大的孩子，她的独立旅行让所有人都很担心。也许这些担心都是事出有因，伊赫娜倒是不太在乎这些“丢三落四”，因为这样的情况也时有发生。这似乎和一个严肃的青年女诗人形象形成了鲜明的对比。我觉得，她对于自己这种双面性是有清楚的认知的。战争一方面夺走了她的童年，但是又自相矛盾地延长了她在幼稚与成熟间徘徊的时期。直到波兰解放后，伊赫娜才为自己的未来做了决定。国家被占领时期带给她的不确定对她做出生活中的重大决定并没有什么影响。当诗人已经是一个非常冒险大胆的决定了……辛波斯卡可以等一等，她和家人住在一起，不需要做出什么冒险的改变，尽管她在拉齐维沃夫斯卡公寓中有时并不自在。很多人在她这个年纪都曾经在做选择时抱着“这条路要是走不下去就放弃”的心态。伊赫娜却与众不同，她对于自己的决定十分严肃认真。1946年，在她的处女作已经发表后，她做出了重要的决定——她要写作。尽管在家人眼中——在妈妈和姐姐眼中，她还是一个丢三落四、有些疯狂的女孩。我认为，直到她人生中的某个阶段，这种双面性的性格特征都是非常适合她的。

1946年6月底，辛波斯卡从扎科帕内给亚当·弗沃德克寄了一封信。收信人自己在信封上加上了日期。信封是当时最普遍的灰蓝色的，已经褪色了。收件人一栏写的是“亚当·弗沃德克及编辑部同仁，克拉科夫杜纳耶夫斯基大街2号，《克拉科夫文学之家》编辑部”。看起来这是一封辛波斯卡写给亚当和其他与她一起工作的同事的信，其实这只是“障眼法”。

保存下来的最早一封辛波斯卡写给自己诗歌领路人的信仿佛是一篇无心插柳的预言：“为了减轻我死后那些评论家们的工作负担，或者老天保佑，能让他们相信，他们不是在和文学打交道，我决定通过画画的方式来呈现我要表达的事情。”不按常理出牌的伊赫娜玩起了漫画。信纸上的图画非常简单，寥寥数笔却不乏幽默感。她分别予以呈现：乌云密布的天空开始下雨——“扎科帕内的天气已经准备好了”；一双男士的登山鞋和两条裹在厚袜子里的汗毛茂密的小腿，一双女士高跟鞋蹚过水洼，溅起水花——“尽管如此，我们还是决定去徒步旅行”；一个空空的相

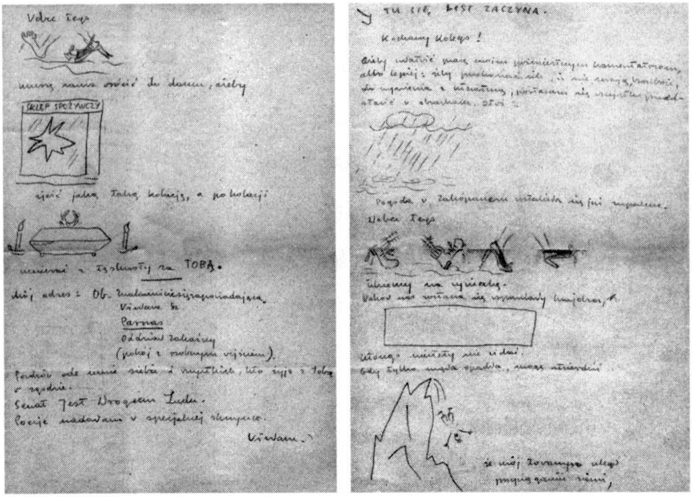

保存下来的最早一封辛波斯卡写给亚当·弗沃德克的信

框——“我们四周的景色一定非常美丽，但是可惜我们什么都看不见”；一个穿着阔腿裤的小人从陡峭的山崖上摔下——“当大雾散去，我才知道，我的同伴被地心引力带走了”；两只在水中艰难行走的脚，一只光脚没穿袜子，一只高跟鞋已经破破烂烂，脚指头都露了出来——“所以我不得不自己回家”；食品店油腻的玻璃——“吃一顿这样的晚餐”；最后是一个棺材，后边摆着花圈，两边的蜡烛烛光摇曳——“吃完饭后我就死了，因为实在是太想念你了”。棺材里躺着这封信的作者。寄信人的落款令这份幽默的信显得更加好笑：讲故事一流棒的维斯瓦娃·辛某，文坛传染病病房，有独立通道的单人病房。在那时她就已经希望能有一个“单独的空间”了。

或许是因为不在身边，才让她勇敢地将这些“风言俏语”寄给弗沃德克？她还装作若无其事。这是不是就是希姆恰克和韦克斯勒所提到的“辛辣刺激”呢？

可惜的是，伊赫娜和亚当在那段时间的通信只保留下了这一封，下一封他们之间的通信就是1949年的了，那时他们俩已经结为夫妻了。但是我们慢慢来，先不要剧透。当时的亚当·弗沃德克身边围绕了很多仰慕者——从他档案中的女性照片就可以看出。有一张是1945年7月寄来的，照片上是一位面色凝重、一头深棕色鬈发的女性，上面还有一句极具挑逗性的留言：“我深爱着，你懂吗？汉卡[1]。”照片的主人应该就是汉娜·皮耶卡尔斯卡，后来也在《克拉科夫文学之家》工作，还有一些同出自那个时期的她的照片也被保留了下来，照片背后写着她的名字，看得出是辛波斯卡的笔迹。在一张画着浓妆、笑容满面，身穿一件无袖连衣裙的女士照片的背面，写着十分神秘的一句话：“给我最亲爱的丈夫，希望他永远不要忘记我——奥尔加。1947年3月11日于克拉科夫。”在横线后接着又写了一句话：“甚至当我不再是他的妻子以后，1947年8月21日于克拉科夫。”这些玩笑话后面隐藏的至少是打情骂俏。在这些寄给亚当的照片中，至少有十几张照片上都是塔蒂亚娜，她后来成了塔德乌什·严查里克的妻子。还有很多没有署名的女性的照片。如果单是从档案袋中的这些照片来看的话，我们可以看出，亚当·弗沃德克可不是什么孤独的单身汉。

在波兰被占领的二战期间，他的才华和成就迷倒了众多女性。

1 汉卡，波兰女性名字汉娜的昵称。——译注

他积极参与地下出版运动，编辑并出版了好几本诗集，其中也包括他自己的诗集。当时，很多年轻作家和艺术家经常在位于沃布佐夫斯卡大街上名为“读者”的小书店聚会，亚当·弗沃德克也是其中一员。后来这个文学家聚会的组织者是维托尔德·泽亨特，就是那位坚持让弗沃德克在《波兰日报》上刊登辛波斯卡诗作的编辑。当时这家书店除了出售古籍和文具外，还在二战期间秘密销售“皱纹纸”——非法印制的波兰语课本及其他德国纳粹禁止出售的印刷资料。当时的销售者之一是科内尔·菲利波维奇——多年后也是辛波斯卡的人生伴侣，他因地下活动被逮捕入狱。诗人、文学评论家及社会活动家伊格纳齐·菲克也是他们中的一员，在1942年时被乱枪射杀，他十分支持弗沃德克和菲利波维奇的左翼观点。

我们在第一期《波兰日报》中就可以读到耶日·但科维奇撰写的关于二战期间亚当·弗沃德克所进行的地下出版工作的文章：“我永远不会忘记，今年1月初所发生的和我全部打印出的诗卷（当时的确存在这样的出版形式）相关的那一幕。亚当（弗沃德克）和塔德（严查里克）带着所有印刷好的我的诗集来找我。他们在来的路上，在路过中央邮局的时候出现了一个意外：搜查和检查证件。他们无处可躲（这也是警卫，那也是巡逻队，广场上空空如也！）。当时他们的时间只够将文件包中的印刷品藏在停在大楼前的一辆卡车上（黑暗中的救赎！），我的诗歌以一种最特殊的方式‘宣传’了出去。只有被这两位朋友留在家中的四册诗集幸免于难。”因此，弗沃德克的形象笼罩上了机智勇敢、不畏艰险的光环，至少在他们这个圈子里，人们认为他是这样一个人。

"经验丰富"的资深诗人与初出茅庐的新入行者间的言语传情显得非常循规蹈矩。他们之间的这种经验上的不对等并没有持续太久。辛波斯卡很快就不再是一个刚入门的新晋作家了，光在1946年就发表了十几首诗。还有几首诗经过修改后重新发表，也可以从这些改动看到她所付出的努力及她的进步，她越写越顺了。所以我猜测，同在一个编辑部工作的维斯瓦娃和亚当的关系，也随着时间的推移，发生了进展和变化。仰慕资深诗人的"女学生"角色肯定让辛波斯卡觉得好笑，她自己也经常拿这个开玩笑。1947年1月24日她在盖有"克拉科夫文学之家"的信纸上写了一封"声明"。尽管这封"声明"写得官方且正式，然而却和工作毫无关系。

"特此通知亚当·弗沃德克，本人维斯瓦娃·辛波斯卡并无意愿且将不受上述人员引诱。所有与之相关的上诉都将不被受理。该声明无论是否通过新闻报纸或电台公布，都将无条件执行至1999年1月31日，后续如双方均无异议将自动延长。辛波斯卡·维斯瓦娃。"

这份加盖了"公章"的书面声明在几个月内就失去了效力。

辛波斯卡一定知道，大家都觉得弗沃德克是个花花公子。她肯定也不愿意加入到那份长长的"仰慕者大军"的名单中。她的角色是什么样呢？——被吸引，拼命克制，而最终被俘获芳心？我能想象，这样的剧情对她来说是伤人且可笑的。

那份"声明"满纸柔情蜜意，本身就是一封情意绵绵的试探，是一份承诺人自己都不遵守的承诺书。这位佯装气愤的作者的全部情感跃然纸上。所有的"不、无、没"其实都变成了"是和对"。

所以如果最终他们成为一对，肯定是因为他们两人都跳出了墨守成规的束缚。

弗沃德克是一个诗人，他所写的文章充满了对新文学的向往与热情，他创办易为大众所接受的文化项目。除了风言俏语，他还提出了“将世界变得更好”的理念，并动员身边的每一个人都参与到这项工作中来。在他们的关系中，有为共同的兴趣爱好留出的一片空间。另外，他们的观点碰撞、同属诗人圈子的属性，以及最重要的一点——他们之间的深厚友谊，都在这段关系中找到了自己应有的位置。这也就是为什么在他们持续了几年的婚姻关系结束后，他们仍然可以轻松地做朋友。然而，炙热的激情总是独辟蹊径。

在对辛波斯卡意义非凡的 1946 年，12 月时华沙举办了青年作家、艺术家学者大会。她参加了此次大会，这也是她在战后第一次来到华沙——她对这次华沙之旅的感受在她那首《波尔纳大街》中可见一斑。这次大会是由青年战斗学会和双周刊《时代》的发行人罗曼·布拉特内组织主办的。此次大会的举办源自希望参与到社会变革的年轻艺术家们的倡议。对此，安娜·扎日茨卡这样写道：“（年轻的作家们）将这一运动称为‘政治化进程’，即文学政治化、科学政治化、艺术政治化。他们认为，这是战后现实世界对他们的召唤。”[1] 但是值得我们关注的是，这些都是作家们自发的倡议，并不是政府自上而下强加于他们的。最典型的就是，哪怕是斯特凡·基谢列夫斯基这样一个和天主教杂志《大众周刊》

---

1 安娜·扎日茨卡，《辛波斯卡的革命，1945—1957——该时代背景下诗人的早期作品研究》，波兹南，2010 年，第 33 页。——原注

紧密相连的坚定的天主教拥趸，也都在积极推行这种政治化进程。基谢列夫斯基认为，现实主义文学的年轻拥护者们对于自己所处的环境之外的社会生活一无所知。他在《大众周刊》的专栏连载中这样直接指出:“作家不能没有政治立场。”他应该了解，“真正的生活”是什么样的，并且要真正做到想读者所想，符合读者的切身需要。我觉得，这样的观点当时对于辛波斯卡来说十分重要。

她在这次青年作家、艺术家学者大会上的发言，让人们看到了一个积极参与社会生活，甚至参与政治生活的女作家。她再也不是那个叛逆的青春期少女伊赫娜了，而是维斯瓦娃——一位对自己角色有着清晰认知的女性。我感觉，正是从她处女诗作发表的那一刻起，她开始使用自己的第二个名字“维斯瓦娃”。“玛丽亚”这个名字，尽管从中诞生了“伊赫娜”这个昵称，但还是太普通了。当时除了她以外没人叫“维斯瓦娃”。她成了一个独一无二的存在。

我们如果想通过诗歌来展示当时她生命中出现的这段关键性转折，不妨从《一月记忆》和《万灵节》这两首诗来看。

诗人这样描写战争的结束：

> 冰锁雪封的心灵融化（祖国，祖国）。
> 化成石块的拳头松开。[1]

普日博希式凝练的语言加上充满力量的画面。冰封已久的心

1 维斯瓦娃 · 辛波斯卡，《一月记忆》，发表于 1947 年 2 月 16—28 日刊的《工作之声》第 9 页（当时的诗题为《1946 年 1 月的记忆》），后经修改后发表于 1964 年出版的《诗选》中。该诗最后被收录于 2014 年出版的《黑色的歌》诗集中。——原注

在解放后恢复了律动。这颗冰雪消融的心为祖国而跳动，重新活力满满。自由也让“化成石块的拳头”慢慢松开，抚平愤怒，疗愈伤痛，解放运动。如果对这首诗的赏析只是简单地将其概括为一首解放之诗，那么对其内容还有很多未穷尽之处。我们可以想象，这里的融化正是生活中一个新阶段的开始。

《万灵节》这首诗则像是在和战争的创伤告别：

我来这儿不是为了悲伤，
而是
抹去树叶上的潮湿与肮脏，
这样才能更加美好与清爽。
…………
到那时才会有更多事发生：
我们头顶一片寂静——不是因为恐慌，
而是无声的尝试。

我在这儿等的不是诗歌，
而是
寻觅，握紧，整理，
生活。[1]

在墓园中的独白并非仅仅是和逝者告别，也是在和自己的痛苦和恐惧告别。是在进行尝试，尝试迎接挑战，尝试打破寂静，

1 维斯瓦娃·辛波斯卡，《万灵节》，发表于1946年10月1日的《克拉科夫文学之家》第295页。该诗最后被收录于2014年出版的《黑色的歌》诗集中。——原注

尝试不再沉默。也许这里的沉默掩盖着让人无法活下去的痛苦。我觉得，这首诗不仅仅是献给自己战死疆场的爱人，也是献给过早离开自己的父亲。她当时去墓园能够见到的就是自己父亲的坟茔。她也是通过这种象征的手法，在和自己的童年告别。现在，真正的生活就要开始了。

第二章

寂静的婚礼

1948年4月，维斯瓦娃·辛波斯卡和亚当·弗沃德克结婚了。今天我们所有人都知道了一件他们俩当时没预料到的事：这桩婚姻仅维持了几年。一旦知道了这个结局，我们在看待他们的幸福的时候，视角多少会有些不同。但是我们没办法不去分享他们当时的幸福：他们把打印在奶油色硬卡纸上的结婚通知信寄给亲朋好友们。卡片上写着："维斯瓦娃·辛波斯卡和亚当·弗沃德克通知各位，他们的婚礼将于1948年4月10日在克拉科夫民政局举办。"通过这样的形式通知亲朋好友自己的婚姻状况发生了改变，可以避免办婚礼，因为当时大多数新婚夫妇都无法负担宴请这笔开支，而且这样也能与未被邀请来参加婚礼的人继续保持良好的关系。他们婚礼的见证人是塔德乌什·克维亚特科夫斯基和海莱娜·格鲁什琴斯卡，他们二人都是克拉科夫文学圈的人。这场婚礼没有拖尾长裙，没有洁白头纱，没有家人团聚，没有高朋满座，没有盛大宴会，没有精美礼物，没有美酒佳肴。

他们仅在民政局办理了登记结婚。[1]尽管他们二人都是出身天主教家庭，也都经历过受洗和第一次圣餐，但是就如维斯瓦娃·辛波斯卡所说，她的宗教信仰在她成年后就烟消云散了。战争和被入侵可能会动摇人对上帝保佑的信仰，而传统的宗教模式如果没有更深刻的经历作为支撑，那么它对很多人来说就会失去意义。亚当·弗沃德克在那段时间也不是一个天主教信徒了（尽管他在波兰被占领期间写过几首宗教诗）。他甚至对教会抱有一种厌恶的态度（他还在给维斯瓦娃的信中复述了教会宣传的陈词滥调）。无论是他还是辛波斯卡在那时都还没入党，但是弗沃德克对于思想观念问题看待得十分严肃，而无神论或者宗教无权主义是当时社会旗帜上最重要的标语之一。他肯定是有意识地选择不在教堂举办婚礼。

四年之后，也就是在1952年6月，弗沃德克（当时已经是一名党员了）在给维斯瓦娃的信中愤怒地提起了莱谢克·赫德根的婚礼，他怀疑迫于家庭的压力，这场婚礼是在教堂的圣坛前举办的。他那时的政治观点显然过于激进了，尽管他之前就是一位“现代化”世俗主义的拥护者。“如果真的是这样，”他指的是赫德根的教堂婚礼，“那么在下次会议上，我要以你我的名义，以及那些把他吸纳进来的人的名义，提出将他从候选人名单中除名的申

1 在波兰，天主教徒必须要办教堂婚礼，除此之外可以再在民政局登记结婚。——译注

请。同意吗？”这里的会议肯定指的是党的会议。以原则之名——或许他也顶着党的原则的压力——弗沃德克更倾向于撤销对朋友的举荐。他在下一封信中安慰收件人（维斯瓦娃）说，婚礼并不是在教堂举办的宗教婚礼，莱谢克也根本没告诉父母自己要结婚的事情。弗沃德克建议他快点办好这件事，好让“父亲这个‘老资产阶级’没有可以反驳的理由”。他还写道：“党员首先就要勇敢面对身边的敌人，哪怕是至亲。”

没有任何迹象表明——亚当的父母还是维斯瓦娃的母亲——对他们这段婚姻持否定态度，尽管虔诚的天主教徒安娜女士对于在民政局登记结婚的态度比较矛盾。既然已经登记结婚了，那就代表着他们的这段婚姻关系被接纳了。安娜女士非常喜欢“小亚当”，经常请他来家里吃午饭，当维斯瓦娃出差的时候她会和亚当保持联系。即使是在他们离婚后，安娜女士对待亚当依然像亲人一般，邀请他和他后来的女友们来做客。维斯瓦娃和自己公婆的关系就没有那么亲密无间了，但是也都保持着彬彬有礼的交往。她每次出行都会给他们寄写着问候的明信片，在离婚多年之后，还是会在他们生日或节日的时候给他们寄贺卡。[1] 弗沃德克的表姐博古米娃·希齐博尔－帕霍尔斯卡在辛波斯卡和公婆碰面时对她大加赞赏。“我知道他带着新婚妻子来见自己的母亲。我对于这个陪伴在他身边的女士特别好奇。她高挑挺拔，身材苗条，一头披肩发，戴了一条发带，脖子上系着一条色彩艳丽的丝巾。我觉得

---

1 在亚当·弗沃德克的资料档案中，找到了几张这样的卡片，而亚当在信中也曾反复几次请辛波斯卡给他的父母写信。——原注

维斯瓦娃·辛波斯卡

她开朗快乐又可爱迷人。亚当管她叫‘小维斯卡’。”[1]

婚姻意味着伊赫娜的成熟和独立（尽管在妈妈眼中肯定并非如此）。能够独立生活并且从父母家中搬走对于她来说在几个方面都很重要。其一就是因为拉齐维沃夫斯卡公寓越来越拥挤了。战争结束后，公寓在二战期间被分割出来的另一部分中也住有租客。在一个带厨房（不带浴室）的两居室中住着：安娜女士、娜沃亚和丈夫、在克拉科夫学医的表哥扬·罗特蒙德及维斯瓦娃，当然，还有在辛波斯卡姐妹俩童年起就在他们家工作的女佣。六个人挤在一个两居室中，也许这并不是二战结束后“家庭住宅拥挤不堪”的最高纪录，但是这对于一直渴望拥有独立和安静的伊赫娜来说是非常难以接受的。

1《给亚当的时间——忆亚当·弗沃德克》，克拉科夫，2000 年，第 21 页。——原注

伊赫娜和母亲安娜女士之间的矛盾也对她离开家起了有力的推动作用。伊赫娜不仅尊敬自己的妈妈，而且非常爱她，但是她与妈妈在很多问题的观点上都有分歧，她也不想再按照妈妈的安排和想法生活了。我是从希姆恰克写给她的信中知道了她的这些苦恼。希姆恰克在搬到格但斯克之前，经常来拉齐维沃夫斯卡公寓找她。他总是会在信最后请伊赫娜转达他“向安娜女士鞠躬问好”，他在信中这样写道：“尽管我们非常明确地站在‘街垒’的另一边，但我还是要向她致以我最诚挚的问候（故意气气她！！）。”很明显，他是站在伊赫娜这一边的。

在 20 世纪四五十年代，尽管处处都在宣传要建立新时代的新型婚姻，但是人们还是普遍认为，嫁人和生子是女人一生中最主要的目标。这种观点不仅仅只在波兰存在。新时代提倡的男女平等并没有给波兰社会带来什么实质性的改变。政治思想家们纷纷强调，每一份工作、每一个工种女性都可以胜任，这些工作可以保证女性的独立性。如今当我们再看到那些女拖拉机手和女建筑工人的海报时也许只会微微一笑，但是在 20 世纪四五十年代这却显示着坚定的决心——女性在没有其他工作可能性的条件下只能去从事那些超出自己体力承受范围的工作。

维斯瓦娃当时一定是新时代妇女解放运动的拥护者，她写了充满悲情的“新时代”的女工人和缝纫女工们，高度赞扬了她们在“建设祖国”中所做的贡献。但是这并不意味着，她在家中不需要承受一直关心她未来的母亲带给她的压力：她一直在提醒维斯瓦娃要找个丈夫。维斯瓦娃并没有向这种压力妥协，甚至一直都在反抗。但是“孤独终老的威胁”这一话题来了又走，反反复复。而且安娜女士给她的压力更大，因为安娜女士自己就曾有过战争时代孤身一人，最终以包办婚姻告终的经历。

为“令人难以忍受”的伊赫娜找结婚对象的人也包括娜沃亚——关于姐妹俩之间的矛盾我也是从齐格蒙特·希姆恰克写给伊赫娜的信中得知的，伊赫娜之前肯定在信中向他倾诉了自己因为这些家庭烦恼所受到的折磨。在这封写于1945年秋天的信中，希姆恰克这样说：“我要是知道娜沃亚会读到这封信的话，我就会在信中表达我的‘思虑’（这什么无聊的波兰语！），我们是否真的‘适合’成为夫妻，我还得加上一句，尽管你有着各种各样的优点，但是我依然没看到我们在不远的未来可以达成这一‘崇高’目标的可能性。”看来，每个出现在伊赫娜生活中的年轻男子都会被当作是丈夫候选人。这肯定让伊赫娜非常反感。她非常珍视友谊，而且她有很多朋友，而他们之间也仅仅是友谊。更令她难以忍受的还有姐姐会偷看别人写给她的信件。

娜沃亚和希曼斯基的婚姻并不怎么幸福，我们还是可以从希姆恰克的信中推断出这一点，而且他之前也认识希曼斯基。他在给伊赫娜的信中写道：“今天晚上的时候，我好像在索波特火车站看见希曼斯基先生了，他在那走来走去等着去卡托维茨的火车。我正在为不用跟这个目中无人的旅客打招呼而暗自窃喜的时候，在灯光的映照下我看清楚了他的脸，是一位面相和蔼可亲的陌生人。”看得出来，希姆恰克不怎么喜欢伊赫娜的姐夫，估计伊赫娜也是一样。希曼斯基对他们而言属于资产阶级世界的小市民阶层，和他们俩完全不一样。辛波斯卡与弗沃德克的交往，更是让她头也不回地抛弃了自己原有的生活。

这封希姆恰克写来的信还向我们透露了伊赫娜另一个情感秘密。他感谢了伊赫娜的赠言后，又在括号中写道："你别以为，要是你随便和谁试着结了个婚，你就能这么'无所谓'地对待我！"我们肯定无从得知，这个"试着结个婚"的人是谁，但是几乎可以肯定不是亚当·弗沃德克。因为在后面几行希姆恰克提到弗沃德克的时候根本没提他和辛波斯卡的关系："克拉科夫文学的新开端听起来真是非常有趣。那个弗沃德克尽管稚气未脱，还有点没长大的中学生的自卑，但是[……]是一个非常有才华的男孩子。他的自信大胆，足可以让他变成冷漠无情（尚未成熟或松散的）或粗暴无礼的人。我觉得，正是这些'特征'成为他的'牵绊'。就让他成为真正的自己吧，管他是'毛头小伙'还是'老练成熟'，但都是一个才华横溢、正经体面的男生！"1945年，弗沃德克进入了辛波斯卡友谊的文学轨道——但也仅仅是友谊而已。

一年之后，1946年11月21日，希姆恰克在信中写道："我给老拉齐维沃[1]寄信，因为我不太知道那个新的是怎么回事。你和安娜女士'离婚'了？"看来，伊赫娜已经换了通信地址，并且已经从妈妈家中搬出去了。这一定是她人生中一个艰难的时刻，因为写信人立刻就发现了，并且在信中说："最近我发现在你的信中，在无忧无虑和愉悦心情背后隐藏着葬礼上才会有的悲伤气氛。大灾难出现了吗？"不知道这里是因为伊赫娜和阿尔图尔分手了，还是因为她不得不搬到一个出租屋中？但是她的巨大悲伤肯定是有原因的，不然，多年之后当她被问到是否愿意回到二十岁的青

1 指的是拉齐维沃夫斯卡大街公寓这个旧地址。——译注

春岁月，她不会毫不犹豫地脱口而出“绝对不要！”。难道回到二十岁再重来一遍这些艰难抉择、生离死别和绝望的爱吗？

希姆恰克对她的遭遇感同身受：“这种缺乏稳定感让人无所适从。就好像一直在‘乙醚中打滚’[1]，就算不朝着自己脑袋开一枪，最少也迟早得患上神经焦虑症。可是生活明明可以美好得令人难以置信，而且现在生活的确就很美好。我们就是得学会握紧它。”他还给伊赫娜提了个好建议：“你快点写自己的《费尔迪杜凯》[2]吧。”尽管伊赫娜肯定当时没把这个建议当回事，也没有把自己成长的故事写成小说，但是她却在写作。也许正是开始写作，才让她对生活有了寄托。

她给这位相知有素且心思细腻的通信人也寄了一张婚礼“通知书”。他的回复风格一如既往——浮夸且讽刺：

> 尊敬的女性公民及男性公民！
>
> 因旧规中虽明令禁止，但卡美齐克[3]在所著新规中尚未指明，亦不敢斗胆破坏圣规，故向皇家都城上书，本人未被表象所蒙蔽，（仅）向二位（伊赫娜和亚当）好心将四月十日举办婚礼之事特此告知，表示感谢。
>
> 齐格蒙特 · 希姆恰克（公民）

1 乙醚有毒且易燃易挥发，这里是指一直面对各种困难最终会爆发的。——译注

2《费尔迪杜凯》是 20 世纪波兰著名作家维托尔德 · 贡布罗维奇的成名之作。——译注

3 这里指的是 1947 年 1 月发表在《横截面》杂志上的文章《民族礼仪大全》，作者署名为扬 · 卡美齐克。这是一篇幽默风趣的行为礼仪指南，作者所署为笔名，其真名为雅尼娜 · 伊波霍尔斯卡。这一专栏文章的创意来自耶日 · 瓦尔多夫，而作者的笔名则是由当时杂志的主编马里安 · 艾勒为她想出来的。——原注

格但斯克弗热什齐区布热佐瓦大街 3a 号 7 室

公元一九四八年四月十三日，第一个三年计划

顽皮搞笑的口吻掩盖住了丝丝忧伤。齐格蒙特给伊赫娜写道：

> 一直以来都很尊敬的女士，而如今是刚刚成为太太的您！请您大发慈悲地告诉我，您是否：
>
> 可与单身男子继续通信
>
> 可自己走出家中
>
> 可有（公然）保有自己的观点 [……]

我们希望，伊赫娜对这三个问题的答案都是肯定的，当然也没什么可担心的，因为这些问题一看就是开玩笑才提出来的。这封信的主人还承诺，会将一幅静物画作为结婚礼物寄给他们，并且表示“我不得不承认，由于没能参加你如此重要的典礼，我倍感难过沮丧”。

问题是，他们没有邀请朋友来参加典礼真的只是因为经济拮据吗？会不会是伊赫娜和旧日友谊、旧日生活告别的一个标志？标志着她在决定和亚当在一起之前，就已经要和自己曾经属于的那个世界告别？辛波斯卡在后来关于她处女作发表的访问中曾多次提到过，《战斗》杂志是她当时所接触到的唯一的文学环境，但是这并不是完全真实的。从二战时期就和她成为好友的希姆恰克在信中曾写道：“你一定会成为萨福－辛波斯卡－伊赫娜－维斯瓦娃。”我猜测，她也曾是其他朋友眼中的“萨福”。很可惜，我们

并不知道她是否还有其他像希姆恰克一样的朋友，那些在她发表处女作前就已经看出她身上真正女诗人的潜质的朋友。

前文中也提到，韦克斯勒是在一次文学家聚会上认识了辛波斯卡，那时的她已经被公认为一位成熟的作家了，后来她才和弗沃德克以及《战斗》和《另一种模样》杂志等建立了联系。阿尔图尔·韦克斯勒在 1947 年写给她的信中就说，以后老了要给自己的孙子们讲自己年轻时的好友、一位著名女诗人的故事。她当时也给在以色列的韦克斯勒寄了结婚通知信。不知道这个消息是否让韦克斯勒黯然神伤，但是至少他没有表露出来。相反的是，他甚至表现得非常开心，因为如此有才华的两个人结为了夫妻。韦克斯勒认为，他们二人的结合一定是不同凡响的。对于维斯瓦娃来说，“不同凡响”有着重要意义，也意味着她的生活模式是“另一种模样”。在表达了自己的开心后，他还写道：“这世上肯定再也找不出一对比他们更疯狂的夫妻了。我能想象，他们每天从早到晚相互调侃又亲密无间，或者从晚到早 [……] 。”然后他又提了一个非常严肃的问题：“你还会像从前那样开怀大笑吗？还会跳舞吗？我猜，在这些娱乐之事上，亚当不是你的好玩伴。但是如果是在谈话和探讨方面，他的水平一定是超乎我的想象的。”看来，他对伊赫娜的情况的“诊断”十分准确，对她也是了如指掌。跳舞、玩耍、和老朋友们聚会，这些都是伊赫娜的过去时了。韦克斯勒已经预测到了，被他称为“小火山”的辛波斯卡在这段婚姻中会遇到种种问题。

他很羡慕她融入到了文学世界中，而他则完全是在另外一个世界：“我已经用科学彻底愚钝了我的思想。我除了波兰语和德语的书以外，还在读那些希伯来语、英语、法语和俄语写的书，但是我已经在这上面浪费了一年的时间了 [……]。而且我还有很多经济学和社会学的大部头要读，此外近一年的时间里我都在研究《圣经》、希伯来文学和犹太复国主义文学——这就是我这两年来做的所有事情。”韦克斯勒在自己的想象中把克拉科夫的文艺生活理想化了，因为事实上那只是一个小圈子，他那些克拉科夫的旧日相识中没有一个人会六国语言，也没有一个人同时研究经济学、社会学和文学。他把自己的发展称为“愚钝”，而此时的弗沃德克夫妇，他们二人都没有上大学，也不会外语，没有什么远见卓识，被固有观念所束缚，甚至没有梦想。然而韦克斯勒对此并不了解，他只是羡慕他们俩的“作家工作”以及怀念在克拉科夫的岁月。在整封信中，只有一句话似乎影射了他和伊赫娜的关系：“向亚当问好，尽管我猜他已经忘了，曾经他那么生我的气。”

在维斯瓦娃的档案资料中还保留着其他人寄到克鲁普尼察大街 22 号给这对新婚夫妇的贺电和贺信。这也可以看出，“克鲁普尼察大街 22 号”已经是他们共用的地址了。工程师弗瓦迪斯瓦夫·贡索夫斯基（和妻子一起）寄来了一张纪念用的拜访帖[1]，应该是战前留下的，还有一个小纸条，上面写着：“真诚地祝愿二位新人在新的人生道路上一帆风顺，愿二人如同拥有飞马坐骑，前方一片坦途。”

另外，还有一封维斯瓦娃的表姨卡齐米拉·奈伊曼寄来的信，她在信的开头就激动地写道：“愿二位新人白头到老！”最后还附

1 过去上流社会人士所使用的一种类似名帖的卡片，在拜访时由仆人或管家交给主人，只有成年男子和已婚女子可以使用这种拜访帖。——译注

上了“愿你们取得成功”及“我虽不知道你们的梦想是什么，但是希望你们能够实现它”。一位叫哈利娜的朋友（我看不清她的姓氏）寄来的祝福幽默搞笑，她提出了自己的建议：“我很佩服你们的务实精神——你们通过给儿童之友工人联合会捐赠了一大笔钱来保障自己的未来。因为我得好好关心自己，所以我把用来买结婚礼物的钱寄给了堕落女人关怀协会。”

这对新婚夫妇的确给儿童之友工人联合会捐了款。在和结婚相关的资料文件中我找到了1948年4月12日的一张数额为2万兹罗提的收据，上面写着“由公民维斯瓦娃和亚当·弗沃德克夫妇二人将办婚礼的钱捐赠给儿童之友工人联合会”。除此之外，还有一张寄给他们的婚礼祝福卡：“值此二位公民喜结连理之日，儿童之友工人联合会克拉科夫分会董事会特向二位送上最诚挚的祝福，祝你们在新生活的共同道路上幸福美满，万事如意。”很难说，这是他们表明自己立场的一种姿态，还是他们真的想要帮助那些工人的孩子们。在他们那些年轻的作家朋友之中，肯定有人还在为摆脱贫穷苦苦挣扎。那段时间也有很多关于战后孤儿的讨论和报道。这些都有可能是推动他们自发进行捐款帮助的原因。

贝娅塔和维托尔德·泽亨特夫妇寄来了一封洋洋洒洒的电报：“我们非常高兴地看到克拉科夫的诗歌生活通过如此美妙的方式组织起来了 / 诗歌联盟统一战线万岁 / 真诚地祝你们的领导得以实现 / 愿你们超越平凡 / 诗歌与诗歌联盟万岁 / 真心实意地祝你们幸福美满”。正是这篇用口号的形式写来这封诙谐幽默的祝贺电报的人，为了伊赫娜处女作的发表据理力争，也是他拉近了她和亚当·弗沃德克之间的距离。从某种意义上来说，他是他们婚姻关系的教父。我觉得，尽管这封信的作者用了开玩笑的口吻，但是这对新婚夫妇对于满篇的口号却持有非常严肃的态度。

在保留下来的信件中，有一封是佐霞写给娜沃亚的，信里是对伊赫娜结婚的祝贺。我们能从前后文中得知，这位佐霞太太是扎科帕内度假村的主人，弗沃德克和辛波斯卡都曾去那里度假，她也是娜沃亚的熟人甚至好友。佐霞一定是在认真参考了卡美齐克写的那篇《民族礼仪大全》后（看得出来，当时非常流行），寄来了一封真诚、幽默甚至还带点哲学内涵的祝贺信。这封“与思想相关的祝福信”是这样写的：“愿你们在存在与本质的溯源上永远不会出现分歧。在与婚姻中的无聊做斗争的范畴内，你们可以就其他事情保持不一样的看法。”她在这封信的最后一段，无意中还揭开一个秘密。也许我们不应该去窥探这个秘密，但是或许这对夫妇（散发着幽默感的两个人）会原谅我们。这个秘密就是，佐霞太太从某一刻开始早就发现了伊赫娜和亚当在交往。也许他们就是在她那家扎科帕内的度假村里约会来着？他们在那里，躲开了作家之家和克拉科夫编辑部里一双双爱窥探的眼睛，不再被母亲严厉的目光所关注，他们终于可以不受打扰地回答本质是否先于存在的问题。因为佐霞太太在信中告诉娜沃亚：“我必须要向你承认，我在接到他们结婚通知的时候，心里那个要保守秘密的重担终于放了下来。”

我在这里引用了这些祝福，就是想要看看，年轻的弗沃德克夫妇当时所交往的朋友，都是什么样的。现在没有一个人会和我讲述这些事情了。无论是已经出版的维托尔德·泽亨特写的回忆录，还是亚当·弗沃德克自己写的回忆录，甚至在辛波斯卡被问

快乐的作家聚会（中间穿白衬衫的为亚当·弗沃德克）—— 1952 年摄于克鲁普尼察大街 22 号作家之家门口

到那时候的事时，她自己都会引用这些回忆录，可是这些记录都是不完整的、零碎的，甚至是一面之词。通过这些资料更容易重现出一个年轻男编辑和辛波斯卡之间哥们般的友谊（以及男女之间的情谊），而不是一个未来诗人通过婚姻融入了一个圈子的形象，但是她明明也有自己的好友圈呀！

她在获得诺奖后曾对比康特和什琴斯娜讲过自己婚礼的事

情，语气仿佛在讲别人的什么逸闻趣事："婚礼办得不吵不闹，我们邀请了好朋友们去咖啡馆喝了咖啡和一点红酒，我们当时没有钱。[……] 亚当在他的小房间里只有满满当当的书和一张行军床。在我们婚礼那天晚上，大概 1 点多，我们听到有人敲门。打开门后，我们看到塔德乌什·佩珀穿着睡衣站在门口。他问亚当：'我的朋友，我有一位来自卢布林的朋友来看我，能从你这儿借点睡觉用的东西吗？' 亚当说：'当然没问题。' 所以，我们就成了这世界上非常特殊的一对新婚夫妇——一对在新婚之夜被别人把家里唯一的床搬走的新婚夫妇。" [1]

这件事听起来非常好笑，但是也不完全是真的。安娜·格罗霍夫斯卡在自己写的《条条大路通克鲁普尼察》一书中 [2] 对这件趣事（她也提到了这件事）的讲述有些不一样：佩珀 1948 年的时候已经不住在克鲁普尼察大街了，他在 1947 年年末就搬到华沙去了。格罗霍夫斯卡认为，可能当时是佩珀自己来克拉科夫做客。我却猜测，辛波斯卡在讲这件事的时候已经不记得"佩珀来敲门"到底是什么时候发生的了。在民政局举办婚礼仅仅是一个形式，维斯瓦娃肯定之前就已经和亚当住在一起了，但是在她的记忆中这件趣事为他们之间的感情增添了浪漫的色彩。这件趣事也说明一个事实，那就是他们俩绝对是一对独一无二的夫妇。他们的婚姻及后来他们多年的友谊的背景都是诗歌。他们俩爱诗歌爱得轰

1 安娜·比康特，尤安娜·什琴斯娜，《纪念杂物——维斯瓦娃·辛波斯卡传记》，克拉科夫，2012 年，第 89 页。——原注

2 安娜·格罗霍夫斯卡，《条条大路通克鲁普尼察》，克拉科夫，2017 年，第 265 页。——原注

轰烈烈，一生不离不弃——只不过她的一生和他的一生并不相同。诗歌将他们联系在一起，肯定比婚姻更长久，比婚姻更深情。维斯瓦娃在他们俩在一起几年之后就意识到了这一点。亚当曾经把她的诗作打字稿整理后加上了硬壳封面，做成了一本诗集。1949年6月她在这本诗集的扉页上写下了赠言："送给爱人如爱诗，爱诗如爱人的亚当——也许尚配不上这样的爱的维斯瓦娃"。

我们所了解到的关于他们这段婚姻刚开始时的模样，都是通过书信往来、电报、照片、朋友的回忆录及赠言等资料重新构建出的信息。这些资料并不丰富，也不完整，甚至支离破碎，所以我们在阅读的时候要格外仔细。

弗沃德克有一段时间很喜欢写悲怆的赠言题词。1945年，在他们刚认识的时候，他曾经送了维斯瓦娃一本文学社会特刊杂志《另一种模样》。这期特刊的开篇文章呼吁作家协会创办一本专门发表新人新作的刊物，这将是一本代表新一代思想意识宣言的刊物。他送给维斯瓦娃这本刊物就是为了发表"宣言"——亚当希望维斯瓦娃也能加入到他的这个创刊计划之中，所以给了她一本所有作者签名的《另一种模样》。他代表《战斗》杂志的其他工作人员，其中包括汉娜·皮耶卡尔斯卡、塔德乌什·库比亚克、塔德乌什·努茨科夫斯基、弗瓦迪斯瓦夫·马海耶克、威廉·马赫、塔德乌什·严查里克、米科瓦伊·罗斯特沃洛夫斯基，宣布："我们建立了集体凝聚力，生活给予了我们观念体系的基础。如果说在对待艺术的看法上，我们可能会持有不同的观点，那么我们在看待一般事物上则会有一个口号将我们相连，尽管这个口号因为生活而变得灰暗，但是它却呼唤着普遍实现：那就是真正的民主——自由的唯一保障。因为仅仅有一个可以推动发展的政治制度框架是不够的，我们必须还要改变人类。这首先就是文学要做的事情。[……] 为了能够在文学中，以及通过文学在生活中呈现‘另一种模样’。”[1]

民主，自由，新文学创造出全新的人——这些口号对他们夫妻二人来说都很重要。他们想过另一种生活，和他们父母不一样的生活，和二战前不一样的生活——这里的“另一种”可以理解为“更好的”。我能想象，正是对现代性的渴望、对与时俱进的渴望、对不断发展的渴望，将亚当和伊赫娜连在了一起。他们的这些渴望可以被理解，也应该被赞扬。然而后来他们发现，将这些渴望与政治因素连在一起就出了问题。

当辛波斯卡频繁被问到（特别是在获得诺奖后）她为什么要加入组织时，她回答说，是因为缺乏政治经验以及对政治的不了解。她还提到，如果她父亲还在世的话，她肯定不会这样做。亚当·弗沃德克慷慨激昂地向她宣传着一个可以实现人人平等、博爱幸福的政治制度。在波兰被入侵期间，他是一个和众多年轻人站在一起的左派，他自己也没有足够的经验可以明确地分辨出伊格纳齐·菲克所宣传的和来自苏联的思潮有什么区别。维斯瓦娃自己也承认，她如果没有和亚当在一起，也不会成为一名组织成员。但是她在说这句话的时候，语气中没有一丝一毫对前夫的怨念。

弗沃德克曾用幽默的笔触在《四年之后》这首诗中纪念了他

1 1945 年 9 月 1 日发表的文学社会特刊《另一种模样》卷首语。——原注

《另一种模样》杂志封面

们的婚礼：

我们不戴结婚戒指，

但是当时还是买了两枚。

不是纯金，不过是便宜的合金，

只为开心，无非是一天的光景。[1]

弗沃德克是一位情感丰沛的诗人，特别是在他年轻的时候。他曾对在自己的诗中融入爱情主题或情爱幻想乐此不疲。他秘密出版的前两本诗集中大部分的诗歌是以情色幻想为主。他晚年的朋友对他的回忆也证实了这一点，说他为了“诗歌”俘获女人心。他在诗中抒发自己对她们的爱情，并把这些诗歌送给她们。在辛波斯卡的资料档案中，我找到了一首题为《维斯瓦娃》的诗。

我不赞美你的容颜，
我不赞美你的名字，
这不是我所赞叹的，
但是我要赞叹
为我有幸听你说话看你眼神而感到骄傲。

她每时每刻都在找寻我
然后就找到赞叹不已的我：
赞叹你名字响起时的美妙声音

---

1 这首诗的下一部分是这样写的：
你把它当项圈给红色绒布做的小狗戴上了，
小狗丢了，戒指也丢了。
没能失而复得。
我们今天面带微笑试第二枚戒指，
在幸福的一天买的两枚中的另外一枚。
我们不只为了这一天。
一枚戒指给两只手戴也足够了。
——原注

赞叹你身体中蕴藏的理性生命。

我不知道这首诗是什么时候创作的，不知道是写于他们刚刚在一起的时候，还是写于他们成为夫妻以后，因为没有标明日期。但是这首诗给我们一种感觉，似乎诗的作者找不到合适的方法去表达自己的情感。这不仅仅是因为他写的这首诗不够好，还因为诗中的情感复杂纠缠。关于这首诗的创作情况经常会出现在他们夫妻俩的通信中，有时候是开玩笑地提起，而有时候又十分严肃地对所描述的情形中的模糊不清进行反思。

辛波斯卡则更加克己慎行，她不会像亚当那样在大庭广众之下高谈阔论自己的情感。但是我们可以在她多年的书信中读出她的感受。那些信的字里行间处处藏着她写给丈夫，以及后来他成为前夫后的饱满的爱恋温存，还有妙趣横生的窃窃私语。当我还没有读到这些信的时候，我并不知道，他们之前的情感是如何维持的，相反，我曾多次问过自己。甚至在辛波斯卡离世后，很长一段时间我望着弗沃德克就会想，为什么是他呢？她看上他什么了呢？这些疑问一直回荡在我心里，我想问问辛波斯卡本人，特别是在比康特和什琴斯娜撰写的传记出版之后。她给亚采克·巴鲁赫的回复是最有可能的答案之一："亚当是一个特别自然真诚的人，他从不装模作样，女人和他在一起的时候也不需要故意假装。这让人感到平静和安全。"[1]

当她被问到她在生活中、在婚姻中所寻找的是什么时，这位

1 安娜·比康特，尤安娜·什琴斯娜，《纪念杂物——维斯瓦娃·辛波斯卡传记》，克拉科夫，2012年，第103页。——原注

二十多岁初露头角的女诗人也有着相似的回答，她说她寻找的是：真实和接纳——接纳她本身的样子，接纳她曾于困境泥沼中挣扎，接纳她对于自身不完美的自卑，接纳她因犯错而产生的负罪感。她从青春时代就在追求内心的自由，而这种接纳让她在追求的路上轻装上阵。正因如此，与弗沃德克的感情对于辛波斯卡来说才如此重要。

被“维斯瓦娃”这个名字迷得神魂颠倒的弗沃德克在信中（在生活中肯定亦是如此）创造出了很多“维斯瓦娃”的昵称。他称她为：维斯卡、小维维、小维瓦。他还留着一份非常有趣的剪报，并在下面写了评论：“维斯瓦娃·奥苏布卡－莫拉夫斯卡今天重新收到了她的党员证。这样，全波兰唯二的两位维斯瓦娃都已经拥有了她们应该拥有的东西（哈哈）。”辛波斯卡在1952年的时候拿到了自己的党员证。[1]

他们俩年轻有为、乐观向上，摆脱了“资本主义封建迷信”的束缚，批判“战前教权主义”[2]——简直可以作为新时期夫妻楷模登上当时的宣传海报。

＊＊＊

亚当·弗沃德克——这个在此刻我们只知道他是维斯瓦

1 弗沃德克所写的信息并不准确，他在这里提到的这个人的名字应该是维斯瓦，而并非维斯瓦娃。维斯瓦·雅妮娜·潘科维奇（1922—2000）是波兰的社会学家、记者及社会活动家，其夫为总理爱德华·奥苏布卡－莫拉夫斯基（1909—1997）。——原注

2 又称为“神权政治主义”，指推崇由教会统治政治、社会及文化生活的思想。——译注

亚当·弗沃德克手中捧着一个雕像

娃·辛波斯卡的丈夫的人——他到底是谁?让我们在这里先画一个括号,然后花点时间来关注一下他。这对于厘清他们的关系也会有帮助。

他的文学创作多来年并未被再版,波兰文学研究学者对他也不太感兴趣。他于1970年发表的回忆录《我们的战利品》是了解二战后克拉科夫的文学生活情况的信息来源之一。在我们这本书的女主人公、诺奖得主辛波斯卡去世后的遗嘱公布于众的时候,他的这本回忆录在一段时间内成为人们关注的焦点,因为辛波斯卡在遗嘱中以弗沃德克命名了一项给年轻作家的奖金。辛波斯卡去世后,在对她的一片批评和反对声中,最主要的就是直指弗沃德克在当时的告密事件以及和安全局的合作。我们今天不去探究弗沃德克当时是否真的是安全局的秘密合作者，也不去讨论他在政见上是否偏激。我也不会对他妄加评判，因为如果只是根据保存下来的零碎材料去判断一个人的一生，本身就是令人难以信服的做法。

但是同时我认为，毋庸置疑的是，亚当·弗沃德克是一个谜一样的人物。在 2000 年的时候，文学出版社出版的《给亚当的时间》一书，收录了对这位在 1986 年离世的诗人的回忆，以及他的诗集和诗歌译作。维斯瓦娃·辛波斯卡是这本书的创意发起人，有十几位弗沃德克的生前好友都发表了温情脉脉、感人肺腑的追忆。从我与弗沃德克好友们的访谈可以看出，这些温暖的感人之词并非因为客套或礼貌。只有一个词——“花花公子”——听起来带有批评意味，多次出现在谈话之中。但是我不得不说，无论是男是女，每个人在用这个词形容弗沃德克的时候，嘴角都带着盈盈笑意。

亚当·弗沃德克的父亲是一位波兰军团士兵，所以他自小在家中就接受爱国主义教育，二战期间他组织的地下行动让他的爱国之情更深刻了。战火中的青春让他无心继续学习，二战期间他曾就读于商科学校，后来又去了建筑公司（建筑服务队[1]），在这里劳动可以免于被押送至德国进行强制劳动。他在快成年的时候开始写诗，最早的保留下来的诗歌写于 1939 年。40 年代是他的诗歌发表高产时期，但是后来他将创作重心转向了另一个领域——

1 全名为总督府建筑服务队，是德国纳粹在波兰建立的强制波兰人民劳动的方式之一。——译注

翻译，而且取得了很大成就。因为有几位语言学家朋友的帮助，他进行了好几种语言作品的翻译，其中包括从德语翻译的赖纳·马利亚·里尔克作品，从英语翻译的奥斯卡·王尔德作品，从俄语翻译的弗拉基米尔·马雅可夫斯基作品，以及从葡萄牙语翻译的卡蒙斯作品。他翻译最多的要数捷克语作品，最主要就是弗朗齐歇克·哈拉什及雅罗斯拉夫·赛弗尔特的诗歌。在战后时期，他曾是一位非常活跃的新闻评论员，在几家编辑部工作过，积极参与文学环境生活。他值得几代诗人的感激，因为是他帮助他们发表了处女作。他有着善于发现良才的伯乐天赋，一生中可能只有一次走了眼，那就是在收到辛波斯卡第一次寄来的诗稿的时候。

“亚当能围绕着诗歌和诗人营造出与众不同的氛围，就仿佛建造了一座自由的诗歌大学。他天赋异禀，有一种超乎寻常的共情能力，或者说是一种前瞻性的智慧，他可以让我们每个诗人知道应该在哪些区域、何种层次、哪些组合中寻找最重要的关键词或者萌发新芽，而这些新芽中将绽放出趣味非凡的作品。”[1]——诗人莱谢克·亚历山大·莫丘尔斯基曾这样评价弗沃德克。他曾经担任波兰作协下属的青年社团[2]中青年作家的负责人，有很多对他心怀感激的学生。即使在弗沃德克已经不再在作协中担任任何职务的时候，那些第一次发表作品的作家们也可以得到他的支持和专业帮助。在他那间位于达辛斯基大街上的小公寓中（他从克鲁普尼察大街搬走后便住在这儿），年轻作家络绎不绝，而他对待他们则从不吝惜自己的时间和精力。

1《给亚当的时间——忆亚当·弗沃德克》，克拉科夫，2000 年，第 121 页。——原注

2 1949 年波兰作家工会更名为波兰作家协会。——原注

在这本《给亚当的时间》中，追忆弗沃德克的人都强调了他是一名满腔热情的社会活动家。兹比格涅夫·赫贝特的堂妹达努塔·赫伯特–乌拉姆（后来，她和维斯瓦娃成了朋友）是在波兰被占领期间与弗沃德克相识的，当时是在一次学校同学的家庭聚会中认识了他。“尽管亚当当年只有十八岁，但是大家觉得他已经是一个拥有成熟见解的大人了，而且一定会为自己的理想坚定不移地斗争。他的理想让他要为拥有一个更美好的世界而奋斗。”[1]

扬·帕维乌·加夫利克记忆中的弗沃德克是一个充满生活乐趣的人："一语中的，生动的笑话，极具感染力的笑容以及在与他人交往时真诚的性格，让我每一次和他见面都必须精神百倍还要认真聆听。”他写道："（他善用）讽刺或是反讽，有时甚至可能是冷嘲热讽或者是在当时那样的条件下依然幽默的归谬。最令人称赞的还是他的英雄滑稽诗[2]。”[3]

作家、医生尤安娜·萨拉蒙描绘出一幅非常有趣的弗沃德克的特写肖像："他额头和下巴线条都很硬朗，看起来仿佛随时都在准备斗争。他鼻子挺立，嘴唇外凸，有一双蓝灰色的眼睛。他目光明亮、专注，始终和谈话者保持着活跃的视线交流，但是似乎又聚焦在某个其他地方。他在专注思考或者内心有波动分歧时，下巴会贴向脖子，仿佛带着敌意在看别人。[……]而当他放松下来，他又面色和蔼，笑容满面。他声音洪亮，笑声爽朗，他走过的地方总是伴随着他的‘咯咯’笑声。他手掌宽大，手腕儿粗壮，

1《给亚当的时间——忆亚当·弗沃德克》，克拉科夫，2000年，第36页。——原注

2 以英雄史诗的方式写的主题琐碎滑稽的诗歌。——译注

3《给亚当的时间——忆亚当·弗沃德克》，克拉科夫，2000年，第114页。——原注

手里总是拿着一支笔，歪着头专注地看着文章——修理工的形象消失不见了。”[1]

弗沃德克的外貌特征一直都是大家的谈资，这和他源源不断的“女人缘”是分不开的。他个子不高，胖胖的，喜欢穿短裤，背个单肩帆布包。身材的缘故让他总是穿背带裤，提得很高，几乎到了腋下。当辛波斯卡认识他的时候，他还没有后来那么胖。在那个时期的照片上，我们可以看到一个面带微笑的年轻男子望着我们，三角脸，下颌棱角分明，双眼深邃迷人，蓬松凌乱的头发散落在额前。但是他很快就发福了，在50年代初的信中，他已经提到自己在试着减肥，控制饮食并且戒了啤酒。但是幸好，这并不影响他继续保有对生活的热情和兴趣。但是也有可能是他在苗条和啤酒之间选择了后者……

他真诚、热情、开朗、乐于助人——但是在这样的表象下面却又是忧郁孤独的。在晚年的时候，幸得年轻朋友的关心和照顾，才削弱了这种孤独感。其中和他最要好的要数雅努什·斯坦宾斯基（他现在是冶金学专业的教授，齐格蒙特大钟的修复专家），他在他生命中的最后几年一直在照顾他。这位满腔热血的社会活动家却没能够完全实现他的理想，因为他在困难时期开展工作，然后选择了一种与理想相反的道路，而他自己也很快就意识到了这一点。他是一个悲情人物，但在大家心里却总是快乐阳光。

1《给亚当的时间——忆亚当·弗沃德克》，克拉科夫，2000年，第149页。——原注

* * *

在艰难的战后时期，能在结婚后有一间属于夫妇俩的独立住房的可能性微乎其微。弗沃德克夫妇光荣地获得了“特权”——他们俩作为极具影响力的作家获得了在波兰作协位于克鲁普尼察大街的公寓中居住的权利。安娜·格罗霍夫斯卡还提到了，他们当时住在克鲁普尼察大街 22 号其中一栋配楼第三层的公寓中。

除了格罗霍夫斯卡外，还有很多作家也曾写过这栋作家之家里发生的丰富多彩的趣事。之前就提到了，塔德乌什·克维亚特科夫斯基也曾专门为这座文学之家写了一本书[1]，尤安娜·奥尔查克–罗尼基尔也曾在《当时：战后的克拉科夫生活》一书中回忆了自己在克鲁普尼察大街的生活。[2]我不会在这里重新构建这座神话般的建筑中发生的故事和历史，我只讲述几个细节。

如果克鲁普尼察大街 22 号楼正面的公寓还算说得过去的话，那么弗沃德克夫妇所住的配楼简直就是废墟。屋顶漏水，壁炉冰凉，满墙霉菌，就连把这里叫作公寓都不太准确——在被占领期间，整栋公寓楼被改建成了一个个的“小房间”或者“小套房”。对这栋公寓楼的改建是为了能够给德国军官提供休息室，但是也有人认为，这里就是他们的娱乐场所。所以，作家们在 1945 年搬进这栋楼的时候，这里面没有厨房，一部分也没有浴室，共用的卫生间在走廊里。一楼的食堂在某种程度上算是对没有厨房的弥

1 塔德乌什·克维亚特科夫斯基，《非隐秘回忆的魅力》，克拉科夫，1982 年。——原注
2 尤安娜·奥尔查克–罗尼基尔，《当时：战后的克拉科夫生活》，克拉科夫，2015 年。——原注

补措施，但是共用厕所多年来一直困扰着住在这栋楼里的居民。所以与其把这里称作“作家之家”，不如把这里称作“文学公社”或“文学小屋”更合适。

曾在这里居住多年的塔德乌什·克维亚特科夫斯基这样回忆那段岁月：“克鲁普尼察大街上的公寓其实更像一座挤满了无家可归的人的收容所，那里的每个小公寓中都有几对小夫妻筑了巢，就是我们说的‘作家之家’，在那里可以心无旁骛地工作。但是最惨的就是[……]没有什么家具，壁炉也不热。”[1] 尽管尤安娜·奥尔查克－罗尼基尔当年只有十岁，但还是感受到了缺乏私密性的困扰：“本来能住在克鲁普尼察大街上的公寓里应该是一种幸运，但是那栋楼有一个特点，让我在那里住的多年中都很绝望。那里根本没有任何私密空间和外部世界之间的边界。生活，就仿佛是一出话剧，周围都是观众，观众们都是非常优秀的人[……]。”[2]

对于弗沃德克夫妻二人来说，从条件很好又安静的老城区公寓搬到这里来一定不是一件易事。他们的通信中写到了漏水的房顶，但是幸好最后被修好了；还提了要重修壁炉的必要性，因为这个炉子总是冒烟却根本不热，现在得下决心自己花钱重新买一个；还有烧的煤，需要用供给补贴凭证购买（购买凭证被辛波斯卡不小心带去了扎科帕内，很可能因此这个冬天没有煤炭可烧了）。“洛丽塔”把煤炭搬上了三层，住户们不在的时候她在壁炉

1 塔德乌什·克维亚特科夫斯基，《非隐秘回忆的魅力》，克拉科夫，1982年，第223页。——原注
2 尤安娜·奥尔查克－罗尼基尔，《当时：战后的克拉科夫生活》，克拉科夫，2015年，第65页。——原注

里烧炭，这样可以避免让公寓楼变成冰窖。"洛丽塔"就是洛拉女士——真名是卡罗丽娜·苏鲁夫卡，她是这栋公寓楼的衣帽间管理员、看门人、提供热饮和玩笑话题的人，她帮作家们处理生活上他们没时间或没精力去做的琐事。

似乎，这里并不便利的生活环境——寒冷和潮湿，在某种程度上被生活在这里的乐趣所治愈了。克鲁普尼察大街上的公寓中的生活和其他地方的生活节奏有些不同，其中最重要的就是因为先居住在这里的人组成了一个"文学乌托邦"。它的构成是经常变化的，因为在战后几年，来自华沙的作家们陆续搬回了首都，而其他人要么就是想出了其他办法，要么就是变得富有，也都搬到了正常的公寓中去了。

辛波斯卡几年来一直组织周五的朋友聚会，那时的克鲁普尼察大街上的公寓就是"作家之家开放日"，这让亚当感到不快。他在信中抱怨说，这些都是"破落资产阶级"那一套，她这些朋友就喜欢常常见面，然后所有事情都要在一大群人中探讨。他绘声绘色地向正在扎科帕内度假的维斯瓦娃描述了隔壁时不时就会传来一阵敲墙声，这肯定就是邻居想要过来拜访的信号。他坚称，这影响了他的工作。所以他决定不理会这"拜访信号"，把灯一关，躲到另外一间房间中，假装自己不在家。

从这封信中的字里行间我们可以读出，他并不是有多么反感这些见面和聚会，他真正反感的是某些参加聚会的人。特别是，他非常反感马切伊·斯沃姆琴斯基的来访。也许他是忌妒这位聪慧幽默的邻居。辛波斯卡经常给他的诗歌做速记，防止这些诗歌被遗忘——避免大多数无心插柳、一时兴起的创作的命运。弗沃

辛波斯卡和利迪娅·扎姆科夫在克鲁普尼察大街上的公寓

德克终于成功地把每周五晚上的聚会改到了每周日的上午，这样愿意来的宾客就少了很多，而他们夫妻俩则可以在某一个具体的时间有规律地去安娜女士家吃午饭。

在 1948 年维斯瓦娃和亚当刚刚结为夫妻的时候，他们在八月一起去了扎科帕内。他们住在维特凯维奇大街的“影子别墅”。他们给安娜女士寄了一张明信片，安娜女士给他们回了一封信表示感谢。她在信中责备了“小伊赫娜”，仿佛她是一个七岁的小女孩：她会感冒的，因为那里很冷，她也没有带上合适的厚衣服，在扎科帕内肯定不如在拉布卡，但是她肯定是不会“听妈咪的话”的。我觉得，“小伊赫娜”根本没把这些当回事。

这封信也让我们了解到了当时在拉齐维沃夫斯卡公寓的生活中发生的点滴事情。安娜女士抱怨她很孤独。娜沃亚每天都要出去工作，留母亲一个人在家，所以她不得不自己努力让日子过得开心些。她肯定不是无所事事地坐在家里。她在信中说，她正在准备公寓委员会的家访，还提到了给建筑委员会的证明，这些事情都是战前就在扎科帕内结识的好友弗朗齐歇克·考辛斯基在帮她。

安娜女士在信中还提到了想要卖掉博赫尼亚的房子时遇到的困难。这里说的房子一定是指她的母亲和照顾她母亲的嫂子玛丽亚·罗特蒙德所住的那套。卡罗琳娜·罗特蒙德于 1948 年 3 月 15 日去世，就在伊赫娜婚礼后几天，享年八十四岁。她在遗嘱中将房子留给了自己的孙子扬、儿媳玛丽亚·罗特蒙德和自己的女儿安娜女士，她还将安娜女士指定为遗嘱的执行人。所以安娜女士必须要负责房屋的买卖，并将所得房款分给其他受益人。

安娜女士在信中还提到了当时正在进行的“库尔尼克判决”。在战后，库尔尼克基金会重新启动。在战前，基金会就被安娜女士起诉，他们应该在文岑蒂先生去世后向安娜女士支付一大笔之前未付的养老金。辛波斯基生前好友们、波兹南和托伦的律师一直都在帮助安娜女士追回这笔钱。从后面的书信中我们可以知道，他们在基金会破产之前，追回了一部分欠辛波斯基先生的养老金。基金会的破产与财产国有化进程是分不开的，根据贝鲁特[1]法令，1953 年基金会被正式清算。

很难让人相信，安娜女士在解决了这么多事后，竟然在信中对伊赫娜说：“我身边一件有意思的事都没有，[……]我觉得，已经没有人需要我了。”然后她又请伊赫娜告诉她——最好是发电报

1 波莱斯瓦夫·贝鲁特（1892—1956），波兰人民共和国第一任总统（1947—1952）。——译注

告诉她，他们俩从扎科帕内回来的具体日期和时间，这样她就可以在他们夫妇回到克拉科夫后招待他们。在信的最后，她写道："诚挚地问候你们，请你代我热烈地亲吻我的'女婿小亚当'，也请小亚当以同样热烈的吻回应你。吻你们，爱你们的妈妈。"

在妈妈那里吃午饭是维斯瓦娃和亚当多年来每周的固定行程。他们总是在周日以及在每次旅途归来时（无论是两人一起，还是单独一人）去看安娜女士，因为安娜女士住在火车站附近。1948 年 9 月，她给女儿起草了一份"正式的声明"：

"兹证明，我的女儿，小伊赫娜·辛波斯卡·弗沃德克，在我家吃了土豆配酸奶（两杯），一点烤小牛肉以及酥脆饼干【字迹不清】。鉴于上述情况，请您温柔对待我上文中提到的女儿。妈妈。"

"小伊赫娜"看来是个挑食的小孩儿，尽管这样描述一个二十五岁的人看起来并不合适。也许安娜女士认为维斯瓦娃太瘦了。我感觉，这份"官方"证明更是表达了，安娜女士想要让亚当也把伊赫娜当个小孩来对待——尽管有时候是个不乖的小孩。

1948 年，这对年轻的夫妇正在《克拉科夫文学之家》工作。同年，地平线出版社出版了他们共同创作的一本儿童读物：《穿靴子的呼噜噜》。书中的故事是弗沃德克写的，辛波斯卡画了插图。这个故事很有趣，但称不上经典原创。故事讲的是一只名为"呼噜噜"的黑猫，他长着一双绿眼睛，有一双红色的'一步七里神靴'[1]，他经常穿着这双神靴去看望自己心爱的小猫咪。但是有一天，

1 波兰及欧洲其他各国童话中经常会出现"七里神靴"，穿上它一步可以跨越很长的距离。——译注

老鼠们咬坏了他的神靴，外面瓢泼大雨，他不得不光着脚出门。他在回来后就病倒了。老鼠们因此感到非常自责，所以他们用附近修鞋铺的工具把神靴修补好了。这并不是一篇经典传世之作（无论是文字还是插图），只是他们夫妻俩赚点外快的方法罢了。

他们也是在这时开始考虑是否要从事翻译工作，他们俩的作品在 1949 年时广泛刊登于多本杂志。作为年轻的作家，哪怕有出版社的工作，他们还是要想方设法赚些钱。1949 年的时候，他们俩在文学界已经有了一席之地的时候，维斯瓦娃还是没有钢笔，依然用铅笔写信。弗沃德克计划要给自己的太太买一支“写作工具”：“你写来的信，情深意切，可是铅笔字迹很容易就模糊了，以后都不能再读这些信了。”的确，那些用铅笔写在薄薄信纸上的书信，在多年之后已经很难再看清上面写的什么了，如果是比较钝的铅笔写的，那就更看不清了。

在 1948 年 10 月的《文学日报》（尽管叫作“日报”，但是这是一份周刊）上刊登了辛波斯卡的诗《学校里的星期日》。这首诗的发表，尽管只是偶然，却成了对出版界、对诗歌的角色、对“现代”诗的内涵大讨论的开端。这场大讨论与学校自 1948 年 9 月开始加入了一门“现代文学生活”课程紧密相关。如果单独看提议的确是值得称赞的，但是这里让人很难相信目的是这样单纯，因为这一举措明显是为了通过有效且相对“不知不觉”的方式向学生灌输观念“正确的”文学作品。热舒服科纳尔斯基中学的语文老师斯坦尼斯瓦夫·莱温斯基在上这门课时讲了这首诗。但是，不仅学生不理解，老师自己也读不懂。他们通过《波兰日报》给辛波斯卡写了封信，期待她能够对她要在这首诗中表达的意思进行解释。《波兰日报》上刊登了这篇《对诗的理解和感受——读者们写给女诗人的信》，以及女诗人的回复《诗歌释疑》。这两封信刊登于杂志 11 月中的某一期，也就是在《学校里的星期日》发表一个月之后。

如今似乎很难解释，这样的“开放讨论”究竟算什么，因为现代出版物上不会刊登这样的信件。当时这样的信件表达的是公民对未能满足普通读者期待的诗人的不满和批判。这封信深深地触动了辛波斯卡，她被复杂的情感所包围了。如果这件事情发生在两年后，那么这封信很可能会对她的写作生涯造成很大的负面影响，甚至会导致她失去工作。

她在《诗歌释疑》中对这首诗的辩护很混乱，她指出，旧模式的教育导致他们对这首现代文学作品的不解。她认为，读者读不懂现代诗是因为学校里所谓的“现代性”止步于《斯卡曼德洛斯》，并没有做好准备接受新的文学形式。那位语文老师莱温斯基并不接受辛波斯卡在回信中的解释，所以又给报社写了一封信，其他的读者也加入到了这场讨论中。

这首诗的确令人费解。扎日茨卡也指出，这首诗的思考复杂曲折，被大量的隐喻所包围，而整首诗则给人一种神智体[1]的感觉。[2]而且最重要的就是作者在诗中所表达的政治含义模糊不清。也正因如此，读者很难读懂“作者到底要表达的是什么意思”。正

1 神智体，一种近乎谜语或画谜的诗体，也被称作“形意诗”、“谜象诗”或“画谜诗”。——译注

2 安娜·扎日茨卡，《辛波斯卡的革命，1945—1957——该时代背景下诗人的早期作品研究》，波兹南，2010 年，第 132—134 页。作者对于辛波斯卡早期作品的理解都基于安娜·扎日茨卡的论文。——原注

如扎日茨卡所写，在当时“令人费解”则意味着这是一个严重的问题，因为这首诗没有履行为“人民”服务的原则。问题的严重性并不仅仅是因为这首诗在写作方面的不成功。

这首诗的第一部分对周日空无一人的校园内部进行了隐喻性描述。这首诗的高潮则在于“我们和他们”的对立。“他们”指的是战后在学校里学习的孩子，而“我们”指的是在童年就经历了战争的人。

你们不费吹灰之力就会相信，
地球是圆的，孩子们，
看看鸟的眼睛，
没有丝毫悲伤，仿佛那些眼睛还活着！
对我们来说则难多了。我们知道：
射中飞鸟的人，
他们如履平地，

平得像托盘一样的大地，
那上面长满了累累硕果，
还有用来预测战争的
阳光般的金子和内脏。[1]

经历过二战的年轻人过早地失去了他们原本该拥有的纯真无

1 维斯瓦娃·辛波斯卡，《学校里的星期日》，发表于1948年10月17—23日一期的《文学日报》上。这首诗收录于2014年出版的辛波斯卡诗集《黑色的歌》中。——原注邪。在战争中度过的童年让他们被剥夺了获取知识的机会，而噩梦般的经历动摇了人的信任和信念。这首诗的作者在时代文明的背景下思考重新书写人类历史的必要性。或许这就是当时才开始接受教育的新一代人的使命？她或许第一次，但绝对不是最后一次地感受到，面对命运的错综与复杂、人类的疾苦与不公时的无能为力。当时她甚至不曾想过，“我不知道”将会成为她诗歌的力量源泉。

我们今天无法理解这种战争所留下的后遗症，但是当时这位诗人一定能够真真切切地感受到被排斥在“进步”文人群体外的威胁感。因此，七年后她在《波兰日报》十周年纪念刊上发表的文章中再次提到了对这首诗的批评。她写道：“[……] 这是我第一次真正积累了重要的写作经验：我遇到了一位普通读者的批判，[……] 他想要读懂这首诗，想要像亲身经历那样读懂。在这一事件过后，我几乎两年没有写任何东西。我当时就知道，写作应该是另一种模式，另一种完全不一样的模式。我后来就努力，让我之后写的诗或多或少地更成功一些——至少不要再碰到对作者来说最致命的判决：我们读不懂。”

在报纸上，她在回应对诗歌批评时在报上“讲述”了这样一个令人难以信服的片段：“所有劳动的重担都落在了无产阶级被压弯的脊背上，而劳动成果却是为了满足资产阶级的一时兴起，而不是整个国家的需求。而正是这样，被压迫者的耐心全都被耗尽，成为革命斗争爆发的导火索。这场革命团结了当时存在于世界东西南北的四方力量，形成了‘人类的祖国’——可以将其比喻成第五方。在诗的结尾描述了第二天即将开学之际，学校中将开展运动的画面。前面所表达的关于未来和人民为自由而战的思想可以让我们相信，在一部伟大的史诗作品中铭记历史事件是十分必要的。”[1]

为什么辛波斯卡如此在意批评，甚至因此停止了写作？真的是因为那封读者写来的批评信吗？或者是因为这首并不成功的诗歌的主题？据说诗人因此“丧失”了包含大量缩写和隐喻的前卫诗歌语言的标准。诗人自己必须在某个时刻清醒地意识到，这种语言并不适合用来给“普通人”写诗。想要保证对观念思想的“信”，她就放弃她认为属于自己的诗歌语言的“雅”。经验的代价是巨大的：她陷入了内心的挣扎，而这挣扎最后的结果就是封闭自我。

亚当·弗沃德克在回忆录中坚称，辛波斯卡暂停写作另有原因，因为她当时正在筹备自己第一本诗集出版的事。但是这个工作需要如此耗费时间和精力吗？多年来对于那本诗集的说法，只有弗沃德克的回忆录是唯一已知的可考信息。后来，我发现维斯瓦娃在向作家协会提出入会申请时也提到了那本诗集。的确，她以一份筹备诗集出版的声明作为申请基础，在 1949 年 12 月获得了“协会成员候选人”的资格。在成员入会申请书中，她给出的题目是《绣旗帜》，而弗沃德克在回忆录中说，那本诗集就叫《诗》，里面收录了她 1945 年到 1948 年的作品。

这本诗集最终没能出版，对于未出版的原因也没有确定的答案，但是这本诗集并没有遗失。弗沃德克把这份打字机手稿保留

---

1 安娜·扎日茨卡，《辛波斯卡的革命，1945—1957——该时代背景下诗人的早期作品研究》。——原注

了下来，在多年后送给了维斯瓦娃，并题了赠言：

> 亲爱的小维斯卡！
>
> 通过扮演一个对你年少时期作品一片痴心的编辑这个玩笑，我决定一气呵成地庆祝你的处女作发表二十五周年（1945年3月14日），以及我们第一次接触二十五周年的纪念。热切地盼望着你百感交集的感触，同时我也做好了继续其他行动的准备！
>
> A，克拉科夫，1970年3月

弗沃德克在这里提到“百感交集”并不是没有原因的。辛波斯卡在70年代的时候的确已经是一位声名大噪、受人爱戴的女诗人了，但是她对于自己40年代和50年代创作的诗歌并未表现出特别的喜爱。在其他诗集出版的时候，她曾提到过对于自己年少时作品的感受。尤安娜·什琴斯娜在2014年出版的辛波斯卡青年时代作品的诗集序中这样写道：“[……]在她那本未出版的处女作诗集中，她自己只认可五首诗还是‘有药可救的’，可以被放入1964年出版的诗集[……]，而四十年后，她认为‘只有三首’还可以。”这些作品并不多，特别是如果真的出版的话，这将是辛波斯卡内容最多的一本诗集。在弗沃德克作为礼物送给自己前妻的这份打字机手稿中，他还做了批注：“作为珍宝级特别馆藏，此稿重抄了一式两份，一份归作者所有，另一份归编辑所有。”这本诗集中一共有二十六首诗，其中八首从未公开发表。“有的诗人凭处女作一鸣惊人，而辛波斯卡并未受到这个好运的青睐。”什琴斯娜如是说，“不得不承认，[……] 在这些最早期的作品中，我们可以找到很多我们所了解并喜爱的辛波斯卡的特质。”[1]

当时弗沃德克那本《我们的战利品》出版，也可能成为诗人心中百感交集的原因。这本书我们已经多次提到过了，书中讲述了辛波斯卡的处女作发表及文学创作初期的故事。辛波斯卡从未否认自己生命中参与政治运动和左翼现实主义文学作品写作这段插曲，但是她也并不愿提起这段往事。如果她接受（并留下）这份打字机手稿，也只是因为和亚当·弗沃德克的特殊关系。直到生命尽头，她始终都把他当作最知心的朋友，也总是觉得自己作为一个诗人对他有所亏欠（欠他一个人情）。

弗沃德克收藏的这本诗集直到辛波斯卡去世后才得以出版，但是当我们读过这本诗集就会知道，其中并无太多左翼现实主义文学相关元素。弗沃德克为“后世子孙”保留下了这本诗集，实在是做了一件大好事。虽然女诗人辛波斯卡不太愿意重新翻起这本诗集，但是这本诗集可以让我们更清晰地了解她的发展之路。她对亚当在艰难的诗人之路之初给予她的支持与帮助始终心怀感激。

---

1 尤安娜·什琴斯娜为 2014 年出版的辛波斯卡诗集《黑色的歌》所作的序，题为《我曾写诗，我在写诗，我将继续写诗》，第 13—14 页。——原注

第三章

共同的岁月

信件在讲述维斯瓦娃・辛波斯卡和亚当・弗沃德克的婚姻故事中扮演着重要的角色，那个时期的很大一部分信件都被保留了下来。从1950年起，他们每次出门旅行都会给对方写信，尽管这样的出行并不算频繁，但是他们几乎每天都会写信。维斯瓦娃曾去了拉布卡和扎科帕内，1951年起就住在雅士度假别墅。亚当・弗沃德克曾经两次去过扎科帕内度假，还曾去过一次位于什克拉尔斯卡－波伦巴的作家度假别墅。他并不是很喜欢出去旅游度假，每次出门后他都盼着快点回家，经常会因为不能像日常一样工作而表现出不耐烦。

通过这些信件来重新呈现他们的日常生活需要具备侦探般的敏锐力和窥探力，而且这种做法也多多少少有些冒险。但是因为这些信件是关于他们工作、旅途乐趣，以及最重要的——感情的唯一信息来源（他们俩都没有写日记的习惯），我决定冒这个险。信息的不完整性主要是因为他们夫妇二人没有写下那些对他们俩来说不言而喻的事情，而这些事情对于阅读这些已经是半个世纪前写就的信件的读者来说则是完全陌生的。他们在信中提到了很多共同好友，我也只能辨认出其中一些在后来比较有名的人。他们提到了战后重建的艰难情况和事件。他们的信件中最常常出现的话题就是他们自己的创作和翻译。除此之外，还有很多政治与社会问题的思考——主要是弗沃德克这位新时代的热血青年，经常会写到波兰社会热点的话题。但是，关于夫妻的私事弗沃德克夫妇似乎都是面对面的时候才谈的，我们从信中只能知道他们各自的情况，对于他们共同的生活所知甚少，尽管他们在信中也会提到。

在弗沃德克夫妇婚姻开始的头几年，他们对左翼思想产生澎湃热情的原因一定是相当复杂的。首先，弗沃德克为之着迷的原因之一就是他在二战期间积极参与左翼抗战运动。并非当时所有积极参与的人都能够立刻清醒地意识到，这个源自苏联并通过卢布林政府传入波兰的左翼思想和波兰的战前左翼运动其实并无太多关系，甚至没有什么共同点。在报社工作是激励这份政治热情的第二个因素，尽管当时弗沃德克并不是一名记者，而是一名编辑，但是他在自己的新闻职业生涯之初就开始撰写时政新闻类文章。在这些文章中，作者通过自己慷慨激昂的热情引发对新现实、新时代的关注。这种热情在某些程度上来源于战争结束的喜悦及对美好明天的向往。我相信，弗沃德克加入左翼流派记者和作家的阵营并非投机倒把，而是真诚地对自己的理想坚信不疑。

弗沃德克写给辛波斯卡的信就是他那真诚的热情的最好证据，这些信只是寄给辛波斯卡一个人的，而非要去夺他人眼球。1950 年 2 月，他那时还没有入党，他在信中洋洋洒洒地向维斯瓦娃描述了他在拉布卡参加了在波兰青年学者协会学生礼堂[1]组织的作家之夜的事情。他对于和学生们的交流感到非常满意，他认为，这些年轻的学生们是真的对诗歌很感兴趣，提出的问题也很具体。“他们将几篇具体的诗歌握在爪中，逐字逐句地分析，问我在这些地方是什么样的思考。”“握在爪中”这个词具有简单粗暴、“普罗大众”的特征，正是这种特征深深吸引着弗沃德克，他不常和“普罗大众”见面（学生是否也算作“普罗大众”，我们在这里也先打个问号）。他认为，年轻人的参与才是真正的参与，远比那些专业的文学评论家要真实得多：“让那些评论家们，什么福格勒、马图谢夫斯基、桑道尔[2]啊，都见鬼去吧！他们根本就比不上活生生的人与人之间四目相对地交流思想。”对于他的诗歌的讨论也让他开心甚至激动：“他们在参加完了长达几个小时的苏联军队纪念游行后，又主动和我进行了近三个小时的交流讨论。有几首诗我不得不多读几次。”

我们今天肯定很难想象读者们在读了这些诗歌后的反应。但

1 波兰青年学者协会是于 1948 年成立的组织，先后隶属于波兰工人党及波兰统一工人党，对包括招生、学业计划制订、学生守则、学生科研运动、社会协助等方面均有影响，协会的刊物题为《直接》。1950 年，波兰青年学者协会共有约四万名成员（其中 36% 为大学生），在同年，波兰青年学者协会并入波兰青年协会之中（信息来源：《波兰大百科全书》）。——原注

2 这里指的是波兰文学评论家亨里克 · 福格勒、雷沙德 · 马图谢夫斯基、阿尔图尔 · 桑道尔等当时著名的文学评论家及作家。——译注

是毫无疑问这些受思想观念“启发”和指导的反应，起码它们中的一部分，是时代的产物，充满了从零开始重建新世界的喜悦，在当时承载着无数改变命运的希望的喜悦。此时此景，诗人很可能就觉得自己是“平民保民官”，他也可以认为他的作品对于建设一个新世界有着重大意义。亚当·弗沃德克沉溺在了这令他心驰神往的理想中。“我当时十分感动，”他写道，“这一切都让我想到我在农民和工人面前的演讲，这一切都在告诉我，值得，写作值得，为了这一切，写作绝对值得。”“现在来看，当时我的政治觉悟不低于他们任何一个人。”他的喜悦十分幼稚。其实，“觉悟”就在于是否具有“正确”回答政治问题的能力，也就是说，是否可以通过一种能够满足其期待的方式。

1948 年 1 月在涅博鲁夫举办的战后首届青年作家文学论坛——在这张保存于档案资料中的照片上有正在听讲座的亚当·弗沃德克

在写完这封信的两天后，他又向前迈了一步——开始考虑要入党："作为一个无党派人士，但是谁知道呢，纪律体操在日后会不会派上用场呢？我在非常认真地思考这件事。马雅可夫斯基的确是无党派人士，但是这个什么也说明不了。"可能在他们夫妻对于入党这件事的探讨中，马雅可夫斯基曾是"反对一方"提出的论据，或许这个论据就是辛波斯卡提出来的？但是"支持"一方的论据最终占了上风，弗沃德克决定申请入党，并被接纳入党。一段时间过后，正如我们所知的那样，辛波斯卡也走了他的路。

当比康特和什琴斯娜问她做出这个决定的原因时，她说，每个人都有一个命中注定的劝说人，而劝她做出这个决定的是亚当·波莱夫卡。[1] 亚当·波莱夫卡是一位社会活动家，也是作家、剧院创办人。在波兰被德国侵占期间，他一直开展政治活动，在战后立刻积极参与克拉科夫文化组织机构的创办工作，这些组织都与波兰工人党及后来的波兰统一工人党有着紧密的联系。他并没有成为一名世人敬仰的大作家，大家更认为他是一名狂热分子。

从 1950 年 9 月辛波斯卡写给当时正在扎科帕内的弗沃德克的信中我们可以看出，她当时对此的感觉是："对于我们的党，目前它还正处在一个巩固政权的阶段。你离开的那天，我们几乎什么事都没能解决。他们问了我们作为党员的责任和义务，他们一直在点头，没有读我们填写的问卷，就让我们回家了。[……] 唯一可能让你满意的事，就是至少他们还知道你，知道你大概做的

---

1 安娜·比康特，尤安娜·什琴斯娜，《纪念杂物——维斯瓦娃·辛波斯卡传记》，克拉科夫，2012 年，第 79 页。——原注

事情，以及在写东西。对于其他的事，他们眼神中写满了难以相信。‘就是那个，怎么回事，什么是文学创新？’”

她感到不被重视，她也发现“同志们”对她并不感兴趣。尽管如此，她还是安慰丈夫说，他没能参加的那次党员会议“严肃、艰难、诚恳”，一直从晚上8点开到凌晨3点。她当时作为申请人肯定也是跟着一起坐到了凌晨3点。

政治以势不可挡的方式进入了他们生活中的每一个领域——无论是日常生活，还是文学创作。那时候几乎每封弗沃德克写的信中都会提到党务、祖国和文学：“我在读维戈茨基的书，你读过加乌钦茨基、博罗夫斯基、法捷耶夫[1]的书吗？一定要读一读！正确且重要。”书信中出现的“正确”是政治因素不断加强的表现。哪怕是纯私人的阅读他们也会以“正确”这一标准来要求。

弗沃德克一直被将左翼理想融入到日常生活中所产生的强烈情感左右着。在1950年3月的信中他告诉妻子，他现在换了每天吃饭的地方，他已经不在克鲁普尼察大街作家之家的食堂吃饭了，而是去每天都有很多工人和学生吃饭的大食堂，他很愿意每天带着报纸去和他们聊天。“我终于有了一种回到家中的感觉。你看，才五年。并不是所有的胡言乱语在战争结束后都会立刻消失。”正是因为这些，他才感觉自己在这个世界中过得很好。他放弃了和自己的文人朋友们的聊天，而来和“真正的”人民相聚。

然而按照教育规定的要求去整理自己的文学创作并非如他想

1 这里指的是康斯坦蒂·伊尔德方斯·加乌钦茨基、塔德乌什·博罗夫斯基、亚历山大·法捷耶夫。——译注象般简单。他接受了波兰军队之家[1]的邀请，后者建议他创作一篇题为《胜利》的长篇叙事诗。他给维斯瓦娃的信中毫不掩饰地写道："我这个人就是这样，如果我没收到建议，如果我没接受这个建议，我甚至从来不会想到类似的题目。"很显然，弗沃德克一直觉得自己尚未成长到左翼理想的高度。这个题目并没有让他眼前一亮，他甚至想把它让给辛波斯卡。但是她明显没有对他这个想法表现出热情，所以他决定克服在信中提到的自己的懒惰。在信的最后，他还告诉妻子，他成功"抓住了核心思想"。我们如今很难说清，他究竟是在认真对待这份工作，还是只是信口胡言，特别是以那段岁月中充满了玩笑的信为基础，我们就更难分清。"扎莱夫斯基以为，我已经有想法了。我给他写信说，我同意（我甚至还胡乱给出了一个数量：五百首），但是其实我今天才凑合想出来点东西。但是你知道的，这是唯一一个可以让我写诗的方法。[……]特别是需要（幸好是需要）完全转变为另一种写作方法。"弗沃德克在自己心中激起对人民军队胜利的兴趣也是出于现实原因——这样做也是为了能够满足物质需求，尽管他们俩生活简朴，但还是会在生活中遭遇因物质匮乏导致的问题，这些问题也成了他写诗的动力。

辛波斯卡在给弗沃德克写的信中也抱怨了写作瓶颈带来的困扰。弗沃德克以一种工作领导人的口吻鼓励着她写作，因为他对待1949年召开的第四届波兰作家大会的认真态度不亚于她要用"完全是另一种"的方式进行写作的决定。他建议维斯瓦娃去读最

1 波兰军队之家成立于1947年，旨在成为一个代表波兰军队精神、传统及文化的中央机构。——原注

新一期《重生》中莱昂·克鲁奇科夫斯基、雅各布·贝尔曼和其他关于苏联文学探讨的文章，他强调这些都是“极为重要和必须的东西”。我不知道，辛波斯卡是否听取了这些建议，但是尽管她在为不能文思泉涌而担忧，她还是写出了一部广播剧，这让弗沃德克非常开心。他也在进行着类似的创作，他在信中说，他还受人委托写出了一首关于斯特凡·亚拉奇的诗。他还准备去参观位于波罗宁的列宁博物馆，去找找灵感。他在信中事无巨细地讲述着他的工作和活动：其中一项就是帮助某位年轻的女诗人，因为他觉得她写的诗很有趣，所以决定帮助她通过写作来维持生计。

他们自己维持生计都快成问题了。1948 年《克拉科夫文学之家》停刊了[1]，这也导致在那里工作的辛波斯卡失业了。因为之前编辑部已经出现了些问题，所以现在情况变得更为棘手。在维斯瓦娃从扎科帕内和拉布卡写来的信中出现了给她寄钱的请求——有点像一个去参加夏令营的孩子写来的信。她说她去了“海之眼”湖，因为那天天气晴朗宜人，她也是心心念念想去那里，所以她现在没钱去“烫发”，也没钱买烟。她当然可以早点回到克拉科夫，但是那样的话他们在克拉科夫的成本就要增加了，而在度假别墅的餐饮费都是提前支付好的，如果提早回去就浪费了。她还

1 维托尔德·泽亨特在回忆录《生命如匆匆流水》（第 210 页）中是这样描述《克拉科夫文学之家》的：“这本双周刊自 1946 年开始在克拉科夫出版，那时的主编是伊莱娜·潘采什 - 格拉博福斯卡，它在被停刊之前，几年来一直运转良好 [……]。停办这本刊物是个错误，至今都再没有一本杂志，能够像它一样，为数不清的俱乐部和文化机构的工作人员提供帮助，为文学爱好者们提供机会、材料并指点迷津。是亚当·弗沃德克把我拉来这个杂志社工作的，我先是负责文学部，然后是讽刺文部，那时候我们出版了很多诗歌、戏剧、独幕剧、讽刺文、专栏连载以及书评和剧评。”根据波兰学术图书馆馆藏目录的信息，《克拉科夫文学之家》于 1945 年 6 月 1 日至 1947 年 4 月 15 日出版，后更名为《文学堂》。——原注

担心克鲁普尼察大街公寓家中碎了的那扇窗户，因为如果要修好就意味着她又要少吃一顿午餐。她为自己美发的开销感到了深深的内疚，她列出了所有她应该在最近一段时间内在报刊上发表文章所获的收入。

亚当·弗沃德克对经济上的拮据并不怎么在意。他在信中写道，他在古董书店卖掉了一些书，他把卖书的钱给她寄过去，让她不要担心，安心休养，享受假期的乐趣。他还大手大脚地在图书俱乐部给她买了一些法国杂志。在信中他细数了他为赚钱所做出的各种努力。他给十几家编辑部都写了信，给他们寄去了自己的诗作和译作，还经常要去提醒他们支付拖欠的稿费。信中的文字散发着乐观积极的情绪，他向妻子保证："咱们再也不当穷鬼啦！"[1]

但是糟糕的是，辛波斯卡的身体出了些问题。她的身体健康一直都是身边亲朋好友经常关心的事情。在她家中，无论是罗特蒙德家族，还是辛波斯基家族，都有好几个人是死于肺结核，而我们也还记得，当时对于这个病的恐慌是巨大的。安娜女士每次感冒咳嗽都会担心是不是得了"那个"，她（在写给伊赫娜的信中提到迟迟无法康复的娜沃亚时）甚至不愿提起"肺结核"这个名字。我能想象，二十多岁的维斯瓦娃经常感冒，咳嗽不止，但是这其实并不奇怪：她住在潮湿寒冷的房间中，抽着劣质的香烟（因为当时波兰没有别的香烟），那时候的她还消瘦了许多。1946

1 这是华沙地区的方言，应该是出自斯特凡·维赫茨基的专栏连载，他非常善于捕捉华沙郊区市民一些独具特色的原创语言。他文章中的很多表达都成了流行语，然后进入了标准波兰语体系。——原注

年她在韦克斯勒的描述中是一个高大挺拔，长着一张明显的斯拉夫女性的宽阔面庞的女士。亚当·弗沃德克也曾提到过，在他们刚认识的时候，辛波斯卡并不是非常瘦。

1950 年 2 月，维斯瓦娃的家人把她送到了安娜女士最喜欢的疗养地——拉布卡去休养。维斯瓦娃住在辛波斯基夫妇在战前就结识的普法伊费尔太太家的度假别墅。对于一对年轻夫妇来说，这肯定是一笔不小的开支，尽管安娜女士嘱咐女儿说："我和亚当已经商量好了，他现在就坐在我旁边，你在那儿能休息多久就休息多久。你要做的就是好好睡觉，好好休息，晒日光浴，长胖和写一大堆诗 [……] 我得给小汉娜写封信，让她看着你，一刻也不能离开她的怀抱。钱的事情不用你操心！"

维斯瓦娃在那段时间里一些写给丈夫的信和一封写给姐姐的信都被保留了下来。她用略显天真稚气的口吻给亚当写信说："我必须要向你声名一件事：我的裙子腰那里已经有些勒得慌了，看来我是在'长身体'了。这也难怪，我每天吃那么多好吃的，然后就睡觉。我在这空气中溜达，呼吸着这空气。我也不需要上下楼，然后我就又开始想晚上吃什么了，如此循环往复。"

当维斯瓦娃放任自己在拉布卡过着这种"回旋镖"一样的生活时——她自己给这种循环往复的生活起的名字，在拉齐维沃夫斯卡大街公寓的家中发生了很大的变化（是妈妈和姐姐通知了专心度假的她）。心灵手巧的邻居帮她们母女俩建了一个简易浴室，因为公寓经过充分划分后辛波斯卡母女三人失去了独立浴室。"史佩乌拿来了各种水管和滑轨，然后又把这些东西都接起来，让我们来试试。我立刻就答应试试这个办法。"安娜女士在信中写道，

“真是又简单又完美。过一个半小时就可以洗澡了。[……]这件事让我太开心了，因为以后你每周回来就能把你那脏兮兮的小身子洗干净了。”娜沃亚又接着写道：“亲爱的小伊赫娜！洗澡这件事可真是大费周章！在洗澡水准备好之前（要等三个小时），我们所有人累得都趴下了（史佩乌、妈妈和我），然后还得打扫。亚当已经瘦了五公斤了，估计再过些日子，你回来的时候，都要认不出他了。此时此刻，亚当正在和妈妈就你的保暖内衣裤问题展开热烈的讨论。”辛波斯卡一家的居住条件肯定没能回到战前般美好，但是至少居住的舒适度有了一定的提高。

在安娜女士写给伊赫娜的信中，关于她着装的问题占了很大的篇幅：“我现在很担心你，还特别内疚，在你出发之前我没好好看看你，你竟然没带上保暖内衣裤，你怎么不好好想想，你在那儿肯定会需要的呀！你可真是粗心大意！”我觉得有点吓人，妈妈还要“好好看看”伊赫娜，她应该不会在女儿出门之前，还要看看她穿了什么吧？安娜女士还写道：“我还希望，你能改善一下自己的仪容仪表。”母亲对女儿生活各个方面的控制，披着事无巨细的关心和大事小情的担心的外衣，无处不在。维斯瓦娃会在固定的时间来到拉齐维沃夫斯卡大街公寓中，吃午饭、洗衣服，走的时候还要带上一堆“干粮”。除此之外，她年轻的丈夫也会固定地到安娜女士这里来，吃饭、洗衣服、洗澡。她的丈夫也是站在自己丈母娘这一边的，他们俩以照顾“可怜的伊赫娜”为宗旨，结成了同盟。也正是这样，他们向她传递着一个信息，那就是维斯瓦娃根本没有她自己以为的那样成熟、独立、自主，要不是他们对她的关心……有的时候，尽管是带着最好的目的出发，也可能会出现一些令人不愉快的举动。

亚当也在这封妈妈的信中添了几笔，他自豪地告诉妻子，整本《创作》都是由他一个人独立编辑的，当时《创作》的主编、知名的文学评论家卡齐米日·维卡没有对此进行任何改动。那时《创作》还是在克拉科夫出版，前文提到的那一期的主题是马雅可夫斯基的诗歌。弗沃德克对于维卡的认可感到高兴，维卡还祝贺他在3月号上捷克文学专栏的发表，并且还向他承诺在后面几期中将由他来进行诗歌评论。但是好景不长，《创作》杂志在当年就搬到了华沙，维卡的位置也被亚当·瓦热克所取代，而弗沃德克也没能加入编辑部。

1950年9月，对于一条关于要在克拉科夫创办新的文学杂志的消息，弗沃德克是这样评价的："如果马海耶克成为主编的话，那可能就糟糕了，因为最近他仿佛是一只单簧管。总而言之，我们都别加入编辑部团队。"这里指的杂志肯定是《文学日报》。弗沃德克不喜欢一成不变的稳定编制，他后来也不曾把任何一个工作单位的椅子坐热过。他认为，在工作这件事上，他可以替他们夫妻俩做决定。但是辛波斯卡并不这么认为，她先是加入了《文学日报》编辑部，后来又转到《文学生活》编辑部，这本杂志的主编也是弗瓦迪斯瓦夫·马海耶克。弗沃德克曾在某段时间担任了《文学生活》诗歌板块的负责人。稳定的职业让辛波斯卡可以专心创作，而弗沃德克则对稳定二字不屑一顾。

当维斯瓦娃终于说服了弗沃德克来扎科帕内的斯特龙日茨卡别墅休假时，弗沃德克给妻子写了几封长信，信的内容全是文学圈内的八卦新闻。看来，在扎科帕内，随处都可以碰见作家。又因为文学圈内几乎所有人都互相认识，八卦新闻层出不穷。亚当是个很喜欢讲逸闻趣事的人，所以他也乐得和维斯瓦娃分享这些事情。他甚至还写了一个关于自己的小故事：一次，一个看起来就是“山民”的人饶有兴趣地打量了他半天，那天他穿了短裤坐在长椅上，最后那个山民高声喊道：“哎哟，我倒要看看您穿的是啥。”

除了玩笑，他在信中也写了一些很严肃的事：“我正在筹备我新诗集出版的最后工作。这本诗集里只包括 1949 年到 1950 年的作品，这本诗集的题目是《我们的今日计划》。我现在暂时不去管那些 1945 年到 1948 年写的诗，等以后我肯定会把它们整理到一个选集中。”幸好，这本命名为《我们的今日计划》的诗集并没有出版。1953 年弗沃德克的诗选也没有以“六年计划”[1] 为主题。值得我们注意的是，对于爱开玩笑的亚当来说，他自己的创作是一个非常严肃的话题。除此之外，大部分他写的信——哪怕他自己在一开始就强调其严肃性，其中还是会有一些玩笑片段。读这些信的时候读者脸上肯定会洋溢着笑容，我想，辛波斯卡一定也是因此而喜爱这些信吧。

在档案中保留了一封他写给维斯瓦娃的信，在之前他寄给维斯瓦娃的明信片上，他就预告了这封信将是一篇“巨幅”长信。这封巨幅长信的确名副其实——这是一封写在 A1 大小的纸上的信，字迹豪迈流畅，伴有大量的感叹号。在信的起首语的右上方

1 1950—1955 年间波兰实行的社会主义基础经济建设计划，俗称“六年计划”，是战后波兰在“三年计划”后实施的第二个经济复苏计划，其主旨为首先发展重工业及集体农业。该计划于 1950 年 7 月 21 日由立法院通过，与随后的五年计划类似，曾多次修改并只有部分得以实施。——原注

有这样一段注释——“写于49年3月31日（圣巴尔比那日）深夜”。我原本以为圣巴尔比那指的是某种文体风格，然而事实证明，3月31日就是这位2世纪的殉道者的纪念日。弗沃德克在信的开头称呼妻子为“小维斯卡乖乖”，他在信的第一段就表示，他想要通过这种并不寻常的称呼告诉妻子一个好玩的事。

但是我们的收信人必须要耐着性子读到这巨幅来信的第二页。弗沃德克作为一个年轻的作家，是非常懂得如何吊着人的胃口的。所以，他在信中写道，他在下车之后遇到了谁（亚历山大·瓦特，然后是“女同事”米奇斯瓦娃·布奇库夫娜，小斯·马尔恰克以及考辛斯基夫妇的儿子）以及他最终决定不住在“ZAiKS[1]之家”的原因（“我必须要请经常来扎科帕内度假的ZAiKS总会长斯·理·多布罗沃尔斯基‘帮忙’。但是我并没有错过和这位给伊利亚·爱伦堡写了一封慷慨激昂的公开信的作家的会面。我在去卡斯普罗维峰的火车站那里遇到了他。”）。弗沃德克的这封信满纸散发着对文人朋友们的讽刺、批判和戏谑。他对斯坦尼斯瓦夫·雷沙德·多布罗沃尔斯基的讽刺给了我们希望，让我们知道弗沃德克对于一些活动家的思想是持有批判精神的。[2]

接下来，他长篇大论地描述了在佐霞太太家度假别墅里的舒适安逸生活，抱怨饭桌上一同吃饭的“资产阶级”，也正因如此他

1 “ZAiKS”是“Związek Autorów i Kompozytorów Scenicznych”的缩写，指的是成立于1918年的舞台表演艺术家与作曲家协会。——译注

2 斯坦尼斯瓦夫·雷沙德·多布罗沃尔斯基（1907—1985）是二战后的波兰政治军官。1945—1946年间曾任波兰作家协会总书记，1947—1948年担任《文学新声》杂志社总编辑。于1948—1968年间被任命为文化与艺术部司长，1949—1968年间同时担任舞台表演艺术家与作曲家协会总会长。他在文学界是一位广为人知的高产诗人。——原注

决定以后都在自己房间里吃饭："兄弟，你就在这儿扯这些有的没的吧，晚饭也扯，午饭也扯！"我们看到这儿，可能会觉得他好像破除了对工人阶级的"迷信"，培养着某种对"资产阶级"的接纳，但是其实这些只是他害怕和陌生人群体交流的保护色罢了。

终于他在信的最前面预告的"好玩的事"要揭晓了：弗沃德克在扎科帕内遇见了他们夫妻俩都认识的玛丽亚·雅雷马。"我正坐着车呢，就是我（昨天）提到的去卡斯普罗维峰的时候，我尽量假装没看见多布罗沃尔斯基，但是我却看到车厢角落里坐着一个单身女子，有点像那个画家，就是那个剧院政治活动家的妹妹。"他这里提到的剧院政治活动家指的是弗瓦迪斯瓦夫·雅雷马——演员、导演，在战前是波兰先锋剧院的创办者之一，在战后，又创办了克拉科夫木偶面具怪诞艺术剧院。因为当时他们夫妇俩和怪诞剧院都合作过，所以认识弗瓦迪斯瓦夫和他的妹妹——杰出的画家玛丽亚·雅雷马。"所以我不能自已地一直看着反方向，一切还算顺利……我们在换车的时候，终于遇见了！我和她深鞠一躬，说我们其实已经相识已久了，彼此很熟悉了。所以，我们又握了握手。我灵光一现，问她：'你自己呀？'她也非常巧妙地回答我说：'自己，昨天是和孩子们一起。'我就想，什么时候那个菲利波维奇又弄出了第二个孩子？不过算了，无所谓。我们一起坐上了下一班火车，我们又开了会儿玩笑。然后，她突然问我：'先生，您真的觉得我是玛丽亚·雅雷马？'我回答她说：'我不仅仅是觉得，我是确信。'她说：'但是最好笑的就是，我不是。'"然后，亚当描写了自己的各种惊讶，终于开始说明，原来玛丽亚·雅雷马不仅仅有约瑟夫和弗瓦迪斯瓦夫两个兄弟，还有个双胞胎妹妹叫布罗尼斯瓦娃，大家都叫她努娜，她是一名工程师。因此，弗沃德克此行遇见的是努娜。她这次来扎科帕内度假，顺便照顾菲利波维奇的儿子亚历山大和她表哥家的儿子，她就住在她表哥家。真相大白了，努娜不仅仅“脸形、声音、身材、身高、发型和穿衣风格跟姐姐一模一样，连一举一动都和她一模一样”，也都认识克拉科夫文学圈的作家们，尽管她自己并不属于这个群体。“我也不得不向她做了自我介绍，她听了我的姓氏马上就说：‘您一定叫亚当，是个诗人。’”她一定给弗沃德克留下了非常深的印象。

这件甚至堪比一幕喜剧的趣事告诉我们，克拉科夫文学圈真是又小又封闭。几年之后，也就是在1953年的时候，弗沃德克正在筹备普日博希的诗集《最少的话》的出版，诗集的封面就是玛丽亚·雅雷马设计的。十年之后，无论是玛丽亚还是努娜都去世了，菲利波维奇的儿子亚历山大由“雅雷马家族”照顾，也就是因癌症去世的双胞胎姐妹的家人们照顾，而亚当·弗沃德克也成了斯塔霞·罗赫奇茨卡[1]的丈夫。二十年后，维斯瓦娃·辛波斯卡公开了她和菲利波维奇的关系。

弗沃德克还在信中讲了努娜教他滑雪的事情。“一开始，在库希尼采那边的滑雪道滑下来的时候，我总是会坐下，但是后来我也习惯了。比如我从库希尼采—扎科帕内那条路线滑下来的时候我就绊倒了两次。”他男子汉的骄傲不允许他承认他摔跤了，所以他要换成其他更委婉的说法：坐下来、绊倒了……他强调他自己肯定不是个滑雪爱好者，但是“小玩怡情，并无大碍”。他兴致

1 斯塔霞是斯坦尼斯瓦娃的昵称，她的全名是斯坦斯尼瓦娃·罗赫奇茨卡。——译注

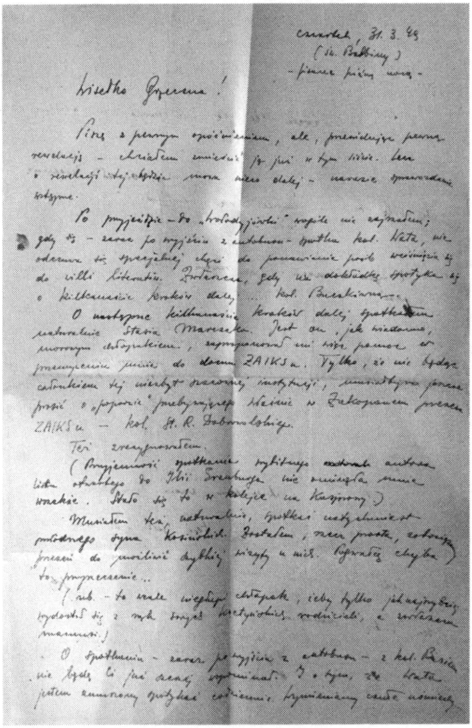

亚当·弗沃德克写给维斯瓦娃的“巨幅”长信

高昂还因为有了一位女同伴相陪，他们很快找到了共同语言：“我们无所不谈，当然就是与那位咱们共同的熟人、她的哥哥有关的话题。”哪怕是有友人相伴，还可以尽情滑雪，他依然觉得不是百分之百满意，他觉得他在这儿休息，有些“傻”，而且他肯定不可能像计划的那样在这儿住一个月。在信的最后，他以一个真正的社会活动家的口吻写道：“最好就是能让我在某个为波兰服务的营地或者军事训练基地休息。现在应该要快点回到正常的工作中了。”

辛波斯卡幽默地对弗沃德克在滑雪坡上“栽的跟头”回应说：“我吓唬这里的所有人，让他们猜猜你到底在扎科帕内干什么呢。当然，没人会相信我说的，所以作为证据，你必须把摔破洞的裤子带回来——如果你觉得带裤子回来太可惜了，那怎么着也要给我带一个你因行云流水的一套滑雪动作获得的小纪念奖章回来。祝你满载而归，爱你的妻子。”看来，亚当不爱运动是众所周知的，所以维斯瓦娃才能随心所欲地拿这件事开玩笑。但是很明显，亚当和雅雷马在一起度过欢乐时光以及周遭其他的一切都很无趣的消息让她感到不安。她在信中写道：“要说无聊，克拉科夫才是真正的无聊呢。因为我已经吸引了希维扎克、赫德根、奎特纳、哈尔佩恩、福里斯特、波佩拉克、尼克佐维奇、福格勒、克罗米内克、希曼斯基、纳尔代利、布罗什凯维奇、克里姆查克、东布罗夫斯基和泽亨特、杰坎、普拉瓦特和萨佩哈、维卡（不算马赫）、马赫（不算维卡）、索科尔、严查里克和他的儿子弗沃德克、两个克维亚特科夫斯基、埃莱克托罗维奇、博贝尔、雅雷马、《读者》出版社的会计、法官考辛斯基、斯科奈奇内和他的下属们、明科夫斯基、普鲁赫尼茨基、巴宾斯基和他太太、奥特文诺夫斯基、波莱夫卡、日滕斯基、马海耶克、斯科夫龙、库尔纳科维奇，还有菲比齐亚，他们都为我神魂颠倒，但就是这样，他们也还是不能完全充实我的空闲时间。”他们夫妻俩之间自由随性的玩笑总是层出不穷。

辛波斯卡和弗沃德克与很多爱侣一样，相互之间有很多只有他们俩才懂的密码暗语——用一种如同为他们俩量身定制般的特殊方式表达绵绵情意，单单是从信开头的称呼就可以看出：“小嘟嘟”“小维维”“独一无二的小维”“美丽的维斯卡”“美丽乖巧的维斯卡”“美丽大方聪颖过人的太太”“无与伦比的维斯卡”“一如既往是世间最好的老婆”，这些称呼加在一起都能组成一篇连祷文[1]了。或者我们还可以得出一个结论，那就是弗沃德克宗教崇拜般对待着他们的关系。因为他还写道：“我对你的爱与日俱增，愈来愈浓烈！几年之后将会浓烈成什么样子？”“我像个卑微的臭小子般爱着你！”“这里没有你，我活着也快疯了。”而维斯瓦娃自1950年起给他的信中都将他称作“帕布”，我们无从得知这个昵称是从何而来，但是这个昵称也有着各式各样的版本。比如：“我珍贵的小帕布”“帕布布”“布布”。有时候“帕布”还会被改写成“笔萨簿”，这应该和收信人的作家身份相关。

在他们俩的通信中，有很多落款处的签名是“PKP”，在其中一封弗沃德克写给维斯瓦娃的信中他将这个缩写展开了：“帕布爱皮皮，皮皮爱帕布”[2]，还有第二版本是“帕布崇拜皮皮”。这些略显轻浮的名字显然都是加了引号的，而且是弗沃德克引用的一些“军队”中流传的笑话，看来当时辛波斯卡也是接受这些昵称的。

辛波斯卡还使用过一些其他的昵称，比如：“牧羊队队长”“朝圣者”“绒布”“小绒布”。“绒布”这个昵称是因为他们通信中写的一首小诗：“我有一块漂亮的绒布，是从一顶旧帽子上来的，但是这块绒布还不如帕布布（重复！）的屎漂亮！”维斯瓦娃在引用了这句诗后又写道：“现在你肯定要毁掉这封信了。”然而弗沃德克并没有毁掉这封信，因为他肯定觉得尽管这句话很肮脏，但是

---

1 连祷文指简短的祈祷或在祈祷时唱呼出圣徒的名字的祷文。——译注

2 原文是：Pabu kocha Piździę. Piździa kocha Pabego.——译注

也许会引起后代们的兴趣。维斯瓦娃又接着写道："把你写的那首诗给我寄来！帕布真的太勤奋了！"落款处的签名是"D vel P"，代表的意思是"嘟嘟也是皮皮"。她使用这些缩写的昵称或许是考虑到了后世子孙。

在某种程度上，他们俩的婚姻关系及日常生活中的亲密都烙上了观念统一的烙印。他们同属于一个党派，同属于一个作家协会的分会，同属于一个有着强烈观念的派系，让人觉得他们仿佛"异口同声"地发表意见，而让这种感觉更强烈的就是他们二人还双双在《波兰日报》每周一次的增刊《文学日报》上发表着诗作。正是在1950年12月的《文学日报》上，辛波斯卡题为《需要》的诗旁边就是弗沃德克写的一篇《致妻子》。这首诗作是一首非常特别的情诗。丈夫在《致妻子》这首诗中描述了家、城市和祖国："集体劳作轰鸣的地方，[……]学校和幼儿园是力量得以巩固的地方。"在那里，一切都如诗如画般美好，一切都按照计划蓬勃发展。然而这美好的一切正被法西斯所威胁：

法西斯想用一枚炸弹的爆炸
抹杀我们的一切
抹杀你，我，我们。
我们将带着炸弹的战斗种下
一切都是如此
你，我，和我们。

辛波斯卡写的诗也是同样的主题——或许这是编辑部要求

的？但是无论如何，她完全采用了另一种笔触：

星辰
星空一望无垠
寂静从城市的顶端降临。
需要
我们需要情诗
好去保护我们的爱人。

押韵的长句、词的重复及掷地有声的辅音连续为这首诗平添了戏剧般的呼唤。如果这首诗就到这里戛然而止，我们不会以为这是一首写于50年代的诗歌，但是我们继续往后看：

在计划中
在计划中
在“六年计划”中
需要
需要有幸福的家庭。
就让诗歌在他们之中矗立，
作为晚间时光的装饰。

（《需要》，选自诗集《我们之所以活着》，1952年）

辛波斯卡的诗作对于当代读者来说仍是一篇可以被接受的诗作，而弗沃德克的作品则是披着诗歌外衣的时事文集。

他们夫妻二人还双双在《文学日报》关于新钢铁厂区建设的特刊号上发表了作品。诗人、散文家、画家、电影人和摄影家们跋涉于莫吉瓦村泥泞的土地上，为的就是赞美劳动阶级的付出与努力，具体来说：干得热火朝天的建筑工人、钢厂、一片片的住宅区。若不是莫吉瓦村的一片混乱，这从零开始、从无到有的城市兴起进程本应是最令创作者们灵感大发的主题。然而，在那段时间，这个由人和机器组成的集体所出现的一切切实问题都是不能被展现出来的。

“现在最令我感兴趣的就是新钢铁厂区的建设。所以我经常会到那儿去，在那里收集我写诗的素材。”辛波斯卡在 1951 年接受《克拉科夫回声报》的记者采访时曾经这样说道。我很难想象一位优雅知性的年轻女士穿着胶鞋漫步在工地偷看瓦工的景象。然而，辛波斯卡在第一本出版的诗集中有四首诗是关于新钢铁厂的建设和建筑工人的。

弗沃德克夫妇不是歌颂新时代建设的个例，恰恰相反，当时有众多知名作家都与他们有着同样的写作经历，如维克多·沃罗希尔斯基、扬·布热赫瓦、雅鲁·库雷克、弗瓦迪斯瓦夫·布罗涅夫斯基、康斯坦蒂·伊尔德方斯·加乌钦茨基和其他很多作家。直到 1955 年亚当·瓦热克一首《给成年人的诗》震撼了波兰文学界，人们才看到了真正的新钢铁厂区的样子。在《文学日报》上刊登的诗歌有弗沃德克的《骄傲与喜悦》和辛波斯卡的《致建设新钢铁厂区的年轻人》，还有斯瓦沃米尔·姆罗热克的一篇报告文学《克拉科夫不远处》，以及奥尔吉耶德·泰尔莱茨基的文章《人与景都在变》。

弗沃德克仰天长啸：

对我们来说，这是骄傲，是喜悦，是荣光和力量，
因为，我们心连心，伟大国家为我们送来
计划、机器和原料。从马格尼托格尔斯克，
从库兹涅茨克照搬不误——新钢铁厂矗立起来。

辛波斯卡则笔触温婉：

谁为我们建起高楼，让我们有屋可居？
谁在地基上添砖加瓦付出努力？
砖工、瓦工、烟囱工、玻璃工和木工，
通通滑过人民的记忆。

（《需要》，选自诗集《我们之所以活着》，1952 年）

直到最后一句话才表现出了社会因素的影响。如果有人不仔细读，或许以为这是一首写给儿童的、描述周遭现象的诗。辛波斯卡很少在诗中直接加入宣传口号，她希望通过一种“教育”方式，近距离地向读者展示这个不断变化的世界。这首诗是有一些明确的主人公的——扬，一个本该放牛的男孩，来到了建筑工地工作并学习，还有回忆苦难青年时期的女工人、缝纫女工、朝鲜男孩、一个士兵的美国母亲……这些主人公都是模式化的，都来自宣传读物。但是让人感到惊讶的是，在辛波斯卡的诗中，他们就像小说中的人物一样栩栩如生。在她那个时期的作品中，悲伤

的情绪是压抑的、极具个人特色的，是通过反复吟唱来表现的，而并非通过哭天抢地来表现。

辛波斯卡当时所创作的社会主义现实诗歌被文学评论家们给予了非常高的评价，也广受读者的喜爱，多次重印，并被转载、评论、分析和赞美。亚当·弗沃德克——或许当时带着复杂的心情——听到了不绝于耳的对她的称赞。他在信中写道："昨天我们吃午饭的时候谈到了你在诗歌方面迅如闪电的进步。福格勒那个王八蛋说'现在辛波斯卡已经是全波兰仅次于鲁热维奇的了'（这可真是对你的赞美啊）。我告诉他，他想错了，如果他认为我是因为你获得的赞美而忌妒，那他就大错特错了。他说，你和我关系那么亲密真是可惜，因为那些你写得不太好的诗，一定都是我改过的。我听了这个就跟他说，如果这样的话，那我那些写得好的诗就都是你改的。接下来就是一顿哄堂大笑（就像赫马尔说的那样），我握了握福格勒的手，因为他起码敢当着我的面叫嚣几句。"

诗人之间的"攀比心"真是太有趣了。也不知道，弗沃德克生福格勒的气是因为福格勒认为辛波斯卡是波兰排名第二的诗人，也就是全波兰排名第一的女诗人，还是因为他意识到了自己在诗歌界默默无闻的地位？但是他肯定知道，他并不属于最顶尖的第一梯队。1951 年时，他就已经不再是辛波斯卡诗作的"共同作者"，而成了她的第一读者，以后的多年中也一直都是这个角色。后来经常是辛波斯卡给他提出建议和修改。她还十分委婉且小心翼翼地让他做好接受批评的准备："这些诗写得很美，不仅仅是你会给我这么写，如果我要是能像你一样，我也会这么写的。"而这封信中的下一句就已经不完全是赞美了："第三首诗的第一段第四行，不太押韵。或许可以改成‘也许曾经我并不知道你’，这样更好一点。”但是她又不想让他难过，所以又写道：“但是你翻译得一点没有翻译的晦涩感！太棒了！”她也很看重弗沃德克的意见，尽管她并不是永远都同意他的想法。比如她从来都没听从过弗沃德克几次提醒她要给诗歌写上日期的建议。

对于弗沃德克来说，维斯瓦娃“在诗歌方面迅如闪电的进步”可能已经成了一个难题。弗沃德克是一个在传统的、对于一个强大的男性有刻板印象的环境中成长起来的，他才应该是那个被女性崇拜、爱慕、为之倾倒的对象。与一个有着鲜明个性、聪慧机智又独立自主、飞速发展的女性的婚姻已经不是一件易事，文学创作领域的竞争更令这段关系难上加难。

在弗沃德克对于男女关系的描述中，在他对维斯瓦娃爱的宣言中，非常强烈地展现出，他的爱是符合刻板印象中以“雄性”视角展现男子气概这一形象的，正是这样“真正的男子汉”不应该在获取具有吸引力的性对象上做片刻停留。他给自己的妻子写信说：“我也曾四处张望，但是该死的，太难了。”这当然只是个笑话，但是有时候笑话也是有深意的。在另一封给在斯特龙日茨卡别墅度假的辛波斯卡的信中，除了让她安心在那里度假，想待多久就待多久，不用太思念以外，他还写了这样一段话：“我的风流情史说起来就是我根本没时间出去风流。而且我对这个也越来越不感兴趣。我现在就想快点开始写关于朝鲜的诗。”是不是真的有什么情史艳遇，还是打情骂俏的挑逗，或者只是开个玩笑？总而言之，关于朝鲜的诗和情人在争夺着弗沃德克的业余时间，如今，这听起来很搞笑。如果我们真的把这些话当真的话，那么可以说他对于政治的付出是无边无际的，而妻子对他的容忍亦是如此。

又或许他故意在信中提到“情史艳遇”就是因为，维斯瓦娃在扎科帕内和马切伊·斯沃姆琴斯基见面了。斯沃姆琴斯基和妻子利迪娅·扎姆科夫在雅士度假别墅中居住，但是尽管如此，弗沃德克仍会吃他的醋。在提到斯沃姆琴斯基的时候，弗沃德克总是出言不逊，叫他“烦人精”，还说“让他滚蛋吧”。他在信的结尾处写道：“吻你，我的小维斯。”不知道这是真情流露还是他掩盖忌妒的面具？

1951 年 6 月，又一次在扎科帕内度假期间，辛波斯卡收到了丈夫写来的信：“我的故事还在继续，尽管我非常英勇地斗争着，想要驱赶走它。也许我能全身而退，不牵连一丝一毫。我们的邻居咆哮着标榜他的忠贞不渝，而实际却花枝招展四处逢源；而我嘴上说着自己风流不羁，但是行为上紧紧守着我的忠诚，呵呵。”我很想知道，他说的邻居是谁。以及，是否又出现了一位年轻的女诗人需要他的关照？但是，我们知道的只有在妻子让他去扎科帕内陪她时，他总是说自己有忙不完的工作。

或许他说的工作是指波兰作家协会特别会议上的关于国债的决议，弗沃德克非常积极地参与其中。当时是为发展波兰武装力量发行国债，由汉娜·莫什科维奇–奥尔查科娃、耶日·博贝尔和亚当·弗沃德克成立了委员会。所有的作家都表示，将通过分期付款的方式存款，尤利安·图维姆和万达·瓦西莱夫斯卡起模范带头作用，存入了 3 万兹罗提（大为震撼的弗沃德克评价说“这在战前就是一百万啊”），弗瓦迪斯瓦夫·布罗涅夫斯基存入了

1.5 万兹罗提。爱国情绪高涨的弗沃德克——要靠卖书吃饱饭的他宣布，以辛波斯卡的名义存 800 兹罗提，以自己的名义存 1 200 兹罗提，分 6 次存入，每月存 200 兹罗提。你可以讽刺他泛滥的热情，但是你不能否认，他是一名真诚的爱国主义者，不得已在这十分艰难的时代中求生。

辛波斯卡和弗沃德克之间的夫妻通信在我们读者眼前展开了一幅描绘着文学魅力的爱情画卷。信中有很多都在描述着他们的日常生活。“我没有喝从自来水管里直接接的水。”弗沃德克和妻子保证，然后又说：“我时常会给那盆叫高山紫堇的丑东西浇浇水。”“到目前为止只有‘伤春悲秋客’与我过夜，但是你知道，和他肯定是没法有什么激情一夜的艳事发生。”“伤春悲秋客”指

辛波斯卡和耶日·科尔查克的合影，也许正是科尔查克鼓励辛波斯卡滑雪的

的就是斯瓦沃米尔·姆罗热克，他比弗沃德克年轻，也是在文学创作道路之初曾受弗沃德克指点迷津的朋友之一。

在另外一封信中，亚当又写道，他和自己的妈妈一起去看了安娜女士："她们俩对我们和谐幸福的婚姻生活赞许有加。然而让人生气的是，她们俩的确是正确的。我觉得，在未来很长很长很长一段时间，她们俩都应该是正确的……"信中戏谑又带有反转的口吻反映出弗沃德克对于这段婚姻的忠诚的些许怀疑，特别是他们俩一直在对于苏联文学的态度问题上渐行渐远。在这封洋洋万言的信的第七页，他再次向妻子表达："美丽动人、乖巧可爱的维斯卡！[……]我要是有个爱吃醋的老婆，我肯定就四处拈花惹草，可是现在我如果这么做就毫无意义。我现在都是一个光荣榜样了，哪怕就算是为了我自己……"从他们俩探讨背叛与忌妒的方式我们可以看出，这对年轻的夫妇高度重视婚姻中的自由度。

在最初的摇摆犹豫后，他们二人双双入了党，思想观念的话题在通信中也退居二线，取而代之的是文学创作的相关话题及一些八卦趣事。在扎科帕内度假的辛波斯卡半开玩笑半认真地在信中写道："我发现，这些信收到得特别慢，所以你最好现在就给我写一封信，告诉我，如果我周五晚上回去，会不会有什么不方便。我的意思是，让我可以早一天去买票，因为那些长途汽车票买不买得到真是不好说——就像莎士比亚在《李尔王》里写的那样。所以你寄一封特快信来。"这段话听起来有点奇怪，谁会写信去问提早回自己家方不方便？除非是怕碰见什么竞争对象。又或者只是当时的一种习惯？当弗沃德克去度假时，她给他写的信和他写给她的如出一辙："我希望，你又能玩得开心，又能好好休息。不要搞文学，就在那儿好好享受。我如此爱你，甚至不知道该如何表达我的爱。我也暂时没有任何艳遇，但是‘我喜欢年轻人，年轻人总是活力无限……’”浓浓的爱意却伴随着令人不安的建议——如果只就字面意思来看的话。

辛波斯卡自己进行了诠释，她写道：“最强壮的小熊熊！”这一声在信开头的称呼既传达了爱意，又风趣幽默。但是她接下来的话却非常认真：“我不相信这些信。因为一切重要的事情都会与它们擦身而过。[……]我学不会用邮票封住‘我的灵魂状态’。[……]”她还写道：“布布，你快给我写信，快点，现在就写！因为我不是真的不相信信件，我相信，但是只相信你写的信。”落款处的签名是他们表达爱意的密码——她画了一颗心，在里面签了“PKP”。

第四章

文人团伙

多年来，克鲁普尼察大街 22 号的作家之家的生活已经成为一个传说，确切地说已经形成了一系列讲述着居住在此的艺术家们多姿多彩的故事的传说。在别人日复一日的生活中最显而易见的贫穷、无聊及生活各个层面的困苦，在这里却都消失了。在住在那里或者只是去那里参加聚会的人的故事中，邻里之间鸡毛蒜皮的拌嘴变成了文学大讨论，惹人厌烦的酗酒者变成了大大咧咧开玩笑的人，食堂食物散发的恶臭也变成了康斯坦蒂·伊尔德方斯·加乌钦茨基笑话的素材。[1] 至少有十几位克鲁普尼察大

1 在《纪念杂物——维斯瓦娃·辛波斯卡传记》一书第 105 页曾记录了亚历山大·杰姆内讲的一个趣闻：有一次，一位贵族出身的老先生走到加乌钦茨基的桌旁，非常有礼貌地问他："尊敬的先生，今天是什么例汤啊？" 康斯坦蒂·伊尔德方斯·加乌钦茨基回答说："屎汤。"——原注

街的居民都是机智幽默、无拘无束、大胆疯狂的人物形象最活灵活现的代表，如波莱夫卡、姆罗热克、加乌钦茨基、奥茹格、齐迟……

辛波斯卡不属于传说缔造者中的一员，相反，她甚至不愿意讲述在克鲁普尼察大街居住时的事情。她记忆中不仅仅有那些趣事，同样还有墙上长的霉菌，结满冰的铁梯——她要拿着装着煤炭的桶顺着很容易滑倒的梯子爬上三层，冒着黑烟的壁炉和漏雨漏风的房顶。但是这并不等于她从不参与聚会和娱乐。而且，她不仅仅是参与者，还是组织者——经常是不顾亚当·弗沃德克的不满，因为亚当通过这样的方式向自己妻子身边人展示他男性地位的做法让辛波斯卡十分恼火。

克鲁普尼察大街的娱乐活动在二战结束后，作家们纷纷住进了所指定的小房间后，就立刻开办起来了。这里的人员构成决定了这个地方的与众不同：除了知名作家和家人及一些刚刚踏上写作之路的青年文学家们住在这里外，一些被遗忘的创作者们，以及被战争折磨得家破人亡、来自波兰各地的心灰意冷的军官们也都居住于此。食堂是他们每日相聚的地方，这里既是日常之处也是庆祝之所。他们在这里吃着寡淡的三餐，也在这里探讨着文学的未来。多年来，食堂也是作家协会开大会的会场、公开演讲的大厅、表演小品喜剧的舞台及摇曳生姿的舞池。作家们每周六都会举办形式丰富的舞会。“我们不止一次眼含热泪地回忆那无忧无虑的聚会。”塔德乌什·克维亚特科夫斯基曾写道，“伴随着活力四射的舞姿，还有专门为聚会所创作的喜剧讽刺节目。卡齐米日·布兰迪斯和斯坦尼斯瓦夫·迪加特在舞池里大秀舞技，而此时耶日·扎维伊斯基也滑入舞池中央，耶日·安杰耶夫斯基甚至展露了他的搞笑天赋。斯特凡·奥特文诺夫斯基是聚会的灵魂人物，他的模仿秀和怪诞舞步是每次舞会必不可少的节目。”[1]

当辛波斯卡开始在克鲁普尼察大街居住时，娱乐聚会的传统已经具备非常扎实的基础了。她在正式搬进去之前也曾经常参加青年作家聚会，在聚会上介绍自己的作品——我们已经通过她的同事汉娜·皮耶卡尔斯卡的回忆知道了，她曾写过一个独幕剧。辛波斯卡与生俱来的幽默感和喜欢热闹聚会的性格，让她很快融入了这个不平凡的圈子。

很多安娜·比康特和尤安娜·什琴斯娜采访过的人都提到了，弗沃德克夫妇在家中组织聚会，参加聚会的成员也基本固定。那些聚会有时候会持续到深夜，有一些记录了有趣时刻的照片被保留了下来，其中有十几张都是维斯瓦娃和亚当，还有朋友们举办化装舞会的。可能这些照片从技术层面来看算不上出色的作品，但却留住了某一年在克鲁普尼察大街公寓中举办的跨年聚会的回忆。照片上的亚当·弗沃德克有几身不一样的造型：有一张照片中他身穿一件笔挺优雅的西装，头戴高高的绅士礼帽，手持一根拐杖，但是没穿裤子；另一张是他的侧面照，他大腹便便，手中还拿着那根拐杖，头戴一顶皱皱巴巴的女士礼帽；在另一张上，他穿着一件松松垮垮、敞胸露怀的白衬衫，头上似戴一顶牧羊人的帽子，吐着舌头，做着鬼脸；还有一张是侧面的半身照，他穿

1 塔德乌什·克维亚特科夫斯基，《非隐秘回忆的魅力》，克拉科夫，1982 年，第 55 页。——原注

亚当·弗沃德克穿着公主的服装

着一件风衣，腰间系着一条皮绳，全身重心都重重地压在那根拐杖上（也许他在模仿什么电影明星吧？）。还有几张照片上的他头戴钻石发饰，身穿晚礼服长裙，镂空的后背上镶嵌着闪闪发亮的水钻装饰。从照片上我们可以很明显地看出，穿这条裙子对着镜头摆出搞笑的姿势、展现变装后的自己及并不纤细的后背让弗沃德克觉得特别好笑。晚礼服裙子看起来应该是从剧院借的演出服，而不是他从妻子衣柜中翻出来的。同来参加这次聚会的娜沃亚也是如此。她或单人，或和居住在四居室[1]的作家弗瓦迪斯瓦夫·博

1 波兰一种特殊结构的房屋，一套住宅有四间房间，每个房间都有独立的出入口。这里是指克鲁普尼察大街公寓楼的配楼。——译注

德尼茨基[1]成双成对地对着镜头摆着姿势。在其中一张照片上，博德尼茨基脖子上披着一条镶嵌着水钻的刺绣衣领，身穿战服，头戴一顶大礼帽。在另外一张照片上，他脖子上套着皱皱巴巴的拉夫领，头上戴着一顶皇冠。

所有的照片都拍摄于房间中的同一地点——壁炉与书柜中间的空地。除了刚才提到的几位，照片上还标有斯瓦沃米尔·姆罗热克、亨里克·福里斯特以及一位和弗沃德克夫妇相交甚好的年轻记者，他后来移民去了以色列。此外还有斯塔霞·普拉图夫娜[2]，她是辛波斯卡在波兰语系读书时认识的好友。斯塔霞一定是经常来克鲁普尼察大街公寓做客，因为我在资料中找到了很多有她和弗沃德克、娜沃亚以及维斯瓦娃的合影。斯塔霞毕业后在克拉科夫省政府新闻出版表演事务局做审查员工作，但是没过多久，她就搬到了弗罗茨瓦夫，她母亲住在那儿，是一位歌剧演唱家，在音乐学校教美声。斯塔霞也走上了写作的道路，成了一名较为知名的儿童文学作者（著有《三口井的秘密》《小个子对抗大船长》《信任热线》等）。多年来她一直与辛波斯卡保持着书信往来。

出现维斯瓦娃的照片只有寥寥数张：有一张是她手放在胸前和斯塔霞的合影；还有一张是双手搂住姆罗热克的脖子，看起来正在上演一幕悲情戏，但是她的神秘微笑又打破了忧伤；还有一张是和亚当·弗沃德克的合影：他头戴高高的绅士礼帽，目光像一个威严的统治者，她头上披着白色的斗篷，面带谦和之色，拉

1 他也是《克鲁普尼察大街的缪斯》（克拉科夫，1982 年）一书的作者。——原注

2 全名为斯坦尼斯瓦娃·普拉图夫娜，斯塔霞是斯坦尼斯瓦娃的昵称。——译注

着他的手。

莱谢克·赫德根和斯瓦沃米尔·姆罗热克的表演是克鲁普尼察大街娱乐聚会上的一个独立环节，得单拿出来说一说。赫德根后来成了克拉科夫和华沙知名的话剧演员，发表了自己的处女作诗集，曾经是一名记者，也曾从事文学评论的撰写工作。姆罗热克也曾在记者行业中打拼了一番，但是在50年代初他就开始写小说，并开始用炭笔画简笔讽刺画。[1]彼时，他们曾是合作天衣无缝的双人喜剧组合，一系列拍摄于克鲁普尼察大街公寓楼顶林立的烟囱中的照片可以证明这一点——照片上的两个年轻人只穿着短裤和凉鞋。

姆罗热克给弗沃德克的信中写道："你都不知道，你有一个多么了不起的老婆。"因为他这个了不起的老婆帮助姆罗热克解决了住房难题，让他在花很少的房租的情况下住进了拉齐维沃夫斯卡大街公寓中。年轻的文学家想要独立，他准备去摆摊卖苏打水，并毫不掩饰地把这个计划在信中告诉了弗沃德克。

弗沃德克夫妇有一种照顾"小狗"[2]的使命感——尽管他们之

---

1 马乌戈热塔·涅姆钦斯卡，《姆罗热克，神经质的脱衣舞》，华沙，2013年，第70—71页。姆罗热克这样形容赫德根："姆罗热克将在巴黎的杂志《文化》上这样描写赫德根——这位未来的作家和演员：'高高的金发男子，长着一张所有德国种族论研究学者梦寐以求的面庞，参加了华沙起义，蹲过了德国监狱，并且成功从中逃脱，他的爸爸在西方，他还有一条狗和一个漂亮的未婚妻，常穿着一件美军战士夹克，抽烟，骑自行车，说话的时候是个声音浑厚的男中音。不爱学习，成绩也差，但是教授们却对他青睐有加，而他却对他们漫不经心。他受人喜爱，享有名望和声誉，遵守规则，但是唯独讨厌体育，不过对他来说这也不重要。他就是他，是最真的他。'姆罗热克在他的自传《伯沙撒》中对赫德根的描写已经不再是用如此友好的语气了，在《文学日报》中他暗示他们的友谊受到了赫德根同性恋倾向的影响。"——原注

2 这里的"小狗"并没有蔑视或不尊敬的含义，而是带有关切的、怜爱的口吻，表示这些年轻作家需要照顾。——译注

斯瓦沃米尔·姆罗热克和莱谢克·赫德根在作家之家的屋顶烟囱上摆出戏剧中的动作

间年纪相差不多，但是他们还是称呼年轻作家们为“小狗”。1951年6月，辛波斯卡给在什克拉尔斯卡－波伦巴作家别墅度假的亚当写了这样一封信：“小狗们已经回来了，身体健康，我听了他们事无巨细的汇报。莱谢克应该这几天就会给你写信。”汇报的内容主要是召开的又一届作家大会，辛波斯卡引用（并分享）了斯特凡·奥特文诺夫斯基的观点：“我从谈话的氛围中感觉到，这次大会开得不怎么样，没有周密的筹备和组织。【塔德乌什·】博罗夫斯基这个人作为会议主席，可以说，选得也不怎么样。而他所代表的就是整个‘小华沙’的颐指气使、自命不凡、高傲无礼，手还插在兜里（肯定是紧握着拳头呢）。讨论的分组方式也分为敌人和自己人，自己人当然指的就是来自华沙的那帮人了。奥特文诺夫斯基非常恰当地给我形容了他们的行为方式和做事原则：要是同人请你把白糖递给他，你可千万不能就直接递给他，你得把白糖罐子朝他扔过去，他要是接得住呢就行，要是接不住，也就没什么值得跟他多说的了。[……] 当然，这都是黑暗的一面，也有几篇非常不错的发言，年轻人还和几个编辑部和出版社建立了联系，这在未来一定会对他们有所帮助。”

这使得辛波斯卡不需要去在意，文学圈子和为她发表作品的出版社会怎么看她。她在《文学日报》有工作，可以赚钱，她作为女诗人的地位也打下了良好的根基。所以她可以肆无忌惮地拿“小华沙”开玩笑。但是在上面提到的这封信中，她很快就不再提这个事了，她告诉丈夫，她在社区那个姓扎莫伊斯基的裁缝那儿做了一条新裙子，而且还成功地跟不同的朋友们开了几个愚人节的玩笑。“客人们来的时候，我穿了一条破得像筛子一样、到处是大洞小洞的长筒袜，这样就没有人能骗我，说我袜子破洞了。估计这个笑话比长筒袜的发明还要古老。晚上的时候（11 点），我给克罗米内克夫妇打电话说：‘橘色手老人’在半小时后会来他家。我今天得知，他们俩一直很谨慎，半个小时都没敢睡觉。尽管这是个无伤大雅的玩笑，但是我还是有点难为情了。但是我一直如此。”欢笑和娱乐在她生活中一直是如氧气般必不可少的要素，甚至比氧气含量还要高。

莱谢克－嬉皮克（也是“伤春悲秋客”，指的是姆罗热克）双人组合在弗沃德克夫妇家中的聚会上呈现了“丰富的剧目”。他们的邻居马切伊·斯沃姆琴斯基也展示了自己创作的五行打油诗。“尽管维斯瓦娃之前没听说过五行打油诗，但是她迅速就成了我最有悟性的学生，”斯沃姆琴斯基说，“我跟她说过几次，五行打油诗除了要在第一行里出现地点名词，韵式是 aabba 式外，还要带点恶俗。”[1] 他在回忆录中十分伤感地写道：“所有参加聚会的人都不在了。现在就剩下我们俩了，我和这个年轻美丽的姑娘，她有时会和我小酌一杯伏特加，在听到可以让任何一个恶贯满盈的累犯大发雷霆的句子时，她会捧腹大笑。”[2]

显然，美丽姑娘被风趣幽默的邻居写的诗逗得哈哈大笑这件事让她那并不怎么幽默的丈夫气愤不已，所以他非常刻薄地评价：“我在得知了关于他的一些事情后（我们见面我再详细地告诉你），真的觉得，他就是一个毫无建树的小混混。”——弗沃德克在给辛波斯卡的信中这样写道。他认为，斯沃姆琴斯基“声名狼藉”，而且他刚刚成为左翼流派成员这件事让他很反感（显然他是忘了他自己是什么样的了）。

1 安娜·比康特，尤安娜·什琴斯娜，《纪念杂物——维斯瓦娃·辛波斯卡传记》，克拉科夫，2012 年，第 79 页。——原注

2 马切伊·斯沃姆琴斯基，《五行打油诗——我恶俗的爱》，刊登于 1995 年秋季第 1 期《研究——文学艺术杂志》。——原注

* * *

当我们如今再去看当时在克鲁普尼察大街公寓楼中举办的一场又一场聚会时，会发现这些聚会从1945年年初一直持续了至少十年，而文人墨客们的自由自在、无拘无束仍让我们大为震撼。我无法在一段文字中将这一多角度的问题阐述清楚，这里也没有篇幅可以去探讨战争所带给他们的后遗症。我在之前也曾提过，我尝试着去理解辛波斯卡这一代人（也是我父母这一辈）所面临的问题，但是对此我感到力不从心，因为毕竟尝试也只是尝试而已。我们必须意识到，从时代的角度出发，我们现在任何的评判都可能是有偏误的。

二战刚结束那几年的时光肯定说不上快乐。也许和被纳粹占领期间相比，还算不错，但是这样的比较还不能让他们真的享受无忧无虑的时光。尽管战后的日子对于很多人来说是享受娱乐和充满喜悦的时间。很难想象，这些作家们会不知道被囚禁在地牢中的国家军队战士的悲惨命运。而且，这样的悲剧频频发生。比如各大报纸都在报道克拉科夫教区的神父被处以死刑，而一些法庭记者就住在克鲁普尼察大街公寓楼中……

我不是怀疑年轻的作家们都是冷漠无情的人。我认为，他们之所以想去娱乐，是因为他们背负了太多沉重又惨痛的包袱，这是他们亲历的残酷战争留给他们的后遗症（哪怕他们中有些人并没有见到战争中的所有悲惨场面）。对在奥斯维辛集中营犯下的罪行的第一场审判是在克拉科夫进行的，鲁热维奇曾经表明，在这期间大白于天下的很多事实可能会摧毁人类的信仰。在后来的纽伦堡审判期间，许多纳粹所犯下的滔天罪行都被非常详细地描述出来。不是只有哲学家才知道，在经历了大屠杀后的世界会天翻地覆。在这颗摇摇欲坠的星球上，这群敏感细腻的年轻人还能对这幽灵般的意识做些什么呢？除此之外，他们自己还背负着家园被侵占的惨痛经历。当时也没有任何针对饱受战争后遗症折磨的人们提供的心理咨询与帮助。

二战期间所发生的一切，对全人类而言都是一次巨大的震动，但是这不是唯一一次，也不是第一次。暴力、残忍和痛苦的回忆将终身伴随着人们。无论是过去还是现在，应对这种痛苦记忆的伤害的唯一办法就是娱乐。根据法国社会学家罗歇·凯卢瓦的描述，娱乐的补偿机制可以允许在不否定痛苦的意义的基础上暂时将人与痛苦隔断。[1]我不在这里深入探讨凯卢瓦的理论，我只想在这里列举出他提到的两种娱乐方式：模仿和眩晕。“模仿就是戴上面具，一切的变装、化装和伪装都属于模仿。这样做可以遮挡自己的社会属性及人格特征，将一个无法自由呼吸的、真实的、无法向众人展示的自我推到表面。面具则是我们免受惩罚的‘金牌’。而‘眩晕’，则是为自己遮挡住世界。我像个疯子一样旋转，跳舞，坐旋转木马，周遭的一切都慢慢消失了或者变得奇形怪状。”这两种状态经常同时出现。这两种状态也经常都在克鲁普尼察大街公寓楼中举办的派对上出现。变装——穿上完全和他们本身的形态截然相反的服装，微醺的作家们沉浸在娱乐派对的快乐氛围

1 罗歇·凯卢瓦，《活力与秩序》，安娜·塔塔尔凯维译，华沙，1973 年。巴特沃梅伊·多布拉琴斯基曾在与科扎克题为《波兰人与狂欢的斗争》的访谈中引用了这一理论，该访谈刊登于 2017 年 12 月 15 日的《高跟鞋》特刊中。——原注

之中，因为他们年轻，渴望追求幸福、自由与美好。这种持续的狂欢还体现在性自由上。“自相矛盾的是，狂欢是文化战胜自然的标志。[……]我们想要做点不体面的事，我们戴上面具，隐藏自己。我们通过这种方式宣告，我们现在的所作所为都不是‘真的’，如果是‘真的’，那我们现在应该在自相残杀了。因此，狂欢是一种解放，也是一种禁锢。”心理学家巴特沃梅伊·多布拉琴斯基这样解释道，“比如我现在和邻居的妻子行了‘不为世范所接受’之事，但是正是因为我知道我的行为不合规矩，而其他所有人也都对此表示认同，那也就意味着我们还没有跨越到文化的边界之外。”[1]

* * *

亚当·弗沃德克在某个时刻想明白了一件事——在他们公寓中举办的聚会让他反感。他在1950年2月写的这封信的开头甜蜜地称呼他的妻子为“小维维”，但接下来的话却苦涩起来：“我们必须跟充满心理畸形的病人和行尸走肉的圈子划清界限。这周五我就贴一张纸条，告诉他们我得离开这儿，我根本不把他们放在眼里。我宁可在大街上漫无目的地徘徊也不愿意和他们并肩坐在一起。”在我们的印象中，聚会派对总是让人欢乐无比又趣味横生的。但是为什么亚当却对此毫无兴趣呢，其实我们可以猜一猜：他觉得，正在扎科帕内度假的维斯瓦娃不在家，周五的聚会也就

1 摘自巴特沃梅伊·多布拉琴斯基与科扎克题为《波兰人与狂欢的斗争》的访谈。——原注

变得索然无味了，因为她才是聚会的“精神领袖”？或许是因为忌妒？“心理畸形的病人和行尸走肉”？这些人都是他最亲近的朋友啊，其他没有受邀请的公寓住户可是进不了阁楼那间房间的门的。又或许是因为其他更重要的原因：他当时正忙于一些其他的重要事情？工作缠身？或者是恰好在这一刻遇到了创作瓶颈，他想暂时和这些接连不断的狂欢告个别。

在这封信中，还提到了一个非常有趣的社会现象——关于新时期妓女们的命运。很显然，亚当是在哪里碰巧读到了这个新闻，他就在信中给妻子讲述：那些在街上的女人都被抓进了监狱，然后再从监狱把她们送到工厂去，在工厂里只有“人事科”知道她们的过去。如果她们表现好的话，就会被送到其他更远的地方去，那里根本就没人知道她们以前是干什么的，这样她们将获得重新回归社会的机会。弗沃德克态度乐观积极，他写道：“不管怎么样，社会主义终于要肃清这些不要脸的恶心事了。”在二战刚刚结束后，卖淫是当时社会中存在的非常严重的一个问题，而当出现了解决这个问题的可能性时，亚当对国家的正向发展更是充满了信心。

在他们夫妇二人的通信中可以很明显地看出，随着时间的推移，他们二人的喜好和兴趣开始渐行渐远。维斯瓦娃喜欢娱乐游戏、幽默文学、生动欢快的画作、五行打油诗和“秘书长”游戏[1]，以及和这些类似的轻松消遣之事。写作在她的工作计划表中有着不可撼动的地位，而她喜爱的编辑部的工作也被安排在了固

1 这个游戏是指玩家将其他参与者给出的形容词加入到事先准备好的文章中。——原注

定的时间段内。辛波斯卡非常注重有业余时间——有用来阅读、散步、无所事事和聚会游戏的业余时间。弗沃德克不喜欢按照规定的时间开展工作：他要和数不清的文学家们见面，要给青年诗人们提意见建议，边喝伏特加边和同事们探讨文学（然后又在写给妻子的信中抱怨他们）。他们各自独自度假也就情有可原了。而且弗沃德克本来就不太愿意出门旅游度假，每次出门都是身边人劝他要为健康着想才去的。他在度假的时候总感觉无聊，周围的人也跟他没有共同语言，也没有读书的小台灯，也没有写作用的打字机……其实真正缺少的是活跃度、写作和聚会。只有一次他在信中承认，这样的旅行对他来说是有必要的，因为他太累了，然后连续几天几乎一直在睡觉，后来醒来后觉得自己心态坍塌了。用我们今天的话说，他就是一个工作狂。

维斯瓦娃喜欢也享受休息的时光。所以她更愿意一个人去度假。她根本不会觉得孤单。她很喜欢那些她在有时间和兴趣的时候可以随时加入的游戏和娱乐。她定期会去的那所扎科帕内雅士度假别墅中的气氛也让她觉得非常舒适。她每年有两个月都会待在那里：一般会在冬天或者 6 月在那里住上一个月，然后肯定每年秋天—— 9 月底 10 月初的时候还要再在那里住一个月。最初雅士别墅为她提供的不仅仅是休闲之所，更是——或者说最重要的是，为她提供了一个价格低廉的亲近自然的度假机会。在 50 年代，甚至 60 年代，扎科帕内都是一个真正的休闲疗养胜地：空气清新，绿树成荫，鸟儿婉转歌唱，是绝佳的亲近大自然的机会。在国家的支持资助下，雅士别墅为文人作家们提供便宜的住宿和三餐。对于生活捉襟见肘的弗沃德克来说，居住在这里简直是像不要钱一样。

从辛波斯卡写的信中我们可以得知，她每次去那里度假都会很开心——她像个好奇的小孩子一样，总想知道在这段时间中谁会在那里度假。她带着忐忑的心情写了她和弗瓦迪斯瓦夫·布罗涅夫斯基的见面，又写了她是如何因时任波兰作家协会主席的莱昂·克鲁奇科夫斯基那傲慢的行为而为他感到难为情的："克鲁奇科夫斯基一家开着自己的车来的。克鲁奇科夫斯基没有和任何人打招呼，就走进了饭厅，没有说一句'你好'就坐在一张单独的桌子旁，他可真是个伟大的贵族啊，我都替他难为情。"和不同的人散步依旧让她感到快乐无比。她在 1951 年 6 月 2 日的信中这样写道："帕布！布布！我现在就在邮票上的这个地方。我是第一个来的客人，然后我很快就知道了，我会在这遇到谁。[……] 万达·克拉根、雅沃尔斯基和妻子、华沙的霍乌达都应该会来的，还有谁来着，我记不得名字了，对了，还有罗莱克。[……] 我的房间非常漂亮，南向朝阳，阳台上望出去的景色——你猜猜是哪里？是吉翁特山。浴室里面冷水热水都有，早餐会有人送到床边，午餐和晚餐都在饭厅里吃——我很难每次都吃光，因为实在是太多了，而且很好吃。"

后来事实证明，她和万达·克拉根相处得最愉悦。这份友谊一直持续了很多年，辛波斯卡每次提到这位优秀的译者，语气中也都是温情和欣喜。她们的第一次见面还并没有预示她们未来多年的友谊："你知道吗，这些人里，我觉得万达·克拉根最顺眼。她可能的确有点胆怯，但是是一个善良可爱的女人，见过世面，讲的事情也都很有趣，而且她不是气势汹汹来度假的那种人。另外，她还很愿意去尝试了解这个世界上发生的事情。我和她散了很长时间的步。”这样的长时间的散步之后曾有过很多次。

在雅士别墅度假的还有布罗涅夫斯基和他的女儿。辛波斯卡和他的女儿也成了朋友：“她可爱，聪明，有政治责任感。”而布罗涅夫斯基在每次和大家一起吃饭时，总是个麻烦人物，因为他经常都是喝得有些醉了。这也会让他的女儿很难为情，维斯瓦娃很同情他的女儿。“我听他说的第一句话，就是吃晚饭时他对着端来上的鲱鱼说，‘这鲱鱼应该还在海里游呢吧’[……]第二天吃晚饭的时候，他又开始挖苦端上来的火腿：‘这么冰凉的火腿还不得配上点热乎的[1]？’他女儿听完说了一句：‘哦，魔鬼还没睡着。’弗瓦搭了一句腔说：‘怎么会睡着呢。’他会加入各种各样的游戏和娱乐，昨天他教我们打‘贝洛特’——就是一种疯子般的纸牌游戏——我们一直打牌打到半夜。”布罗涅夫斯基当时被认为是波兰第四大诗人，辛波斯卡在向弗沃德克具体地描述他的时候也用了这个称号。弗沃德克也曾与他相识，并且认为他是一位伟大的诗人，所以才会对他的琐事都那么感兴趣。我们可以想象，当布罗涅夫斯基想要看看辛波斯卡的诗作时，她是多么害羞：“弗瓦碰见了波莱夫卡，波莱夫卡肯定跟他就我的诗歌胡说八道了一通，所以他今天才软磨硬泡，非要让我给他看看我写的诗。我说了，我没写，因为我觉得很难为情。”因为当时她已经是一位知名的，至少在克拉科夫是一位知名的、受人喜爱的诗人了。

亚当·弗沃德克鼓励妻子，利用度假别墅轻松的氛围，把已

1 暗指伏特加。——译注

经准备出版的诗集给即将到雅士别墅来的塞维伦·波拉克看一看。弗沃德克认为，如果波拉克愿意给读者出版社写一封推荐信就最好不过了。我们不知道，辛波斯卡是否克服了胆怯，去请求这位年长些的同人。或许她直接把打字稿寄到编辑部去了吧，但是不管怎么样，第二年，《我们之所以活着》这本诗集就在读者出版社出版了。

在雅士别墅其实和在克鲁普尼察大街的公寓中没什么两样，如果那些即兴的游戏是经过精心准备的，那人们一定是会玩得非常好的。1951 年 9 月，维斯瓦娃在信中写道："我在这儿就是个还没成年的小姑娘，用各式各样的犯傻来逗他们开心。每天晚上都会玩'撒棍儿'，我的小聪明总是能帮我获胜。我还用了小镜子偷看，但是根本没人发现我，他们还都夸我有什么心电感应超能力，让我一定要好好利用我这个超能力。我还承认他们说得很有道理。"她很喜欢组织游戏娱乐，自己也喜欢参与其中，既然她都已经和丈夫说自己是怎么搞定这些事的，那么可以看得出，她的确在这些并不严肃重要的事上花了很多心思。在场的所有人都玩得很开心，她也一样。

维斯瓦娃·辛波斯卡从扎科帕内写来的信完全可以成为她一个独立的文学创作类别。在这些数量众多、洋洋洒洒的书信中，她的自由自在、直截了当、无拘无束和文学天赋是最令人眼前一亮的特点。如果我们相信这位写信人所写的，那么她在雅士别墅度假的时间也是她写诗的时间，尽管不是每次都成功。所以不止一次，诗写着写着就变成了信。

我最最强壮的帕布布！

你看——诗没写出来

这就是维斯瓦娃对于没能按时交稿所给出的解释：她就是写不出来，没有灵感，屋子里太冷，大厅里太吵，吵得她无法集中精神。“我真的很难过。我都承诺了。你帮我和博贝尔[1]解释一下，当然还不至于找心理医生，不过房间里也太冷了，外面太吵了。”

有的时候在扎科帕内的“脾气”的影响下，信又变成了诗：

我正在写第三封没有回音的信

山里白雪皑皑月亮似红铜镀金

四个房檐中的一个触碰到了吉翁特

昨天菲佐夫斯基路过今天却不在这

他的太太貌美如花鼻子左边有颗痣

库比亚克贪恋的杯中物可不是果汁

今天为何丹卡在我房间过夜睡觉

因为我看了泽林斯基的书睡不着

我吃了个汁水四溢的梨看看还有什么能放入

我在卷走了饼干和甜甜圈之后开始想要回去

万达驾着一辆马车抵达

我不去电影院但我去看了全景幻灯

他们给我们看了大大小小的动物

1 耶日·博贝尔，《文学生活》的编辑。——原注

那些大的都是被撑了起来，木屑从它们身体里散落
他们没把狮子和袋鼠都包括在内
我给你写这些就是想让你知道山里的日子多么无聊
我只会召唤瓶子里的魔鬼和新的
笑话，像纪念日的拉力赛一样
其中一个我在前一封信中已给你讲
今天夜幕低垂星星离得很近
我能听到一些吱吱扭扭的音（一定是北斗七星）
大熊星低声念叨着她要回家
告诉我你最近过得还好吗
你向我讲述对我来说就是天籁
博亨斯基又朗诵了《吠陀教义》
我的上帝，唯一的耶稣玛利亚约瑟夫
我愿与你在下面也不愿自己在上面
你已经把架子搬进来沙发搬开了吗
真诚问候布鲁诺夫妇、莱谢克、卡齐米日和斯塔夫
问问姆罗热克身体怎么样以及现在是几时几刻
你问问齐赫李子怎么样家里人在做什么
我今天错把茶里加了盐，咸得像大西洋
在我的嘴里如同泰坦尼克号般沉入海底
你为何这么少给我写信我每天都在等待
邮递员来的时候就两手一摊又要摇脑袋
我爱你也欣赏柴可夫斯基的华尔兹舞曲
这封信里字字属实千真万确没一句妄语

完结

当文学游戏在一个“棋逢对手”的圈子中开展时，则会更添几分趣味。对于辛波斯卡来说，梦寐以求的文学游戏搭档就是两位在当时还不怎么出名的作家：斯坦尼斯瓦夫·莱姆和马切伊·斯沃姆琴斯基。她住在克鲁普尼察大街公寓的时候每天都能遇到斯沃姆琴斯基，他就住在她隔壁；莱姆的幽默魅力她是在雅士别墅度假的时候才挖掘出来的。他们俩都喜欢唇枪舌剑，所以不放过任何一个机会。维斯瓦娃和弗沃德克说，他们俩无时不刻不在打嘴仗，无论是在饭厅吃饭的时候还是在外散步的时候，有的时候都让听的人感到厌烦了。

> 小莱米克[1]讲了很多医院里发生的趣事[2]，除此之外，他和马切伊的聊天已经到达一个荒谬的地步。他们只要一有机会，就用诗歌和散文对决，相互调侃，嬉笑怒骂着还叫对方外号，而且特别喜欢当着别人的面，人越多他们越来劲。我真纳闷，怎么还没把他们俩关起来，因为他们俩互相骂得也太难听了，比如“你这个老帝国主义，我一定把你干掉！”“你这个牢犯头子，早晚你得完蛋”这种话是每天的固定项目。他们俩坐在餐桌旁互相招呼说：“来吧，混蛋！”。之前弗沃德克认为斯沃姆琴斯基是一个新马克思主义者可能是弄错了，因为“帝国主义”这个头衔早已是个公开的笑话。他们还一起写了很多搞笑

1 莱米克是辛波斯卡对莱姆的昵称。——译注

2 莱姆在成为作家之前，曾就读于医学系。——原注

的小诗：

最勇敢的宇航员[1]，
抓住七个，一个强奸

维斯瓦娃在信中告诉丈夫："这个是马切伊写的，下面是莱姆写的。"

是谁在身体里敲敲打打？
一个头盖骨和干瘪的小腿骨
断裂的下巴泛着红光
晚安了，瘦弱的天使
晚安了，窄窄的棺材。

在接下来的信中，展现在弗沃德克眼前的是莱米克数不胜数的优点，她亲昵地给这位《宇航员》的作者起了昵称，他是那么风趣幽默，又是那么机敏过人。她计划回克拉科夫后要继续和他见面，后来她也做到了。"晚上，我们经常以一种非常独特的方式创作诗歌。我们先确定韵脚和顺序，然后把它们依次写在纸的最边上，然后按着这些韵律把诗的内容填进去，我们每个人写一行，写完一行就交给另一个人。这样我们一下子就写出来三首绝妙的十四行诗。"我相信，他们三个人的韵律诗天赋可以让最严谨的诗人忌妒，然而他们仨却纯粹是为了娱乐游戏。

1 莱姆发表的首篇小说是《宇航员》，这里是斯沃姆琴斯基故意写诗嘲讽莱姆。——译注

辛波斯卡和莱米克

我不太确信，这些诗是不是真的可以逗笑弗沃德克，因为他的幽默感不太一样，而且也不太会押韵。他的妻子似乎没意识到这一点，继续在信中写道："莱米克是个非常善良的人，无论是餐桌边还是餐后漫步，只要他在总是能带来很多欢笑。他又开始和斯沃姆琴斯基唇枪舌剑起来，直到四个小时后才败下阵来，但是这也充分显示了他语言的灵活和丰富。"亚当若是参加这场对决，怕是还没上场就败下阵来。

辛波斯卡是一个不愿意写自己情感的人，在雅士别墅写的信中她却比平时更放得开些。她给弗沃德克的信中诉说着她的忧愁，她还担心，回去后是不是会有工作："我们的存在是那么的不确定！"她也想念，她把整个思念的调色盘都涂满了丈夫的名字。她也想念克鲁普尼察大街上的及其他的朋友们，尽管她表达得不怎么文艺，但是更具有说服力。她在信中一一问起姆罗热克、莱谢克等等，并请弗沃德克转达她的问候。“齐赫怎么样？维尔普沙呢？还有克里斯蒂娜，嬉皮，布鲁诺夫妇，他们都好吗？”看到这儿甚至会让人觉得，这些都是她或近或远的亲戚们。也或许正是这样：住在作家之家四居室中的朋友们变得像一家人一样。接受她的一切，也被她全盘接受，相互之间保持着无限的相互理解。

毋庸置疑，克鲁普尼察大街上的这栋公寓将这个“不是一家人，胜似一家人”的团体紧密地连在了一起。他们不得不（迫于经济压力）一起在漏雨的房顶下安家，在同一张铺着油毡布的桌子上吃饭，一起在午饭的时候喝着水果甜汤，甜汤里总是有一个李子、两颗李子核，他们相互之间借着所有可以借的一切，住在克鲁普尼察大街公寓中的居民们有两件事可干：要么，抱怨并和周围一切不利环境做斗争，要么，相互支持，不顾一切，娱乐至上且笑对一切。肯定有一部分人愿意选择抱怨和为了杯水吵得喋喋不休。辛波斯卡不是个爱抱怨的人，她性格谦和，不会把时间浪费在吵架上，她天生是个爱笑的人。这与她不愿意参与集体生活并不矛盾，她只在自己选择的圈子里才会感觉舒服自在。她珍视安静与独处，有时她会故意避开人们。但是她在给亚当的信中却这样写道：“亲吻所有文学团伙的成员。”这个“团伙”对她格外重要——这一点我们毋庸置疑。“团伙”的成员们身上都有一个像吸铁石一样吸引着她的特质——幽默感。

当她还是那个叫“伊赫娜”的小女孩的时候她就学会了，做人最好要面带微笑，快快乐乐，有幽默感。这里并不是在炫耀。奖励几岁的女儿写小诗的父亲对她的言传身教，教会她的这些事情，在生活中的确是非常珍贵的特质。幽默感可以天然地让她与自己保持距离，可以“把望远镜倒过来”看待自己的问题，这样的态度不会助长担忧和抱怨。幽默感还让她具备了一种特殊的洞察力：比如他们社区给她做裙子的裁缝叫扎莫伊斯基这件事就让她觉得很有趣。在对于他人来说平凡单调、透明如水的普通日子中，能够观察到荒谬、幽默、笑点的能力一生伴她左右。现实生活给她提供了很多笑点。正因如此，维斯瓦娃才能在很多极为复杂困难的情况下，仍应对自如，并且不向周遭广而告之这样做的代价。

在斯沃姆琴斯基的记忆中，她是一个爱笑的人，不仅仅是因为天性如此，也是因为她自己愿意这样做。她很喜欢和幽默风趣的人接触，因为他们善于用自己的智慧让日复一日的生活变得更容易让人接受。她的“文学团伙”就是这样，抵抗着忧愁和痛苦。她在雅士别墅给亚当的信中写道：“你的诗很美。如果你能来的话，我们就可以聊聊——其中有几个词，可以用其他代替。但是整首诗都让我非常喜爱，挑不出任何瑕疵，因为构思非常有趣好笑。有趣好笑——既是现代波兰语的含义，也是古波兰语的含义。”这或许是弗沃德克能够听到关于自己的最高赞赏了：如果诗歌的构思有趣好笑，那么所有的瑕疵都不是瑕疵。有趣好笑在古波兰语中代表着智慧、思考和灵感。辛波斯卡也要求自己的诗要做到这些，特别是在她放弃了左翼悲歌创作之后。

在她与弗沃德克婚姻的几年光景中，她参与了他近乎自恋的一项工作——收集和讲述关于自己的笑话。她对此欣然接受。在写给他的信中，记录了她听到的关于他的“段子”。这些“段子”很多都和军队相关，和她与莱米克、姆罗热克及斯沃姆琴斯基玩的文学游戏千差万别。亚当肯定是感受得到的，而她对此更不可能毫无察觉。然而她的爱蒙住了她的眼睛，她的爱接纳着他的一切。我觉得，正是在他们婚姻关系中的某个时刻，亚当失去了这种接纳。文学团伙玩兴正酣，而忌妒、怨恨和悲伤却悄悄滋长。终于，亚当没有控制住自己，写了一封针对斯沃姆琴斯基的举报信。

第五章

告别过去

当辛波斯卡的遗嘱公之于世的时候，其中一项引起了轩然大波——她为年轻作家们设立了一项以亚当·弗沃德克命名的奖项，对他（和她）的不满和控诉如雪片般飞来。尽管辛波斯卡和弗沃德克二人均已离世，但这并不妨碍那些控诉者们。他们反复提到弗沃德克一心只为政府服务，曾写过一封针对斯沃姆琴斯基的举报信，而且还怀疑他是波兰安全服务局的秘密间谍。其实，这只不过是又一个通过我们这位诺奖获得者曾经为波兰左翼党派服务这件事来反对她的企图罢了。《纪念杂物》一书的两位作者通过全面研究和分析国家记忆研究院的档案，希望能够客观地呈现辛波斯卡的丈夫写举报信及开展情报工作等纷繁复杂的往事。[1]

我们知道，弗沃德克在给妻子的信中从不掩饰对斯沃姆琴斯基这位才华横溢、风趣幽默的翻译的忌妒。维斯瓦娃越是喜欢和斯沃姆琴斯基在一起待着，弗沃德克就越能从他身上找出更多缺点。在婚姻中他自己并不是一个忠贞不渝的人，甚至他自己曾在维斯瓦娃面前承认过他喜欢吸引别的女人的注意力，他也不认为出轨是一件罪大恶极的事。但是维斯瓦娃是怎么想的呢？我们不得而知。

多年后，斯瓦沃米尔·姆罗热克在《伯沙撒》（为了克服失语症而写的自我治疗回忆录）中写道："弗沃德克是一个狂热的人。后来我在国外还听到了很多关于他的丑闻。说他不顾波兰当作无价之宝的友谊向安全局举报朋友。我对此半信半疑，也就是说我对此持保留态度。不是说完全没有这种可能性，在那段时间里，忠诚是最神圣的使命。他不顾逻辑，对于所有党的指示都会立刻服从。"[2] 在《伯沙撒》出版后，辛波斯卡写了一封正式的信函，与斯瓦沃米尔·姆罗热克断绝了往来，结束了持续了数十年的友谊。

我亲爱的：

我带着极大的兴趣和好奇读完了你的回忆录，就像之前我读所有你写的东西一样，以后我也依然会带着兴趣去读你写的其他东西。但是，你在信中提醒得没错，你写的那几句

1 安娜·比康特，尤安娜·什琴斯娜，《纪念杂物——维斯瓦娃·辛波斯卡传记》，克拉科夫，2012 年，第 100—102 页。——原注

2 斯瓦沃米尔·姆罗热克，《伯沙撒》，华沙，2006 年，第 143 页。——原注

话（那几句写亚当是一个为安全局提供信息的人的话）可能会伤害到我。确实，伤害到我了，而且很深，很痛。的确当时有这种传言，但在当时，这样胆大包天的行为是要面临严厉的惩罚的，而且还会被各种流言蜚语缠身。好吧，我不知道，我真的不知道……不管怎么样，像你这个层次的人不应该去传播这些谣言——特别是不应该以出版物的形式！——在没有百分之百绝对确定这些事情是真的时候！而你就没有这种百分之百的确定。

就我而言，我从没碰到过任何一个人，说他是亚当举报信的受害者，相反，我以前遇到的和我现在遇到的都是对他赞赏有加、对他曾在他们写作道路之初给予的帮助心存感激之人。他们感谢亚当给予他们的关注和时间，感谢他与他们分享知识。感谢他曾经借给他们那些“有去无还”的小钱，亚当也完全不计较别人是不是还钱。尽管多年来，一直到他去世，他的经济状况常常是捉襟见肘的。我想，要真是告密者，生活应该过得富裕点吧。

这本书将会被广泛地阅读，无论是现在，还是未来。因为这本书不是随便哪个作者写的呀，它可是你，斯瓦沃米尔·姆罗热克写的呀。亚当在这本书里扮演着这样一个分配给他的角色，而他也将以这样一种方式永远地留在读者的记忆中。真让人惋惜。

好了，我就写到这里了，祝你身体健康，笔耕不辍。

向苏珊娜致以我诚挚的祝福。

克拉科夫，2006 年 3 月 30 日

或许姆罗热克的猜测是对的，在1953年的时候弗沃德克可以为组织去做任何事。他甚至可以说服自己，他的做法没有任何私心和隐藏的目的。正是这种迷恋让他走向了某种分裂——幸好只是一段过渡时期。但是，我们很难不去认同辛波斯卡在信中所写，哪怕是考虑到国家记忆研究院中所保存的资料。每当我想到这些年轻人在50年代所遭遇的一切时，我都会不寒而栗，我们在去评判他们的行为的时候，是多么容易犯错误呀。

* * *

弗沃德克和辛波斯卡都曾是忠诚的党员，这的确是事实。我不知道，他们对于波兰统一工人党的文化路线和目标是怎么看待的，或许是接受的，或许他们也有自己的一些批评建议。对此，他们在当时的信中没有提到。最狂热的阶段——在弗沃德克的每一封信中都能找到意识形态口号的阶段，已经过去了。是他们怀疑“正确性”了吗？我们无从得知。他们也不是突然灵光一闪，就从梦中惊醒，最有可能就是在斯大林去世后辛波斯卡开始擦亮眼睛。她那首献给“伟大领袖”的诗[1]，是当时必须写的政治命题作文，出现在各大报纸杂志上，引起了很大轰动。若不是“革命旗帜上的第四号人物”，以及“这就是党——人民的眼睛”等句子，完全可以把这首诗当作是对失去了至亲至爱后的挽歌，如泣如诉又不失敬仰。辛波斯卡已经学会了如何通过一个单独的经历

1 刊登于1953年3月15日的《文学生活》。——原注

描述出整个世界，将个体单独的感受运用到普世的层面。她用寂静、沉默、拒绝参与勾勒出斯大林去世的这个主题。这样的形式和她后期作品的成功有很多相似之处。

在这一时期的其他诗作中，辛波斯卡也经常表达她对高尚道德标准的重视，明确体现出了她自己对于真正的人生态度及由此引发的人类责任的话题的思考。“你可以从人中读出一切吗？”“你是否知道，友谊也像爱情一样，需要共同创造？”“难道朋友的错误中，就没有你的错误存在吗？”“要多少眼泪流干后，你才会伸来援手？”这些都是同名诗集《向自己提出的问题》的中的句子。在第二卷中有更多这样的问题出现——关于真实与谎言，关于美、暴力与背叛。

她在去斯沃姆尼克的时候曾在给弗沃德克的信中抱怨，因为她在那里要给《文学生活》完成一篇关于乡村生活的报告文学，她认为编辑部是在让她做一件她完全陌生的事。当然，她的报告文学写得不错，但是哪怕是以当时报刊的标准来看，也显得格外幼稚。幸好在她的老板弗瓦迪斯瓦夫·马海耶克要求她写一些关于文化概述方面的文章时，她可以坚决地说“不”。“他们需要所有人都去写文章，不仅仅是我一个人。就算荷马还活着的话，肯定立刻也被他们缠着去写那种什么（至少得有打字机五页纸那么多）‘家猪在沃帕特基克日维乡村合唱团的折射下’的文章。[……]他们真是疯了。他们明明有成千上万的记者、评论员啊，就动员他们去写呀。他们偏不，非要让诗人和小说家们组成一支写这种文章的队伍。他们还去磨了希维尔什琴斯卡，让她给他们写一篇关于动物技术研究所的文章。”

她对于贝尔曼同志及其他为艺术家们制定了新规则的一派的理念早已失去了狂热的兴趣。她毫不避讳地嘲笑着这种宣传思想，以及仅仅服务于描述现实情况的浮夸语言。我认为，对于弗沃德克对观念的宣扬——如果是以像以前一样的形式出现，她也不是全盘接受或者沉默不语。她也不再是那个卑微的“小学徒”了，早就不是了。弗沃德克用独特的方式表达着自己的思念，也许这就是他的本意吧：“没人可以聊天，没人可以争论，也没人可以道歉。”他们俩曾唇枪舌剑，各自提出不同的观点，争得面红耳赤，然后总会找到理由和解。毋庸置疑的是，在他们的关系中，曾一度扮演着黏合剂角色的思想体系与诗歌，慢慢出现了裂痕。尽管弗沃德克在《四年之后》那首诗中表白：“我们的相聚不是只为了一天”——在这四年过后，他们夫妻间最好的日子已经过去了。

个人的危机和世界观相违的矛盾几乎发生在同一时间。辛波斯卡诗中认为自己是一个诚实的人，也努力做一个善良人，但是她却发现，她的诗歌是为其他东西服务的。结果往往与本意背道而驰。在《卢德维卡·瓦夫任斯卡走后的一分钟默哀》——致敬一位为救自己学生而在火灾中牺牲的老师的感人诗歌中，她一针见血地表述了这种精神状态：

我们对自己的了解程度，
不过是别人所检查我们的那一部分。
我告诉你们这件事，
发自我素不相识的心房。

（《卢德维卡·瓦夫任斯卡走后的一分钟默哀》，选自诗集

《呼唤雪人》，1957 年）

在写给亚当·弗沃德克的信中，辛波斯卡经常提及自己感情的双面性及各种感受的复杂性。她在不断成熟的过程中，逐渐深入到自己情感和信念的迷宫之中。她正在慢慢从只是简单地把事物分为是非好坏的观念中剥离出来，尽管这种观念十分具有诱惑力。从诗集《呼唤雪人》开始，怀疑和在不预先判断自身正确性的情况下寻找基本问题的答案成了她诗歌创作辨识度极高的标志。她好像彻底失去了对自己那颗“素不相识”的心灵的信任。

她于 1956 年前在报纸杂志上发表的诗歌几乎都没有在后来出版的诗集中重新再发表过，只有《***（我们曾对世界了如指掌）》《关于九月的记忆》《关于一月的记忆》《走出电影院之后》《黑色的歌》这五首例外。[1] 最早出版的两本诗集中，她认为只有《无聊的旋律》《马戏团的动物》《向自己提出的问题》《爱侣》《钥匙》还算“有药可救”，得以再次出版。

当亚当·米哈伊沃夫问及她那段岁月时，她说：

“我属于会相信的那一代人。我当时是相信的。当我不再相信时，我就不再写那些诗了。我不会去试图辩解或者说服别人，我当时很聪明。其实根本不是。我当时太傻了，对于我后来所了解到的事情，在当时了解得太少了。我爱人类，您知道这句话是什么意思吗？我们是不能爱人类的，我们应该去喜欢人类。所有那些爱人类的人，一般都是不喜欢人类的。我恰好就是那种人，

1 安娜·扎日茨卡，《辛波斯卡的革命，1945—1957——该时代背景下诗人的早期作品研究》，第 285 页。——原注

我想要拯救人类。[……] 我知道这在现在听起来很荒唐，但是我当时看着我那些穿着晚礼服的好朋友们，我心中是充满了厌恶的。我就在想：‘真是太糟糕了，我们在为拥有一个更好的世界而斗争的时候，怎么还会有人在想着晚礼服裙子啊？！’我们当时做好了牺牲一切的准备，我们心怀伟大梦想，尽管这后面的东西是我们并不想知道的。

“我想要把这一切究竟是怎么回事写下来。‘我曾相信’这个解释无论如何都是不够的。人身上有个非常恶劣的机制，那就是我们如果想要相信什么事情，我们就会去信；如果我们选择了对某些事情视而不见，那我们就是看不见；如果我们不想弄清楚一件事的原委，那么我们就不会去寻觅。我也沦为了这种可怕机制的受害者。我当时坚信我完成了自己的‘韵律十足的义务’，我当时也坚信我在做着正确的事。”[1]

对于这位女诗人来说，发现自己情感在这段婚姻中的脆弱缺陷，或者说缺憾，一定令她痛彻心扉。她在三十岁时，发现和丈夫——和这个她真真切切爱过的男人分开，已经成了不可避免的结果。当《纪念杂物》一书的两位作者问起辛波斯卡这件事时，她说他们俩在分开后也一直都是好朋友，他们的其他朋友也都确认了这一点。辛波斯卡和弗沃德克多年来固定的书信往来是他们这段永不熄灭的友谊之光的最好见证。然而他们夫妻俩和平分手的代价又是什么呢？我们不得而知。这段婚姻为什么没能持久地

1 采访出自亚当·米哈伊沃夫和瓦尔德马·帕茨瓦夫斯基所著的《加利西亚文学——从战后到后现代》，1991 年出版于克拉科夫。当时的采访是以波兰语进行的，后翻译成英语出版。作者在此处将英文翻译成了波兰语。——原注

走下去？想必原因繁多且复杂。这对年轻的夫妇在那段时间中也没能将所有的问题看清楚。他们俩也没能顺利通过“建立自由关系”这场考试，尽管他们在婚姻之初是接受这样的模式的——起码在理论上是接受的。

1953 年，辛波斯卡和斯沃姆琴斯基的友谊在他搬到三联城[1]后也暂时画上了休止符（他们后来保持着交往）。对于斯沃姆琴斯基来说，他终于可以摆脱安全局军官的束缚，而对他的妻子来说，则是打开了通往职业道路的新视野。对于维斯瓦娃来说，她人生中的一个章节也画上了句号，妙趣横生的文学游戏、无忧无虑的家庭小剧场、和朋友在克鲁普尼察大街公寓彻夜长聊的日子都结束了。1953 年，莱谢克·赫德根也搬到了格但斯克（两年后又回到了克拉科夫）。同年，斯瓦沃米尔·姆罗热克发表了处女作小说集《来自特日米鲁夫山的故事》，成了一名真正的作家。“文学团伙”的各位成员们变得成熟，逐渐独立，分道扬镳。作家们的生活氛围也发生了变化。

当“文学团伙”中的伙伴们天各一方之时，辛波斯卡也没有被孤独所困。她在克鲁普尼察大街公寓中还有很多其他的朋友，其中很多都是年轻一代的作家，扬·齐赫就是其中之一，他和辛波斯卡多年来都有书信往来。辛波斯卡因为《文学生活》杂志的工作和他们有了交集，因为当时她已经代替了自己的丈夫，成了诗歌部主任。每个月的薪水（尽管微乎其微）让她得到了自己所需要的那种稳定感。她出版的第一本诗集广受文学评论家好评，

1 指的是滨海省的格但斯克、格丁尼亚和索波特，三个城市又称为三联城。——译注

但是很快就被她的新作品挤到了阴影中，因为由她新创作的诗歌所组成的第二本诗集《向自己提出的问题》“完全不一样”。

在他们夫妻俩的通信中并没有很明显的即将要分手的信号，比起写在信中，他们一定更愿意面对面去聊这件事。但是从某一刻开始，他们在信中的落款变成了“妻子”和“丈夫”，在他们感情开始之初是没使用过如此官方正式的称呼的。“亲爱的维斯卡，给你的丈夫写封信吧。”“疯狂地想你，妻子。”之前，他们俩从未以这种方式表达过对彼此的依恋。辛波斯卡的信中还使用了一些和她性格非常不符的甜蜜称呼，比如“小熊熊”“小宝贝”等。在之前她所使用的昵称都是经过精挑细选的，幽默风趣又极具个性，这些昵称都曾是爱的密码。

1953 年 9 月的信，写于辛波斯卡又一次来到了雅士别墅度假

辛波斯卡侧面照

时，从这些信中我们可以看出，他们已经做出了分手的决定。然而命运弄人的是，当时他们成功地和卡齐米日·巴尔纳斯（《文学生活》的编辑）换了房子，他们拥有了一套带厨房的两居室。他们之前住的公寓里既没有厨房，也没有浴室。弗沃德克计划重新装修这套新房子，这样他们就再也不用去和别人共用楼道里的公共卫生间了。他盯着工人粉刷墙壁，他在信中告诉维斯瓦娃她和他的房间里选了什么颜色：她想要橙黄色，他选择了绿色。他们的关系再也回不去了，可是他们俩对于如何"安排"这场分别，显得手足无措。

维斯瓦娃在信中说，她等不及想要回到家里。"我很过意不去，因为所有的麻烦都要你一个人承担，所有的事情都要你一个人盯着，而我在这里一天天的无所事事。"她说在雅士别墅会感到无聊，可能并不能让人信服，因为接下来的几页信纸上，她告诉弗沃德克她刚刚读完了他给她寄来的查拉[1]的诗歌，并和他分享了她的尖锐评论（"冗长又沉重，在对待战争受害者还带着一丝难以捉摸的娈童恋式的态度"），所以她放弃翻译查拉的诗歌了，取而代之的是根据自己的兴趣翻译一些艾吕雅[2]早期的诗歌。雅士别墅里的聚会也不无聊，她和安杰耶夫斯基谈天说地，和库比亚克夫妇喝伏特加——"库比亚克买单"，因为她发现，库比亚克因为她是《文学生活》的编辑所以特别讨好她，她在信中写道："这就是生活吧。"

同样也是在这封包含了各种各样复杂情绪的信中，出现了诗

---

1 崔斯坦·查拉（1896—1963），罗马尼亚裔法国诗人、散文作家。——译注

2 保罗·艾吕雅（1895—1952），法国诗人，超现实主义运动的发起人之一。——译注

人的思想"土崩瓦解"的信号。辛波斯卡这样一个几乎从来不会抱怨任何事的人对自己的丈夫说，扎科帕内已经让她非常厌倦了，她以后再也不打算来雅士别墅度假了。"这也许是我最后一次在扎科帕内度过长假期了。我发誓我下次度假要去别的地方了，去一个有新东西可以看的地方。整个雅士别墅都让我觉得十分腻烦，我受够了这些矫揉造作、拿腔拿调的人了。"她还嘲笑那些疯狂晒日光浴的朋友们，说他们的皮肤已经是棕色的了。在后面一封信中她又写道："我郑重其事地向扎科帕内吐了一口口水，我的脚再也不会踏进这里一步。山永远都是一个样子。我来这儿最大的事就是看那些小昆虫、小蝴蝶、小草和小树苗。但是这些东西我在随便一个村子里都看得到。"这封信中的内容和我们现在所知道的事实形成了一个有趣的鲜明对比：因为在接下来的六十年中，她依然每年都是在雅士别墅度假。她深爱着扎科帕内，她享受这里文人朋友的相伴，她的很多诗歌也都是在雅士别墅创作的。然而在1953年，她迷失了，她陷在这个所有人都相互认识、所有人对彼此之间的一切都知道得一清二楚的地方，感受不到幸福。她不想和别人公开自己的感情困扰，她不想成为八卦谈资。但她也做不到假装她的生活中没有发生任何变化。

除此之外，她还没钱去美发（"我现在面临的最迫切需要解决的问题就是要在这儿烫发，因为我此时此刻看起来像那位前部长的姐姐，当然我指的是维托斯执政的时候。"），也没钱买回克拉科夫的车票，所以她用一种几乎卑微的口吻请求弗沃德克借给她一些钱。她很内疚，因为弗沃德克也要去向别人借钱，她说她要早点回来，然后一拿到工资就会把钱还给他。她还告诉他，不用特意为她的归来做什么准备，有面包和西红柿就足够了。“小熊，不用特意因为我回来而收拾房间，你根本就不用辛苦做这些事。我健康得像一头牛，所以你可以把家务留给我，等我回去做。”

我们甚至可以感叹，这就是一位完美妻子——对自己的每一笔开销都做出解释，不需要丈夫为自己的归来做什么特殊准备，并且一直思念着丈夫，温柔体贴，善解人意。弗沃德克在爱的表达上不甘示弱：“我爱你，小维斯卡，你给你的丈夫写封信吧。不要等我的回信到了再写，你就尽量多给我写信。我把这个小家收拾好，等你回来。PKP。”他还在信中告诉维斯瓦娃，安娜·卡缅斯卡将在《新文化》杂志上刊登她的诗：“《钥匙》肯定【比《怀疑论者》】更好。不过也许我没权利说这种话，因为众所周知《钥匙》……你真的太可爱了，小维斯卡！”

在这段辛波斯卡的情感如暴风骤雨般涌来的时期，她创作了四首关于爱情的诗，收录在了诗集《向自己提出的问题》中。《钥匙》是其中一首，其中包含的一段预言（“不是来自纸牌，不是来自星象，不是来自孔雀鸣叫，星座占星就这样设定好了”）将逝去的爱情上升到了宇宙层面：如果有些东西丢了，比如像家里钥匙，那么就会让“全世界”都失去这种感觉。整个生命都失去了意义。在《暴怒的缪斯》一诗的开头就直接出现了一个关于爱情诗的问题：为什么女诗人或诗歌里的女主人公爱情诗写得这么少，她的回答是：

> 我既然沉默——也只是
> 因为忧虑而沉默，

忧虑我的歌声
会在某刻刺痛我，
忧虑会突然有一天，
否定我一切的词语，
只留下韵律和韵脚，
爱情也会飘离，
无法握住，
就像枝条投下的阴影。

（《暴怒的缪斯》，选自诗集《向自己提出的问题》，1954年）

辛波斯卡将爱情比喻为被风一吹就散，“像枝条投下的阴影般无法握住”的东西，比起她丈夫多次反复强调爱情的历久弥坚更让我觉得可信。他们二人对于爱情的感受有着巨大的区别。然而，他们两个之间的距离越远，他们却越明确地向对方倾诉着情感。

在这段时间的通信中，是辛波斯卡更明确地指出：我们的关系变了，或者甚至可以说结束了，但是爱情并没有逝去。这是她想要扭转现实吗？我不这么认为。我觉得辛波斯卡努力在寻求“什么是爱”这个问题的答案。她已经知道，爱不仅仅是幸福、有个共同的家、朝夕相处、情欲、信念分享和共同工作。这对夫妻在信念分享和共同工作上没有成功。爱神爱洛斯离他们而去，同时还带走了幸福。

在某种意义上，“家”在多年来还是他们共用的家。他们在一段时间里还是一起居住在克鲁普尼察大街的公寓中，后来弗沃德克搬到了其他地方，而辛波斯卡则留在了新装修好的两居室中。她外出度假时，会把钥匙留给弗沃德克，允许他住进来。弗沃德克负责交房租和电话费，也会给她写信，然后在她回来前给她买好需要的东西。而且，他每次还会去火车站或者汽车站接她。他帮她处理日常琐事，她也会同样帮他。他们每天都会打电话，相互之间写了上百封信和卡片。他们没学会朝夕相处，却也做不到一刀两断。

维斯瓦娃在1953年8月5日的信中曾表示，在她离开克拉科夫之前亚当来找他，让她觉得特别开心（但这是不是就意味着亚当在之前就已经从家中搬走了？）。她在信中这样写道："[……]我终于不再担心了，当我早上就看到你来和我相见的时候（我亲爱的帅哥！）。"他在信中回复说，他很担心她，而她在下一封回信中则说，因为他的担心，所以她很担心他……"我爱你，要是你能和我一起在这儿，谢天谢地，我就能不那么难过了。"辛波斯卡接着马上又写道："这句话就像普日博希说的，不过这句话千真万确。"然后她又加了一句："这里没有PKP，只有PKL，但是对我来说，所有都是PUP。"落款是"乖巧的维斯卡"。在一封落款为"前妻"的信中，除了记录了日常琐事，她还加入了几声叹息："我想让你知道，我很想念你。我们这一生都会这样彼此需要，是不是？"他们二人的信中从没表达过痛苦，然而真正让他们感到痛苦的是他们会感到一种莫名的不适。分手这个决定对于他们俩来说无疑都是一个沉重的打击，他们两个处理的方式完全不同，但是他们俩一定是彼此帮助、互相扶持的。这是一个非常奇怪的情感模式：一对夫妻在分开之后相互慰藉着对方。

所以，爱是什么？辛波斯卡在信中间接给出了答案：爱，就是一切过后所留下的情感；爱，就是哪怕分离也无法改变的情感。当他们不再是夫妻，爱的表达就会带着一种奇怪的反叛的语气："我们相爱，跟其他人又有什么关系呢？"弗沃德克在讲述他最近的"征服"故事的结尾写道："我是从一位女士那里得到的。就是那位我和你提过的女士，我正在和她约会。按照姆罗热克的说法，这已经是飞机的第三次冲刺了。你看到这里一定笑了吧？"接着他还写道："我现在肯定不能抱怨生活单调无聊，不过等你回了克拉科夫我们再好好聊。"在信的结尾，他写道："我不确定，你是否知道，没有你的日子对我来说多么难熬。"他无法放弃拈花惹草的小动作，但是他却认为，他对妻子的情感也不能一笔勾销，特别是当他的妻子已经是他前妻的时候。

1954 年同样是辛波斯卡生命中艰难困苦的一段时期。她和亚当的婚姻正式以离婚告终。虽然 5 月的时候她的诗集《我们之所以活着》再版了，随后前文提到的《向自己提出的问题》也出版了，这两本诗集均获得了文学评论家和读者的广泛好评。《向自己提出的问题》中包括了很多之前创作的作品。女诗人只发表了六首新诗，然而诗歌重印再版的数量却是之前那些年的两倍。她成了一位越来越受欢迎的作者。在新创作的作品中只有一首诗具有观念特征，其余都是关于个人情感的，如《暴怒的缪斯》《爱侣》和《致不幸坠入爱河的女士》等。

1954 年 3 月报纸上重新刊登了她在前一年写的关于斯大林逝世的诗歌。同月，在《克拉科夫报》上刊登了她对于自己创作的感受的文章，她在文章中写的是：在她的创作道路伊始，她明白了诗歌的创作必须针对特定的接受群体，而这才是她因为自己的党员身份所理解的内容。她在寻找真理——她在自己个人的、独立的生活中，以及她身边人的经历中寻找普遍真理。她曾在关于朝鲜战争和新钢厂建设的诗中所表达的思想正在慢慢地被她亲身感受的、个人经历的、真实的情感所代替。女诗人对于一位不幸陷入爱河的女士感同身受：

你以为，我不理解，
就因为我目光平静，
看不懂别人的忧伤。

如果从未经历痛苦、阴影和愤怒，
只有快乐、光明和歌声
牵着我的手走入诗中该多好。

（《致不幸坠入爱河的女士》，选自诗集《向自己提出的问题》，1954 年）

诗中的女主人公承认，她想要隐藏自己的痛苦："我知道，该摆出怎样的表情，/ 让悲伤不被任何人察觉"。她唤起了心中那些如暗夜般难熬的伤痛、困境、愤怒和撕心裂肺的伤痕，"见面的桥烧成了灰烬"，"毫无意义的沉默"。这一切都已经过去了，"遥不可及也年深岁久"，她现在表示："我不会再为虚伪的游戏奉献。/ 你在我这里去寻找真相吧"。当然，如果我们把诗人在诗中的宣言去对照生活中的具体事例，未免过于幼稚。但是这首作品中的情感语气表达和她早期或后期的作品相比都是与众不同的，所以就算不是完全符合她的个人经历，我们也可以假设，这和她的真实生活有着某种联系。一定是某种原因，让诗人消除了一直保持的距离。

在《向自己提出的问题》中还有一首创作于1952年的作品，也是这位诺贝尔奖得主最广为人知的作品之一——《关于祖国大地之爱的谈话》。这首诗多年来都是学校教材中的必读篇目，是诗人早期观念宣传的悲歌式的作品之一，但是因其精巧的艺术形式有别于其他作品。这首诗中也出现了在辛波斯卡后期作品中扮演重要角色的特征的萌芽——对人类境遇的思考。诗人在这首诗中借鉴了“绝对命令”提出者康德的表达手法，也正是通过这一表达手法结束了自己第一个十年的创作：

头顶是灿烂年代的光环，
脚下是祖国大地。
我不会成为一只胆怯的小鸟，
也不会成为鸟儿飞走后的空巢穴。

（《关于祖国大地之爱的谈话》，选自诗集《向自己提出的问题》，1954年）

和弗沃德克离婚对于辛波斯卡来说，在很多方面都是一个非常艰难的经历。在50年代，离婚尚不普遍，社会对于离婚的接受程度也远低于今天。当时的人们，因为害怕身边亲人的指责，所以宁愿默默忍受不幸福的婚姻。无论是辛波斯卡的家庭，还是弗沃德克的家庭，都属于坚定的传统家庭模式拥护者。所以，辛波斯卡不得不再次以一个爱惹麻烦的女儿的形象出现在自己的家人面前。

要向别人解释清楚他们已离婚的事情对于他们二人来说都很艰难。我猜，他们应该只和最亲近的人说了，而克拉科夫那些喜欢传流言蜚语的人将这个消息广而告之了，而且那些爱说三道四的人更不会放过亚当那些风流韵事。这对于像辛波斯卡这样一个不喜欢说自己的私事并且非常注重隐私的人来说简直是人间酷刑。

在 1955 年这对已经离婚的夫妇还在思考，他们那些不能每天相见的扎科帕内的朋友们在知道他们分开后会做出什么样的反应。辛波斯卡很担心，因为她想把这些诗寄到《创作》编辑部，但是“所有人”会怎么看待她在诗中所描写的绽放得如火如荼的情感（已经不是写给自己的前夫的诗了）？她小心翼翼又十分谦逊地询问弗沃德克是否同意她发表这些情诗：“小绒布，我给你寄了一首诗，希望你能用你的‘精准评价之眼’来帮我看看写得怎么样。看完请你告诉我你的想法。除此之外，请你考虑一下，这首和另外一首情诗是不是可以交出去，交到莱谢克的《创作》那儿去。我觉得不会有丑闻出现的，特别是《创作》如果刊登这两首诗的话也是 8 月了，那时候你的私密情诗应该也昭告天下了。但是你千万别觉得，我是在向你施加压力，你冷静中立地想一想这件事。”在最后她又加了一句：“所有你的女人走路都像个疯子似的，当然是以我为首的。”最后这句话是因为弗沃德克又带着他的新欢去了扎科帕内。

当辛波斯卡从母亲家中搬到克鲁普尼察大街时，她认为她获得了自由，终于摆脱了母亲的监管，迈上了自己独立选择的道路。她那时是一个女诗人、刚入党的党员、著名作家的妻子。她结交了新朋友，进入了新环境。几年之后，她发现，原来平衡并不是轻轻松松就可以实现的。克鲁普尼察大街公寓中的聚会娱乐让她获得了快乐，但是爱情却慢慢不再是幸福的源泉了。“自由开放”的关系并没有成功。尽管她十分谦虚也不得不承认，她的诗越写越好了。她的诗是受观念所指挥的，这是她自己的选择（尽管弗沃德克对她影响很大），但是这个选择只是暂时的。她一直都是统一工人党党员，但是她的观点却绝对是左翼的，而她在诗歌创作中逐渐舍弃观念和政治。她转为关注个体的经历，不再借用各种名义，除了人类外，她不再代表任何一个群体或阶层。她同时告别了弗沃德克和左翼思潮，顺着自己独立选择的道路勇往直前。

* * *

我们可能很难理解，她和丈夫的分开并不是完全的分开。更让我惊讶的是，她的妈妈和姐姐都和弗沃德克保持着良好的关系。他和以前一样，经常会去安娜女士家做客，逢年过节他也会像离婚前一样去家里吃吃喝喝，多年来一直如此。

同样，如果没经历过波兰人民共和国时期，人们很难理解当时辛波斯卡在观点改变后如何在文学圈中继续工作。她仍在弗瓦迪斯瓦夫·马海耶克领导的《文学生活》编辑部工作，在克鲁普尼察大街的食堂和亚当·波莱夫卡一起吃饭，向斯坦尼斯瓦夫·雷沙德·多布罗沃尔斯基约稿。同时，她和塔德乌什·赫扎诺夫斯基、兹比格涅夫·赫贝特是好朋友，和扬·约瑟夫·什切潘斯基约会见面。她没有社会性精神分裂，只是在当时的环境下生活就是这样。

亚当·扎加耶夫斯基在散文《土耳其咖啡》中提出了对如今被批判的波兰人民共和国时期的文学作品的反思。他认为："波兰人民共和国有一个非常奇怪的现象：文化发展的（微薄）经济支持几乎全部是由国家提供的，然而多数艺术家、电影创作者、戏剧工作者、作家、诗人甚至作曲家都对这个国家进行了无情的，或者稍加掩饰的批判。在文化发展的出资人和艺术家的关系的历史中似乎都很难找出第二个这样的例子：艺术家的主要工作就是嘲讽文化发展的出资人。"[1] 辛波斯卡在"文学团伙"繁盛期就加入了嘲讽派的队伍，她在那里比在捍卫者的队伍中感觉要好得多。但是她从来不是一个愤世嫉俗的人，从不会恶意讽刺。她所选择的方式是保持距离的讽刺和反思。在经历了左翼思潮后，她远离某些观念和政治表态。在翻看了她的笔记本后我们可以发现，在那段时间中，她对哲学，特别是古代哲学产生了浓厚的兴趣。她读了很多经典的哲学作品，并做了摘抄和读书笔记。在她的《选读札记》中有很多摘抄的句子，可以寻找到许多她哲学思考的回响。她的哲学反思在诗中隐藏得更深一些，但是始终都在。选择哲学、放弃习惯的东西改变了她的生活和写作。

我感觉，随着时间的流逝，辛波斯卡远离了自己早期的创作

---

1 亚当·扎加耶夫斯基，《土耳其咖啡》，出自《给初学者的诗》，华沙，2017 年，第 131 页。——原注

风格和对某些观念的迷恋后，她不仅仅是保持了距离，而且还进行了自省。她从来没有和任何人解释过自己年轻时是受到弗沃德克的影响。但是扎加耶夫斯基所言也是非常有道理的，他写道："我觉得，她从没原谅过自己写的那些歌颂极左思潮的诗歌。她非常不喜欢别人提她过去的事情，她一直被这件事所困扰，[……]我觉得她自己对于那些事情记得清清楚楚，甚至每天都会想。她对此的记忆在她的每一首诗中几乎都可以找到一丝痕迹。她的诗歌创作是基于左翼思潮以及她早期诗歌和环境抗争的失败所带来的创伤经历之上的。"[1] 我认为，她一分一秒都不曾是一个奉从主义者。她只是被某些观念所影响了，压抑了自己天生的怀疑精神。

特蕾莎·瓦拉斯在被问到那段时间辛波斯卡的生活时，曾这样告诉我："生活往往用灾难给智者以教训。对某些观念的迷恋就是辛波斯卡生活中的磨难。但是，也正因为这些经历都是她内心所经历的，所以她从没为此感到羞愧，也从未因此公开忏悔。"[2]

扎加耶夫斯基在认识辛波斯卡的时候，她已经处于人生的另一个阶段了，他们俩共同参与了许多反对派的工作。"我不止一次地想，"他在书中写道，"是怎样的奇迹成就了维斯瓦娃·辛波斯卡的诗歌创作之路，在克服了一切阻挠后，她听到了一位伟大的声音的呼唤——就是扬·约瑟夫·什切潘斯基所写的'未知法庭'[3]

1 亚当·扎加耶夫斯基，《土耳其咖啡》，出自《给初学者的诗》，华沙，2017年，第133页。——原注

2 来自作者与特蕾莎·瓦拉斯的对谈。在本书中所有和瓦拉斯的对谈，作者都没有加上日期，因为在本书创作的几年过程中，她们经常谈话。——原注

3 这里指扬·约瑟夫·什切潘斯基所写的书《站在未知的法庭前》，未知法庭是一种隐喻，指的是人的良心和社会道德。——译注

的呼唤。因为她相信，她必须相信诗歌是永恒的真理之源、正义之源、想象之源，是永远可以在当下获得重生的希望，是重获艺术主权完整的时刻，是可以不去在乎纯社会学维度和妥协的平台，是忘记那些在雅士别墅食堂里写的诗的机会，忘记那些奉承的信和奖金申请的机会。根本不用去相信诗人，只要相信诗歌就足够了。”[1]

---

1 亚当·扎加耶夫斯基，《土耳其咖啡》，出自《给初学者的诗》，华沙，2017年，第134页。——原注

第六章

赤裸的爱人

我们可以想一下，辛波斯卡在后面的创作时期是如何想象自己作品的受众定位的。她的想法肯定随着时间的推移发生了变化，她最早出版的两本诗集是写给大众的，写给社会群体的，接下来的作品她则转向了某一个人，某个独立的个体，语气也更为亲昵。

她把写有情感丰富的赠言的诗集送给了至亲——她的妈妈和丈夫。1952 年圣诞节的时候，她把这本写着炙热赠言的《我们之所以活着》送给了安娜·辛波斯卡女士："送给我长久以来深爱的妈妈，带着感恩之心，感谢你为我做的一切；带着喜悦，因为我终于能把我的努力呈现到你面前——女儿。"赠言听起来就像是小孩子"终于"能在家长面前炫耀自己取得的好成绩。但这是过度的谦虚还是对自我价值肯定有困难呢？亚当·弗沃德克显然是和安娜女士聊过了这本诗集，他在写给妻子的信中不太委婉地说，安娜女士不太喜欢这本诗集。然后又让辛波斯卡不要去跟安娜女士说，他把这件事告诉了她，因为那样安娜女士会难过的。难道他就不曾想过，这位年轻的女诗人听了之后也会难过吗？特别是她那么渴望能够得到自己那位始终对她不够满意且要求十分严格的母亲的肯定。

1954年，维斯瓦娃把第二版《我们之所以活着》送给了前夫，赠言同样蕴含着丰富的情感。在扉页上，辛波斯卡写下了一首改编自《玛丽亚·居里与皮埃尔·居里的爱情》的诗。《玛丽亚·居里与皮埃尔·居里的爱情》这首诗就出自这本诗集，讲述了两位一起工作、相互关爱的学者的爱情。“玛丽亚，我们的辛苦没有白费。/皮埃尔，我明白了‘一起’这个词的含义。”这首诗中也有着妻子在失去丈夫后的痛苦哀伤。这首诗的最后是一篇“后记”，最后两句是这样写的：“我赞美爱情，它的光芒/照耀着我们这个伟大的时代。”在写完这首诗几年之后，诗人已经和赞美爱情保持了一段距离，对共同的成功也同样不再期待，在致敬自己和亚当的关系时她这样写道：

或许我会幸福，哪怕不再有你。
或许，哪怕没有你，我也还会幸福。
六年如水，玛丽亚啊！是的，皮埃尔，六年流年。
也许是镭让你我天各一方。

1954年5月，辛波斯卡已经没有任何疑虑，她清楚地知道，这条发现之路她要自己一个人走先去了。无论是这快速崩塌的婚姻，还是其他任何一段关系，都无法保证能够实现让爱与为他人创造美好交织在一起这个瑰丽的梦想。她接下来出版的诗集越写越美，也越来越深刻，我认为辛波斯卡对于自己该如何发展有着清晰的认知。这绝不是灵光一闪，如烟火般绚烂却短暂的天赋。1957 年出版的《呼唤雪人》和之前的《向自己提出的问题》之间有着天壤之别，甚至让人很难相信在短时间内能有如此大的飞跃。辛波斯卡一直都在用诗歌的语言来回答什么是真正的爱情，她在后来出版的诗集中也反复回到这一话题。女诗人在对待爱和为他人创造美好这两个被各种哲学体系剖析和各种观念所引用的命题时十分严肃。当她从这个对所有问题都准备好现成的答案的观念迷雾中走出来，她必须把所有最重要的问题对自己再提一遍。她不再心存幻想，不会再认为答案会不请自来，也不会再局限于唯一的答案。

在《呼唤雪人》中，所有二十三首作品都提出了存在的基本问题。可以说，这是一本代表了哲学最美好含义的哲思诗集。十一首诗讲述了死亡、死去、哀悼和来世，其中一首是关于犹太人大屠杀的——这也是我所知道的关于这一话题的最悲伤的一首诗。同时，这本诗集中还有很多情欲诗，这些诗作基本上和哲学抒情诗没什么联系。最奇特的是，这本诗集中的三首诗还被改成了流行歌曲。哪怕在这一本诗集和上一本诗集之间已经过去了三四年了，我们还是很难不感到惊讶，诗人在如此短的时间内就可以完全独立，掌握如此高水平的无可挑剔的写作形式。另外，她还擅长举重若轻，她可以用最轻松的笔触写出诗歌中最沉重的话题。要知道，这段日子其实正是她人生中十分难熬的一段痛苦岁月。

著名翻译家卡尔·德德齐乌斯曾翻译过辛波斯卡、鲁热维奇、赫贝特及米沃什的诗集，他提到，他是在1954年与辛波斯卡结识的，当时的辛波斯卡正处于和丈夫分开后的痛苦之中，悲伤且迷茫。“她仍为和当地的文学家、某些观念的拥护者的这段不成功的婚姻关系而痛苦，她仿佛还站在岔路口，面对着荒原，怀念着这段发生在战后最初几年的年少轻狂的爱恋。在她的诗作《爱侣》、《没有任何事会发生两次》和《喜剧演员》中都有所体现。”[1] 德德齐乌斯一定是一个非常敏锐的观察者和一位优秀的心理医生，因为辛波斯卡一直以来都很努力地隐藏自己的情绪，从不让任何人背负她的痛苦。

亚当·弗沃德克在他们分手后很快就找到了慰藉（也许这样的表述对于弗沃德克和辛波斯卡这段特殊的关系是最不恰当的）。在他的档案资料中我找到了一张他和因卡·雷赫维茨卡1954年8月在索波特拍的照片。照片上的因卡是一个深色鬈发的热辣女子。弗沃德克竟然为了他的新恋情去了遥远的海边！因卡应该就是他曾经带着极大热情帮助的初出茅庐的女诗人之一，因为在1954年1月的时候她送给了他一张照片，背面写着一首赠言小诗：“夹在两朵云之中 / 云小姐忧心忡忡 / 一朵凶猛可怕，来势汹汹 / 电闪雷鸣，片刻不停 / 一朵不慌不忙，安稳宁静。/ 云小姐躲进了家里 / 因为她害怕闪电和雷声。”幸好，这位女诗人的诗歌天赋不至于成

1 卡尔·德德齐乌斯，《来自罗兹的欧洲人——回忆录》，克拉科夫，2008年。——原注

为亚当的竞争对手。

1954年辛波斯卡的第一次国外之旅对他们的分离留下了标志性的印记。当时她翻译了保加利亚革命诗人尼古拉·瓦普察洛夫的诗歌，因此保加利亚作家协会为她提供了奖金，邀请她赴保加利亚。她在得到了波兰作协的同意后，办好了公务护照，带着点钱就乘上了从华沙开往索非亚的火车。多年后对于这次保加利亚之旅她记得住的事情已经少之又少了。她告诉《纪念杂物》的两位记者，她在保加利亚时天气很冷，冻得太难受了，她参观了萨莫科夫，那里的木质结构建筑给她留下了深刻的印象。与她同行的女翻译家布瓦加·季米特洛娃记得更多细节。她在辛波斯卡获诺奖后就讲过这件事情。她们在保加利亚期间都是在夜间乘坐汽车赶路，行进在坑坑洼洼的路上，从一个名胜古迹赶到下一个。行程中的参观项目都是必须要参加的。“维斯瓦娃和其他温顺的外国人不一样，她直言不讳地对普洛夫迪瓦考古博物馆的热心向导说：‘就不麻烦您了。’然后就跑出了博物馆，深吸了一口气大声喊道：‘博物馆也太多了，我看够了！我都被脑袋里那些老旧物件弄得晕头转向的了。’”[1]

辛波斯卡在这次旅途中给妈妈和亚当写了信，她在信中详细地描述了漫长的火车之旅，但是对保加利亚之行描述得却不多，据说是因为行程安排得太满了，导致她根本没时间写信。第一次出国长途旅行唤醒了她心中与生俱来的对世界和人的好奇。这次出行对她来说也是一个把她从几个月来一直沉湎其中的悲伤之中

1 安娜·比康特，尤安娜·什琴斯娜，《纪念杂物——维斯瓦娃·辛波斯卡传记》，克拉科夫，2012年，第157页。——原注

辛波斯卡保加利亚之旅唯一留下的一张照片——和诗人瓦普察洛夫的母亲的合影

拉了出来的机会。

她写给亚当的信用的依然是像他们仍是夫妻时一样的开头，她称呼他“帕布！我的帕布”。她在信中告诉亚当，火车在从华沙出发时就晚点了，她就利用这个时间和维尔普沙“就许多严肃的话题”进行了“内容具体”的探讨。维托尔德·维尔普沙和他的妻子玛丽亚·库莱茨卡是辛波斯卡最要好的朋友。我们不难想到，这里的“严肃话题”指的是政治话题，这些在当时既不能在通信中直接写明，也不能在电话里直接提起。接下来，她在信中把此次旅行的经历一条一条地列了出来：“[……]4. 两天半的时间中我在卧铺车厢里，终于到了布加勒斯特。5. 我看了斯洛伐克的风景。6. 经过匈牙利的时候我一直在睡觉。7. 我一直在欣赏罗马尼亚秀丽的景色。8. 我在布加勒斯特换到了二等座车厢，从这时起，轻松快乐的时间就结束了，要开始爬坡了。9. 我视线一秒钟都不敢离开我的箱子，因为我知道罗马尼亚人偷东西就跟乌鸦似的，所以我的箱子没被偷走，只有我头上的帽子和脖子上的围巾不见了。10. 这件事是一位年轻的罗马尼亚军官做的，当然我反应过来的时候，他已经下车了。11. 车厢里没有暖气，我又饿又生气，除此之外，整个车厢里就还只有我一个人。12. 在经历了八个小时的折磨后，在列车已经驶入保加利亚境内时，我大发雷霆，让他们必须把我安排到其他车厢去。13. 另外的车厢里很暖和，人也很多，其中有一位优雅的神父，他在睡觉的时候会戴上眼镜，醒来就摘下来。14. 人们知道了，我是一个波兰人以及我没有钱。15. 他们几乎是生拉硬拽地把我带到了列车餐厅，请我吃了一顿丰盛的晚餐，边吃边喝着葡萄酒听着山歌。16. 在火车晚点五个小时后，我终于在凌晨 4 点到达了索非亚。17. 我以为，肯定不会有人等着接我了，但是不仅有人在等我，还手捧鲜花，哈哈。18. 我住的公寓带卫生间，装修精美，舒适温馨。19. 我爱你。20. 我肯定会给你再写不止一封信的。21. 我就是生活的国王。22. 保加利亚男人还是很帅的。23. 替我亲吻所有人，因为目前我只给你和妈妈写了信。24. 要乖。乖乖的。维斯瓦娃。”

这位年轻的、没有经验的旅客，无论是天性使然还是家庭教养，都让她能够在旅途中充分汲取乐趣。哪怕是在没有暖气的车厢里待了八个小时，还是被人偷走了帽子和围巾，都没有让她的心情变糟。

在接下来的两封信中，她请亚当帮她处理一些财务问题：把钱还给耶日·布罗什凯维奇，她在华沙的时候和他借了钱；寄 200 兹罗提给“同事格鲁什琴斯基”，等她回到华沙的时候就从他那儿拿，这样她才能有钱从华沙回到克拉科夫。但是她还强调，让弗沃德克一定要在她快回国之前再寄钱，“以防那个混蛋把钱挥霍掉”。她还在信中说，让他从她自己的钱里拿，“你知道是哪些”。看来，亚当几乎知道她所有的事情。

“我刚刚结束了一周的汽车之旅。”她在 1954 年 12 月 10 日的信中这样写道。应该就是前文中女翻译所提到的“噩梦之旅”。“明天我要坐飞机去布尔加斯，然后去瓦尔纳和特尔诺沃等。整整一个星期我都不在索非亚。然后 21 号我就要飞回可爱的祖国了。[……] 我们可能要到 23 号或者 24 号才能见面。请你给弗瓦德克[1]打个电话，告诉他我什么时候回来。也给妈妈打个电话。[……] 我可太想你和家里的一切了。[……] 请你代我向所有我应该问好的人转达我的问候，但是你可别以我的名义去吻任何人。我在离婚之后变得像只小蚂蚁一样爱忌妒。”

如果不是最后一行的“离婚”二字，我们怕是很难想象，他们之间的关系已经发生了改变。这样看来，她说得没错，信是会骗人的。

在写给妈妈和姐姐的信中，辛波斯卡并没有详细地讲述她因火车晚点在华沙逗留的事情，更没有提过她在写给弗沃德克的信中提到的经济困难的事情。她只是简要地写了一下她乘坐火车的情况：“我一共坐了三天四夜的火车。真的是太累了，我回来的时

1 弗瓦德克是弗瓦迪斯瓦夫的昵称，这里应该指的是《文学生活》的主编弗瓦迪斯瓦夫·马海耶克。——译注

候肯定要坐飞机，绝对不再犯傻。”她在信中描述了吝于对弗沃德克展示的风景：“早上天气晴朗，我驶入了罗马尼亚。天空中飘着小雪，树木银装素裹，山峦绵延，天空湛蓝——眼前的一切仿佛是给小孩子看的画册。我们可能穿越了十五条挖在山岩之中的隧道。这里的风景秀美独特，和我们祖国的景色有着不一样的魅力。葡萄园和玉米地，一切都被勾勒在一片白蒙蒙的薄霜之上，在阳光的照耀下，闪闪发亮。”她在信中再次写了像乌鸦一样偷东西的罗马尼亚人——政治正确的概念还没提出来，但是对于民族的刻板印象一直保持得很好。她对保加利亚人则是称赞有加，他们不仅英俊帅气、诚实善良、乐于助人，而且和所有人说话都不用敬语“您”，而是直接说“你”，这样给人一种大家从一出生就都彼此相识的亲近感。她在写给家人的信中还提到了美味的食物，还特别说明需要对辛辣的东方调料格外注意。她买了葡萄，对商店里品种繁多、琳琅满目的水果赞不绝口，有的水果她之前从来都没见过。街上还有卖烤南瓜和栗子的。“这两个还都挺好吃的。”她享受着片刻的奢侈，因为酒店和路费都是免费的，所以她可以把零用钱花在自己想要的东西上。

索非亚自由自在的氛围也令她着迷。她在信中说：“我在街上闲逛，观察着来来往往的各色人群。”这也是她在之后多年来最喜欢做的事情，每一种境遇下的人都会激发她的兴趣。另外，保加利亚男性对波兰女性的态度十分尊敬（或许也可能是对这位金发波兰女性）。“我认识了一个男人，他看了我一眼就眼含热泪。我从来，从来没有给别人留下过如此震撼的印象。”男士眼中的爱慕、在高级的酒店中享受生活、参观壮丽的建筑及在街上吃烤栗子，这一切都让她的心情变好了。

安娜女士给酒店寄了一封信，不用看我们都能猜到，信纸上肯定满满都是实用的建议和提醒。她提醒伊赫娜，不要在没用的地方乱花钱，她应该从保加利亚买一件貂皮大衣和靴子带回来（“要知道这些东西你都没有。”）。她还告诉女儿在家中发生的事情：玛蕾霞把伊赫娜的内衣都洗了，并把衣服都补好了，这些事都是在拉齐维沃夫斯卡大街公寓“完成”的，以后“也都会在这里完成”。玛蕾霞还把伊赫娜的公寓也打扫干净了，因为妈妈还在信中说，玛蕾霞被“齐赫和斯塔努赫”这两位维斯瓦娃在克鲁普尼察大街的邻居一直拉着聊天。这是一个令人意想不到的情况：玛蕾霞——“小资产阶级”女佣（之前是保姆），在辛波斯卡不在家的时候收拾整理她在“文学公社”的公寓，这是一个对于生活在“革命”的祖国中的作家来说具有重要意义的地方。邻居们肯定没有放过这个可以对伊赫娜的童年刨根问底的好机会。“齐赫和斯塔努赫问玛蕾霞，你是从什么时候开始写作的，所以她就告诉他们，你从还是个小孩子，刚能握住铅笔的时候就开始写写画画了。然后，当你会写字以后，给每个人都写过诗，也以每个人为主题都写过诗，她把你讲得就像一个从一出生就有极高写作天赋的人。”安娜女士的这些话也许看起来仿佛在开玩笑，但是其中不乏一位母亲的骄傲与自豪，这是她在表达对自己女儿文学创作的认可，或许在其他场合她很难做到？

很可能在维斯瓦娃不在时，她那套一开始和亚当合住的小公寓在继续进行装修，因为她的母亲在信中强势地通知她——而不是咨询她的意见：“我们将会在你那里安装浴室。”安娜女士在这封信中还提到了娜沃亚的新男朋友——伊莱克【·克罗斯塔】[1]："他现在越来越不拘谨了，有一次我称他为'佩皮斯'，他问我为什么这样叫他，我说：'因为您就像他一样上蹿下跳，还亲吻了娜沃亚。'"（塞缪尔·佩皮斯是一位回忆录作家，这样看来他不仅是维斯瓦娃最喜欢的作家，也是安娜女士最喜欢的作家，她用这个名字来慰藉这个让她自己不太舒服的情况——她大女儿的第二次婚姻。）她相信，伊莱克是在婚姻中忠贞不渝的典范，她这样说无非是为了让伊赫娜相信，她姐姐的第二段婚姻肯定会比她自己的婚姻更长久。当时娜沃亚正在生病，注射了青霉素和链霉素，还拍了片子。肺病像个幽灵一样，久久在拉齐维沃夫斯卡大街公寓不愿离去。安娜女士在信中还问了伊赫娜什么时候回来，因为要准备过圣诞节了。

12月13日，几个月来和辛波斯卡交往甚密的扬·帕维乌·加夫利克给她在索非亚的酒店寄了一封信。加夫利克曾和《大众周刊》合作，在PAX协会[2]的编辑部接管杂志后，他开始在《文学生活》上发表剧评。他不是《文学生活》编辑部的成员，也不是《大众周刊》编辑部的成员，所以他单纯依靠写作很难维持生活。或许在这段时间，他考虑过要换个职业，毕竟记者这碗饭并不好吃，他作为一个商学院的毕业生（他在上学的时候和后来成为著名艺术史学家的塔德乌什·赫扎诺夫斯基，以及刚刚走上诗人之路的兹比格涅夫·赫贝特都是好朋友），报名参加了财产保险业务员的课程。就在那段时间里，他给她写了一封以"亲爱的"开头

1 伊雷纽什·克罗斯塔，伊莱克是伊雷纽什的昵称。——译注
2 成立于1947年，旨在促进天主教徒和当时执政党政府合作的协会。——译注

的信，信中满是对收信人情感的不确定。他等她的回信已经等了一个月了，当他收到信的时候无比开心，但也是这封信让他瞬间又失去了控制。他抱怨说，他不知道该怎么想，他在考虑，是不是经过这么长时间没有见面，他们的关系已经发生了改变。他非常爱吃醋，他幻想着她被无数仰慕者团团包围，而此时此刻的他，可怜巴巴地在西里西亚的彼得罗维采上课。这些未来的保险专员在那里的生活条件堪比在劳改集中营般艰苦，这就让他更难过了。"想要把一个不具备必要的道德能力的人加工成一个公职人员可不是一件易事。"加夫利克在信中这样写道。时间证明，加夫利克这个案例的确没有成功。

扬·帕维乌·加夫利克大概是在 1954 年年中的时候，在辛波斯卡和弗沃德克离婚后不久，加入了她的好友圈（他在 1959 年写给辛波斯卡的信中提到，他们相交已经持续了五年了）。有一本在他们相识之初的笔记本保存了下来，他们二人从 1955 年 9 月在梅希莱尼采度假时开始在上面记录下自己的心情。这个蓝色封面精装硬皮的笔记本封面上写着一行字——"表扬与投诉册"。在当时，每个"社会化"的商店和餐厅（也都是经过社会化进程的），以及其他像银行、邮局、诊所之类的机构中都有这样的记录册。但是你们可别以为真的有什么心愿和意见，里面记录的都是不满、痛苦、抱怨，以及检举。商店里的记录册上满满地记录着关于原本应该销售但是一直"未能运达"的货物，餐厅的记录册中都是抱怨食物品质和服务质量的。有一段时间，我发现在排队的时候读这种记录册上的抱怨能够非常愉悦地打发时间。因为人们经常是在情绪激动但时间仓促的情况下写下这些意见和抱怨，所以有

扬·帕维乌·加夫利克

时候会出现意想不到的笑料。我猜测，像维斯瓦娃这么喜欢研究各种语言游戏和笔误的人，肯定看过不少这类记录着波兰人民共和国时期人民情绪的记录册。

在本子的第一页上，是用大写字母写的标题——《一九五五年九月十二日开始于梅希莱尼采，用于记录性格不断完善的手册》。既然是记录性格特征的完善，那么应该是用于记录表扬和希望，但是在接下来的几页中记录的基本上都是抱怨和投诉。“请不要用石头打水漂，很明显你是想溅我一身水，而且你几次都成功了。维斯瓦娃。”“已提交审议。猴子先生。”“我想请问，以喝醉酒来要挟是否符合良好交往准则及基本法。”——这都是加夫利克写的。他还在1955年9月14日在克拉科夫记录道：“1955年9月

12 日，有人打着贷款的幌子把我的铅笔和钢笔都拿走了，目前我几天之内都没有书写工具了。我想请问，这样的行为是否符合波兰人民共和国公民准则以及对待这种抢劫行为是否没有任何惩戒手段。我是一名遵纪守法的国家工作人员，为人善良，受到上级重用。工人出身。[……] 猴子先生。”为了增加这本“记录册”的重要性和严肃性，他还附上了自己的身份证号码和军官证号码。尽管如此，辛波斯卡也没有对这条投诉做出任何回应。10 月 2 日猴子先生继续写道：“在长时间没见面后，我给 562–40 这个电话号码打了过去（在早上 10 点钟左右），我听到了一声不太友善的嘟囔，在分析过后经证实为如下内容：‘我今日不在使用范围内。’我要强调，本次对话一开头就是这句话。我想请问，就这样对待健康的、坚定的、有偿还能力的朋友们吗？”辛波斯卡回答道：“那就应该早点做这些事啊！”在 20 日辛波斯卡又加了一句：“你自己都说了，你没有像你应该的那样爱我！哼！”除此之外，还有女诗人留下的两段简短的记录：“1955 年 12 月 27 日，早 8 点，某人就来到这里调查所谓的丑闻。这样做合情合理吗？！不！”最后一条：“‘我很漂亮’，我自问自答。猴子先生的回答是：‘你怎么了？’无话可说。克拉科夫，1956 年 2 月 1 日，米科瓦伊三十度。”

这个本子很像“我问你答本”，但是又和典型的“我问你答本”不一样，因为这个满纸荒唐言的本子只在两个人之间相互传递。共同在本子上做记录这件事他们没能坚持多久，相互促进“性格完善”也没能成功，特别是两个都有着很强个性的人很难成功。在阅读他们俩在接下来几年的通信时，我们很容易有一种感觉，好像加夫利克一直都希望辛波斯卡能够按照他的意愿，按照他对于他们关系的想象所设计的路来走。

以动物优于人类为话题的笑话是打情骂俏中的永恒元素。在他们的关系中，给扬·帕维乌·加夫利克起了个“猴子先生”的外号就是这样一个重要标志。维斯瓦娃在写给弗沃德克的信中提到加夫利克的时候也会称他为“猴子先生”，加夫利克自己署名的时候也会签上“猴子先生”。这是一种游戏，他在这个游戏中就变成了另一个身份：一只有些幼稚，又有些笨拙的小动物。“猴子先生”这个词原本是“猴子”的阳性形式，但是很久以前就不再被使用了，所以特别适合用来当一个原创性的昵称。

在当时，即50年代中期，维斯瓦娃就已经展现出她对猴子的特别喜爱了。她也特别喜欢去克拉科夫动物园。辛波斯卡和弗沃德克的多年好友安娜·卢托斯瓦夫斯卡-亚沃尔斯卡曾讲过他们一起去动物园的趣事，当时她是带着自己十几岁的儿子一起去的。弗沃德克想要逗一逗这个小男孩，就自己钻进了园中小路上一个空笼子里。这个笼子应该是当时动物园用来运送动物用的，所以上面的锁又大又沉，还很结实。当亚当钻到笼子里的一刹那，笼子上的大锁不知怎的，一下就扣住锁了起来。亚当在狭窄的笼子里既不能找到一个舒服的姿势待着，他的大块头也无法从笼子的栏杆中间钻出来。只有小男孩小卢托斯瓦夫斯基看得心花怒放，其他人都忙着去找动物园的工作人员，终于把这个倒霉蛋从笼子中解救了出来。[1]

一段时间过后，大概是在60年代的时候，当辛波斯卡已经

1 来自作者与安娜·卢托斯瓦夫斯卡-亚沃尔斯卡的访谈。——原注

是一位受人喜爱的知名诗人时，她曾经同意在动物园拍一组照片。她和一只黑猩猩一起拍了好几张生动有趣的照片，黑猩猩还和她拉着手，有一张照片上甚至用胳膊搂住了维斯瓦娃，但是根据辛波斯卡的回忆，在某一刻黑猩猩似乎厌倦了眼前的一切，突然就狠狠地咬了她一口。但是这也没能减少辛波斯卡对猴子及其他灵长类动物的喜爱。在当时拍摄的其中一张照片上，背景里的人就是扬·帕维乌·加夫利克。

给正在索非亚的酒店享受着的辛波斯卡写信的还有她的前夫。他在其中一封信中引用了《真理报》上一篇关于南斯拉夫冲突的文章中的片段，不知道他是想要和这种宣传类的信息保持距离还是认可这段话的思想，他并没有做出任何评价，肯定也是担

辛波斯卡和黑猩猩以及“猴子先生”

心信件会受到审查。同样在这封信中，他说他碰见了“之前提过的报告文学作家”：“我们相互真诚问好，面带微笑，这足以证明我们俩都是不错的人。”这里他碰到的人指的肯定就是加夫利克了。他在信中加上的那句“我们相爱，跟其他人又有什么关系呢？”，看来是表示了他对前妻新恋情的接受。在弗沃德克的资料档案中，有一张加夫利克的照片，上面写着赠言：“致纪念与忌妒”，日期是 1959 年。很显然，两位男士都努力通过保持他们相互之间相对和平的关系来满足维斯瓦娃的期待。

1955 年 5 月亚当·弗沃德克来到了扎科帕内度假。大家肯定已经想到了，是维斯瓦娃鼓励他去那里度假的。当时的弗沃德克疲惫不堪，焦躁不安，被各种麻烦缠身——我们也无从得知具体是什么麻烦。如果他这封从塔特拉山脚下寄来的信到了任何一个辛波斯卡的爱慕者手上，哪怕是再宽容大度的人也会气急败坏、妒火中烧的。辛波斯卡生命中后来出现的男士们也不得不学会如何处理这一段特殊的前夫妻之间的关系。亚当在信中这样写道：“完美的小维斯卡！你看，我们已经两天没见面了。两天，已经很长时间了，是不是？你肯定能正好借着这个机会好好休息，而我则忧伤难过。不过你肯定是知道的。”“小维斯卡”在回信中用一句非常笼统的话来回应他们的关系：“人与人之间的错过才是世界上最痛苦的事吧？”距离他们分开已经过了将近两年的时间了，她似乎仍然对“错过”难以释怀。或许随着时间的推移，她越来越清晰地洞察到相爱但无法维系婚姻的人们的悲惨境遇。人离开了，但痛苦却留了下来。

除此之外，他们在离婚之后还有一个困扰：他们俩对于离婚之事并没有大肆宣传，所以亚当不知道他在老朋友面前该如何表现：比如在度假别墅的主人、他们夫妇共同的朋友西科尔斯基夫妇面前，他这次是自己来的（还有另一位女士来这里探望他）。他们也小心翼翼地避开一切关于弗沃德克妻子的问题，很显然他们也听到了些传闻。他还是很难做到开诚布公地和别人谈起自己已经和妻子分开的事。

6月的时候辛波斯卡去度假了，恪守着去年许下的“再也不去扎科帕内雅士别墅”的诺言，她这次去了克罗希钱科。她在月亮别墅中租了一个房间。但是当她到达之后，惊讶地发现，别墅里竟然没有通电。“小圆饼，”她对弗沃德克说，“我现在借着武卡谢维奇教授（他是教授吗？你去问问齐赫。）的不朽发明的光亮给你写信。他的这个伟大发明就立在我的小桌子上，为我在夜晚的黑暗中燃起一丝光明。你觉得，这件事很容易处理吗？嘿嘿！

“你要先往这里面倒一点儿，然后拧上。

“你还没点燃它你就厌烦了。”

克罗希钱科之旅并不是一次非常成功的度假之旅，不仅仅是因为度假别墅中的各种不便。维斯瓦娃在那里的大部分时间都被阑尾炎发作的疼痛所折磨。她在出发之前就去看过医生，医生建议她要多休息，注意饮食，生活方式也要平静舒缓。但是疼痛并没有停止。在写给姐姐的信中，她宣泄着自己的不满和厌恶。她变得甚至不像她自己——在信中一直抱怨，抱怨天气、阑尾，就因为这个阑尾她不能去远的地方散步，她还抱怨因此她什么好东西都不能吃。“让它见鬼去吧！”如果疼痛仍然继续的话，她就决定去做手术。她没有写信告诉妈妈这件事情，她不想让妈妈担心。

“妈妈坚信，如果有人去做手术，那一定是有去无回，不久之后就可以在这人的坟头种草了。”以她的性格，她不可能寄出一份只有牢骚和烦恼的信。她在信的最后又玩起了文字游戏，她按照电影院里看到的口号把广告语组合在一起：“让你的太太不再操劳 / 那你就用脏杯子喝茶吧”“让你的岳母不再操劳 / 你就生吃这条鳕鱼吧”。她在结尾还写道：“你们俩都给我写信吧，克罗希钱科的邮递员实在是太闲了，什么活都没有，你知道的，要是一直没活干他会变颓废的。”

当她身体稍微好一些的时候，她开始思考要写一篇更为宏大的诗作，可能是一篇《圣经》题材的长诗。她为什么想到了这个主题呢？我不认为是她突然间经历了世界观的大转变，当然我也不能完全排除这种可能性。在那段时间中，她和天主教的记者们有着密切接触，扬·帕维乌·加夫利克和塔德乌什·赫扎诺夫斯基都属于这个圈子。她请弗沃德克在信中帮她抄写《旧约》中关于以撒和亚伯拉罕的故事并寄给她。她生长于一个天主教家庭，并且上的是修女学校，所以她对《圣经》并不陌生。当时她因为某种原因认定，《圣经》故事是一个非常适合长诗的主题。我们无从确定，她是否真的在克罗希钱科写出了《呼唤雪人》中这首开篇之作——题为《夜》的诗。诗人在这首诗中讲述了一个梦，梦中的女主人公变成了被亚伯拉罕献祭的以撒。只不过在梦中，这位女人公并不想被拯救，甚至恰恰相反，她想死去。她不认可这种对爱、善良和信仰的考验，她同父亲一同上路，“因仇恨抹黑”。上帝摆在家长和孩子面前的这个考验太过艰难了，是不人道的。

如果发生，本该发生的事，
如果
我心中跳动的是一只干蘑菇
而不是心脏。

这首将《圣经》故事进行个性化改编后的诗歌以这样的结论作为结尾：

从这一夜开始
噩梦超标，
从这一夜开始
孤独超标，
上帝开始
慢慢地
一天一天地
搬家
从字面意思
到对比暗喻。

（《夜》，选自诗集《呼唤雪人》，1957 年）

亚当·弗沃德克寄来了他抄写的这段《圣经》经文，他在信中表达了自己的信念，他认为波兰诗歌需要反教权的作品。但是我认为，辛波斯卡并没有按照他的建议写诗。或许带着这样的语气，而更多的是戏谑的口吻，《呼唤雪人》中的下面两首诗《见面》和《哈尼亚》的确在某种含义上具有反教权意味。诗人写这两首诗的目的并不是要反对宗教信仰，她在这一创作阶段已经不再以观念为主导了。她更多地是通过这两首诗展现了某种信仰态度的幼稚，展现在目前一部分神职人员之中仍流行着采取简单粗暴的或是恐吓的方式进行传教，他们只是将上帝“从字面意思”搬到了“对比暗喻”中。《夜》描述的是一个失去被拯救的希望的人的孤单，而《见面》写的是与作家阿纳托尔·法朗士在地狱中的见面，法朗士的作品均被列在了教会禁书名单上。这首诗充满了反讽，而下一首讲述女仆哈尼亚的卑微信仰的诗则充满了同情。从愤怒仇恨到反讽再到同情的这条路，也是辛波斯卡的创作发展路径之一。

她在克罗希钱科度假时读了很多书，她在给弗沃德克的信中对康拉德的小说赞不绝口：“精准绝妙的观察、对事实充满激情的陈述、对人物生动细腻的描绘，让我永远难忘。”她在那里充分地休息，补充睡眠，这些都是十分必要的，因为在油灯旁读书也是一件很辛苦的事。

如果她从报摊买一本《横截面》杂志，她就会知道：华沙一直在筹备青年节活动，亚历山大·泽尔维罗维奇去世了，法国赛车场出了一场严重的事故；在维斯皮安斯基的《婚礼》上演五十五周年之际，很多剧中原型人物的命运得以向读者公布，比如：佐霞，就是索菲娅·热伦斯卡，波伊·热伦斯基的遗孀，现在住在华沙；汉尼卡，也就是安娜·雷德诺夫娜，多年来担任克拉科夫护士学校的校长；拉赫拉，就是约瑟法·辛格，就在不久前刚刚去世，享年七十四岁。约瑟法·辛格，经常被称作佩帕，她以前经常给安娜女士打针，维斯瓦娃小时候就认识她，对她印象很深，所以这条新闻应该会引起她的注意。她肯定还会兴致勃勃地读斯特凡尼亚·格罗津斯卡的专栏连载及博莱斯瓦夫·普鲁斯关于留声机和电话的文章（《横截面》杂志重新出版了这位《玩偶》作者所写的《编年史》，让读者们有机会欣赏到他其他并不那么知名的作品）。在《编辑部问答》这个专栏，有读者问，在哪里可以喝到美味的咖啡，编辑部的回答十分冷漠：哪儿也喝不到。旁边的版块中刊登着如何调整自行车车轮，时尚版块展示着漂亮的泳衣和扬·卡美齐克所写的《民族礼仪大全》中两位主人公——露西卡和帕乌琳卡的对话，题目为《去度假什么东西不要带？》（也就是说这个版块是雅尼娜·伊波霍尔斯卡负责的）。在一堆不值得带的东西中提到了羊毛质地的西装、舞会礼服裙、高跟鞋和沙滩风衣等等。我猜，辛波斯卡肯定是不会带舞会礼服裙的。

当阑尾炎的疼痛消失后，她又可以去做自己最喜欢的事了——散步和写信。这两项假期中最让她愉悦的事也不过只是稍稍减轻了她内心的不安。她给亚当写信说："我的确感觉好些了，但是我仍然心不在焉，你知道的，这里没有良好的环境可以工作。"她十分关切地询问了他的心情起伏及其他事情。"帕布，没有你的任何消息让我忧心忡忡。你应该知道，你的事对我来说有多重要。你的工作职位怎么样了？听说现在出版社会由耶日·克维亚特科夫斯基来负责，是真的吗？"弗沃德克丢了文学出版社诗歌编辑部的工作，也可能是他自己辞职不干了，因为他不喜欢按部就班的生活。维斯瓦娃担心，弗沃德克如果没有了稳定收入会无法照顾好自己。也许正是这种担忧让她诉说了自己的想法："在这片荒野中，我经常会想到我们俩，我知道，只有我们俩之间发生的一切，才是最纯净的黄金，[……] 我再也不会在生命中寻觅到比它更珍贵的东西了（参见《钥匙》)。真的。小兹比希[1]也没给我任何消息，如果他来问我的话，我肯定是不建议他来的，因为我现在不能冒险去坐摩托车旅行。有个比兹比希重要得多的人说想来看我，也被我拒绝了。因为我真的心神不宁，心不在焉，根本不适合和人见面。"

想要来看她的小兹比希要么指的是兹比格涅夫·瓦西莱夫斯基，是她在雅士别墅时的朋友，是《巴钦斯基的传说》一书的作者，多年来一直和她有书信往来；要么也可能是兹比格涅夫·克维亚特科夫斯基，他是她在《文学生活》编辑部的同事，多年来也一直和她通信。当时信中提到那位"重要得多"的人一定指的就是扬·帕维乌·加夫利克。"每当在这种艰难时刻，我都觉得，我比任何时候都更应该陪在你身边，"被拒绝的加夫利克非常难过地在信中写道，"我不想要一个你想展现给外人的你——笑容满面，温柔和善，我想要一个真实的你，哪怕是带着所有的困难，包括那些你隐藏起来、不想示人的一切，因为从这一切中也会流淌出温馨幸福的时刻，连在一起才是一个整体，我想拥有你的全部——否则就一无所有。我没有资格只去做你生命中美好时光的伴侣，我也无法和这个想法和解，无法接受你在离我那么遥远的地方，独自一人经历磨难，无法接受你不想见我，无法接受在那些时刻 [……]，你不需要我。"如果不去在意这封信中加夫利克生

1 兹比希是兹比格涅夫的昵称。——译注

气指责的语气，我们不得不说，他非常准确地判断了辛波斯卡的做法，她甚至向最亲近的人都只是展示她值得展示的一面，那些困难都被她深深隐藏，在孤独中默默处理。所以加夫利克想要在艰难时刻对她施以援手的热情在这里起不到任何作用，更何况他还是以如此哀怨的口吻写出来的。

加夫利克自己其实也在犹豫，他到底能为这段关系付出多少。几天之前，他写信来说，他最近特别忙，被很多工作缠身，但是他很担心维斯瓦娃的身体健康，也很想念她。他自己得了重感冒，但还是想来探望她，所以想请她给他回个信，是否愿意见到一个生病的他。他还表示，他就等着鼓励的话语和微笑。他在第二天就又写来了一封信，信中来看她的行程已经发生了变化：他本来是要来克罗希钱科的，但是现在不得不去华沙，他不知道是不是赶得及来看她，他很难过，也很想念，也没收到她的回信……他为这次来看她的行程增加了不少潜在的难处，他不假思索就说出的“要么拥有全部，要么一无所有”其实是有很多先决条件的。当维斯瓦娃说不让他来时，他又生气了。

辛波斯卡和加夫利克的情感在刚开始的时候波折不断，其实并不是因为他们的感情如山洪般一发不可收，而是因为辛波斯卡的这位爱慕者性格古怪，再加上他有妇之夫的身份，都让她的情感慢慢冷却下来。她在从克罗希钱科写给他的信中提到，她在努力忘记将他们联系在一起的一切。辛波斯卡写给他的信都没有被保留下来，因为我们可以想到，强迫自己去忘掉他们之间的事让辛波斯卡陷入了悲伤和痛苦，她向弗沃德克倾诉了心中的苦闷。加夫利克开玩笑说，可以把自己的耳朵割下来寄给她，这样她就不再苦闷和孤独了。我不知道，这个残忍的笑话是不是能够安抚她……加夫利克虽然是开玩笑的口气，但是非常不礼貌地在信中说，既然她在试图忘记这一切，那么他也会去忘记，反正这世界上女人那么多。但是他又承认："我对你的态度不够礼貌，也没有经过认真梳理，所以才会有某种强烈的怨气，所以才会有那些不和谐。"但是他并没有打算道歉，相反，他还认为是辛波斯卡增加了他们关系中的困难。他给她写了一封长信，信中满是怨念和说教。"我现在真的想和你在一起，因为当一个人感觉良好时，和他在一起就很容易；但是当他陷入困境，悲伤的情绪就会流淌到更深的地方——或许正因如此，比起笑话与笑容，悲伤才能更准确地表达我们吧。[……] 你看，维斯卡，在爱情中不能只想着图轻松，而是应该寻找真实，而真实往往并不简单。[……] 维斯卡，为什么你总是遥不可及？为什么你总是看不到那些好的事情呢，那些可以产生快乐的事情呢？[……] 为什么你总是抱怨孤单寂寞、无人相伴，如果它的确是那么伤人？为什么爱情和人的真诚都无法给予你快乐呢？你为什么不因为你可以写作而高兴呢？你明明也不是独自一人啊。维斯卡，唯一让我犹豫难过的事就是我的担心，担心你在参与那些被我们称作'我们的事'时所花的时间和心思。"

我们很难将信中提到的那些问题，或者说得不好听些就是指责，和辛波斯卡的形象联系在一起。加夫利克痛恨万分的距离感恰恰是她的性格特征，而并不是她对待他的态度。难道真的可以怀疑辛波斯卡在爱情中没有寻找真实，而只是图个"轻松"吗？她和弗沃德克在一起的那几年绝对说不上轻松，那段关系从建立之初就很复杂，而且是同时在多个层面上发展的。他们俩离婚后在信件中提起自己的爱情时依然认为那是深刻的、真实的、不可磨灭的感情。所以这样看来，加夫利克的判断并不准确，收信人也可能会因为他的这种判断而感到被伤害和误解。难道她真的在和丈夫分手后有了如此大的变化？变得犹豫、消极、自闭，不愿与人交往，心中充满失望？我不这样认为。她的失望或许是因为扬·帕维乌·加夫利克呢？

加夫利克，当时是一位年轻有为的记者，他因和《文学生活》杂志合作而出现在辛波斯卡的熟人圈子中。他是一个在二战后搬到克拉科夫定居的利沃夫人，曾经有一段时间在他曾就读的商学院担任教师。他曾经给《大众周刊》供稿，并且曾经是斯特凡·基谢列夫斯基所创立的名为“自由疯子党”讨论俱乐部中的一员，所代表的政治观点和辛波斯卡不久前所表明支持的相去甚远。尽管他们俩是男女朋友关系，但是他们世界观的不同对他们的关系并不是毫无影响的。与三位当时的同伴的思想碰撞，即与塔德乌什·赫扎诺夫斯基、兹比格涅夫·赫贝特和加夫利克为代表的信奉天主教的知识分子，对和弗沃德克分手后的辛波斯卡来说，也许是非常有趣的对比。她的观点一直与左翼的政治观点比较接近，但是绝对不是左翼的代表。

在写给亚当·弗沃德克的信中，辛波斯卡把她拒绝与加夫利克见面的原因归结于克罗希钱科的荒凉偏远（现如今这很难令人相信！），在那里，令她自己都感到十分惊讶的是，没有人陪伴的她，开始“发疯”。“[……]我已经和他解释过了（你知道我说的是谁），让他别来，但是我这么做让他十分伤心，而且我今天戏弄了一位你认识的戴眼镜的知识分子，我跟他说我星期日就要去扎科帕内了。你看看，只有你一个人能够忍受我的忽冷忽热，阴晴不定，只有你是我唯一想见到的人。但是这一次理智告诉我，你如果真的来的话意义也不大，因为[……]我们本来周日就要见面了。”

她在信中还写了典型的假期中的反思——关于天气和周围环境：“直到今天在阳光的照耀下，才能发现原来克罗希钱科这么美。[……]尽管如此，这里我是肯定不会再来第二次了，我可真的是受够了。我认为总的来说，我的孤单旅行概念慢慢地开始行不通了。之前我们在一起的时候，这样做的确挺好的。但是在目前我的生活中，这样做是毫无意义的。我每每想起雅士别墅，心中都会泛起温柔的涟漪，在那儿的时候，你要是想玩会儿跳棋或者别的什么，总能找到人陪你。”她在思考，为什么现在的孤单如此难熬，她之前明明是那么珍视它，而在之后她也认为孤单是保持心理健康的必要因素。看来，离婚对她的打击比她想象的要大得多。她艰难地在新生活中寻找着自己的定位，时常为自己在面对或熟悉或陌生的情况时所做出的反应而感到惊讶。但是她也不想因为这段暂时的困难过渡期而放弃独立生活的机会，因为她希望能够重新找到平衡，结束这段“心神不宁”的日子，继续写诗。她在提到自己的阴晴不定、情绪多变这个弱点时，总是非常严厉，但是其实她完全可以对自己不那么严苛。

弗沃德克后来寄来的那封信让她平静下来，她告诉弗沃德克不用在意她什么时候回克拉科夫：“星期日你就按照你的爱之女神和自然法则的要求去好好享受吧，不用来车站接我。[……]肯定会有人在那儿等我的。你也知道，我不能拒绝他……”信的最后，画了一辆开往克拉科夫的大巴车。

* * *

1955年对辛波斯卡来说是情绪陷入困境的一年。这个心理状态很不利于她的写作：她只发表了四首诗歌（前一年对她来说也很困难，只发表了五首；1956年十二首；1957年九首）。其中《卢德维卡·瓦夫任斯卡走后的一分钟默哀》、《没有任何事会发生两次》和《公之于众》这三首发表于诗集《呼唤雪人》中的诗歌，获得了巨大的成功。《卢德维卡·瓦夫任斯卡走后的一分钟默哀》被收录到了学校教材中，《没有任何事会发生两次》被改编成了流行歌曲。然而发表在年初的《文学生活》杂志上的《来自波恩的歌》却没有在其他任何地方重新刊登。不能说这段时间是辛波斯卡创作的枯竭期，因为这段时间所创作出的诗歌的高质量就说明所谓“枯竭”的说法不成立。只能说这是一段艰难的时期，幸运的是在第二年这些困难都被克服了。《没有任何事会发生两次》和《公之于众》首次于1955年8月在《创作》杂志上发表，这就是之前辛波斯卡在信里询问弗沃德克意见的那两首，之前她担心这两首诗的发表会让他感到难过。这两首诗也预示着她的一个短暂的新创作时期的来临，这个时期我们可以借用她那首诗的题目来命名——公之于众的情感。诗人公开了自己的恋爱心情，而且她在诗中大胆地使用了第一人称：“这就是我们，是赤裸的爱人。”她无论是在之前，还是在以后，都没有如此开诚布公地谈论过自己的感情。在这首诗中，公开是衡量激情的标尺，这种公之于众是非常特殊的：家中的电器、鸟儿、树木、风和昆虫都知道了他们的爱情……

或许它看到的比我们更多，
用它那智慧无比的昆虫之眼？
我未提前预料，你也没能猜到，
我们的心会在黑暗中闪闪发光。

（《公之于众》，选自诗集《呼唤雪人》，1957 年）

当时的情感汹涌澎湃，而非细水长流，而诗人利用更为间接的表达手法，在后面的诗作中公开了自己的不确定性、情绪的多变，以及跌宕起伏的情绪所带来的疲惫感。值得强调的是，在她的创作中出现了在 50 年代时还比较罕见的对情欲经历的直接表达。这也就解释了为什么《没有任何事会发生两次》和《铭记》直到几年之后才被改编成了歌曲的歌词：乌茨雅・普鲁斯 1965 年演唱了《没有任何事会发生两次》，《铭记》（歌曲名改为了《小燕子》）收录于吟游诗人乐队 1972 年的专辑之中。

辛波斯卡似乎被赋予了将创伤经历转化为伟大诗歌的特殊天赋。或许正是因为这种天赋导致了某些对她创作之路的想象中的错误认知。对此，在读完了安娜・比康特和尤安娜・什琴斯娜付出巨大努力所写的她的传记后，辛波斯卡对两位记者说："我发现，我的整个故事不具备悲剧性。仿佛我的人生如同一只无忧无虑的蝴蝶，生活待我始终温柔，只是轻轻摸摸我的头而已。这是我的

辛波斯卡

外部肖像。但是这样的肖像画是怎么画出来的呢？真实的我是这样的吗？我的一生的确还算幸福，但是这一生中我经历了很多次死亡、遇到过很多次怀疑。当然，我并不想谈我自己的私事，我也不喜欢其他人来谈论我的私事。但是在我死后就另当别论了。我对世人所呈现的是另一副面孔，所以他们也是从趣闻逸事的角度去呈现我，他们呈现的我是一个快乐的人，是一个除了游戏和娱乐什么都想不出的人。我在别人眼中有这样的呈现，这是我自己的错。我太长时间以来都在给自己塑造这样一个形象。因为当我心情沉重，愁容满面，我是不会出去见人的，我不想给他们呈现一张阴郁的脸。”[1]

在诗人去世之后开始撰写她的传记，我可以认为我不再受禁

1 安娜·比康特，尤安娜·什琴斯娜，《纪念杂物——维斯瓦娃·辛波斯卡传记》，克拉科夫，2012 年，第 8 页。——原注

止触碰她的个人生活这一话题的制约，但是我并不认为自己可以不尊重辛波斯卡个人生活的隐私和秘密。而这些秘密中的大部分也依然将是秘密，无论是对我而言，还是对未来其他研究她生活的学者来说。维斯瓦娃非常擅长保守秘密，如果她和谁倾诉自己的困难问题，她也希望对方能够保守秘密，看来，她的好友们都很好地做到了这一点。然而很有可能的是，有些事情她从来没有对任何人说过。写到这儿的时候，我这里正好有一部分书信和她的熟人朋友们讲述的逸闻趣事。我不知道，我是否能够在此基础上建立出一个清新鲜明的、三维立体的诗人的内部肖像。如果文学研究家决定将作者本人和她诗歌作品的抒情主题视为一体，那么可能通过研究她的诗歌能够绘制出一个更真实的诗人肖像。在与自己无法绘制出全面的肖像这件事和解之后，我就希望能够强调出诗人最重要的特点之一：也是极少被提到的能力——能够具有创造性、艺术性地面对生活中令人难过的经历。

知名的美国女心理学家朱迪特·维奥斯特创建了由痛苦和克服困难进行发展的概念，用于治疗实践。她的概念在于要与生活中的打击和解，并且要有将其进行积极转化的能力。对于更深层的痛苦经历，维奥斯特称其为失去，包括失去生命中的重要机会、亲人离世、失恋及错过，这些有可能成为人们迈向更高层级思想发展的阶梯。我觉得，辛波斯卡的一生简直就是这些理论最合适的配图。[1]

对于维斯瓦娃来说，与丈夫分手就属于上述情况之一，这让

1 朱迪特·维奥斯特，《那些我们必须失去的——爱情、幻想、依靠和无法实现的期待，那些我们必须要放弃才能成长的》，亚历山大·格莫拉译，波兹南，2000 年。——原注

她有机会重新塑造了自己的内心世界。他们的关系从表面看上去并没有发生任何变化，这让他们或远或近的熟人朋友都感到很诧异。维斯瓦娃后来的多年好友玛丽亚·琴若瓦还记得小时候听到的别人对辛波斯卡奇怪的离婚的议论。她还记得，她那时候去找在《文学生活》编辑部工作的妈妈时，常见到维斯瓦娃和亚当·弗沃德克一起走出编辑部。他们离婚了，却永远在一起。或许友谊是治疗他们双方后来所陷入的情感困境的一剂良药吧。

维斯瓦娃·辛波斯卡和扬·帕维乌·加夫利克的关系一直持续到60年代中期，这段关系对于双方来说始终是困难重重。我在前文曾提到过，加夫利克当时有妻子。他曾几次在信中问维斯瓦娃是否因此认为他是一头蠢猪。但是他又似乎没对她的回答太过重视，问题不过是为了减轻他的罪恶感，他还不止一次说过，哪怕是一个“是”也无法否定一个人的一生。我想，这样的倾诉只会让辛波斯卡感到伤心难过，即使她曾是一个开放关系的拥护者。而且他对她的态度充满了急风骤雨般又自相矛盾的变化。他在信中写的都是夫妻矛盾、关于钱的争吵、抱怨他周围糟糕的人们及关于人类即将垮掉的思考，将这些内容总结起来就是一句话：“什么都不如猴子。”我不知道，维斯瓦娃是否认同他的观点，认为猴子不仅比人更高贵，还比人更有趣。这肯定是他们私密密码中的一部分，但是这是否有些超出了他们快乐交往的范畴？我真的对此存疑，因为辛波斯卡是喜爱人类的。

1956年8月，正在度假的加夫利克在信中这样写道：“小维斯卡！我们来度假了。无聊，下雨。说好的皮划艇变成了笨重的木船，三个人把它抬起来都费劲。我感到又害怕又疲惫。我思念克拉科夫……我想回到小笼子中……小维斯卡！我不确定，那位在我不在的时候去看望你的狒狒是否是一个绅士。你要小心狒狒！要乖乖的！要洗手，记得要说‘不好意思’和‘谢谢’。还有，最重要的，必须要做到的，爱我！猴子先生。”

猴子先生是加夫利克和辛波斯卡交往期间的创造，是他逃避现实的方法。辛波斯卡或多或少地参与到了他的逃避中，但是我不知道，她自己是否也有逃避现实的需求。1957 年 9 月加夫利克在从布拉格寄给她的信中写道：“我想念我们的街道，想念克拉科夫，想念那个小房间，在那里总是发生着伟大的蜕变之谜，在那里我可以获得尾巴、皮毛却不被任何人发现，我可以从循规蹈矩中被释放出来，我可以卸下普通的伪装，我终于可以做回我自己，带着所有的自由存在的美好待在一个人身边，一个像你那样懂得猴子所有需求和快乐的人身边。”加夫利克根本没发现，从循规蹈矩中跳脱出来，却是在另外一种循规蹈矩的帮助下才实现的。或许比这更甚，这对恋人是在将生活戏剧化，从而能在其中扮演和他们所渴望的更相像的角色，而不是现实要他们去扮演的角色。

这不是辛波斯卡与周围人的关系中第一次出现戏剧化：在克鲁普尼察大街公寓的聚会派对上也曾有过，在雅士别墅的时候很多辛波斯卡和她的朋友组织（导演）的聚会也都是极具“戏剧”特征的。然而这一次，导演是加夫利克，是他让对话变得更为戏剧化，还时常会抱怨辛波斯卡的参与程度太低。加夫利克哀怨地写道：“老天哪，这不是什么借口，你那么丰富又那么美丽，可是这是存在于事物本质之中的，是某种不满足，但是对此真的没有一点办法。”

1956年1月12日猴子先生给在雅士别墅度假的维斯瓦娃写信，但是他感到很无聊，想出去走一走——或许去扎科帕内？他警告她说，他会突然出现，最好不要碰到她和某只熊在一起。他的语气中满是对雅士别墅创作之家中“玩物丧志”的气氛的嘲讽。或许这段关系中的“小笼子”对他来说并不像他自己之前说的那么舒适，不然他就不会这么忌妒了。

我们可以通过维斯瓦娃写给亚当·弗沃德克的信看到当时情况的另一面，她在信中略带讽刺地描述了不打一声招呼就到雅士别墅来看她的“小帕维乌”——“来了之后，他就觉得一切都很可疑”。我们不难发现，辛波斯卡知道，她的恋人试图限制她的自由，但是却不会放弃自己的自由，而且是允许自己拥有不受任何约束的自由。她是否为此而感到担忧呢？我不觉得，但是这肯定也给她带来了烦恼，因为加夫利克几乎在每封信中都倾倒出对她的不满和哀怨。辛波斯卡给弗沃德克写信说：“我们晚上玩牌的时候，我一直赢，所以后来我就请大家喝咖啡。但是众所周知，牌场得意就意味着要在其他领域失意，所以以防万一我就给你认识的那人写了封威胁信，那人肯定这周就会来扎科帕内了。”“那人”听起来并不是一个温馨的称呼，甚至可以认为因为收信人的身份她又加了几分讽刺。

当恋情成了“戏剧”，那么这场戏的两位参与者都需要感受到特殊性才能获得幸福。我在猜想对加夫利克称呼的变化，因为对于普通朋友来说他是“小扬”，辛波斯卡则称他为“小帕维乌”。辛波斯卡自己多年来也使用的是自己的第二个名字（中间名），因为她的第一个名字（玛丽亚）实在是太普遍了。不过维斯瓦娃是一个很特殊很少见的名字，而帕维乌则不是。猴子先生这个绰号又太不常见了，特别是在波兰语中“你这个猴子”是一句非常不礼貌的话。

与“小帕维乌”对维斯瓦娃的看法恰好相反，如果她真的在爱情中只图轻松，那么她是很难接受他的诸多行为的。比如，他1956年8月在马祖尔湖区度假的时候给她写信：“我明白了一个道理，你的那间小房间，你不怎么喜欢它，但是我却对它很依赖，它形容我非常准确——[……]那里就好像是一个参考点。我经常会想起它，而且我每次想到它，都感觉好些了。[……]当然也不是一直如此，只有在你很好又很温柔的时候，但是你自己也知道，这种时候并不常见。”如果我们把这段话当真的话，那么听起来就仿佛是在设定条件：我接受你，但是只有在你是我想要看见的样子的时候才行。写这段话的人似乎也并不怎么在乎，他选中的心上人在现实中是什么样的，他只知道她应该是什么样的：应该是听命于他的。

他还给了她一些建议：

> 你应该多多写作，你现在的时间更多一些，脑子也更清醒一些，还有所有的资料。你不要随便到处乱跑，别喝酒，别跟杂毛狗交朋友，浪费时间，特别是别理那个克罗米内克，他是个可悲的垃圾。他老婆万达不是，就他是。你记住！还有，和邦比姆交朋友也不是什么好事。如果说到床笫之事，那请自便，因为这比人的意志更强大，心动不会听从理智，激情的力量、欲望的力量、征服的渴望以及欢愉的享受——这些我都理

解，但是搞文学友谊联欢这一套阴谋，我不懂。[……] 你应该多点理智，懂得去分辨。甚至哪怕你陷在这个活力无限的欢愉中无法自拔，你也要记住：

万物众生

皆不如猴子先生。

我现在活得像个野人，你知道原始人是怎么对待那些不忠的女人的吗？他们会闷死她们。尽管我遵守偶然的文明带给我的约束，但是这并不能削弱我的行为，所以你小心点。亲爱的，你不知道我哪一天或者哪一刻就会出现，来惩罚你或者奖励你。所以你要乖，非常非常乖，你记住，不能喝咖啡，不能散步，任何会成为不幸的开端的事情都不行。小维斯卡，因为你是我的生命，假如这是一个空洞的信仰，那一定会非常糟糕的。

哪怕这些只是情侣间戏谑的窃窃私语，猴子先生对维斯瓦娃的“保护主义”也超出了可以接受的界限，虽然他在信中所宣称的行为肯定是半开玩笑的，但是也越界了。在六十年前，这封信的作者一定会被称为男性沙文主义者。在如今，我会把这样的言辞定义为心理暴力。我能想象，和这样一个男性谈恋爱一定令人倍感疲惫，因为在这段关系中，他比和他恋爱的女性更知道这位女性该如何生活，他会按照自己的理念去安排这位女性的生活。也许书信往来并不全面，无法呈现这段关系的多层性和复杂性；信纸上所保留下的内容也不过是断简残篇，是他们关系中一个随机的片段。也许加夫利克除了男性魅力外还有其他的过人之处，毕竟辛波斯卡当时身边簇拥着众多妙趣横生的男士，而她却唯独与他相恋。

第七章

在编辑部与在旅途中

1956 年，许多曾经大家缄默不语的事情都开始被热烈广泛地讨论，许多之前曾被认为是腐朽的资本主义思想的书籍也都被翻译出版。从波兹南六月事件到匈牙利十月事件，正在发生一场前所未有的政治变革。

辛波斯卡的 1956 年新年是在扎科帕内的雅士别墅度过的，1957 年也是一样，她 1 月都待在创作之家，参加了疯狂的跨年派对。圣诞节的时候她不想让妈妈难过，肯定是按照家庭传统，在拉齐维沃夫斯卡大街公寓中和家人度过的。我猜，亚当·弗沃德克肯定和她一起过了圣诞节，或许加夫利克也来过，多年之后她的姐姐曾经说过，在别墅里（辛波斯基一家人之前一直都这样称呼他们的房子），维斯瓦娃的现任和前任们都在。他们在和女诗人分手后也依然像家人一样，但是他们之间是否互相接受那就要另当别论了。

加夫利克明显对于跨年派对毫无兴趣，所以对于维斯瓦娃来说，去雅士别墅是个最好的选择。但是这并没有阻碍加夫利克在1月7日就写来了一封满是心酸苦涩和抱怨的信："我们现在的情况很糟糕：在你身上找不到一丝喜悦、一丝对未来的信任和希望，也没有温柔，有的只是习惯。你的信一直都是很温暖但却是稀松平常的，尽管信中都是快乐，却让人很忧虑。[……] 我不想失去你，但是也不想打扰你，你现在身上的气息仿佛预示着分离。"他还在信中表示他们共同度过的时间非常少，抱怨之中夹杂着忌妒。信的落款是：猴子先生。

辛波斯卡向弗沃德克细细讲述了自己1月在雅士别墅度过的日子，她在信中说，跨年派对不太成功，来参加的人也不太有趣。"唯一能让我活下去的就是幸好有马卡尔奇克在。你知道的，无论是对他的外貌还是他讲述的趣事，我都是狂热迷恋的。"雅士别墅创作之家中错综复杂的友谊和情欲关系在多年之后也未能被厘清，但是如果说到雅努什·马卡尔奇克，他和维斯瓦娃之间只是朋友关系，当时马卡尔奇克是和太太一起在那里度假的。马卡尔奇克在维斯瓦娃的信中从一众无趣的作家背景中脱颖而出，然而令我有些汗颜的是，这个名字对我来说并不熟悉。我去查找了他写的书，其中一本题为《越过大海与丛林》的小说，讲述的是一个年轻人在大学毕业后放弃了律师的工作，而选择在轮船上当一名海员，也正因为这个经历他能游历世界。我想起这是我小时候读过的非常喜爱的一本书。马卡尔奇克比辛波斯卡年长，是她的长辈。

他1957年发表的回忆录中有一些关于他在20年代时疯狂的青春岁月的内容。因为有些章节是从描述聚会当天的景色和天气开始的，所以我们从中也可以了解到雅士别墅中的生活是什么样的。

辛波斯卡在信中描述雅士别墅的生活和风景时比较零散，因为收信人对于那里的生活了如指掌。然而马卡尔奇克并不吝惜对读者讲述细节："秋天。我来到了扎科帕内。如屏风般的大雾后面，是起伏的群山。从窗户向外望去，我看到一片灰蒙蒙的背景上懒洋洋地蔓延起一片青紫色松林，树枝上水滴点点。后面一棵山毛榉探出身来，叶子几乎都掉光了，只在个别地方还闪过一抹昨日的青绿色。右边，是一丛暗红色的花楸。细雨蒙蒙，凉风拂过，树影摇曳。我虽然看不见，但我知道，今夜一定有雪落在那高高的山中。房间里寂静无声。桌子上一张干净的白纸，将有一本书从上面开始[……]。"[1]辛波斯卡9月在那里度假时，也时常会拥有这样的窗外景色。在1月的时候，窗外也许是另一番风景："我眼前仍是红顶的一片洁白以及今年第一场雪在太阳映照下的闪闪光芒。我的房间中[……]一片宁静，静到每次打开门都可以听到外面有人用手指敲在打字机上的声音。我们所有人都在这里工作着。的确我今天早上在库希尼采的时候听到有人说'别墅里的那些作家什么都不干，每天就是喝伏特加'。[……]人们不相信，写作也是一种工作。"[2]

而辛波斯卡在给弗沃德克的信中这样写道："今天下小雪了

1 雅努什·马卡尔奇克，《我的所见所闻——旅行回忆录》，华沙，1957年，第26页。——原注

2 同上，第50页。——原注

（不是下雪，就是小雪），令人感到非常舒服。其实最好的就是在冬天时休息，每天也不用早起，哪怕10点起床也没关系。”虽然表面上看不出来，但是其实她在雅士别墅的时候很多时间都在工作。尽管她强调说，所有人都走了，“是时候采取钢铁般坚强的行动了”[1]，但是在扎科帕内能干的只有读报和一些“非必要阅读”。她从扎科帕内度假回来后带回了一些她后来在信里经常提到的诗。

雅努什·马卡尔奇克曾是一名海员、旅行家，以及古代文化研究学者。他曾游历了北美洲和南美洲、亚洲、中东和很多非洲国家。他写的回忆录到今天看依然是生动有趣的，主要是因为他所写的是他在路途中遇到的人的故事以及人所讲述的故事。我觉得，他是一个充满魅力的讲故事的人。所以，辛波斯卡很喜欢和他待在一起也没什么奇怪的。

在这段时间，亚当·弗沃德克搬到了新钢厂区——“第一个没有郊区和小窄巷的城市”的公寓中。在《文学生活》杂志的主编弗瓦迪斯瓦夫·马海耶克的帮助下，弗沃德克获得了一份工作。马海耶克还劝说弗沃德克买一个两居室。“在……一个个个个……房房房房间……你可以……写写写作，在……第第第二个……可可可……，说到这儿就卡住了。”弗沃德克在信里复述这位说话口吃的主编的话。维斯瓦娃不仅仅在精神上支持前夫，她写道：“我很高兴，你没去做喜剧，而是攒下点钱用来搬家。搬家这件事变得越来越现实，我也觉得越来越难过。你现在就开始去办理电话安装吧，因为要等的时间很长，我希望你能一直让我找得到你。”

---

1 齐格蒙特·克拉辛斯基《未来颂歌》中的一句话：“是时候发出响亮的声音，开展钢铁般的行动！”——原注

搬家对于他们两个来说肯定都是一件难事，因为他们住在克鲁普尼察大街的时候每天都会相见。搬家的优势也是显而易见的，因为哪怕是对于对生活要求不高的弗沃德克来说，作家之家的居住条件在未来长时间来看的话也是让人无法忍受的；而缺点就是要离开他生活了那么多年的熟悉的环境了。

辛波斯卡在吉翁特山中，向他描述雅士别墅的新住客们："[……] 眼前出现了安杰伊·雷比茨基、耶日·霍尔登斯基和扬·柯特的身影，各式各样，任君挑选，我到现在也没有做出任何选择，生活在贞洁和称赞之中。"这些当然只是玩笑，但是我们可以肯定雅士别墅中也有些风流韵事。弗沃德克在一封信中说得很明白："这次我祝你和洛尔克们还有小扬们能继续保持亲密关系。"女诗人自己写来的信中也提到了这一点："小帕维乌来了两天，来的时候带着满腔不满，走的时候已经不生气了。这就是生活。"看得出来，辛波斯卡以一个相当轻松的态度看待"小帕维乌"永远的不满。

来年 1 月时她写给弗沃德克的信就已经寄到了新钢厂区的新地址了——新钢厂，A-33，8 号楼 93 号。家已经搬好了。她亲密地称呼他"你好，最完美的小绒布"，她在信中和他描述了雅士别墅中发生的故事和反常的温暖天气。在一位彬彬有礼的男士陪伴下，她很开心："[……] 只有我们俩坐在一起（在饭桌旁），就是那个叫安杰伊·多温格夫斯基的人，他是个很有魅力又很有真知灼见的人。目前他还没有对猴子们造成威胁。"她在后来的信中也提过，如果多温格夫斯基住在克拉科夫，也许他们的关系会更进一步。他一定是她在度假别墅的餐厅中用餐时和在扎科帕内附近的山谷中散步时的好伙伴。

安杰伊·多温格夫斯基也是众多在50年代时初露头角，而如今被彻底遗忘的作家之一。他曾写过小说和幽默故事。《扎格雷扎克一家》是一个短篇戏剧集，由父亲、母亲、女儿和儿子一家人的对话组成。每篇剧目都是这个普通家庭之中发生的一些日常琐碎小事发展成的荒诞至极的冲突。家庭成员之间的争吵尖锐、简短、直击要害，呈现出令人回味无穷又轻松幽默的喜剧效果。这本书由“戏剧爱好者图书馆”出版社出版，可能也成了剧本。辛波斯卡很喜欢这些幽默故事，因为她很喜欢那些机智聪颖又幽默的男性。

从她的信中可以看出，辛波斯卡在来雅士别墅的时候疲惫郁闷：“[……]我每天不分白天黑夜都在睡觉，短暂的醒着的时候就是喂饱自己。看来原子弹的威力并没有达到这一高度。”这里说的“原子弹”是指什么呢？也许是维克多·沃罗希尔斯基以一种对未来不抱任何幻想的态度报道了匈牙利的局势，这让辛波斯卡忧心忡忡，也有可能是因为她复杂的恋爱关系给她带来了烦恼，她在其中一封写给弗沃德克的信中承认：“和猴子先生的情况很艰难。”她并没有写明到底出了什么事，但是收信人应该是知道具体发生了什么。

辛波斯卡不仅通过和风趣幽默的多温格夫斯基的谈话缓解“艰难情况”带来的担忧，同时来到雅士别墅度假的其他同事也让她暂时忘掉了烦恼：“科尔查克夫妇来了。[……]格伦、马恰格和小斯·钱比茨基都来了。我们一起去跳舞了，伴奏的音乐是摇滚乐，没想到我们七个人竟然花了980兹罗提。起码接下来几天我们就得在家待着了。”光是想想辛波斯卡伴随着摇滚乐跳舞的画面就让我觉得一定很美好。信的结尾也是温情脉脉：“在 1939 年 9 月的时候亲吻你的耳朵。皮皮。”弗沃德克 1939 年 9 月的耳朵曾经出现在辛波斯卡的一首诗中，而这正是十七岁的弗沃德克勇气和奉献的象征，他作为一名九月战役的志愿者服役时耳朵被击穿了。落款处的签名“皮皮”让这个庄严肃穆的气氛变得轻松了些。诗人还请求前夫：“你时常去四楼我的公寓看看，不知道卡罗琳娜有没有给炉子里添了足够多的柴火。”

弗沃德克在回信中向她保证，一直都照顾着她的“家园”，他已经付了账单，他会去她那儿用她家里的电话给她打电话（由此可见，他家里还没安装电话）。“你不在这儿可太糟糕了。你自己也知道，不应该把咱们的事和那些‘让女人头疼’的事混为一谈，因为这完全是另外一回事，甚至不许想这件事。现在，有一个初出茅庐的女散文家在我这儿‘安顿下来’，但是我已经有点烦了。特别是……具体的等你回来你就都知道了，因为当面和你说比写信更方便，另外我们还得看看，以后会怎么样。”弗沃德克每次都会强调他和维斯瓦娃关系的特殊性。我相信他的坦率，因为他们两人都会表明这样的态度。从这些书信往来中我们可以肯定一件我们之前一直猜测的事情：是弗沃德克的背叛导致了他们分手。弗沃德克非常明确地表示，维斯瓦娃不应该为这些事“头疼”。

在这封信中，弗沃德克还不经意地提到：“提莫特乌斯·卡尔普维奇给我寄了一封对于《旗手》译文的高度赞扬的评阅意见，他还说希望我们能在未来尽可能多地合作。”赖内·马利亚·里尔克的散文诗《旗手克里斯托弗·里尔克的爱与死之歌》至今也依然是极具现实意义的书籍，这本书的翻译也取得了巨大的成功。弗沃德克作为诗人也许并没有被大家铭记，但是他的译作广受好评。他和辛波斯卡表示，他在积极参与一些社会活动，筹备新的文化周刊这件事对他来说非常重要，他全情投入，但是他也不知道会不会成功。但是我们已经知道了结果，不幸的是最后没有成功……

很多在政治层面反对辛波斯卡的人在她去世后用不属实的、侮辱弗沃德克的方式来攻击他。我没有资格去评判弗沃德克，但是有机会更全面地了解他所做的事情是一件好事。他在自己的青春岁月曾怀着满腔热情参与各种社会活动。

* * *

1956 年后，出现了出国前往西方国家的可能性，在整个战后二十年间，只有极少数人有这样的机会。有四位克拉科夫的作家获得了作家协会的资助前往法国。1957 年晚秋，辛波斯卡、斯瓦沃米尔·姆罗热克和诗人塔德乌什·诺瓦克坐上了开往巴黎的火车。1958 年 1 月，扬·约瑟夫·什切潘斯基也加入了他们。他们之中，只有什切潘斯基在之前曾去过西方国家，而对于他们其他三人来说，都是第一次接触“腐朽的资本主义世界”及西方文化。

维斯瓦娃，作为一个女性，在出国之前向一直居住在巴黎的达努塔·赫伯特－乌拉姆咨询了一些着装问题。我认为，生活在当今全球化和边境开放的世界中的年轻人，很难想象生活在被铁幕隔在两边的人的生活有多么巨大的区别。甚至到了80年代，仍然一眼就可分辨出巴黎、伦敦街头或者易北河西部的小镇中的东欧人。辛波斯卡希望能在外貌上融入巴黎的环境。

达努塔·赫伯特–乌拉姆8月在法国西班牙边境度假的时候给辛波斯卡回了一封信，分享了当时的时尚流行："丝袜是必须的；那种不是特别宽大的裙子，蓬蓬的，花的、点的、条纹的都可以，但是不能是格子的；那种丝绸料子比较显身材的；还要穿高跟鞋，也可以穿那种像家里穿的拖鞋似的平底鞋。现在流行的颜色就是棕色、米色，或者那种奶咖色。秋天的时候会流行那种剪裁简单的长毛线裙。"在这封信中，她还写道："你快写信告诉我，你什么时候到以及兹比舍克[1]会不会和你一起来。"很明显，她以为这次辛波斯卡来，自己的堂哥也会来，这也说明了当时他们（辛波斯卡和赫贝特）的亲密关系。

我不认为，当时女诗人能够在出国前从克拉科夫的裁缝那里定做一条"绸缎裙"，因为在当时丝绸是奢侈品，但是她在知道当时什么流行的时候心里也会踏实一些。和她一起去巴黎的姆罗热克在《伯沙撒》中写道："[……]我们当天在克拉科夫坐上火车，直到第二天夜里才在巴黎北站下车。我们站在月台上，我头上戴着一顶红色的'毛线傻帽'，身上穿着一件战前的大衣，这是我用一件新的暗绿色的皮毛大衣和赫德根换的。塔德乌什戴着一顶蓝色贝雷帽，拉得很低，挡住了额头，而维斯瓦娃·辛波斯卡头上裹着丝巾，围住了脖子。我们对面一个人都没有。"[2]

1 兹比舍克是兹比格涅夫的昵称，这里指的是兹比格涅夫·赫贝特。——译注
2 斯瓦沃米尔·姆罗热克，《伯沙撒》，华沙，2006年，第198页。——原注

维斯瓦娃在给亚当的信中描述了她刚刚到巴黎时的事情："我们从火车站坐地铁到圣日耳曼，然后提着箱子走在路上，平静地看着四周。突然就有三个小流氓样的学生朝着我们走了过来，嘴里哼着歌，问我们是不是需要帮助。他们非常热情地给我们指路，然后又问姆罗热克是不是印度人，还说他的帽子很漂亮，然后就走了。他们都是笑容满面的。"看来毛线傻帽在巴黎还是很受欢迎的。[1]

达努塔·赫伯特－乌拉姆和维斯瓦娃·辛波斯卡在巴黎街头

1 雅努什·马耶夫斯基在和玛格达莱娜·里加蒙蒂的谈话中曾经提及"毛线傻帽"长什么样："在扎科帕内就管这种毛线织的、可以盖住耳朵的、有时候还会有个毛球的帽子叫'傻子帽'，这个词是从'傻子'一词来的。"引自《我们都是"性"中人》，2015年1月11日《直面》杂志。——原注

维斯瓦娃在写给妈妈和姐姐的信中写了更多细节：她在到巴黎第一天就抑制不住对这里的赞叹，还表示她以后一定会想念巴黎的。他们三个坐火车经过维也纳，有机会在城里散了会儿步（姆罗热克曾在《伯沙撒》中写过，看来是他自己忘了），那里的灯光、广告和车水马龙让他们第一次感到了头晕目眩……他们在巴黎期间得到了 10 万法郎的奖金资助，维斯瓦娃一周要花 400 法郎交房租，她租住的旅店在巴黎圣母院附近，在当时还是很贫穷但是氛围很好的老城区，600 法郎用于买吃的。她说的话，法国人都能听懂。

扬·约瑟夫·什切潘斯基是自己独自前往巴黎的，所以他有时间在日记中详细地记录火车的样子："我坐在苏联卧铺车厢里。这可真的值得写一写。这个小包厢就像【19 世纪】80 年代萨马拉药剂师的小屋，没有一平方厘米的地方没有装饰。墙上铺着油毡，上面是一个个的方格图案，每个方格的边都是由复杂的花体线条[1]勾勒出来的，格子中间是花的图案，也是花体线条勾勒的。窗口挂着蓝色的绒布窗帘，小桌子上是一个镂空的镀金小台灯，镀金的烟灰缸上也是繁复的花纹。绒布沙发上印着花朵的图案，刺绣的沙发罩上也是复杂的线条和花朵图案。地上铺着仿布哈拉风格的地毯，两边的仿水晶壁灯上也雕刻着复杂的花体线条。"[2]

什切潘斯基在 1958 年 1 月 7 日到达巴黎，和辛波斯卡住在同一间小旅店中。"那家店名为阿尔萨斯酒店，仿佛是在陡峭的楼

1 指的是欧洲装饰家具上常见的一种 S 形繁复线条和花形组成的花纹。——译注

2 扬·约瑟夫·什切潘斯基，《日记》（第二卷，1957—1963 年），克拉科夫，2011 年，第 64 页。——原注

梯两侧贴上来一些像小鸽子笼般狭窄的小房间。从窗户望出去是破破烂烂的屋顶、七零八碎的窗户、烟囱，还有烟雾弥漫的奇怪露台上扯着的晾衣绳，上面挂着内衣。房间地上铺着地板革，有一张桌子、两把椅子、一个柜子、卫生间和一张很宽的沙发床，上面没放枕头，而是放了一个圆柱形的靠垫。”[1]

辛波斯卡的小房间还要更简陋些，她向弗沃德克描述：“我醒来的时候，房间里特别昏暗，因为我的小房间没有窗户。‘守护者’会给我拿来热水，所以我就必须起来了。然后姆罗热克会给我拿来鲜牛奶（我亲爱的，你知道有多新鲜吗），我拿着牛奶到楼上男生们住的地方去热一下，因为他们那里有煤气炉。我们吃完早饭后一般都会去博物馆，然后去电影院。看完电影我们就要去吃午饭了，没有汤，这里的人在下午的时候是不喝汤的，他们取而代之的是葡萄酒。我喝酒以后有时快乐无比，有时伤心忧郁，我也不知道这是由什么决定的。”从今天的角度来看，当时她写的一段关于视力问题的话十分有趣：五彩斑斓的城市，处处霓虹，灯火闪烁，灯光照耀下的橱窗和色彩艳丽的海报都让她感到眼睛疼，辛波斯卡坐地铁的时候都会闭上眼睛歇一会，她发现巴黎人也会这样。

她欣赏过了提香、勃鲁盖尔和埃尔·格列柯的画，但是给她留下最深刻印象的是鲁奥的画。“他画的《逃往埃及》可以使人疯狂。”但是因为“钱很紧张”，所以后面的旅行就不能再进行了。“必须要付钱才能看点好东西。我们到现在还没看过一幅梵高的真

---

1 扬·约瑟夫·什切潘斯基，《日记》（第二卷，1957—1963 年），克拉科夫，2011 年，第 68 页。——原注

迹。它们都已经藏到了地下。”落款处的签名是“帕布娃”。信是寄到达申斯基大街的，看来弗沃德克那时候已经不住在新钢铁厂区了。

我们在这里要说一些关于亚当·弗沃德克的公寓的题外话。我觉得，这个克拉科夫人住在新钢铁厂区的小区感到很不适应，离市区远让他备受困扰，无论是字面意思还是更深层含义上都让他感觉周围没有自己的好朋友，当时的城市交通并不便利，所以他进城一次要花很长时间坐车。他这个人比起搬家的麻烦，可能更不愿意忍受不便。但是一个更换住宅的机会自己出现了：作家、演员耶日·克拉希斯基告诉弗沃德克自己的女儿出生了，而现在他面临的麻烦是要和自己的妻子、岳母挤在一个狭窄的小公寓中，那里倒是有浴室，但是没有厨房，所以浴室不仅承担了厨房的功能，还是他的工作室。弗沃德克非常担心克拉希斯基。“有一天，”克拉希斯基回忆说，“他建议用他在新钢铁厂区‘钢城小区’的公寓和我那个小鸽子笼换，完全出乎我的意料。他的那间公寓在一层，是一间有厨房、浴室和玄关的两居室。”[1] 可能弗沃德克也不是完全没为自己考虑，或许他是想通过这种方式搬回市中心。但是谁会有这样的姿态呢？舍得用一套舒适的两居室去换一套在达申斯基大街 7 号的看门人住的小房子？弗沃德克就在这里度过了他的余生。

辛波斯卡和弗沃德克一样并不追求奢华生活。在克鲁普尼察大街住了多年后，她也没有觉得这间没有窗户的小旅馆有什么不

1 耶日·克拉希斯基，《记忆与姿态》，收录在《给亚当的时间——忆亚当·弗沃德克》，克拉科夫，2000 年，第 109 页。— 原注

妥，面对诸多不便的时候也没有一句怨言。我们要知道一件事，当时波兰作家们“勇闯”巴黎是在非常艰苦的条件下进行的。这也丝毫没有影响他们发现巴黎之美的喜悦，建筑、博物馆、塞纳河畔、餐馆、电影院、剧院、夜总会、艺术家俱乐部和美食都让他们流连忘返。辛波斯卡给弗沃德克写信：“香榭丽舍大街上真的是乱花渐入迷人眼，眼睛都不够用了。我们在我们那朴素的街区感觉更舒适，尽管那里到处塞满了汽车，那里的商店如果在咱们那里肯定就是精品食品店或者香水店。不过这也不够确切，因为在咱们那些食品店和香水店里，什么都没有。”“我们在自助餐厅吃饭，因为那里最便宜。你不知道，那里的装潢多精致，而且食物也特别美味。[……] 小塔齐奥[1]更愿意吃猪排，他说其他的东西都对他身体有害。”她信中的“我们”指的是她和姆罗热克。幸好他们的心情一直都很不错，尽管他们身边一直有一个酸溜溜抱怨不停的塔齐奥·诺瓦克，他也不会说法语。“我们真是幸运儿。要知道，巴黎可能都不会在我们的生活中出现。”

在辛波斯卡看来，过上美好生活的诀窍已经总结出来了：享受生活中出现的一切，不要在意不便，不要在意钱。她在信的最后慷慨激昂地宣告：“小熊，我经常会想你，但是你别以为我在巴黎能找到一个像你一样的人！怎么可能找得到！这里所有男人都很像芒达利安，而所有女人都像罗曼娜·福格勒。所有人都说法语，无论老人小孩。我爱帕布，我也不知道为什么。”

在希腊过冬的“小帕维乌”给她住的小旅馆写了一封信。和

1 塔齐奥是塔德乌什的昵称，这里指的是塔德乌什·诺瓦克。——译注

之前很多信一样，这封信中既有他爱的告白，又有他半遮半掩的抱怨。“猴子一边游泳，一边想着小维斯卡，他是那么爱她，她此刻在做什么呢，如果猴子能在一张由女主人铺着蓝色床单的沙发床上肯定也很好。猴子还在想，自己这么游着不错，但是要是能和小维斯卡在一起肯定也不错，甚至不知道是自由自在地漂流更好还是穿着蓝丝绒燕尾服完成他女主人的各种指令更好，的确不知道哪个更好，但是可以肯定的是，如果反过来，最好是有一件燕尾服，还能自由自在地游泳，这可真不错，猴子继续想着，生活中真是十全十美啊。[……] 猴子想请维斯卡乖乖的，不要和狒狒一起玩，因为他的耳朵很脏。”我们从这里就可以看出，之前和这里加夫利克信中提到的狒狒指的是姆罗热克，很显然他是加夫利克产生无穷无尽的忌妒的原因。

“我收到了小帕维乌从希腊给我寄来的信，”辛波斯卡在给弗沃德克的信中说，“我觉得，一切都很好。我都不担心他那里有波兰小姐冠军，他却担心我这里有人陪伴。而且都是无稽之谈。你可以想象是什么意思吧。你知道的，不是所有的事都因此而起，有时候情况很简单，有时候很麻烦，不过还是能够适应的。”辛波斯卡和姆罗热克是多年好友，但是不完全排除友谊转换为激情的可能。如果姆罗热克和辛波斯卡示爱——这很有可能就是她说的“麻烦”——那也是在他和玛丽亚·奥布莱姆巴已经交往的情况下。辛波斯卡肯定是知道他这位未婚妻的存在的。或许姆罗热克还没有下决心走入婚姻？不管怎么样，在来年 11 月，姆罗热克和玛丽亚结婚了，他和辛波斯卡的友谊持续了很多很多年，他们之间真挚有趣的通信就是最好的证据。看来，他们俩都成功地从

“麻烦”中脱身了。

从他们几个人的通信中，我们可以拼凑起一些辛波斯卡在巴黎生活的片段，也可以从中看出与她在克拉科夫普通日常的对比。但是我们这里要强调一下，日常其实也并不日常，尽管她自己肯定不这么认为。哪怕单单是在男女关系上，就不一样。辛波斯卡成功地让她身边后来出现的男性之间建立了友谊。她的个人魅力（或者是其他）让他们能够和平共处，哪怕是在她不在的时候。

1957 年是辛波斯卡有生以来第一次没有在家里参加圣诞节家庭聚会。巴黎琳琅满目的新鲜事物也没能彻底消除她在圣诞节想家的忧郁。没收到弗沃德克的回信更加深了她的难过（波兰邮局当时效率非常低，寄到国外的包裹或信件常常要等几周时间才能收到）。“帕布，妈妈已经给我回信了，小帕维乌也回信了，只有你觉得，有心电感应就够了。但是你知道，我想到你的时候总是难以平静。从来都没法预料，你的脑子里想的是什么。”

在与妈妈和姐姐的来信中出现了一个叫“赛普尔克”[1]的角色，是一只刺猬，她们都称之为小刺猬。辛波斯卡的妈妈和姐姐在花园中找到了这只刺猬，然后把它带回家并且整个冬天都养着它，这只小刺猬给她们家中带来了欢笑与苦恼。娜沃亚寄来的信甚至像一篇“赛普尔克”研究论文：“我丰富了在对刺猬的病理学和解剖学方面的研究。我在刺猬解剖领域获得了新发现，这对这一哺乳动物物种的病理学研究有着深远的影响。上述哺乳动物的胃中空空如也时，它的耳朵会张开，在听到人叫它名字时（哪怕是很

1 赛普尔克是斯坦尼斯瓦夫·莱姆创造出的人物，第一次在科幻小说《第十四次星际旅行》中出现。——原注

小声地叫）它会从它睡觉的房间里迈着它的小短腿全力飞奔到厨房来。当它吃饱了的时候，它的耳朵会合上。不管你是叫它名字，冲它大喊大叫，贴在它耳边说话还是它就在两米开外，它连头都不会回，也不会看到底发生了什么事。”小刺猬肯定是个贪吃鬼，有一次还啃坏了书的封面。两位女士喂它吃猪皮，甚至打算买蟑螂来喂它（她们在信里是这么写的，但是不知道是不是真的这样做了）。

维斯瓦娃在给她们的信中写了自己漫步巴黎的感想："这里最小的商店中也有十几种奶酪，有的看起来像是从遥远的国外来的，比如有一种外面裹满了黑色的小颗粒。我没有买来尝尝，因为太贵了。小圆餐包表皮脆脆的，这里最便宜的水果就是橙子。”尽管她和达努塔·赫伯特－乌拉姆咨询了流行时尚，但还是感觉不自在："我这里所有的衣服都难看极了，风衣丑，帽子吓人（今天风吹走了我的帽子，幸好它淹没在塞纳河里了）。橱窗里的衣服漂亮得令人自卑，只有盲女才会从旁边开开心心地走过吧。最可怕的就是，这里根本就没有丑的东西。”

她曾经想过把这些身上穿着漂亮衣服的模特临摹下来，但是后来还是放弃了，因为反正在波兰也没有这些布料，肯定无法做出一模一样的衣服。“我回到我那间没有窗户的小房间后就松了一口气，尽管那里有一只可怕的老虎，一切又旧又丑。”她不想给妈妈和姐姐呈现一幅艰苦的画面，她又加了一句，如果小刺猬和她一起在这里的话，她肯定要给它买一件小风衣，因为这里所有的小狗都有冬天的大衣，有的甚至和汽车座椅的花纹或者他们主人的衣服图案一样。她还说，希望她的信能在圣诞节的时候寄到，这样全家人就可以一边吃着鲤鱼和鹅肉，一边读她的信了。为了不让自己看起来很惨，她又“故技重演”：“我有点想你们了，我的意思是有点想喝一碗好好熬煮的汤，而对你们，我是特别特别想念的。”

她的圣诞节过得并不孤单，作家们一起去了他们经常去吃午饭的小餐馆过平安夜，他们吃了烤火鸡配栗子。那天的气氛特别好，女主人 12 月 24 日过生日，所以请他们喝了一瓶香槟，对客人们也十分热情（亲切地用法语称呼他们为“我的小狗们”），也没收他们喝掉的卡尔瓦多斯[1]和其他酒的钱。辛波斯卡猜，这一定是姆罗热克请她跳了探戈的缘故。除了姆罗热克之外，当时一起过节的还有达努塔·赫伯特－乌拉姆和她的丈夫尤莱克。塔德乌什·诺瓦克去了自己的叔叔家过节。

维斯瓦娃在巴黎经常和乌拉姆夫妇见面，她还在信中告诉了亚当他这位昔日好友的近况：“她在这里做了些画画的兼职，靠这个维持生计，她赚钱，为生活谋划。尤莱克当然什么都不干，他还没能获得他爸爸留下来的钱，这也没那么简单。丹卡[2]计划从意大利和其他地方旅游结束后再回来。她现在住在一户法国人家中，他们不收她房租，但是作为回报她必须要照顾一位瘫痪的老太太，每天给她穿衣服脱衣服。”达努塔还是有时间和自己的同胞们见面的，因为，扬·约瑟夫·什切潘斯基在 1958 年 2 月 25 日的日记中也记录了自己和她见面的事：

“我们一整天都在巴黎闲逛，但是这次闲逛我们是有向导的。早上我们和兹比舍克的堂妹——达努塔·赫伯特一起，她这个人

1 产于法国北部诺曼底的苹果白兰地。——译注

2 丹卡是达努塔的昵称。——译注

有些沉闷，但是对巴黎这座城市非常了解。她带我们去了孚日广场以及沃尔塔大街的一栋自10世纪就在那里的老公寓楼。”[1]什切潘斯基还在日记中记录了他和其他的作家一起去拜访《文化》杂志巴黎总部的事："盖德罗耶茨和他的同伴们想法很多，也很着急，他们认为波兰失去了一个绝好的机遇，他们正在拼命想要挽回。我们能做的只有两手一摊，无能为力。我们走出来的时候个个垂头丧气，为了安抚情绪，我们去看了一场脱衣舞表演。”[2]辛波斯卡也对这次没能达成共识的拜访感到十分沮丧，但是她是否也去看了脱衣舞表演，我们就不得而知了。

娜沃亚给自己的妹妹寄来的信中详细地讲述了今年拉齐维沃夫斯卡大街公寓的圣诞节的情况。从这封信里我们也得知，那里的家庭生活也不是一帆风顺的。娜沃亚在信中抱怨说："他们总是冲我大喊大叫，说我没戴围巾，说我没坐下来，说我没早点起来，说我把小刺猬放出来又没把它的便便收拾干净，说我没把东西带回来，说我没把垃圾扔出去，什么都是我不对，丝袜、内裤、杯子、勺子、拖鞋、烟灰缸、柜子、椅子、书、地板上的一滴水……”可怜的娜沃亚被妈妈和第一次来参加圣诞节家庭聚餐的丈夫“小伊莱克”责备。她在信里的语气轻松，充满了幽默感，但是信里写的和现实生活是两码事。除此之外，邻居史佩乌太太（安装浴缸的师傅的妻子）送来了库提亚[3]，妈妈计划要再买一只鹅

1 扬·约瑟夫·什切潘斯基，《日记》（第二卷，1957—1963年），克拉科夫，2011年，第107—108页。——原注
2 同上，第70页。——原注
3 波兰在圣诞节平安夜时吃的传统甜点。—— 译注

到新年的时候吃，因为上一只在圣诞节的时候已经几乎被大家吃完了。他们在吃完圣诞大餐后，读了《横截面》和《环游世界》杂志，安娜女士被填字游戏中的一道题难住了。娜沃亚在信的最后这样写道："你现在对我们的生活已经事无巨细地都知道了，妈妈还是会去教堂，过圣诞节的时候买了《大众周刊》。"

对于这几位拿到奖金去了巴黎的作家来说，博物馆和美术馆最具吸引力，特别是卢浮宫，当时的门票不贵但是可以欣赏到很多艺术品。辛波斯卡充分利用了这个机会，几次去卢浮宫参观。她在写给妈妈和姐姐的信中描述了自己在参观罗马雕塑和希腊雕塑展厅的感受："只有胜利女神的雕像堪称完美，其他的并没有给我留下什么特别的印象。维纳斯的确很好，但是只在从背面看的时候。她的背有一种摄人心魄的美，但是她的面孔很呆滞，可能是我见过最呆滞的脸。"真可惜，辛波斯卡没有在参观博物馆和美术馆的时候记下自己的心得体会，不然就有一部最特别的原创作品《博物馆伟大作品导读》要诞生了。她总是目光独到，不落俗套。她还写了两件趣事："在罗马展厅有一个年轻人的半身像，他的面庞是世界上最温柔天真的，看着那张美丽无瑕的脸，让人禁不住感叹他那如贵族画像中的眉毛和欲说还休的双唇，娇俏甜美又令人浮想联翩。原来这是卡利古拉。"她还记录了自己在参观著名的巴黎人类博物馆时，看到两个并排摆放的头盖骨，那是笛卡尔和一位罪犯的头盖骨，显然她不记得另一个人的名字，而这两个头盖骨看起来也别无二致。她在信中总结了自己的参观经历："我在这里上了一次短期的怀疑主义论培训班。"看来，这次"培训班"令她在生活和诗歌创作中都受益匪浅。诗集《盐》就是在那段时期内创作的，其中一些诗歌被认为是经典杰作，也成为辛波斯卡创作的又一次突破。旅行这个主题在诗集中仅仅出现了几次，其中一首是描写巴黎流浪汉的：

在巴黎，从清晨到黄昏，
巴黎就是
巴黎，它
（这描写也太幼稚了，快来帮帮我！）
在石头砌的大教堂边的一个花园里
（不曾有人建造这座教堂，没有，
却有人在鲁特琴的弹奏中歌颂它）
一个流浪汉、还俗僧人、退伍军人，
像一尊石棺上的雕像，睡着了。

（《流浪汉》，选自诗集《盐》，1962 年）

短短的几行字中诗人表达了自己一系列的赞叹：巴黎耀眼夺目的光芒、大教堂——这里指的应该是离她住处不远的巴黎圣母院，坐在公园长椅上的流浪汉看起来像标准的古老庄严的雕像。流浪汉和游客完全不同，他是属于哥特式石砌大教堂的点缀中的一分子，这些点缀都存在于他的睡梦或者梦想之中。诗人还在这首诗中列举了许多自己想像出来的奇美拉怪兽[1]的名字，如：飞天狮鹫、地狱犬、暗夜飞蛾女妖、脚头怪等，但是非常有趣的是，

1 奇美拉是古希腊神话中的狮头羊身蛇尾的怪物，这里指的是辛波斯卡自造出的新词，均为由几种动物组合在一起的怪物。——译注

就在这些充满希腊神话风格的怪物中，还有一只猴人怪……

巴黎这个美妙丰富的世界带给她的不是只有赞叹。在诗集《盐》中有一篇题为《话语》的迷你散文，在这篇短文中可以感受到诗人因为无法和法国人沟通，而法国人对这个来自遥远寒冷国家的人的经历也不感兴趣而感到懊恼。另一首题为《旅行挽歌》的诗则是一首思乡诗。旅途中所探索的新地方慢慢地从记忆中消失，在诗歌中描写的各种激动情绪中出现了这样一段吟唱：

> 我的一切，却也都不属于我，
> 都不属于我的记忆，
> 只有在我看着它时，它才是我的。

这段诗可以是对旅途的感叹，也可以是对生活的感慨，可以理解为漫步于“眼泪山谷”之中。

> 欢迎与告别，
> 只在一眼间。
>
> （《旅行挽歌》，选自诗集《盐》，1962 年）

漫步于那些值得纪念的地方，如保加利亚的萨莫科夫、巴黎的卢浮宫和圣马丁大道、圣彼得堡（当时还是列宁格勒）、乌普萨拉和高加索，她记录下了那些转瞬即逝的美丽、无法天长地久的感受和算不上完美无瑕的描述。她在结束旅行后也背负了忧伤与痛苦。

“我什么都没记录，因为我不想记，”她在跨年时给妈妈和姐姐的信中说，“重要的是那些不需要帮助就留在记忆中的事。而且，给我留下深刻印象的都是那些我所看到的。你说，怎么能把提香记录下来？除非把他的画偷走。”

她在给弗沃德克的信中记录了那些在巴黎不太美好的生活片段，这些都是她不愿意和其他人分享的：“我哪儿都不去，我才不管呢，我就是要睡觉。大家都在说‘巴黎跨年’的事。但是人也不是无时不刻都想欢笑和玩耍的，哪怕是在巴黎。”克拉科夫的魅力比当时的欧洲中心似乎更贴近她的心灵。她很想念克拉科夫。“这里没有斯塔努赫来敲门，帮我把浇花水壶灌满水；这里也没有人会打电话来问马约尔太太在不在家；也没有奥莱克斯会问我浴室是不是需要修缮，狗也不会跑来让我给它捉跳蚤。这里到处都是香榭丽舍、夏悠宫、老佛爷购物中心、埃菲尔铁塔、凯旋门、星形广场、圣日耳曼、巴士底狱和那条叫‘梦’的河[1]，这条河无处不在，可怕极了，因为它蜿蜒穿过整座城市，让城市的中心形成两座小岛，我就住在其中之一，我真的很想家。”尽管辛波斯卡并不是一个虔诚的天主教徒，她还是非常看重节日传统，甚至在姐姐去世后她也都是在拉齐维沃夫斯卡大街公寓中过圣诞节和复活节。公寓由品德洛夫夫妇一直打理着，他们努力维持着辛波斯基一家原有的样子和家庭传统。

自己默默消化忧郁的方法和她的个性是矛盾的。当忧思滋长，她就和姆罗热克去看电影，他们发现了二十四小时廉价电影院，

1 辛波斯卡在信中用波兰语发音记录下巴黎著名景点的名称，而塞纳河和波兰语中的“梦”发音非常相似。——译注

播放的都是动画片和喜剧。“[……] 我们看所有我们感兴趣的动画片。也去看卓别林，看卓别林经典中的经典。”卓别林，喜剧电影大师卓别林，仿佛是为辛波斯卡量身打造的——他让人笑中带泪，为善良的胜利而动容。

* * *

把辛波斯卡写给妈妈和亚当·弗沃德克的信摆在一起就很有意思，很明显她的笔触和口吻完全不同。辛波斯卡会根据收信人的兴趣来调整信的内容。她严格保证寄到拉齐维沃夫斯卡大街公寓的信都是乐观向上的，没有需要担忧的困扰，没有急需解决的“难题”。幸运的是辛波斯卡不是一个喜欢抱怨的人，对于新发现的地方也总是保持着积极的态度。当她的确遇到棘手的问题时，她会给弗沃德克写信，在他面前她毫不掩饰自己，她可以向他倾诉自己的忧愁，倾诉那些她要在其他人面前极力隐藏的悲伤。只有在写给他的信中，她不需要去按照别人的要求扮演谁，她只要做她自己就好了。当然这也是因为弗沃德克对她非常了解，如果她不够坦率，弗沃德克肯定也会立刻察觉。这份坦率来自他们之间不求任何回报、纯洁干净、坚如磐石的友谊。也正是因为这份情谊，我们可以了解到她鲜为人知的一面。忧伤、思念、失望、绝望——这些情绪都是“隐秘的”，她认为这些情绪都是个人隐私，除了亚当·弗沃德克以外，没有大肆宣扬以让其他任何人知道的必要。

与此同时，弗沃德克和斯坦斯尼瓦娃·罗赫奇茨卡在交往，后来他们两人结婚了。他对于是否要结婚曾有过不少疑虑，他在给维斯瓦娃的信中向她寻求建议。他在信中说，也许将他们的关系合法化后他和斯塔霞的关系会更加顺利和谐呢。在他的档案中保留着他和斯塔霞的结婚证，所以我们也可以从此得知，他们是1960年1月2日在克拉科夫结婚的。维斯瓦娃对于亚当的新爱人表现出了极高的尊重，她给斯塔霞写了很多风趣幽默的信。罗赫奇茨卡在结婚之前就经常到拉齐维沃夫斯卡大街公寓做客，有时候是和亚当一起，有时候是她自己，安娜女士对待她也像对待自己的亲女儿一样。然而亚当的新恋情并不一帆风顺，他在信中抱怨自己心上人的“脾气”，抱怨她一直以来不明所以又说不清道不明的不满。斯塔霞，像很多弗沃德克的恋人一样，也想成为一名作家，这在一开始的时候唤醒了亚当“照顾新人”的本能，但是慢慢地他就感到厌烦了。罗赫奇茨卡显然和安娜女士抱怨过自己这位导师（当时弗沃德克还不是她的丈夫）的不重视，安娜女士在写给自己女儿的信中提到了这件事。后来她还表示过，她的说情和调解起了作用，弗沃德克开始认真阅读斯塔霞写的文章了。然而这并没有起到很大的作用（也许斯塔霞写的文章很有趣），斯塔霞的身体健康每况愈下，她患有严重的神经衰弱，去了疗养院治疗。亚当一直照顾斯塔霞，但是从他写给维斯瓦娃的信中我们时而可以读出他的无能为力和无可奈何。辛波斯卡一直温柔耐心、充满关切地给斯塔霞写信。比如我们可以来看1958年9月维斯瓦娃从雅士别墅写给斯塔霞的信：

斯塔霞，宝贝，

我从扎科帕内给你寄来低卡路里的健康问候，还有电影年报上最新的巴黎时尚。你看，这是一条可爱的 A 字裙，后面有荷叶边，看起来就像蜥蜴背上的刺脊。

这封信看起来仿佛是孤注一掷地寻找共同语言的尝试。维斯瓦娃十分希望，亚当能够感受到她对于他这段新恋情的肯定。但是这也无济于事，这段有法律保护的婚姻关系最终还是破裂了，斯塔霞带着满心的伤痛离开了。从斯塔霞写给维斯瓦娃和安娜女

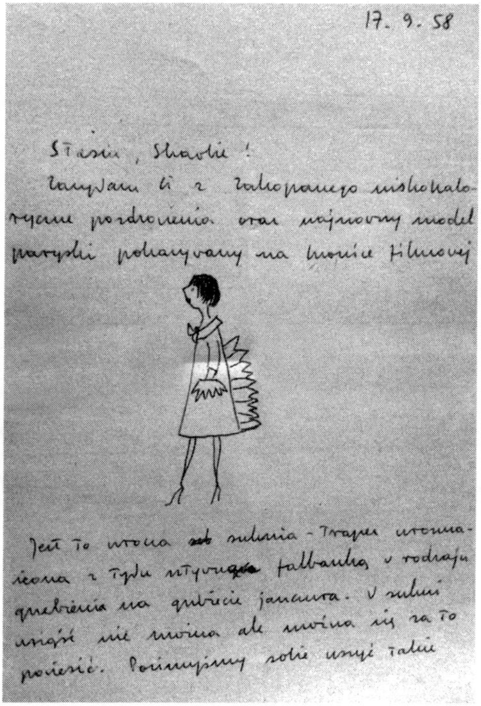

17. 9. 58

Stasiu, Skarbie!

Przysyłam ci z Zakopanego wysokokalorycznie pozdrowienia oraz najnowszy model paryski pokazywany na kronice filmowej

Jest to wrzosowa ~~s~~ suknia - trapez wycinana z tyłu ostrymi falbankami w rodzaju grzebienia na grzbiecie jaszczura. W sukni wyjść nie można ale można się za to powiesić. Pocieszmy sobie wyjść takie

辛波斯卡 1958 年 9 月从雅士别墅写给斯塔霞的信

士的信中处处可以读出她对她们表达的喜爱之情，但是她的信却写得很笨拙粗糙，上面贴满了小花儿、小兔子和小鹿等小孩子才会用的幼稚图案和贴纸。

我认为，这段关系对他们双方来说——无论是对亚当还是斯塔霞，都是一个巨大的不幸。或许辛波斯卡是唯一一个清醒地见证了这段结局悲惨的痛苦插曲的人。

巴黎之旅对于维斯瓦娃来说是日复一日的单调生活中一个五彩斑斓的意外，然而她对于日常也从未抱怨过。她喜欢自己的生活，重复显然也没有让她觉得无聊，或许甚至在不安稳的社会政治环境下还给了她安全感。辛波斯卡在《文学生活》杂志社担任诗歌编辑部主任，负责诗歌出版、寻找诗歌译本以及和作者沟通等工作。《文学生活》杂志每期都会刊登诗歌，哪怕有人把这本周刊称为非文学读物，但是它在诗歌领域的贡献是无可厚非的。在很大程度上这份成就应该归功于辛波斯卡。1955 年 12 月出版的《五个诗人的迟来首发》是战后作家们迟到的处女作发表，是波兰诗歌历史上的重大突破，这一期正是由辛波斯卡编辑的。她自己总是谦虚地说，这是阿尔图尔·桑道尔的提议。如果不是她坚持肯定这些诗歌的重要性，也许这个提议也只是一个提议，无从实现。

更早些时候，在 1955 年 4 月，《文学生活》上曾分上下两篇刊登了扬·布翁斯基一篇题为《差五分十二点》的长散文。这位文学评论家、学者在这篇散文中对波兰战后诗歌进行了总结，毫不留情地批评说，自 1950 年起就未曾出现过一位作家、一本诗集值得评论。他指的正是诗歌创作的迷茫，但是与此同时这也打击到了波兰的年轻诗人们。布翁斯基很清楚，这些年轻诗人很多都是因为“管理”原因而无法发表自己的处女作，他呼吁要改变。几个月后，《五个诗人的迟来首发》就开始了这场改变。这一期并没有命名为处女作，因为这几位诗人之前均已经在杂志上发表过自己的作品了。编辑给他们做了如下注释：“这五位诗人，尚没有一位发表过自己的诗集。对于他们的未来，我们很难预料；然而他们所具备的不仅仅是写诗的能力，他们还掌握从现实中创造诗歌的艺术。[……]我们可以预测，此次发表的这些诗歌将掀起一场抒情诗发展的巨大浪潮。”[1]《差五分十二点》的作者自己举荐了兹比格涅夫·赫贝特，尤利安·普日博希推荐了博赫丹·德罗兹多夫斯基，米奇斯瓦夫·亚斯特伦推荐了耶日·哈拉希莫维奇，阿尔图尔·桑道尔推荐了米龙·比亚沃谢夫斯基，而斯坦尼斯瓦夫·齐迟则由路德维克·弗拉申推荐。无论是谁选择了这几位作者，都不得不承认这个人一定是懂诗的。在我看来，这个人应该非辛波斯卡莫属了。

兹比格涅夫·赫贝特诗集的出版也为他和维斯瓦娃的通信种下了一颗种子，这也是他们友谊的开始，他们的友谊也随着时间的流逝，经历了不同的阶段。他们在文学界有很多共同好友，但是最有可能让他们二人相识的应该就是塔德乌什·赫扎诺夫斯基和扬·帕维乌·加夫利克。不久前公开的赫贝特和赫扎诺夫斯基的书信往来不仅仅是这两位男士友谊的见证，同时也是一个幽默宝藏——这两位极富幽默感的诗人互相之间从来不吝于开玩笑。

1《五个诗人的迟来首发》，《文学生活》1955 年第 51 期，第 4 页。——原注

赫扎诺夫斯基：

现在我紧紧拥抱，并握紧你的小手。特蕾莎（赫扎诺夫斯基的妻子）也想拥抱你，但是我没同意。

赫贝特：

我真诚地亲吻你胖嘟嘟的小脸
在特蕾莎的双手上紧贴我的双唇
你们的
被疯狂折磨的疲惫不堪的
兹比格涅夫。

赫扎诺夫斯基：

为你送去无产阶级兄弟般的问候，告别之际再附送一个吻。

你们的

泰迪

赫贝特：

愿特蕾莎拥有如歌如诗般的温柔
而你，我则亲亲你的胖脸蛋

赫贝特[1]

同样轻松温暖的语气我们在赫贝特和辛波斯卡的通信中也可以常常见到，而她也是个很喜欢开玩笑的人，所以读他们的信简直就是一种纯粹的享受。[2]但是在他们的通信中很难找到现实生活的痕迹，信中的一切都是经过戏剧化处理的。直到他们晚年，信中才少了这种特征，不幸的是，取而代之的是赫贝特不再愿意给当时已经扬名天下的女诗人写信及女诗人因此产生的悲伤。

他们二人之间所保留下来的通信最早可以追溯到1955年11月，更早的一些信是辛波斯卡写给他的，现存的第一封来自赫贝特的信写于1958年。他们最初的通信是一封工作来信，辛波斯卡在信中提到了延迟发表的处女作，并请赫贝特将其中几首诗作寄给扬·布翁斯基（寄到《横截面》杂志社的地址），因为布翁斯基将是赫贝特的推荐人。由布翁斯基做推荐人这件事并不符合赫贝特的心意，这也难怪，因为布翁斯基把他和鲁热维奇相提并论，还把他称作“小鲁热维奇”。在接下来的几封信中，辛波斯卡对于赫贝特迟迟不把作品寄出表达了不满：

亲爱的兹比舍克先生，

---

1 兹比格涅夫·赫贝特，塔德乌什·赫扎诺夫斯基，《我的亲人，我的兄弟》，1950—1998年两位作家的书信往来，由兹比格涅夫·巴朗策划编辑，克拉科夫，2016年，第99、101、111、120页。——原注

2 参见维斯瓦娃·辛波斯卡，兹比格涅夫·赫贝特，《一些恶毒的神明残忍地嘲笑了我们，1955—1996年间的书信往来》，克拉科夫，2018年。——原注

我们那些杰出优秀的美国人最近怎么样？[1]我在问您呢。您最好看一眼那封信上的日期！我们现在就等您的译本了。要是弗龙茨科维亚克的话，早就全都翻译好了，而您呢，还是一名诗人，却这样轻视自己！[2]

这封幽默的责备信中出现了弗龙茨科维亚克这样一个人物，这是赫贝特虚构出的“另一个我”，是除了诗人的戏剧化名帕特里克外，另一个经常出现在他写给其他人的信中的化名。这种化身虚拟人物，具有鲜明的、荒诞不经特征的游戏在60年代的克拉科夫文人圈中非常流行。关于弗龙茨科维亚克的逸闻趣事有很多版本，辛波斯卡自己就创造出很多，但是在这封信中重要的并不是这个化名背后的逸闻趣事，而是对编辑部中普遍出现的手脚并用阻碍诗歌发表的现象的讽刺。我在这里引用由雷沙德·克雷尼茨基对辛波斯卡和赫贝特书信往来所做的经典版本注释。女诗人曾在2003年一次纪念赫贝特的诗歌之夜中讲过“在经过了很多次的尝试和很长时间的努力过后，我家里终于安装好了电话。就在这一激动人心的时刻，赫贝特来了。‘我们来看看，这电话怎么样。’他掏出笔记本，上面记满了他在克拉科夫的同学、编辑、朋友的电话和地址，然后他就开始一个个地拨电话，接通的时候他自我介绍道：‘我的名字您听了可能也不知道是谁，我姓弗龙茨科维亚克，我是从亚斯沃来的，我现在带着一箱子的诗，一共是两千首

---

1 指的是为《文学生活》翻译诗歌的人。——原注

2 维斯瓦娃·辛波斯卡，兹比格涅夫·赫贝特，《一些恶毒的神明残忍地嘲笑了我们，1955—1996年间的书信往来》，第13页。——原注

十四行诗，我特别希望您能读一读它们，并给出建议。’那时候肯定是一片可怕的寂静，再过了一小会儿之后，他又继续说：‘那好吧，我现在就走。’如果是妻子们接电话的话，她们就会像母狮子保卫自己的公狮子一样说‘先生您好，他病了’，或者‘先生，此时此刻他正在全力完成自己的新书，我们不能去打扰他’。总而言之，可怜的弗龙茨科维亚克没什么福气，最后他那两千首十四行诗都省下了……”[1]在她另一个版本中，她还提到了布翁斯基，当时的布翁斯基还不是教授，只是那篇将赫贝特和鲁热维奇对比的文章的作者。弗龙茨科维亚克也给他打了电话，还是自己那一套开场白：“我的名字您听了可能也不知道是谁”，而布翁斯基之前就听说过这位会用这种方式打电话的诗人，他冲着电话嚷道：“哎哟，我知道，我知道你是谁！”然后就挂了电话。

这个故事其实也说明了诗人与写作狂其实只有一线之隔，而这是辛波斯卡每天都要面对的。当她开始主管诗歌部时，她每天都会在编辑部收到大量的、各式各样的文学创作者写来的信。著名的、受人敬仰的诗人们一般会在收到她的邀请后，给她寄来自己的诗作，如果我们去翻看辛波斯卡的资料档案，可以在其中找到战后波兰文学最杰出的作家们的手稿，其中大部分都是应邀寄来的诗歌稿件。布罗涅夫斯基、普日博希、亚斯特伦、伊瓦什凯维奇，甚至当时流亡在外的米沃什，都很亲切地回复了她礼貌周全的约稿信。如果把辛波斯卡“工作信件”往来的人员都抄录下来制成名单，那名单上肯定至少要有几百人。把几百个想要发

1 维斯瓦娃·辛波斯卡，兹比格涅夫·赫贝特，《一些恶毒的神明残忍地嘲笑了我们，1955—1996年间的书信往来》，第10—11页脚注。——原注

表诗作的写作狂人的名字都抄录下来已经是一件难事了，要是还要给他们所有人都回信，那就是一件不可能完成的任务，但是当时的社交准则和礼貌要求人们要有信必复。正因如此，就诞生了《文学邮箱》这个专栏，每周在这里会公布寄来的作品的采纳结果。安娜·比康特和尤安娜·什琴斯娜翻阅了那些年的《文学生活》杂志，从中摘录了辛波斯卡所写的采纳回复（这一专栏另一位负责人是辛波斯卡的编辑同事，弗拉基米尔·马恰格）。《纪念杂物》一书的两位作者从《文学邮箱》中读出了很多关于辛波斯卡的文学偏好以及诗歌写作推敲的信息，这些话题都是辛波斯卡之前极少去谈论的。

"您没发现这里有个陷阱，她对一位初出茅庐的诗人提出自己的见解，一首不规则的新诗就会制造这样的陷阱。因为新诗的创作是有一些隐藏起来，但是必须要严格遵守的规定的，这样的诗歌比起常规的韵律还要有乐感，要悦耳动听，任何一个多余的词都容不下，任何一点浅薄都遮不住。[……] 所以说，诗人们都知道，自由诗其实写起来根本不简单。但是想要知道这一点，就必须要会这样写，也会那样写。"[1]

她清醒地意识到，训练有素的灵敏听觉比数音节更重要，她也知道遵循拼写规则，适当地展现情绪以及不要使用最明显的比喻都很重要。在被问及编辑工作的优缺点时，她表示有时候自己不得不读大量的稿件，这是一个沉重的负担。特别是，年轻作家在春天的时候文思泉涌，而每当有名人去世，他们也特别喜欢通

1 安娜·比康特，尤安娜·什琴斯娜，《纪念杂物——维斯瓦娃·辛波斯卡传记》，克拉科夫，2012 年，第 126 页。——原注

过写作来纪念。[1]在和他们打交道的过程中，也经常会出现一些非常棘手的情况，比如：辛波斯卡帮助一位作者发表了处女作后，发现这位作者患有精神疾病，他给她寄来了一封封血书，还威胁她如果不同意发表他后面的作品，就要烧掉她的房子。最终，这位作者自杀了，她是在民警把她叫去问询的时候才得知的。

辛波斯卡经常会讲一些编辑部的趣事，由此可见，她在编辑部的生活过得很不错。很长一段时间以来，她都是编辑部唯一的一位女性编辑，其他女性在行政部门工作，或从事校对工作。编辑部并不大，所有人都相互熟识，他们各自分工不同，也都有各自的角色和职责。在编辑部，大家都随心所欲地开玩笑，聊八卦新闻，有时也会调几句情，但是文学界和文学评论界的等级制度也是有明确规定的，因为当时《文学生活》是最重要的社会文化杂志之一。作家能在《文学生活》上发表作品，是一件该感到荣幸的事，能够加入编辑的“卫星圈”是一件好事。对我来说，最奇怪也最令我难以想象的就是那些性格有天壤之别又各执己见，有时候分歧非常极端的人们，是如何和平共处的。尽管如此，他们依然能够相互尊重，友好合作。远的不用说，扬·布翁斯基和弗瓦迪斯瓦夫·马海耶克就是生活在两个不同星球的人，但是布翁斯基和《文学生活》杂志多年来一直保持合作，这对两位男士来说肯定也相当不容易。

许多诗人都曾回忆过他们颤抖的手中握着自己的诗卷，心情忐忑地拜访编辑部的场景。辛波斯卡对他们来说就是掌握他们诗

1 安娜·比康特，尤安娜·什琴斯娜，《纪念杂物——维斯瓦娃·辛波斯卡传记》，克拉科夫，2012年，第125页。——原注

歌生死的女士。如果她决定这首诗可以出版，那么他们就能成为诗人，反之则……扬·洛曼曾经写过一首题为《来到〈文学生活〉杂志社的年轻诗人》的幽默诗：

你就像第一次和一个女孩去森林一样害怕
编辑部
秘书处里有电话、打字机、乳房、双唇和大腿
明星
有些人拥有一整个从草坪采来的花编的花环
有些人的白大褂上缀满了星星，而你问
“请问圣（母）波斯卡在吗？哦，对不起，我是问辛波斯卡女士在吗？”

所以可能
可能塔德，塔德乌什
希李维亚克

你推开门
像是迈向火海
也可能登上了奥林匹斯山

（选自诗集《和城市见面》，1972 年）

哪怕是赫贝特这位在圈中出名的诗人，在和她交流关于作品出版之事的时候，也把她当作女神。尽管辛波斯卡写给赫贝特的

“负责诗歌的那位女士”

信不失讽刺，但是也是友好真挚的。在《五个诗人的迟来首发》发表后，辛波斯卡希望能够尽可能多地发表他的诗作。

1958年2月，辛波斯卡请赫贝特把那首关于审查员的诗再寄给她，她希望，可以加上他之前寄来的几首，一起出版。“试试总是值得的，哪怕不能抓住机会。我们要永远对人类的愚蠢有信心。”她还在信中提到了赫贝特可爱的堂妹，说她在巴黎的时候一直很照顾自己。在他们后面的几封信中，堂妹也是一个一直出现的话题，因为根据自己这位诗人堂哥来巴黎的计划，堂妹达努塔请辛波斯卡把市中心地图和一些其他文件转交给他。包裹和堂妹为他们风趣幽默的通信交流提供了一个话题。

赫贝特在这封给辛波斯卡写的信上把内容一条一条地列举出来，并标上了号：

3. 我对于达 · 赫伯特是一个可爱的姑娘这件事一无所知。她总是给我寄法郎（我真受不了这种侮辱），从不给我写信。我反对，我不要，我喜欢。

4. 谢谢你给我的地址。万一有什么事，可能会用得上。但是那些外币很糟糕。库里鲁克肯定会跟我们作对的。

5. 我亲吻您纤细的小手、粉白的手指以及每个指甲盖表示感谢。谢谢您告诉我阿尔萨斯酒店的地址。这对我来说是一个非常重要的信息，如无价之宝 [……]。

辛波斯卡的回信风格同样精巧别致：

因为像市中心地图这种文件波兰邮局肯定是不会接收的，所以把它们带过去的重任就落到了您的肩上。[……] 您是一个成年人，您应该知道，没有克拉科夫城市地图根本就寸步难行。地图不算多，但是比较长，尺寸是 3×5 或者 2×7，但是不要把它们折起来，弄坏就太可惜了。总而言之，放在箱子的最底下就可以。您既然有堂妹，那么就得有麻烦。所以，这些克拉科夫地图，特别是根据弗瓦迪斯瓦夫三世（及其王朝）所建立的地基进行修订的版本，务必要送达。

赫贝特借此机会也感谢了辛波斯卡为他出版诗作："吻手礼聊表谢意，感谢您将我丑丑的诗作如此美美地刊登出来。"然后他对在《新文化》上读到的辛波斯卡的诗作大为赞叹，他认为那些诗不仅写得很好，而且很漂亮——特别是和他“丑丑”的诗相比。[1]

辛波斯卡档案资料中保留下来的和那些知名诗人的通信往来仅仅是她编辑部日常工作中的一小部分。我能想象，这些信之所以被保留下来，是因为她把它们带回了家。她在上班的时候肯定来不及给所有人回信，所以在下班后又把工作带回家，给那些作者们回信。她对待自己的工作非常认真负责，她的工作通信写得彬彬有礼又真挚诚恳，充满关切。雅罗斯瓦夫·伊瓦什凯维奇曾就她这“严谨认真”的工作态度开过一个玩笑。当他被辛波斯卡问及一个所谓的笔误时，他给她发了一封电报，内容如下（电报的收件人变成了兹齐斯瓦娃·辛波斯卡，不过伊瓦什凯维奇是在电话里拼了维斯瓦娃的名字，所以这肯定是电报发报员写错了）：“马儿褪色了 / 女诗人和女巫骑马戏水——雅罗斯瓦夫”。《纪念杂物》一书的两位作者对此感到非常好奇，所以就顺着这个话题继续寻找：

> （伊瓦什凯维奇）一首题为《马儿褪色》的诗歌发表了。当我们告诉辛波斯卡，这首诗被收录在伊瓦什凯维奇一本题为《骑马戏水》的诗集中，她突然抱住了头，说：“真是的！我这是惹了什么麻烦啊？我竟然没理解这个笑话。”[2]
>
> 她还说，尤利安·普日博希也总是给她寄手写稿。因为他很讨厌打字机，所以如果她有些词看错了的话，在下一期杂

1 维斯瓦娃·辛波斯卡，兹比格涅夫·赫贝特，《一些恶毒的神明残忍地嘲笑了我们，1955—1996 年间的书信往来》，第 20 页。——原注

2 因为波兰语中褪色（płowienie）和骑马戏水（pławienie）仅相差一个字母。——译注

志中就要加上勘误。[1]

辛波斯卡非常敬重普日博希，不仅仅是因为她在年轻时和亚当·弗沃德克分享对普日博希的热爱，她经常为《文学生活》向普日博希约稿。他也很看重辛波斯卡的诗作在《文化博览》上的发表，他从1955年就在《文化博览》编辑部工作。现存的他于1960年写给辛波斯卡的信，是写在《文化博览》编辑部的抬头纸上的，他在信中对于她的诗歌延迟发表向她表示抱歉——这在今天是难以想象的——他向她解释，延迟也是因为自己在杂志社人微言轻。“我对于《文化博览》杂志上诗歌的发表没有一点发言权，我就是接收那些有资格被发表的作品，并把这些装满作品的文件夹交给秘书长。我问了几次，但是无济于事。我希望，克拉科夫的朋友们——诺瓦克和齐赫也能知道这件事，他们的诗歌已经不知道什么时候就躺在那里排队了。”在当时，甚至和辛波斯卡一样备受瞩目且非常优秀的诗人，也要耐心地等待发表，也需要一次次地去提醒杂志社。我们从普日博希的信中可以看出，尽管他是一位伟大的诗人，受人敬仰，有值得任何一个文学编辑部引以为傲的文学权威，但是华沙的出版社还是不太愿意发表克拉科夫作家的作品。

维斯瓦娃肯定也遭遇过这种不得不去提醒“自己的”诗人们的为难处境。诗歌版块必须要服从于这一期杂志的总体思路。无论是在当时还是在现在，编辑部每隔一段时间就会出版专题特刊，

1 安娜·比康特，尤安娜·什琴斯娜，《纪念杂物——维斯瓦娃·辛波斯卡传记》，克拉科夫，2012年，第121页。——原注

在波兰人民共和国时期，每逢国家节日或者是起义纪念日都必须要出版特刊。尽管那些关于7月22日或者是十月起义的诗歌并不能激起我们这位编辑的兴趣，但是她也不得不就这个主题去约稿。她更愿意在1959年11月筹备圣诞特刊的时候，和扬·布热赫瓦约儿童诗的稿件，当时一整期的杂志都是以儿童文学为主题的。她在给维托尔德·维尔普沙和玛丽亚·库莱茨卡写信时充满了苦涩忧愁，因为他们两位的作品一直都在等待发表："诗歌编辑部可真是所有编辑部中最倒霉的。"

在《文学生活》编辑部的工作保证了辛波斯卡经济上的稳定，这也让她的家庭可以更轻松地享受生活——安娜女士因此可以有钱去度假。1958年的时候，安娜女士在波兹南郊区的圣女修道院中度假，她对此次疗养感到十分满意。那里环境优美，食物美味，还有好友相伴。她十分同情地看着那些辛苦做着重体力劳动的修女们，她们为了维持生计需要种田，打理花园，还要放牛。那里同时还是年轻妓女的少管所，安娜女士对于一同度假的人不想和这些年轻的少管所学员坐在一张桌子旁共进午餐而感到愤怒。她自己对此没有任何怨言。

1959年5月，安娜女士在离克拉科夫不远的罗基齐内的度假庄园度假，这里同样是由修女开办的。她从罗基齐内给辛波斯卡写信，对那里的环境和服务都赞不绝口，她还劝她和"小扬"——也就是"小帕维乌"一起骑摩托车来这里度假："你们骑到哈布夫卡，从哈布夫卡到罗基齐内只有两公里，我们住在路边一套黄色的别墅中，别墅前面就是罗基齐内汽车站。"安娜女士知道，维斯瓦娃对于神职人员并没有热情，所以她写道："我亲爱的，不过你在这儿必须要去公共餐厅打招呼，但是不用去吻圣母的手，然后才能吃饭。小扬也可以跟我们一起。兹比格涅夫的母亲非常友善，心地善良，而且对我特别好，所以我们将可以一直一起玩到晚上。”她落款处的签名就像多年前伊赫娜童年时一样——可咪。

她在从罗基齐内寄给女儿的信中还讲述了他们去扎科帕内和库希尼采旅游的事情。安娜女士发现“这里和1923年比起来的确发生了翻天覆地的变化”。她把库希尼采称为自己“最美好的经历”：“现在一切都不一样了，但是我还是能很快地在这些变化中想起以前的样子。”我们不难理解安娜女士对这里的特殊情感，我们知道，她回忆起的那些美好经历都和从这里开始的婚姻有关。她很快就把话题转到了逛扎科帕内的商店上，那里的东西比克拉科夫好多了，在那里可以花很少的钱就买一件漂亮的羊毛外套。但是让她难过的是，整个扎科帕内变成了一个大商场，她还说在库希尼采吃的午餐很好吃，总的来说，从这封信来看，安娜女士对此行很满意。但是奇怪的是，安娜女士这么多年都不曾来这里看一看，这里有她那么多的美好回忆，还有很多熟人朋友住在这里，而她的女儿每年都来这儿度假。

同年秋天，安娜女士给当时肯定正在雅士别墅度假的维斯瓦娃寄了一张卡片，她在上面写到，小扬打电话来了，娜沃亚和他聊了聊。小扬抱怨说没收到任何女诗人的消息。安娜女士很喜欢小扬，也替他和维斯瓦娃说情，并极力撮合他们俩。她还利用这个机会给她寄来了玛德琳贝壳蛋糕，她有多少就寄了多少，并且她说：“我责备了小扬，他花了这么多钱给你买礼物，但是他很爱你，他对你的崇拜无边无界，就像可咪一样。”显然她对小扬给维斯瓦娃买了贵重的礼物感到很高兴，尽管收件人自己可能并不高兴，但是更让安娜女士感到高兴的是，小扬疯狂地爱着自己的女儿。

读着加夫利克在那段时间写来的信，让人很难不对所谓的“无边无界的崇拜”心生怀疑。维斯瓦娃在信中对于他们之间的关系不如从前那么紧密表示了认同，他在给她的回信中写道：“[……]的确，我们不常见面，但是我们在一起的时间真的越来越少了吗？我们失去了 [……] 许多共同的日子，共同散步的机会，但是我们没有浪费这段时间，因为事实证明，分离让人痛苦，而想念则因我们失去的、缺少的一切而让我们生活得更坚强。[……]”分离会让情感更坚固这个论据从一个周游世界的男人笔下写出来，似乎并不算有力。“我们在一起就比现在这种情况，比分离，甚至比时间更强大。如果一点点不如意或不顺心就可以将我们像浪花一样吞没，那‘我们的事’还算什么情比金坚呢？”加夫利克替辛波斯卡回答这些自己提出来的反问句：“[……] 我觉得（其实我敢肯定），时间也不会对你的态度产生影响，[……] 我向你表示最深刻的感谢，因为你给我的比一切‘我们的事’更长久，也比不是因为我们的过错而出现的反对更强大。”我觉得，维斯瓦娃并没有被“小帕维乌”编织的美丽童话冲昏头脑，尽管如此，“小帕维乌”还是想让她相信：“所以，小维斯卡，尽管有时我们会感到悲伤，但是我们并非面对空虚，因为在这悲伤的最底层埋藏着期待，我们之中生长着最快乐的笃定，我们一定会比看起来的样子更全面更深入地在一起，比其他成千上万的人更笃定地在一起，只有我们的细腻情感和温柔情怀才承受得起。”加夫利克的这段宣言，笃定地认为他们比其他人都更能拥有至高无上的伟大爱情，而在我看来，这和他对于自己特殊性的笃定有很大关系，也是这种笃定给了他不遵守他们交往关系准则的权利。

在辛波斯卡的《盐》这本诗集的一些诗中都可以找到这段关系中迸发的强烈又多变的情感的回声，尽管这些可能是某种遥远的联系。诗集《盐》是辛波斯卡最重要的作品集之一，其中很多首诗都和情感有关。其中大部分作品都带有客观且洒脱的口吻，这也是诗人的诗歌特色。但是不少诗中也有很多反讽的句子，比如像这首《剩余》：

奥菲莉亚，就让丹麦宽恕我和你：
我会在翅膀中消失，让我经历利爪的折磨。
爱情中不是所有都会死的。

（《剩余》，选自诗集《盐》，1962 年）

这首诗中借用了莎士比亚笔下的女主人公奥菲莉亚作为切入点：这首诗的女主人公深陷于生活的泥潭而无法为爱而死，她渴望像奥菲莉亚一样得到宽恕，而奥菲莉亚只是剧院中一个表演悲剧的女演员。真正的悲剧没有观众，没有华服和妆容，也没有人会在演出结束时鼓掌。“不是所有都会死的”这句话是用拉丁语写的，除了讽刺，这还是一个戏剧性的转折：的确不是所有都会死去，然而这个不幸陷入爱河的女士的某一部分已经死了。

《影子》也是一首关于悲惨爱情的诗，是根据一个有关国王和王后的民间故事改写的。那个民间传说最后并没有一个美好结局，女王的弄臣——一个行为举止表面上看起来很可笑的小丑，在告别时候钻进了火车车轮之下。这个奇怪的人物形象非常复杂：他既是一个头脑简单、粗鄙的傻瓜，同时又把自己“无力承担”的一切——“王冠、权杖、国王长袍”都穿戴在身上。我们很难猜到这个像童话又不是童话的故事是谁讲的，这个说着“我的影子就像王后身后的小丑”的人是谁。这个人肯定不是王后，那么如此悲惨地以自杀的方式和国王告别的人又是谁呢？这是一个又不是王后，又无力成为王后的女人，她和国王之间有着强烈的情感联结，心情无法平复。除此之外，她还要扮演弄臣小丑的角色，逗笑“在场的人”，“专业表演”快乐。在我看来，这首歌谣讲述的是一个无法下定决心分手的爱人，她不想毁掉这份感情，她只能面带微笑忍受着痛苦，把自己的真实情感放在一旁，慢慢退到影子中，直到最后她自己变成了影子……

《歌谣》中的女主人公的经历更具悲剧性。和爱人分手就意味着死亡，尽管表面看上去一切都未曾改变。她把他称为杀人犯。在这首诗中，女诗人专注于描写女性主观和客观状态的区别。究竟哪一个关于她的描写才是真实的呢？是“她所展现的生命特征”还是她“经历了看不见的死亡”呢？

那首以“我离他太近了，以至于无法梦见”开头的诗也可能和诗人的亲身经历有关。

> 我离他太近了，以至于无法梦见。
> 我不在他头顶飞翔，也不会钻进树坑里
> 和他捉迷藏。我离他太近了。

…………

我不会再有第二次如此轻盈死去的机会，
如此超脱于我的肉体之外，如此不知不觉，
就像曾经在他梦里的感觉。我离他太近了，
太近了。我听得见这个词的喘息，
我看得见这个词金光闪闪的鳞片，
在他的怀抱中一动不动。他睡着了，
那个只有一只狮子的流动马戏团的售票员，
虽然只曾和他见过一面，都比躺在他身边的我
更有可能拥有他。

这是一首充满矛盾的诗歌。思念的亲密，特别是在一段已经持续了一段时间的恋爱关系中的亲密，竟有可能是个陷阱。原本我们渴望的亲密关系也可能变得没有惊喜、没有激情、没有对于新事物发生的兴奋期盼。每天的小奇迹在慢慢消失，爱人一步步走来，眼前的壁垒却没有消除，她那细细的头发丝也承受不了千斤重的大钟。她在“太近了”这个词中听到了蛇发出的咝咝声，这既有可能是童话森林中盘踞着的一条有剧毒的蛇，也可能是《圣经》中的引诱者，她被引诱后失去了所有幻想，被逐出伊甸园。

…………

我太可怜了，
被困在了自己的角色中，

我曾是一棵白桦，我曾是一条蜥蜴，
我曾走出时间和地图，
变换着自己的肤色。我曾拥有
在惊讶迷茫的眼睛前消失的特权，
这是宝藏中的宝贝。
…………

（*** 〔《我离他太近了，以至于无法梦见》〕，选自诗集《盐》，1962 年）

失去的爱情，或者说失去了两个人之间相互的情感，剥夺了诗中的女主人公童话的特征。这意味着以后她将只有她自己。只有自己是多还是少？尽管这首诗中没有直接提出这个问题，但是这是全诗的主题。对于这个问题找不到一个明确答案。在爱情中没有了自己是幸福还是不幸？这首关于爱情的诗直击存在主义问题的核心。

1959 年加夫利克从伊斯坦布尔给辛波斯卡寄来了一张卡片，告诉她自己要去塞萨洛尼基了："我很想念你，无论如何我都是以某种方式和你在一起的，哪怕是在启示特别强烈而情绪也异常强烈的情况下。甚至——或许正是在那时。"在其中一封后来寄来的信中，他把自己和"猴子先生"分开，他写他带着一只小猴子去旅行，但是小猴子非常想念自己的"女主人"，整天只把自己的女主人挂在嘴边，陷入了深深的思念之情，加夫利克还在信里说"这只小猴子快死了"。他让维斯瓦娃给这只小猴子写几句话，在精神上支持鼓励一下小猴子。

在辛波斯卡的诗中，猴子，特别是具有人类特征的猴子，扮演着重要角色。猴子是反思人类境遇的绝佳借喻——它们和人类有着如此密切的联系，又被人类如此残忍地对待。这里要表达的并不是对被囚禁在动物园中、手上脚上绑着细细铁链的聪明的小动物的同情。辛波斯卡对和人类相像的、类人的动物特别感兴趣，她在思考，这些动物缺了什么所以无法“制造火药”，为什么它们在达尔文进化论低一层的阶梯上停滞不前。

诗集《呼唤雪人》中的《勃鲁盖尔的两只猴子》是猴子第一次在辛波斯卡的诗歌中出现。诗集《盐》中的开篇之作就是题为《猴子》的诗，在这首诗中诗人详细地表述了猴子的命运，对我们这些“穷亲戚”略带讽刺且充满同情。她还给猴子写了传说和史前神话，这些都是猴子自己做不到的。猴子比人更早地被逐出了伊甸园，因为它的目光中总是藏着悲伤，而这种悲伤会传染给天使。猴子的命运充满了矛盾：它又聪明又天真，被人折磨又被奉为神明，在宫廷中供人玩乐，尽管这并不好笑，古老伟大的画家又为它们画肖像画。卡珊德拉，是个会自嘲的人。“在童话中它孤独寂寞”，它给了“那些它了如指掌”的人类做了个好榜样，要对自己保有距离，洒脱一些。对于辛波斯卡来说，猴子有多重含义，它是她思考人类境遇的绝佳对象。也许不在个人层面，但是总体来说，人和猴子有许多不可否认的相似之处。

给扬·帕维乌·加夫利克起的“猴子先生”这个外号和他十分相配，象征了他和辛波斯卡关系的多重复杂性和矛盾性。女诗人对于猴子的兴趣与喜爱比她和加夫利克的恋爱关系要长久，一直持续到了她生命的尽头。

* * *

1959 年波兰人民共和国的政治情况发生了变化。文学界的解冻也成为回忆。1958 年,《新文化》杂志的编辑部人员构成进行了大换血。耶日·皮奥尔科夫斯基（当时的主编）、卡齐米日·布兰迪斯、莱谢克·科瓦科夫斯基、塔德乌什·康维茨基、威廉·马赫、亚历山大·希齐博尔－雷尔斯基、维托尔德·维尔普沙和维克多·沃罗希尔斯基都离开了编辑部。斯特凡·茹乌凯夫斯基成了新主编。1959 年 2 月开始实施将文学分类的决议：将文学分为有利于建设的作品、可被接纳的作品，以及要使用管理手段处理的作品。

扬·约瑟夫·什切潘斯基认真仔细地记录下了他所参与的整个事件的始末，他是那个年代（以及接下来几个年代）极为宝贵的见证人。

辛波斯卡并没有受到什么严重的影响。她的作品以一种非常含蓄的方式反映现实生活，而她自己则仿佛置身事外，她不想在作协负责任何事情。华沙作家们的两难选择也丝毫没有影响到她，他们住在作协分配给他们的精装公寓中，出门也都是有公车接送。而她却依然住在克鲁普尼察大街那间潮湿寒冷的公寓中（她没有被任何奢华享受的生活所诱惑，扬·约瑟夫·什切潘斯基也是一样）。倘若她没能禁得起诱惑，她可能会失去工作，如果真的是这样的话，那她可能会遇到一些麻烦，但不是完全解决不了的大麻烦。克拉科夫的一切都有些不一样。若不是她每隔几年就会出版一部诗集，恐怕华沙的作协活动家们就只会把她当作一个再普通不过的小编辑吧。

* * *

我曾思考过，是什么让辛波斯卡下定决心在1960年作为波兰作家代表团中的一员去了苏联，与她同行的还有阿尔图尔·明齐热茨基、弗瓦迪斯瓦夫·布罗涅夫斯基和斯坦尼斯瓦夫·格罗霍维亚克。她对这个世界的好奇是她此次出行的重要原因——特别是对这个她一无所知的国度。她对苏联的兴趣也和政治因素无关。这种“以加强兄弟国家之间的友谊为宗旨”的出行，让作家们还可以去参观名胜古迹，欣赏艺术作品。他们也结交了新的人，最重要的就是结识了当地的作家，这些作家间的思想碰撞依然非常有趣。代表团成员们当然都懂得，和“其他作家”的交流经常受阻。因此和在苏联阵营国家中推广波兰文学作品的译者见面交流就显得更为珍贵。这些译者们有更高的文学自由度，而且他们中的大多数都是真心热爱波兰文学的。

或许辛波斯卡想看看这个传说中的“幸福国度”到底是什么样的，她对这个国家的现实肯定已经比她在40年代所了解的要多得多了。首先她清晰地知道，苏联是一个各种文化的融合体，是一个拥有名胜古迹、建筑宝藏、美术珍品和广袤的野外大自然的庞然大物，这些对她来说都很有吸引力。

代表团成员到访了莫斯科、列宁格勒、格鲁吉亚的第比利斯及苏呼米。他们在格鲁吉亚参观了为自由而战牺牲的诗人的墓地，这次参观是在诗人们的遗孀的陪伴下进行的。辛波斯卡在朋友聚

辛波斯卡和普日博希在格鲁吉亚

会上曾讲过这段经历。她描述了墓园和纪念堂的阴郁氛围，在墓地旁边身穿黑衣的遗孀们在那里等待他们。她们在失去丈夫的痛苦中，数十年来一直“专业地”哀悼。像纪念碑似的坟墓和这些面色凝重的遗孀聚集在一起，在这些年轻作家的眼中竟产生了喜剧效果。这令尤利安·普日博希大为愤怒，他无法苟同这种荒谬的哀悼革命者的牺牲的方式。辛波斯卡曾在“晚餐”时回忆过，就因为这件事，普日博希一直嘟嘟囔囔地说：“寡妇也有被烧，寡妇也要被烧。”

这次苏联之旅的时间对于辛波斯卡来说是非常不幸的，因为当时她的妈妈生病了。和安娜女士从年轻时就开始担心的事不同，这次既不是她的肺也不是她脆弱的心脏出了问题。1960 年 3 月她因为腹痛和高烧被送到了位于特勒尼塔尔斯卡大街的圣约翰兄弟会医院。医生对她进行了将近两个月的治疗，因为不允许探望，所以她每天都给她的两个女儿写信，并请护士转交给她们。她在信中提了很多给她带来卫生用品的要求，她非常清楚明确地写出了需要的东西放在家里的什么地方：餐巾纸放在哪儿、纸巾放在哪儿、肥皂和内衣在哪儿，她都写得清清楚楚。她还请她们给她送些吃的，最需要的就是米饼、汤，这些都是她腹痛的时候可以吃的东西。她在信中还详细地描述了医生问诊的过程，记录了医生的建议和预测，记录了自己的提问和症状。十几封从医院写来的信，呈现出安娜女士在里面受苦的画面。医院就仿佛是一座苦难堂，戒备森严，规矩严苛，这些仪式感很强的规矩伴随着治疗。这里等级分明，从上往下依次是医生、修女护士和患者。

安娜女士希望在 4 月 5 日出院，她甚至就应该给医生买什么样的花给娜沃亚提了具体的要求。她说，她感觉身体好多了，就是有点担心自己是否能在回家时上得了楼梯。她的身体健康并没有得到根本性的改善，因为她在 7 月的时候又住进了这间圣约翰兄弟会医院。维斯瓦娃从苏联给她寄了一张明信片，询问她是否感觉好些了。

辛波斯卡在 7 月 26 日，即妈妈命名日这一天，从莫斯科寄给她一张卡片，上面写道："我最亲爱的！我一直不知道，你最近感觉怎么样了，是不是退烧了。"她一定知道，安娜女士的病情很严重。她在前一天寄给娜沃亚的信中请她一定要告诉她妈妈的身体状况怎么样了，请她把信寄到她在莫斯科的酒店，她在离开那里几天后就会回去。她问妈妈："亲爱的可咪，你感觉好些了吗？"维斯瓦娃本不愿意过多地流露这样的温情，但是我们可以想到，她这样写一定是因为担心妈妈的病情。东道主又给作家代表团成员本来就安排得满满当当的行程增加了一些强制的观光项目，这就更阻碍了她和家里人联系。维斯瓦娃一直在莫斯科、列宁格勒和格鲁吉亚的旅途中，始终都被不安所包围："亲爱的可咪，如果我不需要想着你的健康问题，这次旅行就完美了。我现在在格鲁吉亚的首都第比利斯。我们还会去苏呼米和高加索地区。我现在必须快点给你写这张卡片，因为他们总是急匆匆地催我们，我们平均每天只能睡五个小时。[……] 我 12 号回到华沙，然后当天可能我就能赶上回到克拉科夫。"她赶上了。

在文件和家庭纪念品中保留了几张讣告：

出自罗特蒙德家族，安娜 · 辛波斯卡，享年 70 岁，在长期和病魔做斗争后，接受了主的圣礼保佑，于 1960 年 8 月 19 日长眠。

追悼会葬礼将于本月 22 日 12 时 30 分在拉科维茨基墓园的教堂中举行，随后将入土安葬，我们带着无比悲痛的心情向您告知此消息。

女儿们、女婿和家人。

下一场追悼会将于本月 23 日周二早上 6 时 30 分在圣米科瓦伊教区教堂的大圣坛前举行。

第三部分

友情岁月

第一章

要跨过的门槛

维斯瓦娃在妈妈去世后继承了半栋公寓楼，但这在当时并非一件值得开心的事，相反是一种负担。她不能搬到这栋公寓楼中，因为除了姐姐娜沃亚和丈夫住在里面以外，其他房间里还住着租户。她们姐妹俩负担不起高昂的房产管理费用，所以在 1964 年时克拉科夫市法院就国民议会共产经济及住房管理局的申请设定了强制性抵押贷款。这项抵押贷款需要承担市政府对公寓楼的装修修缮的“现实”费用。这份已经泛黄的文件最奇怪的地方就在于，这座位于雷伊大街（因出现了敌视贵族浪潮，1951 年时，拉齐维沃夫斯卡大街正式更名为雷伊大街[1]，然而大多数人仍使用旧街名）

1 拉齐维沃夫斯卡大街是以贵族拉齐维乌家族姓氏命名的。——译注

的房产的两位女主人在上面被标注为“居住地址不详”，并且上面的房产分配结果为：“安娜·辛波斯卡拥有二分之一，玛丽亚·辛波斯卡拥有二分之一，玛丽亚·辛波斯卡拥有四分之一。”大家可以看到，上面的名字写得十分混乱[1]，分配比例也不对，公寓楼的面积大小也出了问题，所有的包裹收件人写的都是娜沃亚的丈夫伊雷纽什·克罗斯塔的名字。很显然，两位“玛丽亚”的名字都没有登记在这间家庭住宅的户口中，如果是维斯瓦娃还可以理解，毕竟她很多年前就已经不在这里居住了；奇怪的是姐姐娜沃亚，她一直居住在这里不曾离开。很显然她们俩在母亲去世后并没有去办理遗产继承，因为她们还记得在父亲去世后要缴纳高额税款的麻烦。在当时，私有财产并没有太大意义，所以也难怪这栋公寓楼会归住房经济企业委员会所有，而娜沃亚和她的丈夫在很长一段时间里只能算是这栋公寓楼 4 号中的租户。

妈妈刚刚去世后的这段日子是最艰难的，她们每天都会收到很多亲朋好友寄来的哀悼电报和悼念信。拉齐维沃夫斯卡大街的公寓中收到了和辛波斯基一家从战前就是多年好友的杰齐茨太太从托伦寄来的慰问信，她们的表姨卡齐米拉·奈伊曼因为身体原因没能来参加安娜女士的葬礼，也给她们寄来了吊唁信。卡齐米拉的女儿万达也写了一封信。当时正在巴黎的加夫利克在 1960 年 8 月 24 日给维斯瓦娃寄来了一封真挚感人的长信，他在这封“辩证”（他自称）的信中探讨了关于生死的问题，在信的结尾处表达了自己越来越深的爱意。他在下一封信中思考了自己上一封信是

1 当时维斯瓦娃和姐姐的全名分别是玛丽亚·维斯瓦娃·辛波斯卡和玛丽亚·娜沃亚·辛波斯卡。——译注

否准确地表达了他的情意；在接下来的一封信中，他在考虑是否要买一辆二手摩托车。维斯瓦娃的伤心和难过当然持续了更长时间，尽管如此，她也没有放弃9月去雅士别墅度假。这也无可厚非，因为当时的她的确需要休息，她也不想在众人面前展示她的丧母之痛。

她在扎科帕内给亚当·弗沃德克写信说："我迷迷糊糊地就到了这儿，终于找到了一个属于我自己的地方。"在雅士别墅，她拥有安宁平静，可以静心休息，心情也不错，尽管"以前那群人几乎一个也没来"。亚当在回信的开头称呼她为"独一无二的维斯卡！"，他告诉她，没收到任何一封"小帕维乌"写来的信。他本以为，加夫利克会早点从国外回来，因为他儿子在上体育课的时候从梯子上摔了下来，摔出了脑震荡。幸好孩子恢复得很不错，身体也越来越好。"小帕维乌"并没有提早结束自己的国外之行，这让弗沃德克有些不满意。他还在信中写了一大堆关于煤炭分配的事情，非常麻烦，因为维斯瓦娃给他留下的授权书不够，还需要有签字盖章认证的授权书才可以。

而辛波斯卡对煤炭分配带来的麻烦根本不在意，她醉心阅读托马斯·曼的《浮士德博士》。她被"亲爱的托马斯先生"的写作手法所折服，所以她在写这封关于这本书的信时使用了大量倒装长句。她对于小沃伊特克·加夫利克摔伤头的事一无所知，她说希望不会有什么严重的后果出现。"[……]我是有点心疼这个小男孩的，但是我也不想亲自去看望他，你应该理解我，不过你也可能不理解。"加夫利克在信中多次向她承诺，在从巴黎回来后，会去扎科帕内看望她；而就现在的情况来看，她猜想加夫利克应该会先回克拉科夫。然而她的猜想完全没有必要，因为她在下一封信中对弗沃德克说：“小帕维乌还在巴黎呢，这个混蛋。”在雅士别墅中，H 先生的陪伴让她感到很烦。这里的 H 先生最有可能指的就是她在《文学生活》的同事，耶日·霍尔登斯基。她认为他讲的笑话并不好笑，而且他很喜欢在别人背后嚼舌，这就让辛波斯卡更烦他了。

她在扎科帕内度假期间最重要的就是她为《浮士德博士》写的慷慨激昂的书评，她当时读的这一版《浮士德博士》是由她的好友玛丽亚·库莱茨卡－维尔普沙翻译的。“这本小说沉重、难懂，没有任何奇迹，也没有任何大场面，没有妙语，没有对知识的炫耀。它就仿佛是巴赫的《勃兰登堡协奏曲》音乐会，当你以为只是单调的拉弦声时，突然出现了未知的秩序，超越人类的美丽秩序。当然，我这里说的秩序不是主题的秩序，因为这本书所涉及的是一个极为混乱的时代。这里的秩序指的是头脑中的秩序，头脑会将顺序排好并对它进行评价。我们活着，想成为‘艺术家’，或许我们最终能配得上这个头衔，而同时还有一道门槛需要跨过去，在那道门槛后面，‘伟大的艺术家’这个称谓就显得很可笑，这个称谓对于托马斯·曼来说，就好像是江湖骗子的绰号和全学科博士的关系。这本书对于我们在波兰的人来说是过于温和的对希特勒纳粹主义的批判。曼和他笔下的主人公都没有撕破长袍，也没有把灰烬撒在头上（嘿嘿）。比起理性谴责，我们一般来说都更倾向于感性谴责。在我们听来，‘反人类罪’比‘疯狂的愚蠢’更合适，但是或许第二种说法才是更准确的呢？或许更应该教会人类如何全面地思考而不是热爱所谓的人性呢？如果社会秩序建立在共情的基础上，那么可能不仅仅是心灵上的共情，因为心灵本身就是异想天开、变化莫测的，因而还应该有理智上的共情。”

辛波斯卡对于托马斯·曼作品的喜爱和崇拜一直持续到她晚年。她的这份喜爱和崇拜是非常稳定的，也许这就是她说的“理智的”情感吧。托马斯·曼的作品对于辛波斯卡来说成了一个永恒的参照点，而托马斯·曼本身则成了作家的榜样，是一个具有使命感和奉献精神的散文作家的原型。正如她所说，曼是最后仅存的专业作家之一，她在《选读札记》[1]中也多次提到了他，也是她在和朋友聚会时为数不多的会探讨的作家之一，因为辛波斯卡一般都会避开这种文学探讨。

辛波斯卡发表于1963年的诗歌《托马斯·曼》并不是探讨他的写作艺术的。她将曼放在一系列自然现象之中，并且把他当作是一种和自然相悖、超越自然界秩序边界的“现象”。因为大自然不小心没看到他，所以“托马斯先生”以“手中握着威迪文钢笔的哺乳动物”的形象出现在世界中，生活在“永恒的国度”的秩序中。若不是他的出现，人们永远都无法发现，他们一些极为重要的东西被掠夺走了。这首诗中充满了对那些被称为人类的可笑的哺乳动物的反讽和同情，这样的写作特点也经常出现在辛波斯卡的诗歌创作中。

她是启蒙运动的拥护者，甚至可以说是狂热崇拜者。理智、教育、不受约束的思想，哪怕是在今天，这些也都是比最崇高的情感共情更为坚实的社会契约基础。“疯狂的愚蠢”在如今发展得

1 沃伊切赫·利盖扎曾写过对《托马斯·曼》这首诗的解读，他也为2019年弗罗茨瓦夫出版的维斯瓦娃·辛波斯卡《诗选》作序，并参与编辑工作。——原注

非常顺利，如火如荼，就像当年辛波斯卡读《浮士德博士》时一样。“理性的共情”和我们当代称为“同理心”的概念非常相近，对此感兴趣的人寥寥无几。辛波斯卡是一个睿智细腻、洞察力强的读者，很可惜她没有从事专业的文学评论工作。

她在雅士别墅度假的时候终于有时间创作了。她告诉弗沃德克：“一首小诗已经流淌到我的笔尖了。”然后她又详细地描述了她从布科维纳采来的一束飞廉花，对这个美丽的花束爱不释手。

她在几天后寄出的卡片中又提到了仍留在巴黎的“小帕维乌”，她对这件事发表了自己的看法：“生活还要继续。你知道的，生活不是浪漫爱情，而且短得就像一件儿童 T 恤。它也有它好的一面。总而言之，一句话，生活就是生活。”在这几句感慨中，既有苦涩也有欣喜，但是最重要的是忍耐，忍耐可以让我们更容易接受生活的本来面目。

弗沃德克在对辛波斯卡的感慨的回信中，使用了他们多年前爱的密码来称呼她——“帕布爱的皮皮（PKP），帕布崇拜的皮皮（PUP）”。这种有些令人厌恶的“小孩子气”的口吻强调了信中讲述之事无关紧要，他在信中讲述了自己正在忙的诸多工作：“你肯定看见了《横截面》杂志里小帕普的小专栏和我写的显克维奇的小文。”我想，他当时对于自己和帕普一起在“小马”（也就是马里安·艾勒）主编的《横截面》杂志上发表作品感到很满意。编辑部给这部图画故事加了注释：“福特拍了《十字军骑士》。两位《显克维奇三部曲》的爱好者——斯特凡·帕普（画家）和亚当·弗沃德克（诗人、显克维奇研究专家）因此受到启发，创作了一部关于查格沃巴的电影，下面请大家欣赏。”这里的“电影”

指的是十五幅图画组成的连环画，并不算十分有趣。如果从今天的角度来看的话，帕普的画比弗沃德克的文字要有趣。然而辛波斯卡却因为弗沃德克作品的出版以及弗沃德克传递出的好心情而感到十分开心。弗沃德克还在信中写道，甚至斯塔霞都变得“可以忍受”了。信的结尾处是花体字体签上的“PKP 和 PUP”。亚当和维斯瓦娃在 1960 年 9 月至 10 月的通信中，对于妈妈、哀思、死亡和失去只字未提。或许他们二人在电话里聊了这些事情，或许他们对此都绝口不提。他们之间情感的隐忍低调和亲密无间都是毋庸置疑的。

住在作家之家的辛波斯卡在 60 年代初开始申请房屋分配。在那个年代想要直接购买房产是一件非常困难的事情，根本不存在什么自由的房地产市场，而且辛波斯卡也负担不起买房的费用。当时人们可以申请共有产权公寓或者是新建成的公寓楼中的合租房，但常常要等上好几年，而新的公寓楼一般都建在城市边缘。作家们可以依靠波兰人民共和国赋予他们的特权，从而缩短等待周期。我不知道，辛波斯卡是不是使用了这一特权，还是说她那些有门路的编辑朋友帮了她的忙。不管怎么样，她是个超级幸运儿：她成功地获得了一套在布罗诺维采区一·一八起义大街（如今的皇家大街）上的公寓。她没有等很久，因为在信中从没写过有这个问题。但是出现了别的问题——那是一间微型公寓，甚至无法容纳两个人在里面居住。她于 1961 年拿到了这套分配给她的住房，但是直到 1962 年才搬进去，因为公寓是一个毛坯房，而且非常简陋。既没有盥洗室，又没有卫生间，更别提厨房了，就是一间甚至还没有规划各个屋内空间的“裸房”。但是女诗人却因为搬了新家而兴奋不已，她总算能够从作家之家搬走了。在那段时间里作家之家经历了严重的衰败，早已没了往日大家在一起聚会、娱乐、共同在餐桌旁度过愉快夜晚的灵魂，而且那里还没有热水，更没有暖气，取暖仍需要往老旧壁炉里添炭，会散发出难闻的气味和滚滚浓烟。维斯瓦娃在 90 年代还曾回忆过克鲁普尼察大街公寓楼里潮湿发霉的景象，房间里也总有一股挥之不去的臭味，这些都对住户们的健康有着恶劣影响。

亚当·弗沃德克在维斯瓦娃新家装修时鼎力相助。要知道，当时并没有建材商店或家居用品商店。那些可以买到浴缸、床、床垫或者灯具的商店里经常是空空如也，哪怕有些商品，也都毫无美感且很不实用，让人望而生畏。经历过那个时期的人们都会记得，那时候想要买到这些东西，只能去黑市或者去需要用外币购买的商店，只有富人才买得起。要想买到像样的商品还有一种方法，那就是给"好处费"。我猜想，辛波斯卡肯定不会自己去佩威克斯商店[1]买家具，一定是弗沃德克担起了"搞定"这件事的重任，因为要"搞定"装修必须得托关系找熟人，而且还得有强大的心（肝）脏。

"你的小屋正在一步步地迈向完美。明天砌墙的工作就要结束了，我肯定要和那些工人大喝一场，因为他们说了这是工程'封顶'必不可少的环节。浴缸和盆等家具很快也会运来的，可能你回来就能看到它们在家中闪闪发亮了。但是整个卫生间彻底完

1 佩威克斯商店（Pewex）是波兰人民共和国时期的一家只可以用外汇购买商品的连锁商店。商店中有很多进口产品，而且不需要像在其他计划经济时代的商店中那样排队购买。——译注

工你可能还需要再等待一阵。”——这是他在1962年11月写给辛波斯卡的信中汇报的。两年之后，弗沃德克依然在为了她的公寓忙前忙后：“我和木匠（做单人沙发）约好了，但是他要下周二才能来。除此之外还有个新麻烦：你的窗框很有可能是用潮湿的木头打造的，所以房间里有一块玻璃（阳台门下面的那块）不知道怎么就碎了。我当时正好在那儿，吓得我头发都竖起来了。不管怎么样，因为我是对你整个家负有全部责任的，所以我决定无论如何都由我来承担换新窗户的费用，但是我觉得，我们最好等一等，看一看是否还会出现这种情况。另外还有一点，房间的门也有点难关。”

那间小公寓真的非常小，小到甚至摆不下家具店卖的现成的家具。所以维斯瓦娃找弗沃德克的朋友斯特凡·帕普设计了小桌子、椅子、书柜。帕普不仅是一名画家，还是一名设计师。这样的家具设计可以让诗人在因空间狭窄而被称为“抽屉”的小公寓中相对自如地工作。

比起空间狭窄，更让维斯瓦娃感到不安的是紧挨着她那间公寓安装的电梯。这不是一部安静运行的电梯，因为在当时的波兰还没有生产出静音轨道电梯。电梯外面包裹着的沉重的金属大门每次开关都会发出巨大的声响，电梯上下运行时也会发出吱吱的噪声。女诗人非常怀疑，在这样的电梯旁边能睡得着觉吗？她在给弗沃德克的信中也表达了这种担忧。

这间门牌号为89的小公寓位于一·一八起义大街82号的四层，有一个宽敞的阳台。在这个阳台上曾经诞生了好几张经典美丽的照片，其中就包括安杰伊·扎克给她拍的人像照以及她和儿时最喜欢的保姆玛蕾霞·科尔奇科娃一起拍的照片。玛蕾霞在她搬到这里后，还时常来帮她打扫这间“抽屉”。有一次在辛波斯卡外出度假时，玛蕾霞给她的公寓做了一次彻底的大扫除，后来，弗沃德克来的时候就看到了书架上的书全部按大小、颜色非常整齐美观地摆在了一起，但是似乎有点不实用……他说：“我仿佛看到了伊日科夫斯基在专栏中所描述的他的管家在复活节之前把他那里收拾得干净整齐、一尘不染的样子。”

***

20 世纪 60 年代对于辛波斯卡来说是一个旅行的年代。她曾到访了苏联，特别是去了格鲁吉亚（1963 年）；多次前往法国（1965 年、1967 年），除了巴黎以外还去了法国南部；在南斯拉夫和作家朋友们一起到了达尔马提亚、马其顿和遭受了严重地震的斯科普里（1963 年）；另外还参加了在哥本哈根郊区的克拉格鲁普举办的一次波兰丹麦作家座谈会。她的诗歌被翻译成了多种外语，她也成了可以享受波兰作协特殊待遇的作家，其中一项待遇就是出国交流。当时的确可以办理个人出境前往巴黎或罗马（只要能够办理好护照和签证），但是只有当时最受欢迎的作家才能负担得起。雅罗斯瓦夫·伊瓦什凯维奇曾游历意大利，并到访巴黎，都没有借助作协奖金的资助。也有一些其他作家是在外方出版社的邀请下出国的。并不喜欢去申请作协特殊待遇的辛波斯卡无论是去西方国家还是东方国家，哪怕能待上几天都让她心满意足。参观博物馆（只要不是太过冗长的行程）、和译者及其他国家的作家见面交流、新的风景、有趣的风貌和新认识的朋友都让她倍感开心。

在一张辛波斯卡和多年好友马林娜·扎古尔斯卡拍摄于格鲁吉亚的照片上，她笑靥如花，看起来轻松自在，精神百倍，皮肤闪着小麦色的光芒。她穿了一件带拉链的运动外套，戴着一副时髦的太阳镜，手上拿着一个网兜袋。还有一张在山中拍的照片上，她也穿着这件外套和一条剪裁很好的渔夫裤，旁边有一位满面笑容的男士，应该是耶日·扎古尔斯基，看来这张照片肯定也是在格鲁吉亚拍的。

还有一摞度假时的照片也差不多都拍摄于这段时间。其中一张照片上，女诗人倚靠在一辆摩托车旁，头上裹着精致的丝巾。辛波斯卡和摩托车在一座小山顶的路边，下面是一片郁郁葱葱的绿地，远处的背景中依稀可见一些建筑物。我们都知道，加夫利克是骑摩托车的，所以这张照片可能拍摄于他们共同的一段旅程中。在另一张照片上辛波斯卡凝视着照相机取景器，从她在照片背后的标注我们可以得知，她旁边的那位男士是兹比格涅夫·瓦西莱夫斯基。在一张 1963 年 7 月拍摄的维斯瓦娃和塔德乌什·奥尔谢夫斯基的合影上，他们两人坐在山泉水疗养中心门前的一辆小马拉着的二轮马车上。他们后面的背景中是棕榈树和一尊带雕像的喷泉。暑假、雅士别墅和出国旅行都是她缓解编辑部工作压力的休闲方式，是她享受娱乐聚会、打情骂俏和俏皮谈天的时间。她是一个美丽优雅、魅力四射又趣味横生的女性，她喜欢有男士陪伴的时光，特别是能逗她开心的男士。

在翻阅这些信件的过程中，我发现了一系列情书，都来自一

维斯瓦娃和塔德乌什·奥尔谢夫斯基 1963 年 7 月在马车上的合影

位女诗人忠实的爱慕者——塔德乌什·奥赫莱夫斯基，他比辛波斯卡年长很多，是克拉科夫国家音乐出版社的创立者，担任出版社社长多年。他们应该是在辛波斯卡和出版社合作的机缘巧合下相识的。辛波斯卡自 50 年代末承担了各种各样委托给她的工作，比如（和伊雷娜·加日泰茨卡一起）为童子军写了歌谣集《队伍在歌唱》，翻译了歌剧剧本，还为维瓦尔第的《四季》中的两个乐章写了两首十四行诗。奥赫莱夫斯基鼓励她再为其他两个乐章写诗，这样就可以用到整场音乐会中，届时诗歌将由索菲娅·雷休芙娜朗诵。他给辛波斯卡写了很多长信，称赞她出类拔萃的天赋、美貌和智慧。他在信中这样写道："给亲爱的维斯瓦娃·辛波斯卡，她仙姿玉貌，诗笔生花，令人过目难忘，我希望能够听她对我低声耳语。""亲爱的美丽女士，每当我眼前浮现出您的形象，我都会告诉我自己：你早就该爱上她了！你本可以不告诉她，因为你哪配得上她呢……”“每当我闭上双眼，都会看到您那闭月羞花的面庞，您总是笑靥如花。”“哦，一阵阵涌来。比如就在此时，对你爱慕的热浪涌来。我清楚地看见了你，就好像你坐在桌子旁边。你闪着爱和美的光芒。你，举世无双！我希望你能一切顺利，你是如此美丽动人，我亲爱的。”

如果爱慕者没有其他更多的要求，收到这样情意绵绵的信也许是一件乐事。当时奥赫莱夫斯基提出想和辛波斯卡喝一杯不再使用敬语的交杯酒[1]（她拒绝了），并且希望能在其他场合见面。这些信情深意切，有时也带着泪水，甚至充满了难过和遗憾。随着时间的推移，这些信肯定也对收信人造成了一定困扰。多年之后，当我带着中立的目光去读这些信时，一个伤心欲绝、形单影只、孤独变老的男人形象跃然纸上。我相信，心思细腻的辛波斯卡肯定也感受到了他心中的忧愁。

辛波斯卡和兹比格涅夫·赫贝特在那段时间的通信却完全是另一种风格，在《一些恶毒的神明残忍地嘲笑了我们》这本书中公开的来信里，处处闪烁着轻松和幽默。他们之间的大部分通信都是妙趣横生，轻松随意的。当然他们二人写信的风格和笔触都是诙谐睿智的，所以这些信也不可能有其他风格。我认为，他们俩之间的书信往来和辛波斯卡与亚当在最初阶段的通信异曲同工，都没有在信中交流最重要的事情。因为当时有电话，可以面对面的交流，或者和更多的朋友一起见面，那时他们交流的主题就不

1 交杯酒指两个人缔结友谊或更亲密的关系时喝的酒，通常的形式是喝一杯交杯酒后不再使用“您”或第三人称礼貌称谓，而像平辈或亲近的人之间交流一样使用“你”。——译注

只是趣闻轶事了。更深层次、文学层面的交流在诗中留下了痕迹。《和石头对话》和《小石头》是对同一个事物的双重哲学思考。1961 年辛波斯卡在《新文化》上发表了《和石头对话》，后来这首诗被收录在了诗集《盐》中。赫贝特的这首《小石头》收录在 1961 年出版的诗集《客体研究》中，最初来自诗歌广播剧《诗人重建》，首次发表于《大众周刊》。[1] 石头和小石头都不是二位诗人诗歌中的主体，他们所探讨的是人类认知的边界。如果这两首诗是两位诗人之间对话的重现，那么他们所进行的一定是对自然、物质世界、物质与非物质的界限的讨论。赫贝特从青少年时代起就对哲学非常感兴趣，如果以辛波斯卡记录她所读书目的笔记来看，她阅读了大量哲学经典著作。他们俩在这场探讨中可以说是棋逢对手。或许他们后来不曾再回到这个话题中，在他们的通信中也找不到探讨这个话题的痕迹，但是对事物本质的思考对他们二人的写作都有着深远的影响。赫贝特自己后来也认为《小石头》对他的创作意义重大。

我们从后来的通信中还得知，赫贝特认为《盐》是辛波斯卡最杰出的诗集，他对这本诗集赞不绝口，还把它寄给了切斯瓦夫·米沃什，希望米沃什能把其中的诗歌翻译成英文。[2] 总的来说，《一些恶毒的神明残忍地嘲笑了我们》中洋溢着轻松欢乐的气氛。尽管诗人有时并没有躲在弗龙茨科维亚克的面具后面，但是他想

1 见《大众周刊》1961 年第 37 期第 5 页，整部剧作发表于《纽带》杂志 1960 年第 11 至 12 期。——原注

2 维斯瓦娃·辛波斯卡，兹比格涅夫·赫贝特，《一些恶毒的神明残忍地嘲笑了我们，1955—1996 年间的书信往来》，第 67、69 页及注释。——原注

要给收信人带去欢笑的意图十分明显。或许他不仅仅是要逗她发笑，他更在意的是高级的幽默感，因为在他看来，这是一个非常重要的优点。当然他自己是绝对不缺少这种高级的幽默感的。辛波斯卡紧紧跟随着他的脚步，但是并没有触碰到疯狂的边界，而他有时在信中（不仅仅在信中）开的玩笑在边界处来回徘徊。“柽柳呀，我求求你了，你别发疯了！”辛波斯卡在信中提醒他，另外还提到了他给杂志社诗歌出版带来的麻烦，因为他把答应寄给《文学生活》的诗寄给了《创作》编辑部。

安杰伊·弗拉纳塞克曾在赫贝特的鸿篇传记中写过他独特的幽默感：“扬·约瑟夫·什切潘斯基在某次喝酒聚会结束后写道：‘兹比舍克开始发疯，逗了我们几个小时，直到笑得肚子疼，[……]但是其中总是藏着些不安，在欢乐的背景中隐藏这一丝阴郁。’”[1]

什切潘斯基还讲过一个有关赫贝特发生在读者出版社著名的食堂里的一幕。当时，什切潘斯基正在和导演安东尼·波杰维奇及其助手商量一些事情，和他一起来的赫贝特去拜访了他在编辑部认识的女编辑们。过了一会儿，在编辑部通往食堂的楼梯上出现了一位女性形象的人，她（他）身着舞会晚礼服，脚蹬高跟鞋，浓妆艳抹，头上裹着丝巾，迈着摇摇晃晃的脚步走到了什切潘斯基和导演的桌旁，当时什切潘斯基正在说自己的小说改编成电影的事。不太清醒的赫贝特陷在了自己的世界中，他问什切潘斯基的客人们，到底他们更看重钱，还是艺术。什切潘斯基同桌的客

1 安杰伊·弗拉纳塞克，《赫贝特传》第一卷，克拉科夫，2018年，第788页。——原注

人们都被吓跑了，赫贝特对自己的所作所为感到非常满意，然后他换上了自己的衣服，把什切潘斯基送到了火车站。扬·约瑟夫·什切潘斯基是一个非常大度的人，但是他在谈起赫贝特“变装的疯狂”时非常严肃地说：“他当时觉得非常好笑，但是我离开的时候非常生气。”[1]

我觉得，辛波斯卡可能不止一次地说过同样的话。她讲过很多次“弗龙茨科维亚克”打电话给别人的故事，在她的讲述中，除了谈到诗人的搞怪，还有一丝对他如此轻浮的恶作剧的不满。辛波斯卡看重的是更高级的、自然的笑料，她不喜欢搞笑的人让她陷入尴尬境地，无疑赫贝特有的时候会这样做。

同样在她的信中，我们有时候也能读出一些她对赫贝特极度玩世不恭的态度的不耐烦：“的确，没有你我会变得干涸，但是没办法，看来有些事是命中注定的，谁也拗不过。但是我无法接受你什么作品都没给《文学生活》寄这个事实。你行行好吧！把你的才华横溢的杰作分给我们的杂志一点吧！那样我就会高兴得把鲜花插在头上，手舞足蹈，掌声不停。真的，给我寄几首新写的诗歌吧！”[2]在他们的通信中，承诺交稿又不按时交稿这件事是经常出现的话题。辛波斯卡非常重视能够将赫贝特的诗歌发表，而他似乎喜怒无常，有时候刚寄来几篇，又找个借口都要了回去。

安杰伊·弗拉纳塞克在诗人传记中曾写过这样一段话：“如果

1 安杰伊·弗拉纳塞克，《赫贝特传》第一卷，克拉科夫，2018年，第789—790页。——原注

2 维斯瓦娃·辛波斯卡，兹比格涅夫·赫贝特，《一些恶毒的神明残忍地嘲笑了我们，1955—1996年间的书信往来》，第58页。——原注

我们通过他们留下的信件的价值来衡量兹比格涅夫·赫贝特和他人的人际关系，那么毋庸置疑，至少在个人魅力这一类中，我们要把他的友情、调情、恋情放在第一位，但是或许只有他和辛波斯卡之间笑料百出的真挚情谊才配得上这个第一吧。”[1] 读者在阅读完几十封独具特色的信后肯定会提出一个问题，尽管这个问题弗拉纳塞克在传记中非常清晰地阐述了，但是依然没有回答：这两位杰出的、与众不同的人之间这么多年来到底是一种什么样的情感？他们俩中任何一个人都不愿意对这段关系下一个定义，比起流传的故事，这些信给读者们留下了更深的疑问。他们的关系多年来一直是处于变化之中的，也许在最开始的时候，迸发出火花的不仅仅是幽默感吧……那么他们没能够成为亲密长久的恋人，其中一个重要原因就是他们二人原则性的性格差异：辛波斯卡喜欢开玩笑和娱乐，但是绝对不是疯狂无节制的，而这一点恰好在赫贝特的行为中常常出现。辛波斯卡很尊重她的熟人和朋友，她不会以他们为代价来开玩笑。她更冷静成熟，也比他更重视平衡和和谐。赫贝特缺乏在感情中一对一的专一，这在辛波斯卡看来还不是最让她无法接受的，更让她觉得不适的是他的自私和无时无刻都要处在大家关注的核心。所以我认为，不能凭这些通信就大肆宣扬，那个时代最伟大的两位诗人之间的情感是爱情。况且，他们之间的友谊已经足够有趣了。

辛波斯卡和斯塔霞·普拉图夫娜的友谊和与赫贝特的友谊有着天壤之别，尽管都离不开文学牵线搭桥。斯塔霞·普拉图夫娜

---

1 安杰伊·弗拉纳塞克，《赫贝特传》第一卷，克拉科夫，2018 年，第 806 页。——原注

是一位著名的青少年文学作家。她们两人之间的友谊也许没有和赫贝特的友谊那般轰轰烈烈，但是两位在起步阶段有着相同经历，后来却有着截然不同命运的女作家的友谊也一定是非常有意思的。

对于两位女士的关系我知道的并不算多，我只能以普拉图夫娜给辛波斯卡写的信，以及我们之前已经讲过的、她们在克鲁普尼察大街公寓“小剧场”拍的一些照片作为了解的基础。1952 年斯塔霞搬到了弗罗茨瓦夫。她在成为作家之前曾在旅行剧团、书店和广播电台工作过。1956 年，她发表了自己首部写给青少年的小说《三口井的秘密》，她后来的作品也都是以青少年读者为受众群体的。她在其中一封信中祝贺了维斯瓦娃获得了国家颁发的诗歌奖，但是她似乎并不看重诗歌创作，她建议好友可以改行写推理小说或者青少年文学，她有些高高在上的态度让人感觉，只有写小说才可以称得上是作家。她也是中小学教材中的短篇小说的作者。

她没有成为享誉全国的小说家。在晚年的时候，她所获得的成就已经无法满足她的上进心了，她时常在信中抱怨不被认可和缺乏“一气呵成的灵感”。斯塔霞的很多信中满纸写的都是抱怨和生活中的困难。她常常会在信中写自己的疾病，自己母亲的、丈夫的甚至狗出现的问题。其中最大的问题就出自她的丈夫，他不仅不尊重她，不把她的写作事业当回事，不认可她的才华和天赋，还屡次出轨。随着时间的推移，斯塔霞对丈夫的不满越来越强烈，信中也出现了他卑鄙下流行为的越来越多的细节。悲痛欲绝的斯塔霞和维斯瓦娃说，尽管如此她却做不到和他分手，哪怕他已经爱上其他人了，但是她还爱他……我不知道辛波斯卡是如何回复的，我只能从来信人的字里行间猜测，辛波斯卡应该劝说了斯塔霞从这段不幸福的关系中解脱出来。

斯塔霞的信主题单调，内容无趣，总是充满着忧伤和痛苦。她总是被一些琐碎小事缠身，在信中啰啰唆唆地把这些鸡毛蒜皮的小事的细节全都写了下来，信写得枯燥无味。我很佩服辛波斯卡对待年少时所交的朋友的这种真诚，因为在60年代初，她和斯塔霞的人生道路可以说是齐头并进的，或者说还是有很多相似之处的，但是到了后来，她们之间早已没有了共同之处。也许正是共同的起点、相似的年少时的梦想让辛波斯卡和苦命的斯塔霞继续保持着通信往来，也或许是女性之间团结的力量。只有一张辛波斯卡写给斯塔霞的信被保留了下来："亲爱的斯塔霞，我不知道这张卡片寄到的时候你是否已经完成了西伯利亚朝圣之旅并回到家中。不管怎么样，都请接受我最诚挚的圣诞和新年祝福，维斯瓦娃。"她还画了一颗星星，然后补了一句："你回来后就立刻给我写信！"然而这张卡片却被退了回来，因为就在祝福寄出的当天，斯塔霞开煤气自杀了。西伯利亚之行并没有能够抚平她心中的伤痛。

随着时间的推移，辛波斯卡和达努塔·赫伯特－乌拉姆的通信也变得悲伤起来。兹比格涅夫·赫贝特的这位堂妹在巴黎定居后，遇到了所有移民者都会遇到的典型困难：无法找到和自己专业相关的工作，缺钱，住房困难，思乡，以及因无法融入周围环境而感到失望。波兰的好友们来探望也无法弥补她的空虚，更没有减少她的思乡之情。维斯瓦娃在巴黎的时候经常和达努塔见面，扬·约瑟夫·什切潘斯基、斯瓦沃米尔·姆罗热克也经常和她见面，而“小帕维乌”在巴黎的时候甚至就住在她家。当然，兹比格涅夫·赫贝特也去看望了她。达努塔给辛波斯卡寄了一张自己堂哥在巴黎朋友的公寓中拍的照片。照片上的赫贝特正在慷慨激昂地发表演说，他的穿着十分优雅：白衬衫、夹着领带夹的领带、黑马甲和西装裤。他的姿势看起来又像在跳舞，旁边有两个聚精会神看着他的法国人，镜头最前面是某人举着酒杯的手。照片背面的注释清楚地说明，酒杯在这场聚会中频频被举起。达努塔的丈夫尤利乌什·乌拉姆写道：“亲爱的小维斯卡，如果你能读懂这些非常可爱的人儿在半醉半醒状态下写的潦草涂鸦，也请你接受我最诚挚的问候，祝好运。”他的妻子还用了一个航行的双关语：“维斯瓦，你流淌吧，有时也请你为了船只的顺利航行干一杯吧！”赫贝特歪歪扭扭地写了一行字：“亲爱的朋友，亲吻你的双手【此处画了一个星号和一个注释：吻】，Z. 赫贝特。”

维斯瓦娃送了达努塔一枚戒指和一个手镯，还有一本亚

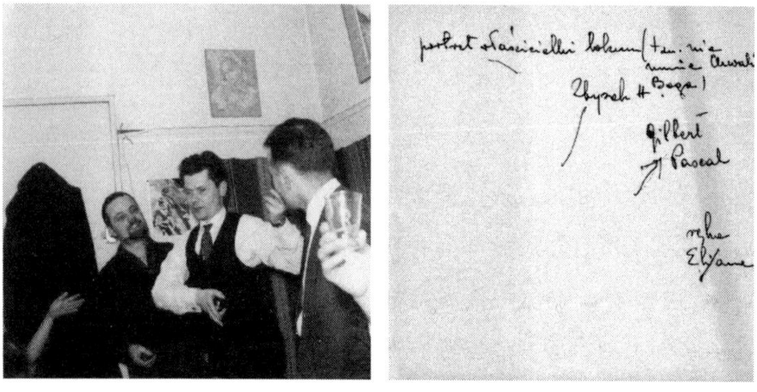

兹比格涅夫·赫贝特和乌拉姆夫妇的巴黎朋友们，以及离镜头最近的当天聚会的主题——酒杯

当·弗沃德克写的犹太幽默文选，达努塔鼓励维斯瓦娃和她一起去西班牙度假。她还说，她可以给维斯瓦娃买哮喘药，她也劝了维斯瓦娃换房子，因为那间公寓会加重她的哮喘，还会引起皮肤问题，显然辛波斯卡之前和她提过她的公寓有这样的问题。达努塔1962年寄来的信中再次邀请维斯瓦娃来巴黎，她还在信中提到，如果维斯瓦娃去丹麦，应该顺路来她这里，她也可以负担维斯瓦娃的路费。她在信中还附上了用打字机打的一篇有些牵强浮夸的《盐》的书评。60年代末的时候，她们俩的通信中出现了裂痕，这肯定和达努塔一直只在信中抱怨自己的丈夫有关。她的丈夫是个粗心大意的发明家，酗酒的问题越来越严重，他们眼前除了贫穷一无所有。维斯瓦娃的回信非常简短，我们从达努塔在信中对此的抱怨就可以知道。而且更让达努塔伤心难过的是，她翻译了辛波斯卡的诗集，但是没能出版。尽管维斯瓦娃已经失去了和她通信的热情，但是她们之间一直都保持着联系。达努塔后来身患重病，丈夫也去世了，她是辛波斯卡在获得诺贝尔奖后一直在默默给予经济帮助的人之一。

* * *

尽管后来很多人还怀念在漫长的波兰人民共和国时期短暂的“稳定时期”，但是这段日子对于辛波斯卡来说也算不上稳定。政治变革，让她坐立难安。1964年，作家和学者们给时任总理约瑟夫·西伦凯维兹写了一封抗议信，反对收紧政策。西伦凯维兹并没有回复，但是这封信被自由欧洲电台公开刊登了出来。因为当时这样的公开抗议并不多见，所以这件事在世界媒体范围内引起了极大反响。三十四位知识分子的上书在《泰晤士报》上公开发表。

“三十四上书”绝对不是一封政治意义上的抗议信。三十四位作家及知识分子对限制用于书籍印刷的纸张分配供给（纸张当时是稀缺商品）和预审提出了抗议。这封只有两句话的信是由安东尼·斯沃尼姆斯基撰写的，由扬·约瑟夫·利普斯基收集了签名。后来又有十位知识分子给《泰晤士报》写了第二封信，批评第一封公开信……

辛波斯卡非常不愿意提起自己曾在反对抗议信的那封签名信上签名一事。但是在签名信的版本问题上闹出了一些不愉快。

辛波斯卡肯定不愿意听到自己也被算进了“天真的知识分子”这一群体，但是我们也不得不承认，什切潘斯基在三年之后又在日记中记录了对她同样重要的一件事：

> 1967年2月7日
>
> 读者来信：波兰作协克拉科夫分会基层党组织向党中央委员会致函，支持对科瓦科夫斯基事件的立场，开展对科瓦科夫斯基和内韦雷“作品的调查分析”。[1]

莱谢克·科瓦科夫斯基周围的一个团体提出了要维护波兰国家主权完整，从依赖苏联的经济模式中解放出来，开展经济改革。

---

1 扬·约瑟夫·什切潘斯基，《日记》（第三卷，1964—1972年），克拉科夫，2014年，第198页。——原注

莱谢克·科瓦科夫斯基本人在华沙大学历史系召开的大会上发表了题为《波兰文化在近十年内的发展》的演讲，提出了一些批评意见。

为了声援莱谢克·科瓦科夫斯基，几位华沙的文人知识分子做了过激的事情。

辛波斯卡当时也做出了同样的过激举动，只不过并没有多少人知道。

事后辛波斯卡唯一担心的就是会被《文学生活》开除，因为这本刊物的编辑部具有浓重的统一工人党的属性。安娜·比康特和尤安娜·什琴斯娜认为，她当时的担心也不算太严重，因为她自己还说过，可以在一段时间内靠自己的积蓄生活，她的钱够她每天吃上荞麦饭和酸奶。她本来生活就很艰苦朴素，所以这对她来说也算不上世界末日，贫穷曾经对她来说是生活的常态。

辛波斯卡的确不再承担编辑部的全职工作，也不再担任诗歌部主任的职务。她依然会来编辑部上班，参加会议，和作者们见面、约稿。就是那时候她开始撰写书评，并结集成一本非常可爱的书——《选读札记》，这也是她在这一特殊时期最显著的成果。

* * *

在60年代中期，辛波斯卡和加夫利克的关系变得非常松动，确切地说，是辛波斯卡按照自己的习惯，将这段关系转化为了友谊。在一段时间过后，大概是在1967年年初，她和科内尔·菲利波维奇的友谊成了生活中极为重要的组成部分，这段友谊随后也成为多年的爱情。

他们从一开始就认识，因为克拉科夫的文学圈子并不大，圈子里的所有人都相互认识。亚当·弗沃德克在波兰被纳粹占领期间就已经和菲利波维奇相识。他们经常在位于沃布佐夫斯卡大街的“读者”书店见面。菲利波维奇曾在那里工作过一段时间，他经常去那里还有一个原因，就是因为他心爱的姑娘玛丽亚·雅雷马在旁边的“画家咖啡馆”工作。弗沃德克和菲利波维奇虽然相识，但是并没有成为好友。菲利波维奇当时由于参加地下活动经常要出国，后来他被逮捕了。二战结束后，他们二人发现彼此政见不同，有时还截然相反。弗沃德克和菲利波维奇的妻子、同样是党员的玛丽亚·雅雷马，以及她的哥哥弗瓦迪斯瓦夫·雅雷马关系更好。

科内尔·菲利波维奇

当辛波斯卡被比康特和什琴斯娜问起她对科内尔的印象时，她曾这样说过：“我第一次见到科内尔大概是在 1946 年或者 1947 年的时候。[……] 我也不记得是在哪见到他的，但是我记得他给我留下的深刻印象。发白的浅金色头发，晒成古铜色的皮肤，整个人花里胡哨的，一条洗得发白的蓝裤子，当时还不流行穿牛仔裤，上身穿着一件漂亮的奶油黄色套头衫。我当时就想，‘老天啊，这个男人真帅’。但是当时我们并没有任何交集。很多年来，我们都是远远地望着对方。”[1]

在他们“远远相望”的那些年中，她成了一位备受赞誉的诗人，而他成了一位赫赫有名的小说家。科内尔和玛丽亚有一个儿子，名叫亚历山大，是由玛丽亚娘家、被大家称为“雅雷马家族”的大家庭抚养长大的。玛丽亚自己致力于绘画和舞台设计的艺术创作，在创作过程中克服了很多困难——多年来尽管她的观点明显是左翼的，但仍被认为是“资产阶级”艺术家。因为她的画作过于抽象，所以大家都认为她的作品对于波兰大众来说过于晦涩难懂，也过于先锋前卫了。

科内尔·菲利波维奇和玛丽亚·雅雷马是一对自由的艺术家夫妻。艰难的关系和在保守的波兰文化世界中争取一席之地，都给他们设置了重重险阻。他们在二战爆发前就成了情侣。1939 年秋天，在从德国人的囚禁中逃脱后，他住进了雅雷马家位于沃拉尤斯托夫斯卡的房子。在纳粹占领波兰期间，他们的儿子亚历山大出生了。当菲利波维奇因开展地下活动而被押送进集中营时，

1 安娜·比康特，尤安娜·什琴斯娜，《纪念杂物——维斯瓦娃·辛波斯卡传记》，克拉科夫，2012 年，第 206 页。——原注

玛丽亚·雅雷马通过菲利波维奇上学时就认识的多年好友、住在切申的赫塔·戈隆奇科给他送包裹，这样才让他能够在可怕的饥饿中坚持了下来。这位作家从集中营回到家中的时候身心都受到了严重的摧残，持续了数月的复建和疗养对夫妻二人来说都是无比艰难的。极度贫困和年幼的儿子的身体问题更让他们的生活雪上加霜。尽管后来他们的生活略有好转，没有变成严重的悲剧，但是日子依然不好过。他们俩都是不愿妥协、刚直不阿的人，他们对待自己的艺术创作的态度十分严肃，但是却完全忽视了物质生活。他和玛丽亚的关系也塑造了他往后余生的生活态度和观念。

1958 年 11 月，玛丽亚·雅雷马在自己的创作蓬勃发展之际，因白血病去世。[1] 菲利波维奇还没有从丧妻之痛中缓过来，玛丽亚的双胞胎妹妹努娜也被白血病病魔夺去了生命。在努娜患病期间，菲利波维奇像对待自己的亲妹妹一样照顾她。

在这一双重惨剧发生了几年之后，他和玛丽亚·普鲁赫尼茨卡结为夫妻，生了一个儿子，名叫马尔钦。他们的婚姻没过多久就破裂了，但是他们的儿子马尔钦却一直坚称，他的父母从未正式办理过离婚手续。

菲利波维奇自 1966 年开始给维斯瓦娃·辛波斯卡写信，在一开始他使用敬语，非常正式地称呼她为“维斯瓦娃女士”。他给她寄去了几张克拉科夫动物园的猴子照片。几个月后，在 1966 年 12 月，他向维斯瓦娃转达了尤利安·普日博希的问候，并且确定地说，辛波斯卡在当时他所在的布拉格有很多追求者。下一张明

---

1 阿格涅什卡·道克沙，《雅雷马家的女人》，克拉科夫，2019 年。这本书中记录有女画家玛丽亚·雅雷马一生丰富的经历，以及她和菲利波维奇的恋爱关系。——原注

信片是他从慕尼黑寄给她的，那时他已经和女诗人互称姓名，并告诉她，他正在给她寻找她收藏的那些东西。辛波斯卡当时收集了很多明信片和稀奇古怪的东西，她特别喜欢收集那些又土又俗的东西。菲利波维奇在那段时间频繁出国旅游，1967 年的时候他从苏联给维斯瓦娃寄了一张明信片。他去参观了契诃夫墓（之前亚当·弗沃德克也去过）和雅尔塔契诃夫博物馆。“[……] 看来塔德乌什·鲁热维奇的观点并不正确，不是所有才华出众的人都是矮子。比如，安东·帕夫洛维奇[1] 身高 1.86 米。我非常得意地把这个消息告诉你。你的科内尔·菲利波维奇（1.82 米）。替我拥抱埃娃和亚当。”[2] 相比之下，塔德乌什·鲁热维奇不高，弗沃德克也不高。在那个年代，辛波斯卡和菲利波维奇就算个子高的了，就像契诃夫一样。

辛波斯卡于 1967 年 9 月在雅士别墅度假时所写的信中出现了埃娃·利普斯卡。这一次，是她负责照看辛波斯卡的公寓，给她浇花，帮她拿信。在弗沃德克告诉辛波斯卡科内尔从莫斯科给她寄来了一张明信片的时候，就是去看契诃夫的那张（但是弗沃德克对于天才和身高之间的关系只字未提），埃娃·利普斯卡通过弗沃德克向辛波斯卡转达了问候和她们之间历久弥新的情谊。在接下来的二十年中，这个充满笑话、真诚帮助、相互启发并且经常一起聚会的朋友群将一直存续下去。

1 即契诃夫。——编注

2 维斯瓦娃·辛波斯卡，科内尔·菲利波维奇，《书信集——世界上过得最好的就是你的猫》，克拉科夫，2017 年，第 7 页。——原注

第二章

魔山

辛波斯卡非常不愿意讲述自己的私人生活，因此只有身边最亲近的亲友才知道当时的她是什么样的。克拉科夫文学圈并不大，大家相互之间都认识，所以各种八卦新闻更是层出不穷。在这个圈中，什么都不用说，“大家”也都会知道……所以“大家”也都知道，辛波斯卡和扬·帕维乌·加夫利克交往过一段时间。但是，“大家”并不知道，她和菲利波维奇约会。比如，“大家”都不知道，维斯瓦娃7月没有和科内尔去钓鱼，尽管他一直央求她一起去，因为维斯瓦娃不喜欢露营。但是她收到了一张他寄来的卡片，上面除了问候还画着一个帐篷。

科内尔·菲利波维奇喜欢在有水的地方度假，确切地说，是特别喜欢。在他青少年时期就经常组织划皮划艇和钓鱼。他的空闲时间都被这两项爱好所占据。“雅雷马家族”的成员们曾和他一起游泳。他们的儿子阿力[1]从还是个孩子开始就和他们一起划皮划艇。他每年春末就开始给皮划艇补色刷漆，并开始准备去水边度暑假的装备了。菲利波维奇的爱好在当时算不上是前无古人——在五六十年代的知识分子圈里非常流行这样的度假方式。耶日·图罗维奇、沃伊切赫·普莱温斯基、卡罗尔·沃伊蒂瓦及很多名人当时都是克拉科夫皮划艇爱好者一族。在那个时代，由于休闲体育基础设施建设的极度落后，在河中或湖中划艇就如同实现孩童时期的梦想一般美妙。

维斯瓦娃更喜欢利用周六和周日的时间在克拉科夫短途旅行。“小帕维乌”经常带她去骑摩托车，后来她和科内尔经常搭朋友们的车（他们俩一直都没有车）一起去拉巴。这和她在晚年提到自己所说的不太一样，因为这样看她可能是喜欢旅行的，起码是喜欢和菲利波维奇一起旅行的。她甚至还和他一起去住过帐篷露营，当然还不是 1967 年或者 1968 年的时候。

科内尔经常在路途中，但是不仅仅是旅游，他也经常被邀请去波兰各地参加作家见面会以及去国外参加新书出版推广会。那些从布拉格、慕尼黑、切申、柏林、德累斯顿寄来的明信片开启了他和女诗人文采飞扬、风趣幽默的书信往来。1967 年 12 月他在柏林，“一个人住在空荡荡的、奇怪的、到处是犄角旮旯的房子里（他还加了一句，‘就像卡夫卡住的地方一样’），听说里面还会闹鬼”。他在那里还给维斯瓦娃买了一个毛绒玩具小猴子，这是他

1 亚历山大的昵称。——译注

找遍了东德才买到的唯一一只。“（这小猴子）看起来像穿了别人的皮毛外套……”他从德累斯顿给她寄来了一张印有伦勃朗《犹太新娘》的明信片，并和她说这是他最喜欢的一幅画。

他们在1968年3月一起去了兰茨克罗纳度假，其中一部分时间他们是各自在度假村度过的。先是科内尔给维斯瓦娃写信说，他在等待她的到来，然后她又给他写信说，希望他来看她。他们二人都在信中表达了思念之情，他甚至还更向前迈了一步，称她为“亲爱的”，尽管这个称呼只是在脚注中；而她则大大方方地称他为“亲爱的科内尔”。他们之间温情脉脉的书信往来是由一封维斯瓦娃亲手起草的“在兰茨克罗纳逗留期间应严格遵守的规定”开始的，规定中提到了一位虚构的人物——杰尼亚，她是忌妒的化身（也出现在后面的其他信中），不可以向杰尼亚透露他们所在的地方。

辛波斯卡和友人的书信往来是一种幽默的文学形式，是对传统的玩味，是灰暗现实的解毒剂。正因如此，在这些信件中很难找到关于当时在波兰或欧洲发生的现实事件的内容，政治局势则属于他们在面对面的谈话中探讨的话题，这样的谈话经常是情绪化的。1968年5月菲利波维奇在信中写道：“我在华沙的事办得并不顺利，我见面时告诉你。公共事务看起来也不怎么样。”接着又委婉地安慰她说：“但是湿度计、气压计和其他测量仪器都显示，即将有个好天气到来，狩猎也将满载而归。”[1]

在3月的事件之后，亚当·弗沃德克给维斯瓦娃写信，告诉

1 维斯瓦娃·辛波斯卡，科内尔·菲利波维奇，《书信集——世界上过得最好的就是你的猫》，克拉科夫，2017年，第17页。——原注

她又有他们的一些朋友因为反犹运动离开了波兰：“我们华沙的朋友阿诺尔德和克日什已经成功地到达我们的朋友斯塔希所在的地方定居了。”

这几位友谊深厚的作家群体曾被称为“比普洛斯塔文学集团”，他们都非常关注犹太人的命运。这一“集团”的组成成员有：维斯瓦娃·辛波斯卡、亚当·弗沃德克、科内尔·菲利波维奇、巴尔巴拉·查乌琴斯卡、玛尔塔·维卡和埃娃·利普斯卡，但是他们并没有正式成立这个文学社团，只是因为他们都曾居住在克拉科夫第一高楼——比普洛斯塔集团办公大楼的附近。另外，他们都对曾在克拉科夫居住的犹太人的历史非常感兴趣，他们在媒体和公众广泛关注前就知道，犹太人大屠杀是多么可怕的一场浩劫。

“比普洛斯塔文学集团”（不巧的是这里没有玛尔塔·维卡）

巴夏[1]·查乌琴斯卡的丈夫加布里埃尔·戈特利布医生是一位犹太人。弗沃德克曾在波兰犹太人社会文化协会创办的日报《人民之声》上撰写专栏。尽管他自己不是犹太人，但是加入了该协会的克拉科夫分会。作家、翻译、电影人那谭·格罗斯是他的好友（格罗斯在1950年就离开了波兰）。弗沃德克还计划要出版莫迪凯·格布尔蒂希的诗歌，他想通过会意第绪语的伊雷纽什·卡尼亚的帮助把诗歌翻译成波兰语。无论是弗沃德克，还是“比普洛斯塔文学集团”的其他人，都有很多有犹太血统的波兰作家朋友。

1968年1月由卡齐米日·戴梅克导演的密茨凯维奇的《先人祭》被认为是反国家和反动的，在华沙剧院遭到禁演；2月，讽刺小说作家雅努什·什伯坦斯基因开了弗瓦迪斯瓦夫·哥穆尔卡的玩笑而被判三年监禁……弗瓦迪斯瓦夫·哥穆尔卡，通过电视转播发表了数小时的演讲，在演讲中明确释放了开展反犹运动的信号。他强调了自己的反犹太复国主义的观点，并把犹太人分为好犹太人和坏犹太人（犹太复国主义者），这样的划分根本与实际的政治观点没有半点关系。

无论是在辛波斯卡和友人的通信中，还是在她的诗歌创作中，都很难找到与这些历史事件相关的痕迹。因为当时的她已经不愿意再将政治融入到自己的诗歌之中，所以很难去考证她对于当时波兰所发生的一切的反应，只能依靠在那段岁月中和她见面的朋友的回忆。她自己曾经厌恶地提到过，她母亲的婚前姓氏导致她

1 巴夏是巴尔巴拉的昵称。——译注

在反犹运动中也受到了波及。那些恶劣的狂热反犹分子认为，因为她母亲的婚前姓氏是罗特蒙德，所以辛波斯卡肯定是个犹太人。他们也因此认定，她不是一个波兰人。我们出于一些在文明世界中众所周知的原因都知道，辛波斯卡从来不会认为那些“证明”自己有犹太血统的“证据”是对她的侮辱，但是否定她的“波兰性”则深深地伤害了她。对于诗人“血统是否纯净”的调查的力度在她获得诺奖后和在她去世后变得更大了。这两种情况都是为了质疑她的文学成就价值，这种做法真的是又卑鄙又可耻。

辛波斯卡曾对比康特和什琴斯娜说：“我在经历了 50 年代严重的危机过后懂得了，政治不是我写作的要素。我认识一些聪明又正直的人，但他们一生的知识和精神思想都用来思考昨天哥穆尔卡又说了什么，明天盖莱克又会说什么。一个独一无二、变化莫测的人类生命就被如此可悲的狭窄眼界禁锢住了。所以我也试着写一些超越这一界限的诗歌，这些诗歌中也不乏波兰经验。假如我是一个荷兰诗人的话，有很多诗歌我肯定也写不出来。但是有一些同样也是会被创作出来的，因为有些诗歌，无论我在哪里，都不会受到限制。这些诗歌对我来说也很重要。”[1]

出乎辛波斯卡意料的是，从她个人角度而言，1968 年也是异常艰难的一年。当她和菲利波维奇的关系越来越亲密，两颗心越贴越近的时候，疾病却成了他们恋爱路上的绊脚石。辛波斯卡在过了四十岁后，身体健康开始出现问题。以她的性格肯定不会对此非常在乎，更不会在信中抱怨自己的身体素质差、缺乏免疫力，

1 安娜·比康特，尤安娜·什琴斯娜，《纪念杂物——维斯瓦娃·辛波斯卡传记》，克拉科夫，2012 年，第 136 页。——原注

但是她在信中经常会提到一直好不了的感冒。1968年夏天的时候，她在长时间的感染、咳嗽和发烧一直没好的情况下，去看了医生。医生建议她拍个肺部片子检查一下。检查的结果很快就出来了：她被转诊到了位于扎科帕内强格乌夫卡专门治疗肺结核的疗养院。辛波斯卡并没有把自己的病痛告诉当时正在波德拉谢钓鱼度假的菲利波维奇，因为她十分关心他，而他在出发的时候身体状况也不好，发着烧，还有点肚子疼。幸好他到了那边就不发烧了，科内尔给辛波斯卡写信说，他已经有力气了，感觉恢复得不错。我能想象，他在回到克拉科夫后，发现她给他留的这封信，告诉他自己突然的不告而别时，会有多惊讶：

> 亲爱的科内尔！
>
> 你回到克拉科夫了，而我，不在！我在扎科帕内！但是绝对不是我自己愿意走的。不过也没什么可怕的事，只不过是我那个奇怪的感冒摇身一变成了肺炎……一开始我晚上有些发烧，我就去拍了个细致的片子检查一下。结果，他们就让我去疗养院待几周。也许根本没这个必要，但是我那天去看的那个医生太热心肠了，立刻就把所有手续给我办好了。我还以为我要8月才能去，这样我们至少还能在一起待一个星期，但是他们直接把我登记在了24号，因为他们的轮换周期就是这样的。[……] 科内尔，你别担心我，我什么事都没有，你自己也知道，他们只会把那些轻微发疯的人送到疗养院去，那些真正病情严

重的他们都会留在医院里。[1]

维斯瓦娃肯定是指望这封信能够让科内尔放心。从她运用的大量修辞手法和遣词造句就知道，她特别不希望科内尔担心，比如："没什么可怕的""根本没这个必要""医生太热心肠了""我什么事都没有"，甚至还说自己是个"轻微发疯"的人。她也没有把自己生病的事告诉其他关系最亲近的人，她甚至给弗沃德克打电话都是在到了强格乌夫卡的疗养院后，她也一反常态，一个人背着重重的行李（因为她要去疗养院住三个月），自己去了火车站。她在电话中请自己的前夫把她生病的事情告诉姐姐娜沃亚和"小帕维乌"，因为她认为"小帕维乌"要作为"发言人"把她生病这个麻烦的消息告诉《文学生活》编辑部。

她如此希望身边亲近的人不要为她担心这一点，着实让人很惊讶。因为她这里提到的都不是外人或者关系不算亲近的朋友，她甚至没有给自己的亲姐姐打电话！这是为什么呢？是不是因为关于肺结核恶魔的神话在她们的家中依然有着非常强大的力量？维斯瓦娃曾经回忆说，她小时候宁可忍着发烧和嗓子疼去学校，也不愿意听她妈妈的担忧和抱怨。她自己的肺中潜伏着结核病这个消息，对她来说一定是个沉重的打击。

她在信中还使用了一个"饮鸩止渴"式的安慰方式："你看，要是他们把我送到施察夫诺－兹鲁德伊或者其他更远的地方就更糟糕了。"她继续安慰科内尔："我的肺上没有洞，我呼吸出来的

1 维斯瓦娃·辛波斯卡，科内尔·菲利波维奇，《书信集——世界上过得最好的就是你的猫》，克拉科夫，2017 年，第 28 页。——原注

也不是细菌，我还能接吻呢，不过不知道在这儿能和谁接吻罢了。我也不咳嗽，甚至一周以来我的体温都很正常。[……] 我之前把这些事在信中告诉你，是不想让你担心（但我还是自以为是地认为，你可能会有那么一点担心我）。”[1]

辛波斯卡在到达强格乌夫卡的疗养院后写的第一封信是给亚当·弗沃德克的。信中的口吻和在出发前留给菲利波维奇的不太一样，她和弗沃德克写信的时候总是允许自己放得更开一些，尽管她仍然克制着自己的情绪。在60年代，媒体很喜欢说“连根拔除”，由于现代卫生医疗的发展以及疫苗的出现，很多二战前困扰社会公民的疾病已经得以根治。当然，接种抗肺结核的疫苗是强制性的，但是疫苗的质量仍有待提高。因此，肺结核并没有彻底地消失。除了疾病之外，在强格乌夫卡疗养院的辛波斯卡还遇到了新的问题，这让她更难以适应在疗养院的生活：

> 亲爱的帕布！
>
> 这里根本不是魔山。也许贝伦斯医生是有的，甚至有一个克罗科夫斯基医生式的人物，他在电台广播中探讨关于精神疾病的治疗。但是这里没有塞塔姆布里尼，没有纳夫塔，没有医学卫士卡斯托尔普。即使有的话，也都是被大幅缩小后的比例，顶多是一个小城级别的。舒夏太太只存在于十几张复刻照片之上，奇怪得像是从二手商店里来的。亲爱的托马斯先生要是听了这些对话，并且看到这个比例的话，肯定会大吃一惊的。当

1 维斯瓦娃·辛波斯卡，科内尔·菲利波维奇，《书信集——世界上过得最好的就是你的猫》，克拉科夫，2017年，第29页。——原注

然，我也有点怀疑，估计在达沃斯其实也差不多，只是亲爱的托马斯先生不能控制自己将笔下主人公的精神扩大的乐趣。不管怎么样，得在这儿活下去，也不知道外面的世界都发生了什么，特别是在捷克，只有电视台主持人在播报那里的情况。我担心，那里的情况不怎么样……

《魔山》是辛波斯卡最喜欢的小说之一，诗人把现实和这本书作比较也不是没有原因的。或许她想到"亲爱的托马斯先生"能够缓解她被"发配"到这里的苦涩。如果政治局势能够更稳定一些的话，也许她还能够更平静地接受这种与世隔绝。然而政局并不稳定。

"亲爱的小绒布！"她又给弗沃德克写了一封信，"1968 年 8 月 21 日的清晨多么美好。我 7 点之前就起床了，喝了杯茶。7 点的时候，我像往常一样打开收音机听广播。我看着塔特拉山脉壮丽的全景。斯洛伐克那边的山顶上还零星覆盖着积雪，天空蔚蓝，几朵白云。窗外的风景真是美极了。[……] 但是在昨天的时候我对这一切更为在意，尽管如此，也得继续在生活中挣扎。[……] 我在塔特拉秀美壮观的山峰下向你飞吻。"

而此时疗养院中的生活也在奔流向前。维斯瓦娃在经过一系列检查后，确定可以接受链霉素和氨基水杨酸钠（PAS）等这些当时用于肺结核的药物进行治疗。医嘱要求她在第一个月内只能躺在床上，偶尔可以在花园里散步；直到治疗的第三个月，她才被允许离开疗养院范围内。她在 7 月给弗沃德克的信中说："[……] 我被判处了三个月监禁，而且是在我对药物反应良好的情况下，但是情况不是总能保持良好……可惜，这里没有更轻的量刑。”从他们后来的通信中，我们可以猜到，她对药物的反应不太好。事与愿违的是，由于她的消化系统问题，医生不得不减少链霉素的使用剂量，这也增加了她要延长住院时间的风险。她住在一间三人间病房中，这对她来说是额外的负担：她习惯了独处，而两名陌生女士的出现对她来说是很难接受的。她表态说：“我还是忍耐吧，只要时间别太长就行。”

待在封闭的疗养院中严重地打乱了辛波斯卡的生活计划，特别是阻碍了她和菲利波维奇的联系。他们不得不面对长时间分离的折磨，尽管他有几次短时探望她的机会，但是却没有时间能够让他们耳鬓厮磨。我觉得，女诗人的经济状况也受到了影响，她在这段时间里都是靠写《选读札记》中的书评赚钱，但是这在她刚刚住院时也是无法进行的工作。

第一个来强格乌夫卡疗养院看她的人是加夫利克，“彬彬有礼，带来了五枝康乃馨”。她和科内尔打了电话后，她和弗沃德克倾诉：“他（科内尔）想来，但是我觉得我心理上还没准备好要见他。我怕我到时候会痛哭流涕或者什么的。你别误会我，但是我在这儿千方百计就是想尽量能够适应这里的生活方式和一切。我感到很羞愧，我在信中只说我自己的事。”她不想让弗沃德克为她自己的困难而烦心，所以她在信的结尾给他讲了一个笑话，这是一个来看望她同屋患者的访客讲的：“一个苏格兰人坐在火车上，一个人过来和他搭话。‘您去哪儿啊？’‘去威尔士，度蜜月。’‘哦，那您太太在哪儿呢？’‘我娶的是个寡妇，她之前去过（威尔士）了。’”

她对这个笑话印象深刻，后来在诺贝尔奖颁奖晚宴上还把这个笑话讲给了瑞典国王听……

与此同时，弗沃德克尽管非常担心她的身体，也十分关切她的病情，但还是饶有兴致地观察着他们二人、科内尔、“小帕维乌”、巴夏·查乌琴斯卡及其他几位文人都身在其中的交际圈中的人际关系。维斯瓦娃和科内尔并不喜欢在大庭广众下炫耀他们的亲密关系，而且事实证明，除了弗沃德克甚至没人知道他们俩到底是什么关系。或许亚当只把这件事告诉了当时和他交往的埃娃·利普斯卡。对此浑然不知的巴夏·查乌琴斯卡问了个让人啼笑皆非的问题，她当着亚当的面，问科内尔，“小帕维乌”是不是也去强格乌夫卡疗养院看辛波斯卡。“这时，我就不得不点了点头，”弗沃德克在信中说，“以防万一（嘿嘿），我没有抬头看在场其他参与此次对话的人脸上的表情。”巴夏应该是太粗枝大叶了，明明在兰茨克罗纳度假的时候，亚当都听到度假别墅的主人告诉她，辛波斯卡和菲利波维奇之前就住在这里。

维斯瓦娃和科内尔两个人在她病情刚确诊的时候都经历着害怕和不确定，他们都不知道这段感情是否能够坚持过这段被迫的分离。他们二人也都不要求对方要专一忠诚，但也都希望可以保持他们之间的关系。维斯瓦娃提到过在科内尔还不知道她得病时写给他的信：“[……]我收到了你的来信（亚当给我转寄过来的），你在信上说你要回克拉科夫了，还邀请我去维耶热内克餐厅……天哪，我该如何回报呢！我只能说，我读这封信的时候，泪流满面，这是我来了这儿以后第一次哭，这已经是个巨大的成功了，因为在这儿的所有人，无论男女老少都很爱哭，也经常哭。”她说这都要怪疗养院的氛围和病人们相互之间的传言，他们经常在等待治疗时用可怕的故事吓唬自己，也互相吓唬。当时在她眼里，三个月仿佛一辈子那么长。“科内尔，在这样的条件下，我真的有权利能够拥有你这个人吗？我感到很难过，因为是我让你感到难过了。”她在心底最深处悄悄地感知到，哪怕她不要求，科内尔也不会放弃对她的忠诚和好感，但是以防万一她还是“警告”他：“如果你想来这儿，我劝你先不要来！因为我刚来这儿不久，我现在竭尽全力在适应这种强加于我的生活节奏。如果你现在来的话，就会让我到现在的努力毁于一旦，我到时候又要痛哭流涕地重新开始。你能理解我说的这些吗？我特别特别想见你，但是我得先安定下来，特别是心绪上。”

科内尔当然理解她的意思，而维斯瓦娃的担心也纯属多虑。他非常担心他，但是并没有为此大惊失色。“你周四就别给我打电话了，我可能会去钓鱼的。”他在信中告诉她，“如果你现在想做点什么让我开心的事的话，那你就给我写信吧，告诉我你需要什么，这样我就不至于想破头也想不出，然后送些你不需要的东西。”他在信的最后坚定地告诉她：“你现在在‘休病假’呢，所以任何的变化你想都别想，所以我还是要非常热烈地吻你。”

在下一封 7 月 31 日的信中（他们俩几乎每天都会给对方写信），科内尔对于维斯瓦娃提出的不再让他照顾她的建议写了回信：“亲爱的维斯瓦娃，我不明白，你为什么要劝说我去做一件我既不想做，也不需要做的事呢？在此刻，这个威胁是从你那里发来的。疗养院可能的确像监狱一样，但是在我想象中，那里也可以是魔山。在这个与世隔绝的地方，浪漫爱情是应该是归于生命

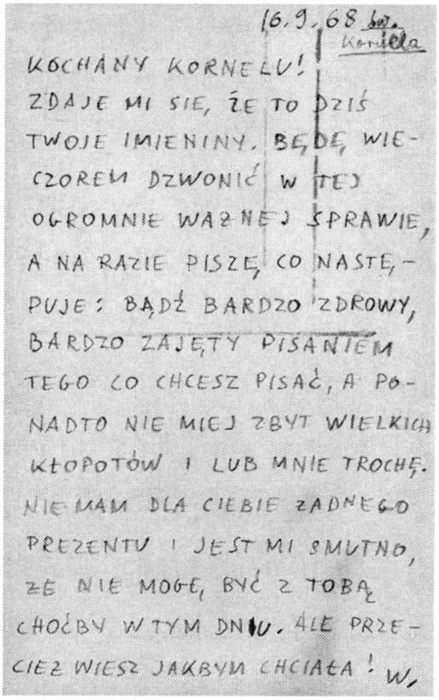

16.9.68

KOCHANY KORNELU!
ZDAJE MI SIĘ, ŻE TO DZIŚ
TWOJE IMIENINY. BĘDĘ WIE-
CZOREM DZWONIĆ W TEJ
OGROMNIE WAŻNEJ SPRAWIE,
A NA RAZIE PISZĘ, CO NASTĘ-
PUJE: BĄDŹ BARDZO ZDROWY,
BARDZO ZAJĘTY PISANIEM
TEGO CO CHCESZ PISAĆ, A PO-
NADTO NIE MIEJ ZBYT WIELKICH
KŁOPOTÓW I LUB MNIE TROCHĘ.
NIE MAM DLA CIEBIE ŻADNEGO
PREZENTU I JEST MI SMUTNO,
ŻE NIE MOGĘ BYĆ Z TOBĄ
CHOĆBY W TYM DNIU. ALE PRZE-
CIEŻ WIESZ JAKBYM CHCIAŁA! W.

辛波斯卡写给菲利波维奇的信

秩序之中的。这一点，我们不仅仅是在文学中学到的……”

科内尔清楚地知道，维斯瓦娃和她交往过的男性在分手后，依然保持着联系。对于科内尔来说，和亚当的友谊可比和加夫利克的友谊容易接受得多……在其中一封信中，他直截了当地写道：“我已经和你说过了，我觉得你的前任们在分手后没有远离你，而是围着你转，这让我觉得挺奇怪的，他们就像卫星一样……我愿意相信，而且我也相信，他们对于你来说只是中性的天体【他画了个星号补充了一句：在某种程度上】，我想你懂我的意思……”[1]

1 维斯瓦娃·辛波斯卡，科内尔·菲利波维奇，《书信集——世界上过得最好的就是你的猫》，克拉科夫，2017 年，第 46 页。——原注

另外在科内尔的想象中，疗养院里到处都是极度渴望女患者给予慰藉的男人们。而维斯瓦娃在自己的想象中，似乎看到了她的爱人正"自由自在"地和与他们关系很好的、非常有趣的女作家雅尼娜·卡茨约会呢。忌妒是他们在她住院期间的通信中经常会出现的一个话题，但是随着时间的推移，这个词出现的形式越来越笑料百出。"我竟开始为了你的来访而感到高兴了。你肯定会引起轩然大波的，因为你将是第三个来这儿看我的男人，一般来说应该只有一个。"辛波斯卡在信中开玩笑地写道。

而且他们俩在这段时间的通信中经常会开玩笑。他们俩都很喜欢戏剧化的呈现方式，都很喜欢将自己想说的话通过虚构出的人物的嘴讲出来，特别是那些以第一人称很难讲出口的事……或者还有那些无聊事。他们俩都很喜欢想象设计出一些虚构人物。在题为《世界上过得最好的就是你的猫》这本收录了他们俩鸿雁寄情的书中，有几十封信都是"贵妇海洛伊莎·兰茨克隆斯卡"和"厄斯塔什·波布格－图尔钦斯基"之间的通信，还有杰尼亚和露琪亚与约瑟下士打情骂俏的"举报信"。很多对于这些虚构人物的自嘲在被写到信中之前，肯定已经在他们的对话中出现过了，而在一些非常严肃的信件中也可以找到这些人物，比如维斯瓦娃曾写过这样一段话："这里有很多杰尼亚的朋友，甚至还有几个她的孪生姐妹。和她们在一起，我感觉我被剥夺了生活的活力和意义。因为意义是她们的。"[1]

他们所设计的贵妇海洛伊莎和厄斯塔什的人物创作取材于历

1 维斯瓦娃·辛波斯卡，科内尔·菲利波维奇，《书信集——世界上过得最好的就是你的猫》，克拉科夫，2017 年，第 35 页。——原注

史，而杰尼亚则是个最具现代特点的人物：她去二手商店买松紧裤，喜欢美食、购物这种实际的事。她是波兰“稳定期”的“亲女儿”。她丝毫不关心社会政治，她最关心的就是消费能力。她和维斯瓦娃就像是生活在两个完全不同的现实中，她对生活游刃有余，没有过多的想象，最重要的是不会产生任何疑虑。杰尼亚是一个永远都充满活力的人物，无论在什么政治体制和社会中，他们只是换换名字而已。我觉得，这里应该注意的一点是，辛波斯卡并不厌恶杰尼亚。相反，她珍视她的社会地位和力量，维斯瓦娃也知道，在面对杰尼亚的活力四射时，她自己可能会显得苍白无力，“弱不禁风”。她在疗养院碰到的各种各样的“杰尼亚”让她感到了深深的忧伤。

波兰六七十年代的社会现实和社会风俗都渗透到了辛波斯卡的创作之中，它们以一种来自生活的合成剪贴画的形式存在，她对待诗歌时保持超然的态度，在连载中包含幽默感。女诗人喜欢通过讽刺现实来自娱自乐，但是她也承认，专栏写作是她在很多很多年中缓解令人沮丧的、压抑痛苦的日常生活的忘忧草。“我们已经开始忘记了，”她在多年后说，“我们花了多少时间，片刻不停地寻找我们需要的东西，为了解决点鸡毛蒜皮的小事就得一直排队。”[1] 她是一名女诗人，但是也不能不食人间烟火，她也需要连裤丝袜（买不到）、电灯泡（瓦数不够）、面包和黄油（只有早上七点钟的时候商店里有售）和西红柿（辛波斯卡曾在阳台上种过）。

1《逃离吸血鬼》，安娜·鲁德尼茨卡对辛波斯卡的采访，刊登于 1993 年 3 月 10 日的《选举报》。——原注

强格乌夫卡的疗养院曾是稳定时期的“缩影”。维斯瓦娃的朋友和姐姐帮她解决每日生活中要面临的问题，他们给她送来了书和报刊。被迫的集体生活肯定比早餐喝不到奶油汤更折磨她，这也让她开始思考个体性。她给弗沃德克写信说，她正在记日记，要把她在疗养院的思考都记下来，但是她可能并没有把这本日记保留下来。她从来没有认同过集体主义，但是在经历了几个月跟表面上看起来与自己并没有什么区别的人一起生活后，她的个性以一种鲜明的方式呈现出来。那些和她患有同样疾病的女性，忍受着同样的病痛折磨，同样地思念自己的男人，接受着同样的治疗，被囚禁在同样的疗养院禁地中，在同样的山中呼吸着同样的空气，吃着同样的食物，喝着同样的饮料，但是这一切存在对她来说是完全陌生的，仿佛来自另一个星球。她很难理解这样的生活方式……单调？琐碎？肤浅？流于表面？我心中出现了很多形容词，辛波斯卡没有使用其中的任何一个，她不去评价别人的生活。她只是感到惊讶。“人们让我觉得非常震惊，他们不仅要一起吃，一起睡，一起得病，甚至还想一起玩，也不需要片刻的独处。我之前一直觉得，自己是个特别普通的人，但是现在我发现，我不一样，我在任何一个方面都不一样。这真是个奇怪的发现。”[1]

人们为什么要一直聊天，为什么聚在一起的时候大家会感觉更好，为什么片刻不停地抱怨，为什么他们不对任何事感到惊讶？当她在一分钟内给自己提出成百上千个问题的时候，也并没有和周围人分享。

---

1 维斯瓦娃·辛波斯卡，科内尔·菲利波维奇，《书信集——世界上过得最好的就是你的猫》，克拉科夫，2017 年，第 168 页。—— 原注

为什么全都在一个人身上？

为什么在这个人身上而不是另一个人？我在这儿干吗？

为什么在周二这一天？为什么在家里不是在巢里？

为什么长着皮毛而不是鳞片？为什么是一张脸而不是一片叶子？

…………

为什么正好是现在？为什么深入骨血？

自己在自己家和自己一起？为什么

不是近在咫尺也不是海角天边？

不是昨天也不是百年之前？

我坐着，望着黑暗的角落，

——就好像我突然抬起头

看着狂吠的所谓的狗。

（《惊讶》，选自诗集《任何意外》，1972 年）

这只狂吠的小狗更像是她的写照，一只在黑暗的角落里看到了别人看不到的东西的小狗，或者是看到了她在梦中看到的，而那些不会再为任何事感到惊讶的人在梦里也梦不到的东西。现实对她来说并不是一目了然的，现实对她来说是秘境，是奇迹，是馈赠，是要自己去寻找和探索的。她习惯了生活在那些每天都在进行日常的小探索、为微小的奇迹高兴、体会宁静的顿悟的人之中。而她在疗养院则感受到自己在别人的眼睛里是个另类：她也清楚地知道，别人把她当个怪胎。在无意中听到别人说起她时，“很正常，她是个诗人”——这句话她肯定不止一次听到过。她请求医生每天能让她哪怕有几个小时的独处时间，可惜那位医生并不理解她的请求。她非常努力地在融入这个现实，以亲切友好的态度面对周围令人恼火的一切，但是她的个性，她的独一无二，依然被当作是缺点，甚至是病态。"与人相处，我也只是保持着合适的距离，不会和他们多么亲密。"她在信中对弗沃德克说，"我从来没觉得自己是这么一个和普通标准格格不入的人，这一点你是知道的。然而在这儿我发现，我是个极度不一样的人，戏剧般的不一样，这一点又让我感到不开心。老天哪，我明明是个最正常的普通人啊！"

也许在强格乌夫卡疗养院的几个月让她带着更大的热情去重新发现探索她自己世界中的奇迹？在1972年出版的诗集《任何意外》中，随处可见她所表达的赞叹与欣喜。《生日》《和孩子谈话》《不太快的快板》《自我解剖》《人群的照片》，当然还有诗集的题目《任何意外》都是如此。在诗集《片刻》中，她给自己的个性下了定义：

我就是我
一个无法理解的偶然，
就像每一个偶然。
…………
我可以当一个
不那么格格不入的人。
…………
我可以是我自己，波澜不惊，

但是这也就意味着，

我是个完全不同的人了。

（《芸芸众生中》，选自诗集《片刻》，2002 年）

归属感和个性的矛盾是辛波斯卡诗歌中经常出现的元素。诗人更喜欢表达自然世界、大自然和宇宙的归属感，而不是由统计数据的法则来支配的社会的归属感。惊讶、赞叹、个性和欣喜是她的标签。除此之外，经常还会出现痛苦和由未解之谜带来的惆怅。“我独具特色的标记 / 是绝望与欣喜”——这可能是我所知道的辛波斯卡对自己最准确的描述。

她在写给弗沃德克和菲利波维奇的信中有时也会谈到疗养院的日常，所以我们也能想象她在那里度过的日子是什么样的。疗养中的一项是“阳台疗法”，就是在露台上呼吸新鲜空气。维斯瓦娃千方百计地避开这项活动，因为这样她就可以有一点独自待在房间的时间。在和医生进行了漫长的交涉后，她终于为自己争取到了这项特权。在 60 年代医疗机构的食物供给并不丰盛。强格乌夫卡疗养院的饭菜肯定也不怎么样，辛波斯卡在信中曾说过炸薯条“是用一战开始前的油炸的，[……] 所有的饼、肉和酸菜炖肉中都加了这个油”。这些油腻的饭菜对于消化有问题还要服用药物的病人来说，简直就是量身打造的！！在商店买食物也很不容易，而在封闭式的疗养院里这几乎就是不可能的。所以来探望的人都给这位诗人带来了补给，物流运输由弗沃德克负责。在饮食方面，辛波斯卡并不挑剔，但是有营养的食物可以帮助她更快恢复身体机能。所以，来探望她的人经常会给她带鸡腿和鸡胸（这些都是由娜沃亚在克莱帕什菜市场购买并在家烹制好的），私人面包房做的美味面包，还有风干香肠（这在当时绝对是在柜台里买不到的稀罕货物，要不是和肉店售货员有交情是根本买不到的），家里自己烤的小饼干，科内尔给她摘的野草莓（上面还浇上了村里自制的鲜奶油），从外汇商店买的咖啡……亚当在写给她的信中，开玩笑地和她汇报了“近期即将送达的食品清单”，从这封信中可以清楚地看出，亚当不希望她因为亲朋好友们的关照而感到难为情：

> 什么都吃的小维斯卡！
>
> 我今天给娜沃亚的单位打电话了。她给你做了新鲜美味的鸡块，我明天去伊莱克那里取，然后我会转交给巴夏，她在周五 11 点左右给你送去。另外，英俊潇洒的邻居【指科内尔——作者注】会给你寄一箱奶制品，巴夏争取给你找到一些上乘的面包。精神食粮和高跟鞋（已经修好了）由我给你带过去。

辛波斯卡没有带足要在疗养院待那么长时间的衣服，所以她请弗沃德克去她公寓里取她需要的衣物，并交给科内尔，因为科内尔过几天要去看她（很显然，当时科内尔还没有她公寓的钥匙）。我们可以从她的信中知道她衣柜的构成：“1. 在第二个抽屉中，在一堆明信片上面，帕布可以找到一件深金棕色的毛衣和一件白底黄花的衬衫（也可能在一个尼龙袋子里）；2. 在柜子里有一件我的金色浴袍，玛蕾霞应该已经洗好把它挂在那儿了，如果没有的话那就算了；3. 在浴室里有一双我的居家拖鞋（看起来有点像山民皮鞋）；4. 请帕布乖乖在化妆品商店给我买两管 Citosol 润发油，

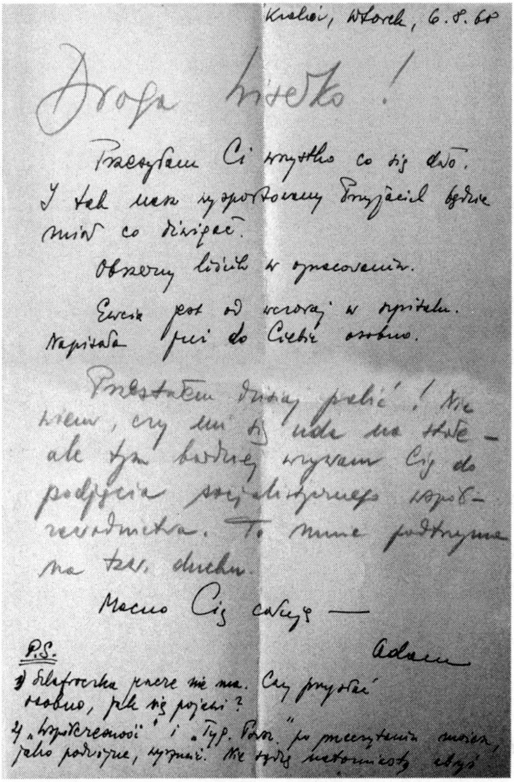

Kraków, wtorek, 6.8.60

Droga Wisełko!

Przesyłam Ci wszystko co się dało. I tak nasz wspaniały Przyjaciel będzie miał co dźwigać.

Obszerny list w opracowaniu.

Ewcia jest od wczoraj w szpitalu. Napisała już do Ciebie osobno.

Przestałem dzisiaj palić! Nie wiem, czy mi się uda na stałe – ale tym bardziej wzywam Cię do podjęcia socjalistycznego współzawodnictwa. To mnie podtrzyma na tzw. duchu.

Mocno Cię całuję —

Adam

P.S.

3) [illegible] Czy przysłać osobno, jak się pojawi?

4) „Współczesności" i „Tyg. Pow." po przeczytaniu możesz, jako podarunek, wyrzucić. [illegible]

弗沃德克写给辛波斯卡的信

还要两罐 Lechii 发胶（只要 Lechii 牌的！）；5. 对了，在浴室柜子的第二层架子上，帕布可以看到一个塑料碗，里面装着脱毛用的东西（嘿嘿），如果没找到的话，请随便帮我买十把脱毛刀；6. 请帕布把所有这些东西装好交给那个英俊潇洒的邻居；7. 在像一个善良的撒马利亚人一样完成了这些崇高的事情后，帕布会感受到被亲吻了。”我们应该可以理解，她肯定不会请一个刚确立关系的男人帮她拿脱毛用具的……这里我们也不禁为她这位前夫对她无微不至的关心和照顾所感动，这种情况在生活中并不多见。亚当还承诺，会把信箱中的信拿出来后都寄给她，尽管自己有恐高症也会帮她浇阳台上的花，他会先吃点果冻缓解一下心悸。他在每封信中都会关切地问她，他能为她做些什么，好让她在疗养院的日子变得好过一些。他也愿意为她付出一切：在她的请求下，弗沃德克还和“小帕维乌”见了一面。“他还跟我来了个恶作剧，说是要把我送回克鲁普尼察大街，结果等我坐上他的摩托车就把我带到了科希丘什科山丘脚下……他肯定有很多虐待乐趣，他甚至还要管我坐在后座上是什么姿势。（你们怎么会那么喜欢坐在摩托车后座上呢？）”他在信中并没有一丝生气的语气。

在夏秋换季时，我们了解到了更多她那间被称为“抽屉”的小公寓的布局细节：“在浴室的鞋柜里，有一双棕色的南斯拉夫粗跟鞋（图），请把它给我带来，因为我必须把现在的这双送到鞋匠那儿去（你可别把我说的和现在最知名的小说家搞混了！）。”辛波斯卡在信中对弗沃德克说，“最烦人的东西：手套！要是我没记错的话，我有一副棕色的皮手套，和冬天的衣服放在一起，在门厅深色柜子中的箱子最底下。如果没有，那可能就是和柜子里的连衣裙裹到一起了，如果还没有，就在柜子上面那些大箱子里（不用找那些小箱子，肯定不在里面）。在最上面的一个大箱子里，有一个尼龙袋，里面有我那件秋冬穿的棕色格子大衣。请把它挂在衣架上，晾一晾，然后也请你帮我带过来，到时候我把我在这儿穿的这件外套给你。我跟你说，这里真的冷死人了。在箱子里应该还有一条厚厚的深红色马海毛围巾，不一定非要这次带来，但是我肯定是需要的。”她的柜子应该不太大，不然就不至于没有放鞋的地方，还要把鞋放到浴室里。

菲利波维奇是有理由忌妒弗沃德克的，在一开始的时候他并没有获得如此私密的权限，可以知道她的衬衫和睡袍都放在哪里。当然，随着时间变化这一切也发生了改变。他无微不至的关心也变成了弗沃德克式的，如果能够比较的话，那肯定有过之而无不及。他给维斯瓦娃寄去了自家院子里种的核桃，一颗颗都是他亲手剥好的。他自己给她烤了一只鸡：“我很高兴，你说那只鸡很好吃。我在里面加了点大蒜，你觉得可以忍受吗？你根本没必要为花销担心生气。你知道吗，一只（冷冻）鸡 38 兹罗提，但是我有一只鸡腿、一个鸡翅、鸡脖子、鸡胗、鸡肝和鸡心，都可以用来做午饭。你要知道，市场上鸡内脏要卖 12 兹罗提呢。也就是说，你觉得美味的那些部分，只要 26 兹罗提。你别告诉我，你还不值 26 兹罗提吧！”[1] 维斯瓦娃非常感谢他为她付出的努力，那些香甜的野草莓配奶油也让她能够大快朵颐。她在给他的回信中说：“你简直是柜台下的珍宝。”[2] 我认为，亚当也配得上这样的称赞，因为他再来看她时，给她带来了一罐咖啡馆现磨的浓缩咖啡粉。他知道，她在这里非常需要真正的咖啡。

辛波斯卡几次在信中提到的疗养院中的另一个“趣事”就是

1 维斯瓦娃·辛波斯卡，科内尔·菲利波维奇，《书信集——世界上过得最好的就是你的猫》，克拉科夫，2017 年，第 63 页。——原注

2 当时所有品质很好和稀罕的货物（如香肠、咖啡）等不放在柜台里卖，经常需要靠“关系”或者出高价在柜台外交易。——译注

“狩猎”偷偷抽烟的病人。这和她息息相关，因为就像她和亚当说的那样，她无法彻底戒烟，唯一能做的就是少抽烟。亚当当然是很想劝她戒掉这个坏习惯，他自己曾经一度戒烟，但是没能坚持多久，因为他的友人们说他一直到去世都是抽烟的。发生性行为是疗养院里另一件禁止的事，医生们大力度地调查，并且对被发现的病人施以严厉惩罚。辛波斯卡则认为，这是最人之本性的行为。但是最严厉的处罚莫过于针对偷偷从栅栏的缝隙溜出去和拿着通行证而没按时间回来的行为，如果犯了这样的错误，病人是要被逐出疗养院的。这样对待成年病人是一种侮辱，辛波斯卡尽管努力地去遵守疗养院的各项规定（除了禁烟令），但她还是表示，如果她受到这样的惩罚，她一秒钟都不会犹豫，立刻收拾东西走人，她更不会像每天都能看到的其他人那样，请求医生原谅或“从轻发落”。

谁又知道，若没有这段分离，辛波斯卡和菲利波维奇的关系会如何发展呢。他们二人都算不上滔滔不绝地表达情感的人。相反，他们之间的情感交流非常克制，比起大张旗鼓地公开声明，他们俩更喜欢通过温柔微妙的信号和直觉传情达意。由于他们相隔两地，所以很难传递温柔的信号，哪怕是电话交流也不可能像如今一样，因为当时疗养院的一部电话是供所有人使用的，由于技术设备落后，通话质量很糟糕，只有对着电话听筒大声嚷才能互相听清楚对方说什么。所以，他们只能将柔情蜜意都写在纸上。也正因如此，他们的后人才收获了一本书信集，里面没有直截了当的爱意，却能看出通信人之间情感的绽放与释放。最令我惊讶的就是，辛波斯卡和菲利波维奇在通信中谈及疾病、分离、思念和忧虑那些困苦之事时，是多么的轻松自如，轻松自如地对待（身体和精神上的）痛苦。我觉得，他们二人极高的信札学天赋造就了一部卓越非凡的书信集。我恨不得无限地摘抄他们在信中的表达：

“我爱你，但是你别太把这个当回事，也别指望这个。但是你和卡茨见面的时候可以考虑一下我说的这件事。”

“你别难过了，没意义。你就当这两个月是强制隔离，强制你休息。因为你应该获得假期，你做了非常非常多的事，比你自己知道的还要多。”

“亲爱的科内尔！你说你要刮掉胡子的消息，对我来说简直是晴天霹雳。我明明想用它们做一个软垫放在高跟鞋里，除非是有什么迷信说法规定不能这样做。”

“我在电视里看见哥穆尔卡了，他亲吻了面包。行了，他这一年都不用亲吻了，除非‘山羊胡’[1]来。我希望，因此能有更好的可能性在等待着我。”

“我们这里天黑得可怕，树上的叶子都黄了，看来冬天要来了。维斯瓦娃！马上就要到我们的周年纪念日了！我曾拼命地抵抗你，那又怎么样呢？根本无济于事！”

“你多幸福啊，你有猫，它帮你做所有最繁重的工作。这个被工作缠身的可怜小家伙怎么样了？我多想去你家，喝一碗热鸡汤，膝上坐着你的猫。”

“在那封你估计是和这封一起收到的信中，我忘了赞美和气愤于（又是双重情感——我就从来都不会只表达单一的情感）那张漂亮的贴有覆盆子图案的信纸了！我看你又毫不在意地毁了一

1 指的是瓦尔特·乌布利希（1893—1973），时任德国统一社会党第一书记。——原注

本漂亮的书。我非常爱你——维斯瓦娃。”

菲利波维奇总是很努力地装饰信纸，但是他最后也承认了，他用了一本本来就该扔掉的老旧的苏联百科全书，从上面剪下了漂亮的图案。辛波斯卡虽然看起来好像在因为他毁了书而生气，但是却也为他的细腻情感所动容。她喜欢写双重情感的信也是经常会出现的一个现象，但是我们不能把“双重情感”和“复杂情感”混为一谈。她在给亚当·弗沃德克的信中也经常会出现“双重情感”。辛波斯卡认为，人类的情感是一个异常复杂的现象，她细致观察着自己和他人情感的多面性，并不想把它们简单化。“小维斯卡，你真是一人千面”——这是弗沃德克曾对她说的，这也不完全是玩笑话。在成熟的爱情中，一切也变得更复杂了。辛波斯卡在信中说，她想去科内尔家喝一碗热汤，他的猫坐在她膝上。在认真读了一段时间她的信和作品后，我认为，这是她最热烈的表达爱的方式。那些不认为自己写的信是情书的人，在信中情爱的表达会给读者宽广无垠的想象空间。这两位书信作者非常小心翼翼地避免表达悲伤、慷慨激昂的宣言和对共同未来的美好承诺，但是他们俩开起玩笑却从不吝啬。

女诗人自己在信中说：“亲爱的，我最后一次写情书，是我 8 岁的时候，是帮小卡罗琳娜给她那个爱抽烟的火车司机男朋友写的。从那以后，我就没灵感了。[……]”[1] 他们之间开的玩笑也并不是平铺直叙的，经常包含好几重意思，有时又是一种劝说的手段。当辛波斯卡在强格乌夫卡治疗时，菲利波维奇自己的健康也

1 维斯瓦娃·辛波斯卡，科内尔·菲利波维奇，《书信集——世界上过得最好的就是你的猫》，克拉科夫，2017 年，第 93 页。— 原注

出了严重问题。但是他自己既不想去检查，也不肯去治疗，维斯瓦娃对此非常担心，她也因为不能直接和菲利波维奇见面而感到沮丧，她就想通过书信的方式改变他的态度。“我最重要的人，我很高兴，你已经准备好再来看我了。但是我发现，尊敬的亲爱的罗伯特·考赫医生对我的评价是负面的，如果是这样，这就是你的粗心大意了（你才刚刚生过病，这就仿佛是一个绝佳时机），而我则提供了一个非常令人怀疑的对你的爱的证据。”[1]

在他们的信中也经常会拿他们爱情开始的日期和过纪念日的话题来开玩笑。辛波斯卡在强格乌夫卡治疗和菲利波维奇经常出国都导致了他们很难算出他们的恋爱关系持续了多久。“我们在一起短短几天的时间，至少我感觉是这样。”辛波斯卡在信中这样写道。而且他们两个人对于这段关系是从什么时候开始的也是“各执一词”。1967 年，维斯瓦娃·辛波斯卡四十四岁，科内尔·菲利波维奇五十四岁，所以他们的关系不应该再和青春年少时被第一次恋爱的激情冲昏头脑的感觉一样了，但是……

“[……]10 月 2 日好像发生了什么，但是我不是的，”维斯瓦娃写道，“我记得，如果不算我在梯子上那种难以名状的感觉以及（过了很久以后）笃定的感觉的话——当然这感觉还在不断增强，告别的时候越来越难舍难分，那应该是在你生日前一天或者前两天开始的。不管怎么样，给我糖罐的第二天是星期日，我因为其他一些事所以记得那天，而星期一的时候你就请我吃了蛋糕，后来我才知道是生日蛋糕。然后什么事也没发生，然后（不久之后），

1 维斯瓦娃·辛波斯卡，科内尔·菲利波维奇，《书信集——世界上过得最好的就是你的猫》，克拉科夫，2017 年，第 93 页。——原注

你在寄给我的卡片上告诉我，你在切申就梦见我了。然后我们就又见了一面，因为我就和你梦见的一样有趣。然后又什么都没发生。直到 11 月中旬的时候，你在经过了一段时间之后才决定，不去看我身上的缺点，不和我对着干。你能想象吗，第二个美妙的日期，我却记不得了！”

糖罐子一直都在，一直都在桌上，维斯瓦娃每次招待客人都会坐在这个桌旁。梯子应该是指她每次爬上爬下拿书时用的梯子，也是安杰伊·扎克给她在“抽屉”公寓中拍的那张照片上她踩着的那个。至于菲利波维奇没看到的缺点，就让它永远成为秘密吧。

1967 年 11 月下旬，当菲利波维奇去德国参加作家见面会，一张他写的“物证”保留了下来——一封“出国前”的告别早餐邀请函。这是一张用打字机打在硬卡纸上的邀请函，上面有用蓝色和棕色彩笔手绘的装饰图案。这位即将出国的发出邀请的人，在被邀请人的姓名上还画了一个皇冠，这应该和被邀请人“尊贵的维斯瓦娃·辛波斯卡贵族女士”的身份相关。这次早餐定于 11 月 25 日 12 时开始，但是上面写的菜单却让人有些摸不着头脑：“苏格兰威士忌 / 犹太风味鲤鱼 / 西伯利亚李子白兰地 / 立陶宛风味香肠 / 顶级冷藏伏特加 / 波兰炖肉 / 法国红酒 / 乌克兰红菜汤 / 俄罗斯果酱 / 糖 / 水果 / 奶酪 / 咖啡 / 美国干邑”。此次精致的早餐还将在顿河哥萨克合唱团和伊格纳奇·帕德雷夫斯基、阿尔图尔·鲁宾斯坦以及卡罗尔·马尔库任斯基演奏的音乐的陪伴下进行。这份菜单具有真正的国际主义特色，肯定也是因为此次科内尔是要出国。但是，如果他们俩真的按照这个菜单上的菜享受这一餐的话，那科内尔也根本出了国，起码当天走不了……在后来

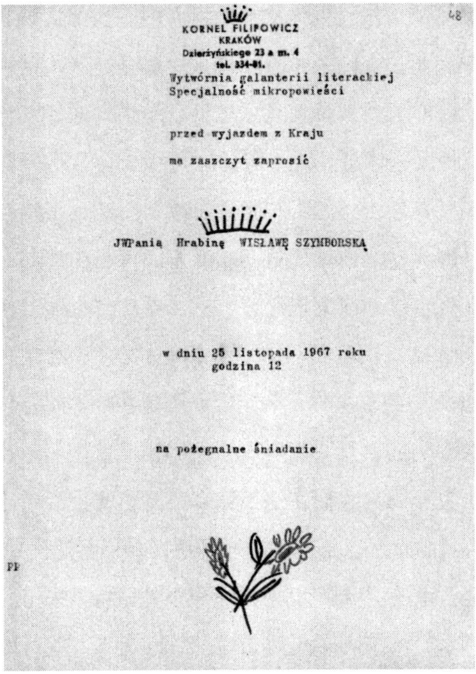
48

KORNEL FILIPOWICZ
KRAKÓW
Dzierżyńskiego 23 a m. 4
tel. 334-81.
Wytwórnia galanterii literackiej
Specjalność mikropowieści

przed wyjazdem z Kraju

ma zaszczyt zaprosić

JWPanią Hrabinę WISŁAWĘ SZYMBORSKĄ

w dniu 25 listopada 1967 roku
godzina 12

na pożegnalne śniadanie

FF

科内尔写给辛波斯卡的“出国前共进早餐邀请函”

的岁月中，他们有很多次一起旅行、共享美味的机会，但是这一次一定是具有重要的特殊意义的，所以这封邀请函才会被诗人保留了那么多年。

辛波斯卡的肺病治疗一直拖到了 12 月，所以他们以写信的方式庆祝他们的纪念日。在此期间，科内尔也病倒了好几次，甚至曾在新钢铁厂区医院住院治疗。他越是不肯谈论自己的健康状况，维斯瓦娃就越是为他担心。垂头丧气的维斯瓦娃给弗沃德克写信，请他告诉自己科内尔的病情：“[……] 他去检查了。请你一定要特别关注他，然后把你知道的所有的一切都告诉我。我从他嘴里什么都问不出。[……] 小帕布，什么时候这些糟糕的疾病才会结束啊？我昨天给娜沃亚打了电话，结果得知伊莱克心律有些不齐，他又得卧床休息。这一切真的太可怕了。”弗沃德克那时在照顾埃娃·利普斯卡，她病得很重。维斯瓦娃也很担心这位年轻的女诗人，因为她之前做了好几次手术，可是病情却一直拖沓反复。她只允许自己和前夫抱怨：“[……] 这个一直缠着比普洛斯塔和住在雷伊大街上的病情可真让我担心。”弗沃德克非常坚定冷静地安慰她说：“我求求你，一定要顽强地在疗养院坚持下去，现在最重要的事真的就是我们所有人能尽快地重聚。现在我们必须一同共渡难关，因为我们在这不算多姿多彩的生活中还有很多事要去做呢。我写这些，不是陈词滥调地安慰，而是我真的这么想，所以我才这么说的。”维斯瓦娃非常顽强地坚持下来了。

医务工作者们终于决定，12 月 21 日女诗人就可以离开“魔山”了，无论是维斯瓦娃还是她的朋友们都开始为这一重大时刻做准备。克拉科夫成立了欢迎女诗人回归组织委员会，比普洛斯塔全体成员都是委员会成员。这个庆祝维斯瓦娃回归的庆典的筹备工作也离不开一场接一场的派对聚会。辛波斯卡不给医护人员们送一大堆礼物，是不能离开疗养院的。所以她请亚当和科内尔帮她从外汇商店买了威士忌、咖啡和巧克力，她还想和亚当一起在扎科帕内买点小玩意儿，亚当还要帮她把一部分东西带回克拉科夫。她给科内尔寄了一张拼贴画，上面有“第二条腿”，意味着她马上就要回家了，因为她在 11 月 1 日的时候曾经说过：“亲爱的！这是我的第一条腿，我已经迈开它往家走了。我给你寄第二条腿的时候，就意味着我要彻底回来啦。”[1] 她肯定不会和他承认，其实她还没有完全恢复好，她根本没心情和欢迎委员会的成员见面。这样的心思她只会在亚当面前吐露：“现在我正在经历着严重的精神崩塌。你提前和那些热爱聚会的朋友们打个招呼，我可能没办法立刻就跳入旋涡。我还需要些时间来适应。我需要安静！我从昨天知道我能走以后（甚至能在不给社会添麻烦的情况下从圣玛利亚大教堂顶上吐痰），我本该欣喜若狂，但是我却感到支离破碎，就像所有临时拼在一起的接缝都裂开了，我茫然无助地走着。也许这只是暂时的，也许我还需要在克拉科夫过几天不见人的日子，鬼才知道到底要多久。”

菲利波维奇对她的这些担忧一无所知，或许他也并不会太在意这些。他和弗沃德克一起去了她的公寓，检查门锁，并给她安装了可以把门开一条缝的门锁链。在辛波斯卡去疗养院之前，曾经遇到过一个让人不适的情况。一位年轻的诗人强烈要求她发表他的诗作，当辛波斯卡拒绝后，他就来她的单位和公寓骚扰她。她不在的时候，这位被她的朋友们直接称为“疯子”的诗人，又开始活跃起来，在她的楼道墙上写了很多乱七八糟的东西。听说，他是用自己的血在墙上写的字。不管怎么样，辛波斯卡都因这个不正常的人表达出对她的兴趣而感到惶恐不安（尽管玛蕾霞在一次来打扫的时候遇到了这个人，她说这是一个很有礼貌、很帅、很有涵养的年轻人）。但是这也不是让女诗人最担心的事情。她已经想到了，在将近半年的分别过后，她要和她深爱的这个男人重

1 维斯瓦娃·辛波斯卡，科内尔·菲利波维奇，《书信集——世界上过得最好的就是你的猫》，克拉科夫，2017年，第135页。——原注

新建立他们的关系。

“我真切地等待你的归来，”科内尔在信中对她说，“你什么事都不用担心，我就住在离你 341.5 米开外的地方（这是直线距离，如果走路的话要远一些），不算太近，也不算太远。”在下一封信中，他又进行了更正：“[……] 我今天进行的再次测量显示，比起我上次说的，我与你之间的距离缩短了，现在是直线距离 262.47 米。”菲利波维奇准备和亚当一起去车站接她，显然，经过了这几个月，他似乎也已经接受了亚当在维斯瓦娃生命中的位置。“我请求你，下了车就四处看看，找找我，你一定能通过那饱受相思之苦的消瘦面庞认出我。”

第三章

最重要的

尽管在疗养院度过的日子并不愉快，但是幸好女诗人的身体恢复了健康，她的肺部疾病得到了彻底有效地根治。她和科内尔·菲利波维奇之间的和谐关系也没有受到影响，相反，他们之间的联系更加紧密，他们也通过书信往来的方式巩固了这段关系。辛波斯卡从疗养院出来后，仿佛回到了一个不一样的世界中：捷克斯洛伐克被入侵，“犹太复国主义者”被迫害，波兰的犹太人被迫移民离开波兰，审查制度进一步收紧，商店中的部分货品供给得到了改善，而这恰好有效地麻醉了社会中的一大批人。表面上的生活条件的改善并没有能够坚持多久，工人们掀起了一次又一次的罢工浪潮，1968 年年底，哪怕是毫无意识的人都很难对未来抱有乐观的态度。

辛波斯卡没有因为当时的政治局势而陷入极度抑郁，都是多亏了她和菲利波维奇的恋爱关系。到了12月的时候，他们俩恋爱的事对于他们身边任何一个亲近的朋友来说都不是一个秘密了，尽管他们俩没有住在一起。

维斯瓦娃在40年代末就认识科内尔。同处在文学圈中，要想对这样一个英俊潇洒又富有个性的知名作家视而不见，恐怕是一件难事。在意大利年轻画家爱丽丝·米拉尼为这位诺奖得主所绘的漫画版传记中，菲利波维奇和辛波斯卡在邮局偶遇，从此开始了他们的故事。他们俩曾经提过，他们是在波兰作家协会大会上认识的，随后数年中他们联系很少，再次相遇纯属偶然。米拉尼笔下这部色彩柔和的绘本传记对于事实进行了自由改编，但是非常准确地呈现了一个转折点的存在，一个变革的时刻，一个将他们二人的情感从普通朋友和相互欣赏的轨道转入刻骨铭心爱情道路的道岔。

这次转轨把辛波斯卡带到了一个新环境中。之前我们曾经提过，她的好友圈在她的生活中扮演着非常重要的角色。她选朋友十分用心，对朋友真心实意，多年来一如既往，不受任何外界因素影响。我们也知道，她对恋爱关系也是如此，她和亚当·弗沃德克的关系就是最好的例子，无论他们之间曾出现过多少分歧，也不管亚当有过很多次和其他女人并不成功的恋爱，直到亚当去世，他都是她最亲近知心的好友。和亚当幸福相恋的埃娃·利普斯卡加入了维斯瓦娃最亲近的好友圈，自此一直都是她的好友。而利普斯卡和弗沃德克又一起成了菲利波维奇的好友，他们之间的友谊也一直保持了下去。“比普洛斯塔文学集团”的组成成员还有玛尔塔·维卡和巴尔巴拉·查乌琴斯卡。玛尔塔·维卡是波兰作家协会青年社的成员，她因为亚当·弗沃德克而与辛波斯卡相识。查乌琴斯卡则是“雅雷马家族”的成员（尽管和他们并无血缘关系），她在成为加布里埃尔·戈特利布医生的妻子后也成了科内尔的朋友。

玛尔塔·维卡教授是一位杰出的文学研究家、作家，直到维斯瓦娃·辛波斯卡去世，她都是她最知心的好友之一。巴夏·查乌琴斯卡也是一样，她是几本书的作家、小说家、诗人，是个绚丽多彩又风趣幽默的人。90年代的时候，我曾有机会在维斯瓦娃家认识了她——一个心不在焉的老太太，老派又优雅，眼镜从鼻梁上滑了下来，是天主教知识分子俱乐部克拉科夫分会主席。我带着惊讶（和赞叹）听玛尔塔·维卡讲了巴夏年轻时的故事。当她嫁给放射科医生戈特利布先生后（当时她只有十八岁），连她自己都感到很意外地陷入了克拉科夫波希米亚团[1]聚会的旋涡，因为她的丈夫“戈布雷希”医生[2]属于这一团体，并且在“下班后”经常去参加聚会。雅雷马兄妹，特别是玛丽亚和约瑟夫·雅雷马——波兰先锋剧院的创办者，是戈特利布医生在二战前最好的朋友。巴夏自己曾经说过，她的成年生活和这个“好玩的”家族是紧密相连的。[3]

如果我们将时间往回倒退一年，戈布雷希医生于1934年认

1 斯坦尼斯瓦夫·普日贝谢夫斯基创建的艺术家团体，他将柏林波希米亚人的习俗带回了克拉科夫。——译注

2 戈特利布医生的昵称。——译注

3 巴尔巴拉·查乌琴斯卡，《雅雷马家族》，《文学十年》1998年第12期。——原注

识了玛丽亚·雅雷马，当时玛丽亚和自己的哥哥一起在美术学院学习。她曾和戈布雷希医生约会，她当时的未婚夫患上了严重的疾病，急需一位医生的帮助。放射科医生戈特利布在给病人检查后确定他患的是肺结核，而他自己爱上了玛丽亚。玛丽亚也爱上了他。她和戈特利布医生在一起幸福快乐，有安全感，年长的戈特利布对她更是宠爱有加。然而这种幸福竟然出乎意料地发生了改变，她在画家之家的舞会上认识了一个年轻帅气、高大英俊的金发男子，他揽她进入舞池跳到天明，俘获了她的芳心，这个人就是科内尔·菲利波维奇。[1] 菲利波维奇和玛丽亚成了一对爱侣，直至她离开人世，戈特利布和他们二人都成了朋友。他在战争结束后和巴夏·查乌琴斯卡结了婚。1934 年的时候，他将他在沃拉尤斯托夫斯卡一半的土地给了玛丽亚·雅雷马，在那里和雅雷马一家共同盖了一幢联排别墅，当巴夏搬到戈布雷希那里时，就成了玛丽亚和科内尔的邻居。所以，巴夏和科内尔的友谊有着很长且盘根错节的历史。

戈特利布医生于 1962 年突然去世，也带走了查乌琴斯卡的幸福。这位悲痛欲绝的女作家企图自杀，幸好被人及时救了下来。她怀着抑郁的心情将位于沃拉尤斯托夫斯卡的别墅卖掉后，只身去了中国旅行。当时，中国还不是一个热门的旅游目的地，而且这位勇敢的遗孀并没有在到达中国后就停下脚步，而是游历了大半个世界，直到钱花光了，才回到克拉科夫。回来后，她给自己买了一个小公寓，并在此度过余生，不过她也并没有放弃旅行。

1 阿格涅什卡·道克沙，《雅雷马家的女人》，第 128　134 页。——原注

这也就解释了为什么在寄到强格乌夫卡疗养院的信中总是出现和出发去旅行的巴夏告别的话题。

“比普洛斯塔文学集团”的成员们都是从事自由职业的人，不受固定的上下班时间限制，所以他们有很多时间都是一起度过的。在他们的信中呈现出了一幅表面看起来平凡普通的画面：他们一起做饭、玩扑克、玩文字游戏，当然也一起喝各式各样的酒。但是伴随着这些“日常之事”，他们总是会聊天，有时酣畅淋漓地聊到深夜，最后这些谈话也都飞入了遗忘的空间，一去不复返。信上的信息太有限了，以至于无法重现当时探讨的话题。菲利波维奇在给维斯瓦娃的信中说：“我昨天去了巴夏的院子里，然后我又叫上了所有人 [……] 来了我家。我们喝了伏特加，煮了土豆，听着音乐，开始可怕地胡言乱语，喋喋不休，你知道我们那个样子。”还有一次他写道：“我昨天晚上听了吉尔斯以前录制的 F. 拉莫和海顿，真是棒极了！昨天小埃娃和亚当都在我这儿，我们聊了很久，喝了几杯。巴夏没来，她快气疯了，因为她要应召入伍一个星期。我们也都能猜到，当然不是让她去炮兵连，而是让她去野外放空部队。”[1] 当被问及这段时光时，辛波斯卡自己就曾说过，她有意识地认真去聆听周围朋友们的谈话，但是当时她觉得，她会永远都记得他们“喋喋不休”的内容，所以她脑子里甚至都没闪过要把这些对话记录下来的想法。

在这个无拘无束的团体中，还有一位比其他成员都年轻很多的女诗人——埃娃·利普斯卡。利普斯卡这个名字在今天不需要

1 维斯瓦娃·辛波斯卡，科内尔·菲利波维奇，《书信集——世界上过得最好的就是你的猫》，克拉科夫，2017 年，第 171 页。——原注

向任何人介绍，当时她是美术学院的一名学生。她也曾尝试过诗歌写作。亚当·弗沃德克曾是她的导师和人生伴侣。维斯瓦娃在疗养院时，埃娃就经常给她写信。她的信通常言简意赅，但是因为插图和装饰而显得丰富多彩。从信封上的地址就可以看出，她使用纷繁奇妙的花体字，加上了色彩鲜艳的装饰和曲线花纹，带有当时流行的波普艺术气息。信纸上还有从报上剪下来的插图，然后她又在上面加上自己的原创，还会再写上几句幽默或荒谬的评论。她们俩趣味相投，信中充满了对彼此的欣赏之情。在其中一张明信片上，埃娃·利普斯卡贴满了从杂志上剪下来的、各种“重新加工”过的蒙娜丽莎的肖像画（可能是从《横截面》杂志）。她在明信片上写道：“亲爱的小维斯卡！这就是【箭头指向原作】这幅画的历史。（手里抱着猫的蒙娜丽莎）——充满想象，思念在啃噬她。【手里拿着鞭子的】——如火山般的亚马孙女人。【网球运动员形象的】——女网球运动员，你很喜欢她们。【美人鱼形象的】——靠水生植物为食。【断臂打着绷带的形象】——接受了太多祝贺了。也可能是写诗写的……”

利普斯卡轻松自如地融入了喜欢开玩笑的“比普洛斯塔文学集团”，尽管她和其他人年龄相差较多，但是她却和所有人都相处得非常融洽快乐。在和亚当·弗沃德克分手后，她和他们依然是最好的朋友。她后来的丈夫弗拉齐奥经常开车带大家去克拉科夫郊区钓鱼。我猜，这两位女诗人之间的交往不仅仅局限于娱乐聚会，她们也有更严肃的一面，只是对此我所知甚少。从公开的书信往来可以看出，她们相互关心，在维斯瓦娃患肺结核和埃娃经常要去医院等艰难时刻她们都彼此支持。她们的友谊一直持续到

“比普洛斯塔文学集团”烟民——亚当·弗沃德克和埃娃·利普斯卡

辛波斯卡生命尽头。

幸好还是有一些“比普洛斯塔文学集团”时代的纪念物品保存了下来。其中大部分是照片，有的还非常奇怪，比如有一张是亚当·弗沃德克戴着头盔，手里拿着机关枪。根据维斯瓦娃在照片背面的记录，这张照片是1972年在科内尔家中拍摄的。只有很少一部分记录着互文、“秘书长”字谜游戏等文字游戏的记录留了下来。

科内尔的公寓是值得我单独用些笔墨来记录一下的。我从来没去过那里，但是照片和描述，特别是科内尔的儿媳妇、被称为“小老鼠”的玛丽亚·菲利波维奇的讲述，让我可以更自如地发挥想象。这间三居室的公寓占据了这栋位于莱阿大街23号公寓楼（当时叫捷尔任斯基大街）的整个三层。一开始的时候是科内尔和雅雷马家的玛丽亚及另外两个画家一起租住在这里，自1950年开始就是他们俩自己住在三层了。然后他们俩又搬到了科内尔的妈妈家。玛丽亚和科内尔把自己的房间当作工作室，所以他们房间里的装潢陈设异常简朴。然而随着时间的推移，那里的东西越来越多，自60年代起维斯瓦娃经常去他家，那里也开始堆起了各种器材、纸张、书籍，当然还有玛丽亚的画和雕塑。

巴夏·查乌琴斯卡是这样描述这间公寓和它的女主人的："我习惯每隔几天就早上去找她，经常碰到她在自己位于莱阿大街的工作室里，蜷缩在地板上，伸着头看自己刚刚画好的画。[……]她总是大清早开始画画，但是要在屋里光线充足的时候，因为她的窗户是朝南的。我给她带去了新鲜出炉的小面包，玛蕾霞说：'你等一会，我马上就好。'然后我就带着极大的好奇心看那幅单幅版画上会'出'什么东西。后来我才知道，有时候玛蕾霞自己也不确定玻璃板拿下来后纸上会出现什么。这个等待的时间时短时长。经常是玛蕾霞的丈夫——科内尔·菲利波维奇等得不耐烦了，就来敲门问：'早餐的事决定好了吗？'我的小面包总是很受欢迎，因为无论是玛丽亚还是科内尔，他们俩都不富裕。菲利波维奇被'认定'为形式主义者，所以他的书出版受到了阻碍和限制。"[1]

在雅雷马家的玛蕾霞英年早逝后，这间工作室就成了纪念她的私人博物馆。辛波斯卡从来没有和科内尔一起在他家同居过，科内尔和玛丽亚的儿子阿力也不住在那里。科内尔·菲利波维

1 巴尔巴拉·查乌琴斯卡，《雅雷马家族》，《文学十年》1998年第12期。——原注

奇——玛丽亚总是称他为伊利亚（其他家人也这么称呼他），从来不曾改变任何玛丽亚房间的陈设，甚至到后来他把这间房间租给其他朋友或者在克拉科夫上学的朋友的孩子，租客们也必须调整自己以适应这里的条件。

如果有人想看看作家菲利波维奇“充满艺术气息的混乱的”工作室长什么样，可以去看看他房间的照片。我看的是由尤安娜·赫兰德拍摄的这张照片：在最中间的位置直直地摆着两张大写字桌（旁边还有个小桌子），桌子上面摆着打字机、台灯、电话和一堆纸质文件夹，里面肯定装着他打出来的书稿或笔记。科内尔身后的书架上也都摆满了文件夹。房间里到处都是书，除了书还是书。另外，在书的包围下还有一台晶体管收音机，一台便携小电视机（照片是80年代拍摄的），在黑乎乎的、很久没粉刷过的墙上挂着几幅画，桌面上放着几个相框，还有个小匣子、一盏台灯、必不可少的烟灰缸、两包香烟和打火机。小小的咖啡杯里装着咖啡，一定是科内尔喜欢的雀巢咖啡。

因为维斯瓦娃和科内尔的房子离得非常近，所以他们可以按照自己的生活习惯而不用居住在同一屋檐下。她没有搬到他的公寓里也许还是因为对玛丽亚的尊重，而她那间狭窄的“抽屉”公寓也不允许他搬到她这里来。但是他们俩都十分珍视独立性，而且他们的生活规律有着很大的区别（菲利波维奇是个“夜猫子”）。科内尔的妈妈还在其中一间房间中住了一段时间，他把另外一间租了出去，虽然房租不多，但是对于他作为作家的微薄薪水已经是一定的帮助了。尽管维斯瓦娃自己的狭小公寓给她带来了诸多不便，但是她也没有采取可能会被科内尔认为是“帝国主义式的侵略扩张”行动。支持她做出这一决定的深思熟虑、温柔细腻和同理之心都值得敬佩。

租住在科内尔公寓的租户们那些让人啼笑皆非的趣事也是他们在聚会时时常提起的话题，当然他们并无恶意，这更激励了他们去思索人类怪癖的界限。比如，曾有一位乖巧的女生租住在菲利波维奇家中，菲利波维奇请她在他睡午觉的时候告诉打电话来找他的人，说他去柬埔寨了。当电话另一端的人问菲利波维奇什么时候回来时，这个女生如实回答说：两个小时以后……

菲利波维奇这片“男人田地”是他们俩以及整个“比普洛斯塔文学集团”聚会娱乐的地方，它也取代了维斯瓦娃原来的克鲁普尼察大街的“文学团伙”。自从女诗人搬到了“抽屉”公寓，她和“文学团伙”的人就慢慢疏远了。在作家之家居住的已经是青年一代的作家了，他们更愿意在其他圈子抒发自己的社交热情，比如“公羊地下室俱乐部”、“壁虎酒吧”以及学生喜剧团等，“比普洛斯塔文学集团”成员和这些圈子来往不多。这也是克拉科夫文艺娱乐生活的特点之一：“所有人”都相互认识，但是各自的朋友圈是紧紧关闭的。

辛波斯卡对于她精心组建的社交圈给予了极大的重视，她还有一个并不多见的能力——那就是总是能根据参加聚会的成员特征，发起一个有趣的话题。她在60年代末的时候，开始和学生时代的朋友见面。她把这些聚会称为“女巫降临”，她也保证了这个社交圈的独立性，她并没有把文学圈的朋友和这个圈子的朋友混在一起。但是“比普洛斯塔文学集团”对于哪怕关系不那么亲近的友人也都是开放的，她也会邀请她的姐姐娜沃亚来参加聚会。

娜沃亚做得一手好菜，至少维斯瓦娃是这么认为的，因为娜沃亚经常用自己做的腌鱼、酸菜炖肉、猪脚冻和其他烘焙甜点招待她的朋友们。

但是“比普洛斯塔文学集团”的社交生活并不是由维斯瓦娃来领导的，菲利波维奇才是主席。这也是维斯瓦娃心甘情愿听他指挥的唯一一个男性吧。

我应该如何去描述这个几乎可以算作是辛波斯卡生命中最重要的人呢？他们之间的关系难以定义，想要描述他们相互的影响则是难上加难。任何的类比或分类在这里都不成立，因为他们是非同凡响之人，他们的爱情也只有他们俩才能拥有。

在菲利波维奇去世二十年后，文学出版社出版了《我们曾在科内尔家》，这本书包含了作家本人口述和其他亲朋友好友的回忆。这本书是由维斯瓦娃·辛波斯卡和扬·皮耶什查霍维奇策划的。任何想要通过这些回忆拼凑起作家完整风采的做法都可能存在模糊他特征的风险，因为每个人笔下都有一个“自己”的菲利波维奇，和别人眼中的或想象中的总是有不一样的地方。然而菲利波维奇所有的朋友在一点上都达成了共识，那就是他极具辨识度的外表。

“他总是能用他独一无二、无法复制的外表吸引大家的注意：瘦瘦高高，眼角上挑，一双湛蓝的眼睛，英俊潇洒，但是表面看上去又有点严肃。（塔德乌什·赫扎诺夫斯基）”[1]

“他是克拉科夫知名人物，但是他自己又不大肆宣扬。他很

1《我们曾在科内尔家》，克日什托夫·利索夫斯基主编，克拉科夫，2010年，第145页。——原注

高，穿衣风格低调独特。他对我来说仿佛是一幅城市风景，就好像普兰蒂环城林荫道或者大教堂。（雅尼娜·卡茨）”[1]

“我是在1951年认识他的，当时他来我家就是想看看他的朋友娶的是谁。[……]我看到了一个金发帅哥，他的脸上刻着一种不规则性，让人很难确定他的年龄。[……]后来我知道了他曾经历了可怕的集中营，那些惨痛经历也许在他的脸上留下了痕迹，却没有在他的行为中留下。（巴尔巴拉·查乌琴斯卡）”[2]

我在这里暂时不费笔墨去描述他和辛波斯卡交往后的生活。我在这里用他回忆录中的一句话描述他经历的战争流亡的童年：“（当我还是个孩子时）我就以一种特殊的方式为我周围的世界而着迷，我的生活好像是由我所看到的这个世界所决定的。”[3]我认为，他在成年后也一直保持着这个特征。他曾就读于雅盖隆大学生物系，在波兰被纳粹德国占领时，他曾多次被捕，被押送到了萨克森豪森集中营。前文曾提到，他和玛丽亚·雅雷马相恋绝对是一个偶然，而这段感情影响了他的一生。他在1958年妻子去世后曾有过这样一段悼念词：“[……]（玛丽亚死后）我感觉，那个被纳粹占领的时代仿佛又回来了，可是在此时我甚至看不到，我曾在最暗无天日的岁月中都还有过的一丝希望。”“[……]我也应该死掉的。我病了那么长时间，一直都快要死掉，最终却没能死掉。”[4]

和雅雷马家的玛丽亚的感情对他影响至深，可以说玛丽亚在

1《我们曾在科内尔家》，克日什托夫·利索夫斯基主编，克拉科夫，2010年，第189页。——原注
2 同上，第151页。——原注
3 同上，第48页。——原注
4 同上，第68、70页。——原注

后来也一直“参与着”他的生活。她的精神永存对于维斯瓦娃来说可能是重担，也可能是瑰宝。但是很多事实证明，她成了宝贝，成了维斯瓦娃和科内尔共同守护的宝贝。

对友谊的尊重是连接菲利波维奇和辛波斯卡的一个重要特质。“难道会有人不喜欢科内尔以及不想和他成为朋友吗？[……]谁能不喜欢他的正直、他的可靠以及非比寻常的幽默感？”女诗人乌尔苏拉·科焦乌回忆说，“他身上总有一种大男孩的气质，渴望游戏和恶作剧，但是也渴望为周围社会做一些意义重大的事情。这难道还不值得我们——无论是比他年长还是比他年轻，以及那些最年轻的人，簇拥在他周围吗？我们在他身上感受到了正直善良的‘印章守护者’的气息，难道还能有人像他一样为我们付出这么多吗？和他在一起喝酒那更是一件乐事，我们开怀畅饮，但不是烂醉如泥，刚刚好喝到可以唱出记忆中所有的古老歌谣，唱出那些不曾拥有收音机和电视机的先辈们口口相传的歌谣，那些用上世纪的爱国主义经验和幻想填补我们记忆空白的歌谣。”[1] 他们俩，无论是科内尔还是维斯瓦娃，在长达数十年的友谊长河中，对朋友始终保持着真诚与忠实。和乌尔苏拉·科焦乌的友谊就是这样一个例子。

菲利波维奇把辛波斯卡带到了他那些电影人的朋友圈中。菲利波维奇自己就是一位剧本作家，他和鲁热维奇合作写过剧本。看样子，他很喜欢这份工作，毫无疑问，这份工作也让他可以赚钱谋生。维斯瓦娃热爱电影。在这方面，他们俩不需要相互迁就：

1《我们曾在科内尔家》，克日什托夫·利索夫斯基主编，克拉科夫，2010年，第194页。——原注

他们一起去看小众电影院里上映的对审美和理解力要求较高的电影，他们也会去看最普通的“娱乐片”，但是当时的娱乐电影和我们今天看的几乎没有任何共同之处，完全是不一样的题材。

1972 年，斯坦尼斯瓦夫·鲁热维奇在克拉科夫卡齐米日犹太区拍摄《玻璃球》，当时的卡齐米日区破败不堪，维斯瓦娃和科内尔一起去片场探班。埃娃·利普斯卡也和他们一同前往，还给他们拍了很多漂亮的照片。[1]菲利波维奇对电影中的美食非常感兴趣，他和演员们聊天，询问其中的技术细节。斯坦尼斯瓦夫·鲁热维奇曾简短地总结过他：“对人真诚，评价谨慎，直率坦荡，喜欢自嘲。[……] 每次和科内尔见面都会让你觉得，平凡普通的时间或是阴郁无趣的日子都变得丰富多彩，清晰明朗。”[2]在杜纳耶茨河畔拍摄期间，菲利波维奇很快就一个人去钓鱼了，并没有很强烈地要求同伴一起前往。

他从青年时代起就对钓鱼这项爱好投入了巨大的热情。在夏日皮划艇季到来之前，他都会极度认真仔细地检查所有垂钓装备。他对各种鱼类的知识都了如指掌，毕竟他曾经是个生物学家，他也很喜欢和别人讲这些知识。他多年来都和住在罗兹的好友米奇

---

1 科内尔和斯坦尼斯瓦夫·鲁热维奇是通过塔德乌什·鲁热维奇认识的，科内尔曾于 50 年代初去格林维采拜访过他。在接下来的数十年中，他们一直合作创作。斯坦尼斯瓦夫·鲁热维奇曾回忆说，他们的工作从没有过“创作痛苦”，他们的合作非常愉快，很多时候他们都是在菲利波维奇家工作的。斯坦尼斯瓦夫·鲁热维奇在《我们曾在科内尔家》这本回忆录中写道：“我们还将在这儿相聚很多年，我们很多电影剧本都是在这里诞生的：《三个女人》《地球上的位置》《那个世界的声音》《地狱与天堂》。[……] 科内尔的房间多年来一成不变，书越来越多，墙越来越黑，我们也变老了些。我们探讨剧本，然后科内尔和塔德乌什对各场戏的写作进行分工，分好后我们就各回各家，过一段时间我们又在他家相聚。”摘自该书第 251 页。——原注

2《我们曾在科内尔家》，克日什托夫·利索夫斯基主编，克拉科夫，2010 年，第 256 页。——原注

斯瓦夫·什切尔斯基医生保持着通信往来，后者也是一位垂钓爱好者，经常参加垂钓和采蘑菇之旅。在雅盖隆大学图书馆所保存的菲利波维奇的资料中，可以读到一大捆他们写的几乎完全只谈垂钓的信件。无论在什么条件下，他都能和渔友们相谈甚欢。当他在新钢铁厂区医院住院观察时（1968 年），他和同屋患者成了朋友。他非常得意地在信中告诉维斯瓦娃，他们好几个小时一直在聊鱼类和波兰的水域情况。他在他的小说中也经常写鱼，当然也少不了钓鱼人。

后来菲利波维奇又找到了一位知识渊博志趣相投的好友——雅努什·斯坦宾斯基教授，当时他还是“小雅努什”，是亚当·弗沃德克的好友。他们第一次见面是在 1982 年圣诞节的时候，平安夜那天，“小雅努什”带来了一条克拉科夫 AGH 科技大学发给员工的鲤鱼。菲利波维奇给他提了一个非常关键的建议：“你记住，每次你钓鱼的时候，都必须有一种不安的期待和希望，没有这些情绪的陪伴，就没有真正的垂钓。毫无生气。”[1]

维斯瓦娃肯定同意上面这句话的内容，但是她其实对于自己伴侣的爱好并不感兴趣。我觉得，维斯瓦娃可能从没告诉过科内尔这一点。恰恰相反，她还和他一起参加了户外“底层生活”的帐篷之旅，尽管这种生活肯定不是她最喜欢的休闲方式。她尽可能地缩短这些或多或少都会带来不便的旅行休闲的时间：“[……]我又因为腰疼的恢复而失去了几天的时间，我现在必须要开始工作了，其中一项就是得把之前就说好，要在这个月发给雷希·M.

1《我们曾在科内尔家》，克日什托夫·利索夫斯基主编，克拉科夫，2010 年，第 271—272 页。——原注

菲利波维奇最喜欢的“底层生活”

的几首小诗发给他。”对于科内尔提出的1971年7月去克雄日附近的湖边度假的建议，她这样回复道：“[……]《文学信箱》还在等着我，又有一堆写给我的信寄来了。我一直都在忙忙碌碌，可是成果微乎其微。[……]我觉得，我在这个月底可以去，然后我们可以一起回来。[……]快告诉我，你们这次的美妙野营又要去哪里。”[1] 所以这样，科内尔既不会感觉是被独自一人抛弃在了湖边，辛波斯卡也能随时使用自己公寓中的浴室。

然而在酷暑难耐的这一年，女诗人并没有去大波兰省的这个湖边度假。在做出这个决定之前，他们还是一直保持着书信交流，

1《我们曾在科内尔家》，克日什托夫·利索夫斯基主编，克拉科夫，2010年，第248—249页。——原注

辛波斯卡努力接受这种生活

尽管邮局的拖沓低效给他们的交流带来了些阻碍。“小科内尔，你肯定觉得，我宁可一个人在这儿也不愿意去陪你，你千万不能这么想，求你了！我先不说你是多么完美可爱的一个人，我就先说说这里的酷暑难耐，我一整天都光着身子，手里拿着几张小纸片，只有晚上的时候才会出去透透气。天上的星星都看不见，但是蚊子却一直出现，其中一只咬了我的脸一口。所以你看，我这儿的日子并不愉快。[……]那只经常去找你的小狗，是我的助理。给他喂点好吃的！亲亲你，亲亲你，我再好好亲亲你。”[1]科内尔在信中提出了几种联系方式的建议，这样如果辛波斯卡决定来找他的

1《我们曾在科内尔家》，克日什托夫·利索夫斯基主编，克拉科夫，2010年，第250—251页。——原注

话，可以在最后一刻通知他，他也可以去离他们露营地最近的波兹南火车站“等火车”。“[……] 对于你能来我也没抱太大希望。因为毕竟太远了，这样的长途旅行很辛苦的，而且我也不能（也不想）和你的缪斯竞争。”科内尔表态说。但他还是在信中写道：“[……] 绿水，蓝天，树木没有失去一丝一毫自己的非凡之美。宝塔，如同一颗闪耀的钻石。对岸有一个渔家女在捕鱼，我每天都能看见她，但是不幸的是，我和她之间隔着热爱。”[1]

哪怕是对渔家女的忌妒也没能说服辛波斯卡去湖边度假，7月23日她寄出了明确的答复，说她不会去克雄日找他。也许在前一封信中，还有一丝希望，她还给这封信贴了剪贴画：一个英俊优雅的男人的半身像，被装在同样优雅漂亮的旅行手提箱中，周围还有剪子、梳子、刷子、剃须皂，以及其他旅行中必不可少的物品。一个非常好奇的女人正在往旅行手提箱中偷看。她也装饰了那封写着最终的拒绝的信纸：一个女人的下半身像，她坐在一个小凳子上，腿上有四只猫（她在这封信的开头称呼他为“勇敢的科内尔！”)。她随信寄去的甜蜜飞吻或许可以减轻她不能去的苦涩：“我现在非常用力地热吻你，可不是像兄弟姐妹那样的吻，替我问候万达女士和 M 先生，也替我向鹅绒委陵菜、亮叶芹、柳叶鬼针草、大叶浮萍、香蒲黑三棱、裂檐花、忍冬花，以及一切在你身边沙沙作响、香气扑鼻的花花草草们鞠躬问好。”[2] 我们可以从中清晰地看出，当然科内尔肯定也注意到了，辛波斯卡对大自

1《我们曾在科内尔家》，克日什托夫·利索夫斯基主编，克拉科夫，2010 年，第 254—255 页。——原注

2 同上，第 258 页。——原注

然的爱更多的是蔓延在词汇的海洋中，而不是大自然本身。她把对宇宙的哲学思考和对生物的名字的赞叹相结合，而菲利波维奇最看重的则是看得见、摸得着的大自然本身。因此，他们俩对大自然不同的爱刚好在他们的关系中得到了完美互补。

我在读他们露营时写的信的时候就在想，他们挑选露营目的地的标准是什么呢。除了实用性，比如多年医生好友和来自大波兰省的艺术收藏家莱赫·修达可以为他们在周边找到湖泊森林围绕的度假胜地，我想还有小时候最喜欢玩的在地图上寻找最奇怪的地名的游戏，也是他们挑选露营地的标准之一。秃牛村、油村、纸村、暴雨村、马尔高村、安东尼村、天下村、鲁然镇、波波夫斯基森林、吓村、断桥村、喜鹊村、咸猪手村……这些奇怪的地名也非常符合他们的幽默类型。他们从一个降雨量超过平均水平的露营地给娜沃亚写的信也证明了，这些奇怪地名（有些不是真实存在的）让他们觉得非常好笑："亲爱的小娜沃亚！我们给你寄来了我们现在这个地方的地图。谢谢你给我们寄来的卡片，如果那些老鼠在科内尔家繁衍生息的话，那么佳佳[1]将会是第一只被老鼠吃掉的猫。我们期待你的来信！"她又在后面补充道："我们用上了我们的全部智慧，（发挥想象）绘制了一张地图，我们再也想不出任何别的东西了。地图由乌森水坑博士及科杜拉湿地硕士联合绘制。鱼都淹死了。湖面上游来游去的只有鸭子、小鸊鷉、白骨顶鸡和黑水鸡。还有一个空伏特加酒瓶。"

下面就是几个地图上的"怪异地名"：秋寒森林、喷射河、

1 佳佳（Kizia），科内尔家的猫。——译注

涓涓河、吨吨村、无底湖、喷嚏湖、毛毛雨村、大主教的尿壶、湿村、折折屋……地图可以让人无限循环地看下去。[1]

当然辛波斯卡也不是一直不愿意去搭帐篷度假。随着她和科内尔在一起的时间越来越久，她也越来越喜欢周末出游。比起刚开始的时候，在湖边度假也让她越来越享受，而菲利波维奇也正是考虑了维斯瓦娃的需求，所以决定放弃帐篷的防水布屋顶，而是选择有更坚实屋顶的地方度假。

1972 年她曾在橡树下村附近露营时住过一段时间的帐篷，后来她坐火车经过卡托维茨再回到克拉科夫后发现，她不小心把科内尔家的钥匙带回来了。他在信中向她描述了美好的酷暑天、温暖的湖水，他从湖里钓上来一条四公斤重的大白斑狗鱼。维斯瓦娃跟他讲克拉科夫的八卦新闻，在信的结尾和他表白："我很舒服地泡了个澡，洗得干干净净的，然而这次洗澡的代价是和你分开，我根本都高兴不起来。"[2] 在下一封信中，双重情感的话题又回来了，还出现了她对于自己和亚当·弗沃德克婚姻的反思，以及她对于在她生活中发生的重大事件的反应。"我收到你的信了，写了整整两页！内容关于猫头鹰，关于雏鸟，关于它们在橡树下筑巢简直就像在天堂。我都有些不相信我曾经去过那儿了，但是我很开心，很开心，因为你现在不用坐在这儿。尽管从自私的角度来说，我希望你已经回来了。你看，这又证明了你说的所有伟大的情感都

---

1 维斯瓦娃·辛波斯卡，《左轮手枪的光芒》，华沙，2013 年，第 76—77 页。——原注

2 维斯瓦娃·辛波斯卡，科内尔·菲利波维奇，《书信集——世界上过得最好的就是你的猫》，克拉科夫，2017 年，第 289 页。——原注

具有双重性的假设。”[1] 这次她把双重性概念用到了自己的人生伴侣身上。

1973 年 7 月的情况和前一年差不多，维斯瓦娃去了湖边度假，但是没过多久就先回了克拉科夫。她在家里给科内尔写了一封信，对这次假期露营大为赞叹。她希望科内尔能好好休息，警告他不要空腹抽烟，不要凌晨四点钟就起来钓鱼，不要为了没有鱼而担心。科内尔很沮丧：“亲爱的维斯瓦娃！你那么早就回去了，我一个人在这儿非常难过，简直是 4a 号别墅最难过的租客。帐篷里的一切都没有改变：兔脚、破镜子、薄荷糖，门口还摆着你的红皮鞋，可是你却不在。”[2] 为了不再继续这个悲伤的通信话题，辛波斯卡使用了政府公告格式写了一封“官方信函”：“此次露营之旅让我收获了一系列感触。很可惜，由于七月下旬本人不得不在城市范围内度过，[……] 从心理学的角度来看，我对你有着很深的感情。那么你在这方面的数值是什么样的呢？我今日带着极高的创造性工作了三个小时。我大步向前，要写一首诗歌。[……] 你的，维斯瓦娃·辛波斯卡。”[3] 我相信，幽默感可以在不损坏任何数据的情况下把悲伤变成笑话。

正如菲利波维奇想要让她来湖边一起度假一样，辛波斯卡也希望能把他拉来扎科帕内度假。按照她的习惯，每年 9 月、10 月之间，有时甚至是 6 月，她都会在这里待上一个月。但是科内尔

1 维斯瓦娃·辛波斯卡，科内尔·菲利波维奇，《书信集——世界上过得最好的就是你的猫》，克拉科夫，2017 年，第 295 页。——原注

2 同上，第 313 页。——原注

3 同上，第 314—315 页。——原注

可能并不喜欢山（众所周知，山会遮挡视线），肯定更不喜欢雅士别墅那些成群结队聚在一起，时而还会传些闲话的文人作家。另外他有心脏病，扎科帕内的气压变化可能会让他难以适应，出现身体不适。他会来扎科帕内待上很短的一段时间。无论是晴空万里，还是阴雨绵绵，他们俩都很享受一起在塔特拉山中的几天光景。然后菲利波维奇就和米奇斯瓦夫·什切尔斯基去杜纳耶茨河边钓鱼了。辛波斯卡则像每年一样，要么去参加雅士别墅的文人娱乐聚会，要么孤身一人去散步。

这些年来他们一定经常一起去户外旅行，因为留下了大量丰富的照片。菲利波维奇喜欢拍照，而幸好维斯瓦娃也同意在他的镜头前摆姿势。所以我们今天才能看到，穿着雨靴站在帐篷前的她，坐在折叠椅上的她，刚刚从理发店烫过的鬈发上戴着一条尼龙丝巾、坐在皮划艇中笑容满面的她，穿着优雅的渔夫裤和真丝衬衫的她，旁边是穿着肥肥大大的牛仔裤和法兰绒衬衫的菲利波维奇。科内尔在那些假期拍摄的照片上看起来有点像美国西部题材电影中的混血儿，而维斯瓦娃则是一如既往的优雅，但是面带微笑的她手里拿着巨大的厨刀，平底锅，还正在点篝火——这照片上的人是她又不像她。这样的形象更符合娜沃亚（科内尔也给她拍了些照片），一个狂热的旅游、露营爱好者。摄影师还拍摄了蘑菇、鱼、牧场的奶牛和被风刮倒的大树。有一张照片是维斯瓦娃跨坐在其中一棵大树上，脸上带着阳光般的灿烂微笑。有一点是肯定的——维斯瓦娃只有为了科内尔才会同意在篝火上烧饭和在湖水中洗澡。她甚至学会了享受这样的条件。她并没有试图去改变自己的爱人，她还会和友人们讲述他们度假期间的趣事，有一次科内尔不小心把带来当鱼饵的虫子罐打翻在了他们的“头等舱”帐篷中。

亚当·扎加耶夫斯基在那本这里多次提到的书中回忆了他和维斯瓦娃及科内尔一起去杜纳耶茨河畔的扎克利琴旅行的事。1982年，扎加耶夫斯基开着他的甲壳虫带着他们俩：“我们去了那里，那可真是一次别开生面的旅行啊。维斯瓦娃负责餐饮，科内尔全身心地投入到了自己那项‘体育哲学’活动中，要是我没记错的话，他一条鱼也没钓上来。[……] 就在那一刻，这次旅行在我的记忆中成了我和科内尔友谊中最重要的一个片段：我看到了一个释放天性、自由自在的他。我们仨在杜纳耶茨河美丽的石头岸边坐了好几个小时。那天的天气也很晴朗，昼长夜短，白天长得仿佛永远不会结束。从河对岸传来了附近村庄天主教周日祈祷的遥远声音、钟鸣声，甚至还能听到人们交谈的声音。科内尔感到很幸福，他脸上容光焕发……当黄昏降临，我们不急不忙地准备回克拉科夫，车里充满了夏日青翠的馨香。”[1]

辛波斯卡从不缺少对自由的热爱。然而我认为正是因为菲利波维奇，她才能够沉浸在大自然无与伦比的自由之中，这一点经常在她的诗歌中出现。难以用文字形容的云，推着云走的风，叫得出名字的植物和动物，交织在一起的碧绿和湛蓝，在世界中流淌的水滴，甚至是再普通不过的一颗洋葱，都可能因为某位英俊潇洒的钓鱼者的“体育哲学”活动而出现在诗歌当中。

1《我们曾在科内尔家》，第292页。——原注

* * *

70年代，辛波斯卡和菲利波维奇也曾出国旅行。他们并没有频繁出行，他们因参与反对派活动而被剥夺了拥有护照的权利。菲利波维奇的小说和辛波斯卡的诗歌被翻译成了德语在德国出版，这成了他们1972年至1973年唯一一次能够去“腐朽西方”的机会。丰富的商品是西方国家和波兰人民共和国之间一眼看过去就能看出的区别，然而，他们对此并不感兴趣，再说了，他们也买不起。他们最看重的是和译者和朋友们的见面，参观博物馆和美术馆也是行程中的重要安排。

多年来，辛波斯卡的诗歌都是由卡尔·德德齐乌斯翻译成德语并在德国出版的。卡尔·德德齐乌斯是一位生在罗兹、长在罗兹的德国人，通晓波兰语，因为他是在波兰上的中学。他在被派去当德国国防兵的时候，被迫学会了俄语。二战后，他住在德国，成了一名保险经纪人，翻译是他的业余爱好。然而他的翻译作品却不是业余的，相反很快就得到了认可。1959年起，德德齐乌斯开始出版波兰作家的书。他翻译的来茨的《没梳理好的思绪》[1]引起了出版界的轰动，这本由一位在德国毫无知名度的作家写的书竟然卖了三十万册。他和维斯瓦娃保持着书信往来，曾来克拉科夫看望她，也要请她来法兰克福，后来又邀请她去了达姆施塔特。他们之间的通信完整而全面地记录了翻译工作。维斯瓦娃从一开始就把卡尔先生称为罗莱克，她还提到，当他们彼此更了解

1《没梳理好的思绪》的作者是波兰作家、诗人斯坦尼斯瓦夫·耶日·来茨。——译注

的时候，她发现他是一位对待翻译工作极为认真的译者。因为他自二战后就不住在波兰了，有时候会对自己的波兰语不太自信，他经常会给维斯瓦娃写信，询问关于词义、俗语、固定搭配及遣词造句方面非常细节的问题。而且，辛波斯卡是懂德语的，虽然不能说完美掌握，但是足以理解自己诗歌的德语译本。她也是一个对作品要求极高的读者和作者。当卡尔·德德齐乌斯筹备她第一本诗集的出版时，她给他写了很多长信。这些信写得彬彬有礼，没有将自己的观点强加于他，但是也坚定地表达了自己的建议。

她在1969年3月的时候给这位译者写信说："[……]我非常想知道，您已经最后选定《我，卡桑德拉》这个题目了吗？我不得不和您说明，我对于这个题目有一些疑虑：这个题目和我所写的相对亲密温柔的诗歌类型比起来，过于宽泛生硬了。如果是别的作者的诗集起了这样一个题目，我在拿起书时肯定会很生气地想：'哎哟，这就把自己当卡桑德拉了？是不是太夸张了？'"在接下来的几段过后，她又表示抱歉："亲爱的卡尔先生，请您不要因为我的'介入'和找麻烦而生气。"但是在8月的信中她又重复提了关于题目的问题。我查找了参考书目，发现她真的成功地说服了这位译者。我们来看一下，1973年的时候出版了一本题为*Salz. Gedichte*的诗集，也就是说题目被翻译成了《盐：诗歌》。因为出版社需要，女诗人给译者寄了一张自己的照片，并回复了关于写一篇介绍自己创作的文章的问题。她认为耶日·克维亚特科夫斯基写的两篇文章是最重要的，并且答应在她抄写好后会寄给他。

这件事终于在1971年年末的时候有了重要进展，德德齐乌斯给女诗人寄来了他的译本，辛波斯卡给他写了一封破纪录的长信——密密麻麻用打字机打的，长达五页的信。她提出了十六项重要的修改意见，与他探讨波兰语和德语在词义表达上的差异。她在一开始称赞道："我认为，任何其他语言的译本都不如这个。[……] 您在信中让我斟酌的一些细微的小问题，并不影响整体。我通过那些口语化的表达来呈现非口语化的含义这个做法，一定给您添了最多的麻烦。但是大部分地方您处理得非常棒，[……] 只有在个别地方，波兰语和德语的意思出现了分歧。"然后她在信中列举了二十七个出现"分歧"的地方。他们之间的通信让我不禁去思考维斯瓦娃的德语水平，这绝对不是在波兰被纳粹占领期间，她作为一个中学生所学的德语水平，因为她挖掘出了这些绝非口语表达中能有的深刻的含义和内涵。

在多年之后，当德德齐乌斯在被问到他作为译者遇到的困难时，他引用了"被判处沉重的诺尔维德"这一极难翻译的句子作为例子，他想把"诺尔维德"改成"荷尔德林"[1]，这样对于德国读者来说更好理解。但是女诗人坚决反对："您想到用荷尔德林代替'沉重的诺尔维德'，这样处理真的很妙。但是尽管如此，也请您把诺尔维德送回来！我知道，对于德国读者来说，这个人并不知名，但是就为了让诗歌能够在国外更受欢迎，我就放弃自己的文学传统，这样做合适吗？另外，我在读外国诗歌的译文时，经常会遇到我不认识的名字或者概念，那时候我就会在各种词典和书

1 齐普里扬·诺尔维德（1821—1883），波兰 19 世纪著名诗人，生前命途多舛，也未得到重视，死后被认为是波兰最伟大的作家之一。弗里德里希·荷尔德林（1770—1843），德国著名诗人，浪漫主义先驱。——译注

籍中查找相关内容。而且我觉得这样才是正确的做法！”[1]

信中的另外两个例子也可以让我们领略辛波斯卡礼貌拒绝的艺术（这里指的是《失物招领处的演讲》和《墓志铭》）。“‘Vorsprache im Fundbuero’。1.‘天空啊，你裂开吧’是对‘大地啊，你裂开吧’这句呼喊的一种嘲讽。我们经常在东西丢了以后，怎么也找不到的时候这样喊。我担心，‘Oeffne dich Himmel’并不能够体现出这种意思。也许是我弄错了？ 2.‘Verlor meine Sinne’，这是不是和‘我失去理智了’一样是口语化的说法？我听说，有人是这样说，‘von Sinnen sein’，但是也可能我记错了。在德国的文学传统中，‘Grabstein’，墓志铭，指的也是墓碑上的字吗？我记得里尔克的诗里写的是‘Grabinschrift’。”

我甚至想把这封信的全文都抄录下来，因为这封信不仅仅是辛波斯卡的诗歌信条，也是给所有语言的译者的一本指南。维斯瓦娃不喜欢在朋友聚会的时候谈论自己的诗歌，也很少开展关于这些诗歌的讨论。这并不意味着，她的创作是“本能”或是“直觉使然”。她的每一个词的使用都是经过深思熟虑的，每一个结构都是仔细斟酌过的，所有的语言游戏都是精巧设计过的。同时这封信也展现了一些我之前没在诗人身上发现的性格特征：她对自己和他人的能力有着极高的要求，同时她对于自己的观点非常坚定。可以说，这些特征主要体现在她的诗歌创作中。而如果要说在钓鱼旅行这件事上，其实也可以看出她的坚决和不肯让步，只不过这些都包裹在温柔的话语、礼貌的姿态和真情的承诺

1 1971年11月30日维斯瓦娃·辛波斯卡写给卡尔·德德齐乌斯的信。法兰克福维亚德林欧洲大学馆藏，由斯武比采波兰学院图书馆提供。——原注

之中。

她对德德齐乌斯从不吝啬美言和称赞，每次都会夸赞他。她对他抱有真诚的感恩之心，感谢他因为自己遵从自己内心的需求，而将她的作品带入了德语世界中。随着时间的推移，她和德德齐乌斯也建立了友谊，她认识了他的妻子和孩子，他们经常在德国和波兰见面。1973 年 6 月，维斯瓦娃和科内尔在列宁格勒“白夜之旅”期间，给德德齐乌斯寄了问候信。几个月后，他们俩一起去了哥廷根参加“波兰日”活动，然后一同去法兰克福看望了德德齐乌斯。其间，他们去参观了莱茵河畔的城堡，欣赏了莱茵河美景。维斯瓦娃非常渴望能够看看莱茵河，这条带有神话色彩的德国河流用它如诗如歌般的传说吸引着她。在法兰克福，德德齐乌斯开车送辛波斯卡和菲利波维奇的时候出了点小意外，后来两位男士都经常回忆起这段经历：绅士风度的卡尔想要把维斯瓦娃那一边的车门关上，但是割伤了她的手指，科内尔看了差点晕过去。维斯瓦娃自己肯定也不开心，但还是克制住了情绪，保持着冷静。她在回到克拉科夫后给卡尔写信说：“我的手指已经不记得那次意外了，为了证明，我用它向法兰克福火车站的方向友好地挥挥手。”也许这位未来的诺奖获得者又多了“耐得住疼痛”这个特征……

辛波斯卡在露营帐篷中度假的时候也给德德齐乌斯写了信，倾诉了自己复杂的心情。“我们在奥布瓦帕村的维普[1]露营。这两个词您肯定一听就知道，有双重含义。这里很漂亮，但是天公不

1 奥布瓦帕村（Obłapy）的维普（Wieprz）这两个地名在波兰语中分别有“咸猪手”和“猪”的意思。——译注

作美，鱼儿们要么萎靡不振，要么就是学狡猾了，无论怎么样就是不上科内尔的钩。这张明信片上的画很忧郁，展现的情景是要从脑袋中摒弃在帐篷中度假这个思想。”尽管如此，她还是坚持在奥布瓦帕村待了将近一个月。然后她又去了扎科帕内度假。

如果说维斯瓦娃为了科内尔什么都愿意去做，这句话肯定不是百分之百正确的，但是她的确为了他在自己的习惯和喜好上做了很多让步。比如，她帮他照顾他的猫。维斯瓦娃喜欢猫，就像她喜欢猴子一样。她经常会饶有兴致地谈论它们，她会赋予它们一些特征，也会否认一些特征。猫因其性格特点以及它在文化中的刻板印象，对于她来说是一个有趣的文学主题，她喜欢使用或彻底推翻这些特点。

她从来没在家里养过猫，她也不想养猫。她接纳科内尔养的另外几只猫，甚至可以说喜欢它们，这种喜欢也是相互的，她手上抱着猫的照片就可以证明。她在多年后回忆起帮科内尔照顾宠物的时候，并没有多高兴。我们还得想想，在那个时候，猫都是尿在从附近的沙堆偷偷带回家的沙子里，主人做什么饭也就喂它们什么。气味宜人的猫砂和猫罐头在当时来说都是未知的未来童话中才会出现的。最难的任务就是给猫咪喂鱼（如果刚好主人的冰箱里没有钓回来的存货了），那么就得一大早 7 点钟去商店门口排队买鱼。维斯瓦娃也给科内尔做饭，她姐姐肯定会来帮她，她经常会给她送来一锅锅、一罐罐自己做的肉菜。他们去露营的时候，她也在野外篝火上炸科内尔刚刚钓上来的鱼。而这一切，竟然都是那位在克鲁普尼察大街公寓里只吃食堂填饱肚子的人做的……

她每年在9月16日——他命名日的时候，都会给他写一首诗。可惜的是，这些诗中只有一首保留了下来，这首诗先是刊登在《文学十年》上，后又收录进《给大孩子的顺口溜》。其他诗都没能逃开被遗忘的命运。虽然只有这一首，却也充分表现了他们之间相互的真挚情感，以及维系他们情感久长的幽默感。

他属于那种什么都要自己做的男人。
爱他就得连他的柜子抽屉一起爱，
还得算上柜子上的，柜子里的和柜子底下露出来的。
没有一个东西，是他永远用不上的。
螺丝刀、锤子、钳子、凿子、坩埚和试管，
线团、弹簧、钢条和雨伞，
挤光了的牙膏，放干了的胶水，
大罐子、小罐子，里面都已变得浑浊，
各式各样的小石子、砧铁、虎钳，
闹钟，而他周围总有东西掉到地面，
肥皂盒里死掉的小虫，还有空空的酒瓶，
里面装着他自己亲手画的头骨模型，
长木条，短木条，塞子，夹子和封条，
从马姆拉湖畔捡来的三根黑水鸡的羽毛，
几个塞在水泥里的香槟酒瓶塞，
两张实验里烧焦了的纸片，
一堆木板和木块，纸箱和碟片，

这些东西过去或者将来，总有用得着的一天，
不知道什么东西的把手，皮革碎片，毯子线头，
一堆钥匙和钉子，还有一把小男孩用的弹弓……
当我问："如果要是把这些东西扔了会怎么样呢？"
那个我爱的男人非常严肃地瞪了我一眼。
（《男人田地》，选自诗集《给大孩子的顺口溜》，2003 年）

岁月蹉跎，时而幸福，时而苦涩，然而辛波斯卡在他们交往之初就在信中写过的话，却从未变过："小科内尔，[……] 你不要给我写信，好让我别胡思乱想。因为你才是最重要的。"[1]

1 维斯瓦娃·辛波斯卡，科内尔·菲利波维奇，《书信集——世界上过得最好的就是你的猫》，克拉科夫，2017 年，第 42 页。——原注

第四章

以不变应万变

维斯瓦娃和卡尔·德德齐乌斯在诗歌领域一直保持着密切的交往，这是一种只有作者和译者之间才能建立起来的特殊联系。然而这位译者的生活并不轻松，德德齐乌斯曾多次请她把新诗稿寄给他，他还提到其他诗人都会提早把诗歌寄给他，这样可以让德语版和波兰语版几乎同时出版，想要通过这种方式激励她快点交稿。但辛波斯卡动作依然很慢，因为她想要确保发出去的稿子就是最后一版，不需要再做任何调整和修改。她有些抗拒德德齐乌斯进入她的诗歌领地，她不回复他的催稿信，顶多是在信中对自己的拖延表示抱歉。她信任他，但是她也有自己的习惯。无论如何，他们之间的友谊亲近且真诚—— 1978 年辛波斯卡给德德齐乌斯写信，告诉他菲利波维奇的母亲去世的消息。她保持着一贯的克制，在信后又补充了关于科内尔在母亲去世后大病一场的消息，但是他现在已经好多了。

科内尔的母亲在战后大部分的时间里都是和他住在一起的。斯坦尼斯瓦娃·菲利波维奇女士在战争刚爆发的时候离开了切申（1938年她成了寡妇）。她去了利沃夫，被迫在科佩伊斯克的一个矿井中工作，后加入安德斯军团。[1]她在军队中是一位卫生员，她在特拉维夫参加医学课程的笔记本被保留了下来。在战争结束后，她复员去了英国，但是她不想留在那里。她把全部家当装在老旧的英国产的大箱子中带回了波兰。这些大箱子都是约翰·福勒·巴特爵士牌的，上面还有家族徽章。这些非常漂亮的大箱子以及当时箱内带回来的物品清单至今仍由菲利波维奇的儿媳和儿子玛丽亚和阿力收藏着。[2]科内尔作为独子非常担心母亲的身体状况，当他出差时都会请维斯瓦娃去他家看看自己的母亲。科内尔和母亲关系非常好，所以母亲去世对他的打击非常大。维斯瓦娃陪他参加了葬礼。

1980年12月，维斯瓦娃告诉德德齐乌斯，她和菲利波维奇将在来年3月和4月去阿恩斯贝格参加"小说家"大会（她亲切地这么称呼这个大会）。但是她也在信中说了，不知道能不能获得护照。她还在信中提到了住在于利希的两位朋友——吉扎和埃尔文·尚采尔夫妇[3]。她和科内尔计划要在他们家住上几天，和卡尔先生见面当然也在计划之内。

1 道克沙，《雅雷马家的女人》，第252、304页。——原注
2 作者于2017年5月与玛丽亚和亚历山大·菲利波维奇的谈话。——原注
3 吉泽拉·尚采尔和埃尔文·尚采尔夫妇，吉扎是吉泽拉的昵称。——译注

尚采尔夫妇是另外两位在维斯瓦娃生活中非常重要的人，他们俩是她从玛丽亚·雅雷马那儿“继承”的。菲利波维奇是通过玛丽亚认识他们的，玛丽亚和时任华沙扎亨塔国家艺术画廊负责人的吉泽拉是好朋友。通过吉泽拉的帮助，玛丽亚将自己的作品送到1957年召开的第二届现代美术展上进行展览，虽然当时她已经患病，但仍抱病出席了开幕式。[1] 吉扎帮助玛丽亚销售她的画作不是因为她们是好朋友，只是因为欣赏她的才华和画的价值。尚采尔夫妇和很多波兰的犹太人命运相似，他们在1971年的时候移民离开了波兰。就算吉扎重建了扎亨塔国家艺术画廊，在无形的压力下，把它打造得可以和世界上最顶尖的现代艺术画廊相提并论又怎么样呢？她是个犹太人，1969年她不得不退休，而她的丈夫又失去了工作。他们住在于利希附近的亚琛。维斯瓦娃一直到他们生命的最后一刻都和他们保持着联系。巴夏·查乌琴斯卡也经常去看望他们，尚采尔夫妇也和克拉科夫艺术圈的朋友们保持着通信往来。辛波斯卡曾收到过几件吉扎给她寄来的漂亮的真丝衬衫，在波兰战时状态期间，他们给辛波斯卡寄来了食物救急包，里面有咖啡和当时最神奇的不需要熬煮的速溶汤粉。当时在波兰还没有这种速溶汤粉，他们把汤粉放在带把儿的玻璃杯中，充分搅拌后，品尝着这些蕃茄口味、四季豆口味以及葱香口味的汤。

维斯瓦娃也向尚采尔夫妇告知了斯坦尼斯瓦娃女士去世的消息：“科内尔的母亲在长期患病后去世了。尽管也没有明确是因为某种疾病，就是因为衰老而死去了……科内尔正在慢慢地恢复平

1 道克沙，《雅雷马家的女人》，第545页。——原注

吉扎和埃尔文·尚采尔夫妇与菲利波维奇的合影

静和精神，但是他肯定还要些时间，三年来他几乎一直都很紧张，时刻关注着妈妈，没时间度假，家里也没条件工作，没那么容易弥补回来的。”

在当时的局势下，想要“弥补”简直举步维艰。在 70 年代末，面对文学界所遇到的越来越多的阻碍，辛波斯卡和菲利波维奇加入一个派别是他们的自然反应。维斯瓦娃不善于当社会活动家，但科内尔恰好相反。但这也同样让他们的私人时间越来越少。

像亚当·扎加耶夫斯基、尤利安·科恩豪泽等新浪潮时期的年轻作家以及更年轻的一辈，如布罗尼斯瓦夫·马伊和耶日·皮尔赫等，已经不愿再在《文学生活》上发表自己的作品。特立独行的克拉科夫《学生》杂志编辑部接纳了他们。中生代和老一辈作家们也都表明了对当时的文化生活以及写作方式的厌恶。对于在成长过程中受二战前左翼运动影响的菲利波维奇来说，他参加派别活动是一种必然。他不仅仅和来向他寻求帮助和支持的青年作家见面，也参与到了波兰作家协会的事务中，如在作品审查制度之外筹划出版书籍，为民主反对派青年作家设立奖项等。维斯瓦娃对他绝大多数的工作活动都给予了支持。

塔德乌什·内赤克是一人多能的作家、教育家、记者，他也是新浪潮时代的作家，我曾问过他七八十年代克拉科夫文学生活的情况。塔德乌什虽然仅比我年长几岁，但他和其他人一起共同创造的一切，新浪潮诗歌、文学喜剧、抛弃了资产阶级舞台的话剧、根据真正的诗歌作曲的流行歌曲、概念艺术、波普艺术……都是我后来只能带着赞叹的目光去观察和欣赏的。

内赤克告诉我："当时我们克拉科夫的学生青年文化环境是非常特殊的。我们大多数人都是在《文学生活》杂志上初露锋芒的，我们一直都在这本刊物上发表作品，直到1970年后《学生》杂志一鸣惊人成了新文化的代表杂志。当盖莱克时期审查制度开始放松时，大家开始尽情表达，这就是新浪潮的形成。《学生》杂志成了新一代作家表达心声的平台。也是在那时，我们结束了和马海耶克的合作。"

他回忆时还提到，即使是在如此先锋的《学生》杂志编辑部中，也有和安全局合作的人，或者甚至可以说就是安全局的特工。

“我们知道编辑部里谁是国安局特工，但是这不等于说我们和这些人握手言和，我们不和他们同桌而坐，不和他们合作。我们知道，我们编辑部里肯定有，因为每个编辑部里都有。在华沙的情况更糟糕一些，因为那里的人彼此憎恨。克拉科夫的情况要平和得多。”

在谈到自己的同龄人和上一代作家的关系时，内赤克强调了1968年3月的事件在年轻人的成长经历中的重要意义。

“3月将我们封闭了起来，我们对于其他时代的、外部的人没有信任。这是我们那个时代的斯摩棱斯克战役，只不过规模不同罢了。若不是从其他方向对我们‘伸出的触角’、向我们传来的信号，我们也许会永远都处于封闭之中。

“幸好年轻一代懂得欣赏格热戈热夫斯基、胡伯纳、瓦伊达、斯维纳尔斯基的戏剧，与基约夫斯基、布翁斯基、赫贝特、扬·约瑟夫·什切潘斯基及菲利波维奇成了朋友。中生代和老一辈艺术家们懂得如何与反叛的年轻一代交流沟通。当时的政府一定对各个年代的人联合起来反对文化苏联化而感到震惊。年轻一代作家对于菲利波维奇‘伸出的触角’深表感激，不仅仅因为他提供的专业支持，更要感谢他所给予的真挚友谊。科内尔是一位不动摇自己立场，但同时能拉近距离的大师。

“科内尔坚如磐石。如果他说了什么，就一定会实现。他又犹如神谕。当有人陷入两难境地，想要哭诉或者不知道该如何抉择之时，都会去找科内尔。”内赤克还说道，“毋庸置疑，他绝对是一位现象级人物，我们很荣幸能够和这位伟大的作家和具有伟大人格的人有交集。”[1]

耶日·皮尔赫在回忆起菲利波维奇时，和内赤克有着类似的观点，他也经常去菲利波维奇家中的作家工作室。

科内尔不只局限于参加个人会面，他同时也是（1978年成立的）科学课程协会的创办者之一，是飞翔大学[2]的延续，他本人也积极参与与之相关的工作。科学课程协会主要是推广社会科学。除此之外他还组织文学见面会。作为该协会的创建成员之一，辛波斯卡多次参加晚间文学见面会。值得铭记的是，参与科学课程协会的人都经常被抓，无论是授课人还是听课人。

科内尔的追随者们有机会看到一个和以往角色完全不同的维斯瓦娃·辛波斯卡，她不再是“那位负责诗歌的女士”，她和科内尔并肩参与斗争工作。他提供了驱动力，而她也绝非被动坐在角落里的小老鼠。

“我们观察维斯瓦娃和科内尔这对双人组合，他们二人齐头并进，多年来在克拉科夫一直以最积极饱满的精神热情引导着我们，创造出自由的写作氛围，”塔德乌什·内赤克回忆说，“菲利波维奇，就和扬·约瑟夫·什切潘斯基一样，都有一种天然的使命感，这是在当今任何一个社会环境中都难以觅得的品质：一种无条件、无私的社会活动家精神，这是一种19世纪的社会主义奉献精神，这种精神因信仰而生，而文学则是耕耘信仰的土壤；一

1 作者于2015年7月与塔德乌什·内赤克的谈话。——原注

2 1977年由自由派活动家组织的地下教育机构。这一名称来源于波兰被瓜分期间由教育家们组织的地下教育机构，因没有固定的授课地点和校舍而得名。——译注

个作家不是只会自私的写书就够了的。”[1]

在70年代，一部分克拉科夫文学界人士致力于创办文学月刊。1968年后《文学生活》杂志上刊登了很多反犹言论，所以很多作家认为，已经不能继续在这本刊物上发表自己的作品了，创办新的杂志已经成为迫在眉睫的需求。然而不幸的是，在那个年代，可以有千百种方法不允许杂志出版。每一份出版物在某种意义上来说都不能用私人资金支持此类活动（至少是不能以合法的手段提供资金支持）。哪怕某个项目已经获得了相关部门的审批通过，还是有可能遭遇纸张匮乏。耶日·克维亚特科夫斯基和辛波斯卡及科内尔·菲利波维奇为创办《写作》杂志付出了最多的努

《写作》编辑部合影

1 作者于2015年7月与塔德乌什·内赤克的谈话。——原注

力，这个杂志名也是他们选的，杂志的编辑工作极大地拉近了文学教授与小说家两人之间的距离。“这是耶日为之斗争了几年的杂志，”耶日的太太玛丽亚·波德拉察–克维亚特科夫斯卡说，“还有其他人和他一起为这本杂志斗争，但是他对此付出了很多心血，所以最后身体健康也出现了问题。1981年3月这本杂志开始发行，科内尔和耶日成了这本杂志的副主编。”[1] 当时扬·皮耶什查霍维奇被任命为主编。

辛波斯卡在《写作》杂志第一期的专栏文章中记录了杂志的创办：“在期待了三十年后我们的月刊终于在克拉科夫发行了。[……]它的创办并不是在任何一本刊物被停刊的基础上实现的，也不是将两本刊物合并成一本新杂志——那样其实是两本刊物被停刊。在过去，这两种方式是最常被使用的赋予新刊物生命的方式。《写作》是全新的刊物。它的摇篮不是其他刊物的棺材改造而来的。”[2]

尤利安·科恩豪泽和塔德乌什·内赤克这些年轻一辈的作家们和兹比格涅夫·赫贝特、扬·约瑟夫·什切潘斯基、埃尔兹别塔·莫拉维茨及斯坦尼斯瓦夫·莱姆等略年长些的作者们在编辑部相遇了。杂志的第一期上刊登了切斯瓦夫·米沃什的诗歌以及对这位诺奖获得者的采访。

随着“战时状态”的宣布，这本独立文学刊物的梦想全都破碎了。《写作》和其他报纸杂志一样，都因为战时状态的戒严令而

1《我们曾在科内尔家》，第292页。——原注

2 维斯瓦娃·辛波斯卡，《被舍弃的文章》，1981年第1期《写作》杂志，第182页。——原注

不得不停刊。过了很长时间，编辑工作才得以恢复。在编辑部工作人员的长期努力下，1983 年杂志出版了四期，其中两期为上下两册。

也正是在这段时间，辛波斯卡的私人生活发生了地动山摇般的改变：她获得了可以搬到大一点的、带厨房的两居室中的机会。（其实我写到“私人”的时候思考了很久这个词的词义。维斯瓦娃的生活，特别是在那段时间的生活，其实都是私人的。在某种意义上，参与派别的活动也都是私人性质的：颁发的奖项是私人资助的，新创办的波兰作家联合会的会面是在私人住宅中进行的，打字机都是存放在私人住宅的地下室的，印刷的“皱纹纸”也都是由私家小菲亚特汽车运输的。）菲利波维奇在 1982 年给德德齐乌斯寄的圣诞祝福卡片的后面写道：“维斯瓦娃没有来得及和您说，她这两个月来一直在搬家。搬家简直成了一种好不了的慢性病了，不知道还要持续多久。”

如果不是因为友谊，辛波斯卡是不会下决心搬到一间更大的“抽屉”里去的。友谊总是能够鼓励她去做一些她原本没精力去做的事情。这一次的驱动引擎是尤安娜·萨拉蒙，她是一位诗人，也是一位医生（用如今的医学术语来说的话，是一名肺科医生），维斯瓦娃和她自 60 年代末成了好友。尤安娜决定永远地离开波兰，所以她就建议维斯瓦娃，在她出国前她们俩可以互换公寓。就这样，维斯瓦娃搬到了霍奇姆斯卡大街一个更大更舒适的公寓之中，但是这间房子位于一栋没有电梯的楼房的四层。这间公寓还有一个不容否认的优点，那就是离科内尔的公寓很近，但是科内尔的公寓也没有电梯，也需要爬楼。我真的很佩服他们俩的体能，当时维斯瓦娃快六十岁了，而科内尔已经七十岁了。

辛波斯卡在霍奇姆斯卡大街一直住到了获得诺奖的时候（直到获奖之后她才买了属于自己的房子）。当瑞典学院公布了诺奖获奖名单后，辛波斯卡也是在这间房子中接受了采访。其中有个西方国家的记者曾经在某个场合发表过自己的想法，他认为这位诺奖获得者是故意租了一间条件这么差，还没电梯的四楼的小窝，这么做就是为了劝退媒体。然而在辛波斯卡自己和她的朋友们眼中，却完全是另一番景象：新公寓的桌子旁可以坐下八个人，有的时候甚至可以挤下十几个人，这也意味着，维斯瓦娃的社交圈扩大了。各种晚餐聚会游戏，热闹非凡。关系远些的朋友也加入到了和诗人关系最好的朋友圈中，围坐在压着玻璃板的桌子边的人越来越多，尽管从之前的“抽屉”搬来的帕普做的那些凳子坐着并不舒服。

她和尤安娜·萨拉蒙的友谊也是跌宕起伏，但是从某个时间开始，她们之间的来往基本上都依靠书信。尤安娜比维斯瓦娃要年轻一些，当她还住在波兰的时候，也是菲利波维奇的渔友群中的一员，她曾在90年代写的一封信中提到过这一点：“[……]我看着照片，忽然我就不知道为什么看到了科内尔和你坐在河边（那条河叫什么来着？我们开着那辆小菲亚特126P，好像是往塔尔努夫开了70公里）。科内尔脚上穿着高帮橡胶雨靴，站在水流中，手里拿着鱼竿；你在树荫下读着某位年轻的苏联移民诗人的诗（约瑟夫·布罗茨基），他那时候好像刚刚在国外出名。”尤安娜·萨拉蒙是一位文学研究的业余爱好者，她在国外期间充分地发展了自己的这项爱好[1]，除此之外，她还十分热衷于星座学。我无法判定她究竟具备怎样的星相学知识，但是她寄给辛波斯卡的星座分析看起来非常专业。她在 1975 年 9 月的信中将莱谢克·舒曼[2]称为自己的“导师和师父”。显然，她手写版本的星座分析对于维斯瓦娃来说太难辨认了，因为我在资料中又找到一份打字机打印版。尤安娜提出，辛波斯卡的不满意“是因为出生于‘无趣’的 [……] 巨蟹座这一说法，从占星学的角度来看，是无稽之谈。因为根据星座 [……] 来看，巨蟹座及其影响 [……] 微乎其微”。

“如果你的妈妈因为好奇、流行或者信仰，在你出生后去向占星师请求关于星座的指点，她的孩子应该注意些什么（基于你是 1923 年 7 月 2 日 14：00 出生于库尔尼克），她就会了解到 [……] 她的女儿并不是身强体健的代名词（太阳在第 8 宫处），[……] 是一个内向、敏感的人，容易接受外部事物的、害羞、情感丰富、小心谨慎、时而阴晴不定的人，喜欢舒适，对家庭纠纷很在意，理智的、有幽默感的人，但是她只会在只有少数熟人在场的情况下才会表现，而不是在大庭广众之下（这正是太阳行至巨蟹座的时候赋予她的性格特征）。[……] 她不是一个爱争吵的人，当遇到纷争时，她会尽量温柔和委婉地解决问题（火星行至巨蟹座时所赋予她的性格特征），但是她同样也是坚定不移的，在

1 著有《贡布罗维奇的手电或灰鹤与蜂鸟——波兰文学中的隐藏流派》（1991，弗罗茨瓦夫）、《四小时与〈先人祭〉的手表》（1999，克拉科夫）、《赫贝特的时间或者黑森林中的小屋》（2002，华沙）、《亚特兰蒂斯或者偶数的鞠躬——关于维斯瓦娃·辛波斯卡和切斯瓦夫·米沃什》（2011，克拉科夫）。——原注

2 莱谢克·舒曼（1903—1986），波兰占星家、翻译、经济学家、广告专家，精通多门外语。因家庭熏陶对神秘学产生浓厚兴趣，曾于 20 世纪 30 年代在阿根廷期间学习星座学。是波莫瑞地区超心理学协会的创办者之一，发表关于星相学和超心理学著作。——原注

捍卫自己自由意志的时候也丝毫不会让步（火星也在第 8 宫处）。[……] 上升星座木星是主导（上升星座在天蝎座），木星、太阳和月亮呈三分相，太阳和土星呈四分相。

“上升星座是我们出生时出现在地平线上的星座，是我们通往这个世界的窗口。上升星座呈现出这个人做的事情和做事情的方式。有的时候在这个人出生的时候上升星座还不止一个，那么在这种情况下也是如此。[……] 主导星座显示，这个人坚持不懈，雄心勃勃，什么事情都记得很清楚，表面看冷静克制，而内心热情似火，善于分析思考，具有批判性思维，带有一种可升华的感性。这个人在某种程度上是一个受欢迎且有名气的人。[……] 具有艺术天赋，这种天赋是智慧型天赋，而非性格上的。同时，[……] 在选择伴侣上，这个人所在意的是对方才华横溢，知识丰富，机敏过人。尽管出生于巨蟹座（家庭型星座代表），但是这个人不会是贤妻良母型的。[……] 同样，上升星座和天顶位于狮子座就赋予了人上进心、对自由强烈的追求与渴望，这也让她很难找到一位合适的伴侣，而因为她将这种品质也放在伴侣身上，所以有时会感到大失所望。然而，在她身上潜伏着对‘普通家庭模式’，即家庭、孩子、母亲这种模式的渴望，然而这种渴望却是可望而不可即的，这也成为这个星座的矛盾之一。[……] 她的家庭生活不会一帆风顺。[……] 然而个性鲜明，强烈。”

我不知道，维斯瓦娃是如何（是否）诠释了这个星座分析，在我看来，它代表着“情感的复杂融合”、情感的多样性，这些是在很多场合都出现在女诗人身上的特质。关系中的麻烦、隐秘的渴望、生活与精神间的不和谐，表面看冷静克制，内心热情似火。

在回顾辛波斯卡的一生时，经常会发现很多前面提到的特质。

“慢性病式地”搬家到霍奇姆斯卡大街也和当时的战时状态脱不了干系，因为当时的社会生活、文学生活、文化生活以及最普通的日常生活都瘫痪了。当菲利波维奇 1982 年 12 月提到她的搬家时，已经不再实行宵禁规定了，人们可以不用通行证自由出入，有些报纸也开始发行，一些机构也陆续恢复了营业，但是这些悲剧性的历史事件给人的心灵上留下了永恒的烙印。文学界也出现了不可逆转的两极分化。

这也许是第一次在波兰人民共和国时期来自不同圈子的文学家们相互之间表现出了敌意。这已经不是立场的不同，而是同属一个创作联盟的人们之间如暴风骤雨般的意见交流。波兰作家协会在战时状态初期处于暂停的状态，而最终也没能逃过解散的命运，协会再也没能成为一个将具有不同观点的人聚在一起的机构。塔德乌什·霍乌伊非常清醒地评价说：“[……] 现在的文学界是支离破碎的，过不了多久我们就会发现，作家联盟中有两个或者三个不同的派别：波兰左翼流派、天主教派及其他派别，都是根据对国家的态度以及共同的世界观决定的。在这种局势下期待文学界的融合是毫无意义的。”[1] 这就让其他在管理之外进行的联合运动显得更为有意义。在 1984 年新的、名为波兰作家联合会的作家联盟组织成立之前（当时还是非法的），文学生活经常都是在教会的帮助下，在地下开展的。菲利波维奇和辛波斯卡都参与了“口述杂志”的创办，后来这旨在代替《写作》的“口述杂志”被命名

---

1 亚采克·奥尔齐克，《克拉科夫的文学生活》，克拉科夫，2016 年，第 544 页。——原注

为《发声》。这项活动的共同发起人还有扬·约瑟夫·什切潘斯基、莱谢克·埃莱克托罗维奇、扬·布翁斯基及克拉科夫天主教知识分子俱乐部主席安杰伊·波托茨基——他通过俱乐部文学会的形式保证了“杂志”的正式（合法）运行工作。这也不是一个保障文化活动开展的新办法了，在波兰被纳粹占领期间，为了弥补杂志被禁止出版的空白，也曾组织过类似的文学见面会。尽管在战时状态通过天主教知识分子俱乐部举办见面会已经没有面临像二战期间那么严峻的考验了，但是这些见面会都有一个共同的目的，那就是保证文学生活的延续。

这本通过口述形式创办的“刊物”于 1983 年 12 月在位于谢纳街的天主教知识分子俱乐部总部壮美的肖像大厅召开了第一次文学见面会。他们将这场晚会按照刊物的版块安排，分成了诗歌与散文、文学评论专栏、电影影评、新书推广和“最差劲的书”等部分，这一部分在接下来的聚会中都由斯坦尼斯瓦夫·巴兰恰克和耶日·皮尔赫发表所撰写的辛辣书评。诗人、雅盖隆大学教员布罗尼斯瓦夫·马伊担任主持人，他以无与伦比的黑色幽默和荒谬绝伦的风格主持了整场晚会。在第一次晚会上，组织者们开展了杂志名称征集比赛，同时也宣布这样的活动将继续举办下去。《发声》这个名字是由文学研究家、评论家斯坦尼斯瓦夫·巴尔普斯教授想出来的，他获得了终身荣誉参会奖，他后来也的确多次参会，并发表了智慧幽默的文章和诗歌。

《发声》这个舞台将所有对政权文学环境持反对意见的顶尖作家聚集在了一起。《发声》见面会是将支离破碎的文坛重新团结起来的重要途径之一。我在此无法将所有参加者一一列举，但是值得关注的是，1984年《发声》见面会上来了一位特殊的客人——亚当·米赫尼克，他刚刚从监狱中被释放出来，当时谢纳街肖像大厅里座无虚席，甚至有些来参加此次见面会的人都没有地方站。所以文学见面会的地点改在了附近的道明会修道院，来参加的人们在斯托拉尔斯卡大街排起了长长的队伍，这个场面让来维持秩序的人员感到大为恐慌。[1]

出于对组织秩序的考虑，这些见面晚会一般都会分组，然后在克拉科夫的参加者的家中以非正式聚会的形式结束。这也是对于从波兰各地赶来的年轻一代作家来说最具吸引力的地方。那些在七八十年代发表处女作的作家们几乎没什么参加文坛相聚的机会，如今能出现这样一个交流的平台自然让他们兴奋不已，有时也会以酩酊大醉结束。

无论是辛波斯卡还是菲利波维奇都参加了大部分《发声》见面会，我想，他们也协助参与了见面会的组织工作，他们向布罗尼斯瓦夫·马伊建议，哪些作家值得邀请到克拉科夫来参加这个聚会。他们当时并不是文坛泰斗级的人物，但是他们在某种意义上发挥了类似的作用，就像扬·约瑟夫·什切潘斯基一样。他们俩都积极参与波兰作家联合会的筹备建立工作，维斯瓦娃在霍奇姆斯卡大街的公寓中召开了隆重的联合会候选人招待会。当时已经没有当年作协青年论坛这样的组织了，但是“大师带徒弟”的传统不曾被遗忘。

很多初出茅庐的诗人都来到了亚当·弗沃德克的家中（也得

1 国家记忆研究院克拉科夫分院历史学家塞西莉亚·库塔曾发表题为《自由诗人的声音，口述杂志〈发声〉》，其中详细列举了参加此次见面会的人员名单。——原注

到了他的照顾)。布罗尼斯瓦夫·马伊就是其中之一。

"我经常去他在达申斯基大街的家中,那里乱得让人难以置信,"布罗尼斯瓦夫·马伊回忆说,"马桶上用一根绳子挂了一个小圆锅,上面写着'用小锅冲水'。那里脏乱差得令人难以想象,到处都是纸和书。书都像图书馆里的一样,拥挤不堪地码在书架上,地上也都是一堆堆的书,走路的时候得在书中间插空才能落脚。另外,房间里还摆着一张沙发床和一张铺着人造青石板的桌子兼写字台。在一堆书和纸之间,总是有一包打开的加浓香烟,那时正是他戒烟的时候,能看到一支被挪到远处的香烟、一个烟灰缸、一个玻璃烟嘴和一盒满满的火柴。我问亚当,他既然在戒烟,为什么还要放着香烟。他说:'如果我家里没有烟,我夜里被烟瘾折磨醒了还得跑到火车站去买烟。而我现在家里有的话,一切就都由我来决定了。'"[1]

无论是布罗尼斯瓦夫·马伊,还是同为弗沃德克好友的伊雷纽什·卡尼亚,都认为他在战时状态和后来都在积极参与派别活动。他这个曾经怀着满腔热情、致力于在作家群体中开展地下出版工作和工会运动的人是不会不参加这些活动的。80年代时,他的身体状况限制了他参与这些活动。辛波斯卡非常担心他的身体,经常在信中提醒他要好好照顾自己。戒烟就是当时"好好照顾自己"的行动之一。也许经常去他家的伊雷纽什·卡尼亚当时并不知道,这个乐观、快乐、充满活力、无拘无束的男人会有什么健康问题。但是维斯瓦娃的担心也绝对不是凭空想象出来的,亚当

1 作者于2017年7月与布罗尼斯瓦夫·马伊的谈话。——原注

患有冠心病，常常还伴有呼吸困难。他的朋友克里斯蒂娜和莱谢克·亚历山大·莫丘尔斯基夫妇，亚采克·巴鲁赫和妻子，还有对他帮助最多的雅努什·斯坦宾斯基一直在照顾他。多亏了他们的帮忙，他才能在打理好日常生活的基础上进行文学创作。

1986年亚当·弗沃德克出了一个看似微不足道的意外。在他坐电车的时候，突然一个急刹车让他摔倒了，他狠狠地撞了一下，受了重伤。结果，他的肋骨摔折了，其中一根还穿破了胸膜。斯坦宾斯基把他送到了瓦扎热街的急救站，急救医生想把受伤的弗沃德克转到医院去好好治疗一下，但是他自己并不愿意转院，朋友们拗不过他的决定，然而亚当在回到家后就发了高烧，昏迷不醒。因此他被送到了专科医院，雅努什和维斯瓦娃一起到那里去探望了他。然而亚当的病却最终还是没能被治愈，这肯定也和他不同意连接上监测仪，还经常拔掉点滴有关，他说："我希望，我的死亡能让我自己来做主。"他的朋友们听闻后都感到非常震惊，但是这和他独特的戒烟方式也是有几分相似的：他想自己决定自己的一切，他就是这样理解自由的。维斯瓦娃决定不去看一个发着高烧、失去意识的他。她在医院大厅门口等待着"小雅努什"，她更愿意记住一个活力满满的他。亚当死了，享年六十四岁。

每当我想到她拒绝见他最后一面，我都会想起她很早之前写的那本诗集《百般快乐》中的那首《医院记事》。这首诗发表于1963年，如果说这首诗的创作是某些来自医院的观察的话，那么当时生病的应该是安娜女士。不过这也对这首诗的影响不大，这首诗的创作外因并非以现实情况为背景，诗中出现的名字就可以证明这一点，都是当时儿童动画片主人公的名字：小波、小涛和小罗[1]……

我们抽签来决定谁去看他，
正好抽中了我。我从桌边起身。
医院的探视时间也要到了。

他对于我的问好没有任何回应，
我想拉住他的手，他缩回了，
像一只没得到骨头的狗。

他看起来仿佛对自己的死亡羞愧，
我不知道，对于他这样的人我该说点什么。
我们的目光如电影剪辑般躲躲闪闪。
…………
我头疼欲裂。要死的人是谁呢？
我称赞了医学发展和花瓶里的三朵紫罗兰。
我给他讲述太阳然后关了灯。
…………

（《医院记事》，选自诗集《百般快乐》，1967 年）

每个以为自己知道该如何对待自己垂死的朋友的人，在读了这首诗以后，都会去思考，自己是不是真的知道。

1 原文为“Bolek, Tolek, Lolek”，是男性名字的昵称，故翻译成小波、小涛和小罗。波兰 20 世纪 60 年代最出名的动画片便名为《小波和小罗》。——译注

作者以第一人称来写这首诗，好像是把所有困难都自己扛下。“要死的人是谁呢？”这不是个反问句。来探望病人的她在自己的朋友眼中看到了他正在迈向死亡，然后很快就否定了自己的这种感受，飞快地跑回到在楼下等着自己的伙伴们身边。当面对死亡的时候，这样的反应是人之常情，因为这个死亡或多或少永远和我们相关。

死亡主题和爱情主题一样，都是辛波斯卡诗歌创作中频繁出现的主题。她对待死亡的态度既认真严肃又不同寻常，在关于父母多次死亡的那首诗中可以看出，在那首假设巴钦斯基没有英年早逝的诗中有所体现，同样，在诗集《桥上的人们》中的那首《不夸张地谈论死亡》中，也否定了死神总是能够战胜生命：

她常常忙着杀戮，
却又总干得笨手笨脚，
毫无章法也不熟练。
好像我们每个人刚开始学习的样子。

她的胜利不可否认，
但是失败次数也数不胜数，
多少次利刃出鞘却没扎中目标，
多少次重新来过！
…………
谁说死神无所不能，
他自己不就是个例子，

证明死神根本不是。

没有一个生命
不曾在某一刻，
达到过永恒。

死神，
在这一刻，
总是姗姗来迟。

她白费力气地推搡着
隐形门的把手。
要是有人能赶上这一刻，
那谁也别想再让他回来。[1]

（《不夸张地谈论死亡》，选自诗集《桥上的人们》，1986 年）

亚当虽然去世了，维斯瓦娃对于这个陪伴了自己四十多年的好友却始终难以忘怀。直到自己生命的最后一刻，她每年都会在亚当的忌日组织朋友们相聚。他们先是一起去墓地看他，然后会回到她的公寓中，手拿咖啡或白兰地，回忆这位带着忧伤却总是充满欢乐的人，回忆他的成功与失败，回忆他那些和女士们发生的笑料和糗事。玛丽亚和伊雷纽什·卡尼亚夫妇在亚当的葬礼后

1 首次发表于 1984 年第 3 期《创作》杂志。——原注

也和维斯瓦娃成了朋友，她之前并不认识他们，但是知道他们是亚当的生前挚友。她在墓地碰到他们的时候，主动走了过去和他们说，因为亚当她也想认识他们。辛波斯卡和他们最初的相识很快变成了对这位多才多艺、才华出众的翻译家和他冰雪聪明的妻子的喜爱。雅努什·斯坦宾斯基也成了维斯瓦娃在处理日常生活问题时的助手。他对维斯瓦娃从不吝惜自己的时间、才干，开着那辆小菲亚特，对她有求必应。当然，这一切也离不开他善良真挚的心灵。除了"小雅努什"的真诚可靠，他的工作和学术研究也让维斯瓦娃着迷，她津津有味又充满好奇地听他讲述他的研究。

1986 年亚当去世的时候，辛波斯卡六十三岁，菲利波维奇七十三岁。他们都已经跨入了能够强烈感受到时间流逝的人生阶段。他们俩都不喜欢抱怨，不喜欢谈论病痛和衰老，但是他们也没能逃过病痛的折磨。辛波斯卡有时会在信中提到自己因流感、风寒、坐骨神经痛这些不好恢复又很折磨人的疾病而无法及时回复信件。1977 年辛波斯卡在给自己的好友、诗人尤安娜·库尔莫娃的信中曾经写道："现在我和科内尔都有点不舒服，最近，特别是最近一年，我们都明显感受到，我们的身体健康状况百出。尽管好像都不是什么致命的大毛病，但是这非常严重地影响了我们动作和心情。"[1]

维斯瓦娃在书信往来中保持着一定距离，但是出于人之常情，她有时也会非常关注和关心亲朋好友的生活（但绝对不是打探别人的隐私）。她总是会在信中询问对方的身体和心情，她关心收信

1 尤安娜·库尔莫娃，维斯瓦娃·辛波斯卡，《真正女诗人的模样——库尔莫娃和辛波斯卡书信集》，克拉科夫，2019 年，第 155 页。——原注

人是否随着年龄变大还能处理好日常生活。她也很注意在信中转达向对方的家人的问候。如果可以这样说的话，我觉得她对其他人日常生活的关心和一般的波兰人不太一样。斯坦尼斯瓦夫·巴兰恰克在信中写了关于她的诗歌的事情，而她则想知道巴兰恰克在美国过得怎么样。“我这几天就会见到您的徒弟，我到时候会把所有事都问清楚。因为您从来不在信中告诉我，您太太怎么样，孩子怎么样，总体来说，你们生活得怎么样。”[1] 她通常都知道朋友们的孩子叫什么名字，哪怕这些小孩她都没怎么见过，因为一般小孩不会来参加他们的聚会。她也会邀请朋友的妻子来参加聚会，哪怕她们并不会和她成为朋友。我认为，这也不仅仅是因为她是一个很有涵养的人。我在其中看到了她对人的关注，想要从全方面了解一个人的意愿。她非常重视日常生活，而日常生活就意味着是和其他人共同生活。

我们也可以从七八十年代辛波斯卡和菲利波维奇写给德德齐乌斯的信中了解到一些他们的日常生活。尽管她和德德齐乌斯的通信并不经常，但是从这些偶尔的通信中我们依然可以勾勒出当时的情况。菲利波维奇向德德齐乌斯解释了自己因为持续不断的神经疼痛而耽误了给他回信：“十天来我一直都被腰椎疼痛折磨着，就是你们称之为‘巫女一击’[2] 的那种疼痛。我一直努力平静地接受这个上帝的惩罚，因为我自己知道，四十五年的垂钓、露营一定会导致我现在这样遭罪。昨天，这破玩意儿终于算是放过了我，

1 维斯瓦娃·辛波斯卡，斯坦尼斯瓦夫·巴兰恰克，《一些积极情绪也会上升——辛波斯卡和巴兰恰克 1972—2011 年间书信集》，克拉科夫，2019 年，第 57 页。——原注

2 来自德语词“Hexenschuss”，意思为“综合型腰痛或闪到腰了”。——译注

我又活过来了，也开始工作了。”[1]德德齐乌斯了解波兰的日常生活是什么样的，所以给菲利波维奇寄来了食物和“五花八门”的点子。辛波斯卡在回信中真诚地感谢了他，并说他出的好主意对他们来说足够了。

菲利波维奇和德德齐乌斯交换了关于文学创作的观点，他也承认这位译者所说的，最好的一切已经过去了，这个悲观的观点是有道理的。但是这个观点却没有让他对写作失去信心：“我们其实一直以来都是自欺欺人，我们总觉得我们忽略了某些东西，觉得人有‘隐藏的一面’，只要揭开面纱，我们就能看到真实的一面！”如果这还不能说服德德齐乌斯，菲利波维奇还有其他的观点，他在信中继续写道，以写作为职业“还有很多好处：可以睡大觉，钓鱼……”。[2]德德齐乌斯并没有翻译菲利波维奇的作品，但是他应该是认同菲利波维奇“人身上隐藏着秘密”这个观点的，因为如果他不相信的话，他是无法翻译辛波斯卡的诗歌的。维斯瓦娃在给卡尔先生的信中提到了自己的诗歌在《大众周刊》和《创作》杂志上出版了，但是没能给他寄去，因为她也只有一份，她担心寄的话肯定就要被邮局弄丢了。她在信中还转达了一位“年轻诗人”对他的问候，其实是告诉他菲利波维奇发表了诗集《说出这个词》。

1943年菲利波维奇以秘密的地下形式发表了首部诗集《错过的人》;《说出这个词》首次印刷的时候也是以地下出版物的形式

1《我们曾在科内尔家》，第175页。——原注
2 同上。——原注

发表的。[1] 菲利波维奇在多年的写作生涯中并没有从事诗歌创作，但是当时的政治局势让他开始写诗。他曾对斯坦尼斯瓦夫·巴兰恰克说："如此艰难的时刻，让我放弃了小说散文的创作，我开始写诗，因为诗歌是可以激励人的。但是您不知道，想要保持诗歌的高水平实在是一件难事……"[2] 多年后再读菲利波维奇的诗歌，给人一种和新浪潮时代的诗歌有着密不可分的联系的奇妙感觉。这些诗歌和 70 年代首次发表的作品发出的声音非常相像。菲利波维奇"听到了"这种声音，并创作出了自己原创的作品。这本诗集中有很多诗歌都是受到了战时状态中的公众情感和历史事件的启发，其中一首诗歌明显就是因为波比耶乌什科神父被杀害而创作的。死亡、失去、一去不复返的时间都是这本诗集中常见的主题。菲利波维奇作为一个诗人表现出了对未来年轻一代及没机会体会自由滋味的同辈人的担忧。在《奴役》这首诗中，自由是以一个习以为常的形象出现的，而并非一个抽象的概念。自由就像面包一样，这样的句子总是能让我联想到菲利波维奇的诗。如果面包的供给量每天都少一点点的话，我们可能甚至无法注意到这个变化……波兰被纳粹占领期间的经历让诗人深知，失去自由是多么的猝不及防，而重获自由又是多么难如登天。自由不仅仅是国家的独立、个人的自由、不受限制的旅行，当然这些也绝非毫无意义的小事，但菲利波维奇更注重的是内心的自由。我们非常

---

1 1985 年由克拉科夫独立文化委员会出版，A5 出版社于 1992 年出版了增补版。——原注

2 维斯瓦娃·辛波斯卡，斯坦尼斯瓦夫·巴兰恰克，《一些积极情绪也会上升——辛波斯卡和巴兰恰克 1972—2011 年间书信集》，克拉科夫，2019 年，第 41 页。是维斯瓦娃寄给巴兰恰克的圣诞祝福之后的附言。——原注

容易就会忽略内心自由的丧失，而除了我们之外，其他人更不会发现它的失去。而最糟糕的就是，我们自己永远都察觉不到内心自由的失去。

辛波斯卡在《世纪的衰落》这首诗中（1983年发表于《大众周刊》），对这个人们心怀巨大希望走入，而如今即将结束的20世纪进行了严厉的批判。如果我们假设这个世纪是从一战结束后开始的，因为时代来临并不是永远按照人类的日历，那么这个世纪的开始并没有给人太多抱有乐观希望的信号。然而从这场前所未有的恐怖战争中得出的结论让一些哲学家、作家和思想家坚信，人们不会再次允许这样大规模的残暴战争爆发，不会允许再次遭遇如此惨烈的浩劫和死亡。他们认为，人类必须具有某种自我保护的本能，不允许这样的恐怖事件再次发生。

在这些应该之中，我们本应
向着春日和幸福出发。

恐惧本该放过山川和峡谷。
真实应该比谎言
更快达成目标。
…………
本应该尊重
手无缚鸡之力之人
以及单纯和推心置腹之人。

谁想要享受这个世界
就该面对
无法完成的任务。
…………

上帝本该终于找到一个
善良坚强的可信之人，
但是善良和坚强
始终在两类人身上。

该怎么活着呢？——有人在信中向我提问，
我也打算问这个人
同样的问题。

就像上面我们看到的情况，
还是和以往一样，
没有比天真的问题
更急需回答的问题了。

（《世纪的衰落》，选自诗集《桥上的人们》，1986 年）

最简单的问题却没有简单的回答。我认为，这首诗中所蕴含的苦涩还有一个额外附加的背景，那就是诗人对于人生这一阶段的回忆，那时的她曾经以为观念就是一切的答案。正如亚当·扎加耶夫斯基所写，辛波斯卡的失望一直伴随到她生命的尽头，尽管她从未公开对此发表过自己的反思。[1]

《结束与开始》是辛波斯卡创作生涯中非常重要的一本诗集，这本诗集让读者了解到生命，或者说存在的矛盾之处。矛盾常常出现在她之前的诗歌中，但在这本诗集中矛盾是所见现实的重要组成部分。

一切是那么多，
连虚无都被彻底遮住了。
…………
这个可怕的世界也不是没有可爱之处，
也不是没有值得为之
清醒的黎明。
…………
在悲惨的山道中，
狂风卷走了头上的帽子
对此我们无能为力，
这景象让我们觉得好笑。

（《现实要求》，选自诗集《结束与开始》，1993 年）

大地和天空的划分
并非正确的
思考整体的方式。

1 亚当·扎加耶夫斯基，《土耳其咖啡》，出自《给初学者的诗》，华沙，2017 年，第 131 页。——原注

这只能让我们在一个
具体的地址下面活下去，
如果有人找我的话，
可以更快地找到我。
我独具特色的标记，
是绝望与欣喜。

（《天空》，选自诗集《结束与开始》，1993 年）

摇摇欲坠却给予支持，世界可怕却依然诱人，悲剧中有欢笑，天地二分法只是错觉，天空也可以“紧紧卷成一个卷”。“我独具特色的标记 / 是绝望与欣喜”是辛波斯卡作品最重要的宣言，这些印记将她和其他诗人区分开来，因为她既不只是欣喜，也不只是绝望，这二者是结合在一起出现的。

我不知道，如果她真的被问到生命中最重要的事的时候，是不是会指明一些方向，还是会说：这样的问题是没有正确答案的。如果你是一位认真仔细的读者的话，会发现，她生命中最重要的东西——最伟大的情感、最深刻的反思、希望、绝望和欣喜，都在诗歌里了。[1]

普通的奇迹：
在寂静深夜中传来犬吠
却不见狗的身影。

1 塔德乌什·内赤克曾在 2015 年于华沙出版的《奇迹市场》中提到过。——原注

许多奇迹中的一个：
轻盈小巧的一片云
能遮住又大又沉的月亮。

几个奇迹合为一体的奇迹：
一棵大桤树倒映在水中，
它是从左到右反过来的，
它是树根朝天树冠朝地的
但它又够不到底，
尽管水是那么的浅。

日常秩序中的奇迹：
风儿轻轻，温暖舒适，
而暴风雨来时却力大无比。
…………
奇迹，除此之外找不到别的解释：
太阳今天是 3 时 14 分升起来的，
而落下的时候已经 21 时 01 分了。
…………
奇迹，只需要四处看看：
这个始终存在的世界就是。
额外的奇迹，一切都是额外的：
所有想象不到的事情，

都是可以想象的。

（《奇迹市场》，选自诗集《桥上的人们》，1986 年）

描写奇迹就是描写云朵、洋葱、眼镜猴、大树林、水滴。辛波斯卡和大自然亲密接触的经历一部分要归功于菲利波维奇，这样的经历让她准确地将世界的魅力定义为“平凡的奇迹”。这“平凡的奇迹”又是一个悖论，奇迹之所以是奇迹，就是因为是我们日常生活中的一部分。就如同在菲利波维奇的小说中一样：小城镇的日常、院子里的生活、草丛中闲庭信步的猫咪——正是这些没有谁会去特别注意到的平凡之处，构成了世界之美。也许这是他们对于“世间最重要的事”这个问题共同的答案吧？——平凡简单的生活：一起吃饭（科内尔煮土豆，维斯瓦娃从姐姐那拿回来的、装在瓶瓶罐罐里烹制好的肉），周日坐着朋友们的摩托车一起去克拉科夫郊外的河边，钓鱼，采蘑菇，点篝火，在篝火上用铁链挂着一口小锅、盛着热茶的搪瓷杯子，回到城里的夜路，手捧咖啡慢悠悠的闲聊，抚摸猫咪，看电视里播放的傻兮兮的电影，逛书店和古董书店，在旧货市场挑选明信片。对了，还有好友聚会——所有的晚餐会，和朋友们举起的一杯杯伏特加，都是平凡生活中必不可少的仪式感。

玛尔塔·维卡有一次谈到辛波斯卡时曾开玩笑地说，她并不惊讶辛波斯卡只留下了数量不多的诗作，因为像她这样认真生活的人，和他人见面、写信、旅行，这些都是生活，这些也都需要时间，所以她留下的诗作才这么少。[1]

当菲利波维奇谈到原则性问题时，总是会把话筒递给自己的小猫："你那些愚蠢的会面和楼梯上的谈话，我隔着门都能听见！为什么要进行这些毫无意义的电话闲聊？每次电话铃响起都要吓我一跳！［……］这一切都太好笑了。最智慧的莫过于就在那儿，以不变应万变。时间空间都无所谓，如果这世界上真的有时间这种东西的话。你也想不出更好的做法了。就在那儿享受正在流逝的一刻，享受已经过去的一刻，享受几乎还看不见、正从未来流淌来的一刻，细细的、窄窄的、如同一弯新月的一刻。"[2]

过去，当人们想要表达足够，表达一个东西已经非常多、足够多的时候，会用到"世界"这个词，或者"世界与人"。《片刻》《世界》《奇迹市场》《足矣》——成熟的女诗人辛波斯卡则用这些词定义诗歌世界。在她看来，细节也很重要。辛波斯卡曾经想用《细节》作为其中一本诗集的名字，但是她又担心这个词过于口语化，如果有人在书店里问到辛波斯卡的细节，可能会动摇这本诗集的严肃性。因此她放弃了《细节》，而选择了《这里》。

这平凡生活中的与众不同，是由维斯瓦娃和科内尔共同创造的。他们在自然的节奏中经历着自己的命运，而在自然的节奏中，生命又总是和死亡毗邻而居。

1 作者于 2019 年 12 月与玛尔塔·维卡的谈话。——原注

2 科内尔·菲利波维奇，《我亲爱的、自豪的小城》，出自《楼梯上的谈话》，克拉科夫，2017 年。——原注

第五章

记忆中的肖像画

在亚当·弗沃德克去世后，辛波斯卡收到了斯瓦沃米尔·姆罗热克写来的一封感人肺腑的吊唁信。亚当去世的消息是在《横截面》杂志社认识的安杰伊·克罗米内克告诉他的，姆罗热克在移民离开波兰后，几乎和他没有任何联系。克罗米内克告诉姆罗热克，他希望能给一个记得那段岁月，且珍视弗沃德克为克拉科夫文坛做出的贡献的人写信，所以他想到了姆罗热克。克罗米内克的这番话也让姆罗热克反思自己的命运抉择：他成了一个和自己生长环境断绝联系的移民。姆罗热克的这封信并不只是自说自话地讲述自己这些年的孤独与痛苦，他在这封信中充分表达了对于失去一位曾经的亲密挚友的心痛与悲伤。这里的“曾经”一词也因亚当的去世加上了一层别的含义。“对于亚当在我生命中的重要地位，你是最清楚的。”姆罗热克在信中对辛波斯卡说，“因为你是曾经离我们最近的人。”当然，没有人能比辛波斯卡更清楚，如果不是弗沃德克，姆罗热克也成不了作家。姆罗热克能记得这一点，也是一件好事。

他将自己的反思延伸至整一代人，因为他、辛波斯卡和弗沃德克年纪相仿，都是同一代人。几岁的差距随着时间的流逝也显得不再重要，当年需要照顾的“小狗们”也早就各自出门闯荡，有了自己的生活。“我开始慢慢体会了他曾经历过的那种疲惫感。‘survivant’用波兰语怎么说？幸免于难的人？我们的语言里好像没有这个词。这个词和‘幸存者、获救者’不一样，因为‘幸存者’中没有‘重生’这层含义。我开始有点理解，只是一点点，那些从未经历过这些的、活着的人。在面对年轻人的时候，我开始感到这种无所适从和陌生感。这不是年龄的差距造成的，而是因为那些死去的人对于年轻人来说将永远是无法认识的，也是永远触碰不到的。还有那种感觉，也不是负罪感，但又差不多，总而言之，我想问：为什么是他们，而不是我？‘survivant’也是‘过度、超额、超出标准’的含义。”

也许辛波斯卡会认可姆罗热克的说法，认为他们经历了太多太多，他们战后的热情，特别是他们成为作家后体验了文学生活中的种种魅力，他们曾有机会相互支持，一起玩耍——这一切都是“过度超额”的，这是他们的“世界与人”。对于维斯瓦娃来说，无论是“文学团伙”还是“比普洛斯塔文学集团”，都曾让她的人生经历中充满幸福。亚当·弗沃德克就是让这些快乐列车飞速前进的轮子之一，尽管他自己并不是一个无忧无虑的人。他们“在一起”的时候是快乐的，这是姆罗热克移民国外后最想念的。

亚当去世后，“在一起”对于辛波斯卡来说也变得有些不同了。无论是严酷黑暗的战时状态，还是在摇摇欲坠的国家中辛苦讨生活，都是对他们一起享受快乐生活的不利因素。

弗沃德克的死讯也让达努塔·赫伯特－乌拉姆难以接受，她在隔了很长一段时间后，给维斯瓦娃写了一封信。她在信中回忆道：“他是和我相识时间最长的朋友，我们1940年就认识了，我见证了他所有战争期间诗歌的创作，那些诗我每一首都会背，我也知道这些诗歌经历的所有变化。我还记得诗人图书馆，我去楼上的《波兰日报》找他。当我们认识十周年的时候，我甚至还为此写了一首小诗。[……]后来就是我们和你还有其他朋友们一起见面了。我最后一次看见他是在你家的时候，后来我们一起离开，路上一直聊个不停，片刻不停地聊。”达努塔·赫伯特－乌拉姆也是辛波斯卡为了她和亚当之间的友谊而一直保持着联系的人。

维斯瓦娃现在面临的一项艰巨任务就是清理弗沃德克的公寓。每个不得不做这项整理至亲去世后的遗物工作的人都知道，这是一项多么令人烦恼的事情。所有东西在主人去世后都一下子失去了价值。最爱的小玩意儿、书架上摆着的画、泡过茶的杯子、盖腿的毯子、家里穿的套头衫，都变得丑陋、邋遢、破烂不堪、毫无用处。所有东西都会成为一堆堆的垃圾，尽管它们曾经承载了满满的回忆和温情。在任何人的生活中都找不到它们的容身之所了，因为它们所属于的那条生命，已经结束了。维斯瓦娃和雅努什·斯坦宾斯基、莫丘尔斯基夫妇、卡尼亚夫妇在收拾这间堆满了书籍和纸张的公寓时，整理了弗沃德克的藏书。他们把其中一部分有价值的书籍捐赠给了雅盖隆大学图书馆，另外一部分分发给了朋友们。维斯瓦娃在信中问姆罗热克是否想要什么亚当的东西做纪念。她在信中还提到，多年来她对于弗沃德克的心脏问题以及他不肯积极配合治疗的态度一直很担心。“他的一生并非事事如意。他将自己的时间、知识和能力都先分给了其他人，而留给自己的、留给自己的创作的，少之又少。他是我永恒的心忧，也是我最感谢的人，是我永远可以依靠的人。”这几句写在给姆罗热克信中短短的话，成了优美的墓志铭。

亚当那些多如牛毛的丰富信件往来、手稿（机打稿）和照片都被打包好了，维斯瓦娃留下了一部分，大部分在 90 年代初的时候被送到了雅盖隆大学图书馆。在弗沃德克的资料档案中，有大量珍贵的信件、照片、签名、他曾帮助过的一些作家未发表的作品等等。维斯瓦娃并不想沉湎于悲伤的回忆之中。或许她在收拾整理的时候看到了她前夫收集的许多女性的照片，让她想起了关于飞机冲刺的说法？或许在收拾整理的过程中她发现了自己不曾了解的事，比如亚当曾经很惧怕死亡？在他的这些稿纸文件之中，还有几份不同版本的遗嘱，是在他去世前几年写的，其中有一些细节的修改。令人深思的是，亚当并没有多少物质财富可以留给别人，但是他还是想着要给予他人，他想在他死后给亲朋好友留下点什么。版权？书籍？这都是为了让大家知道，他在面对死亡感到恐惧时，想到了这些朋友们。

* * *

在整理菲利波维奇那段时间的信件时可以看出（保存下来的

最后一张卡片是 1986 年 10 月 17 日寄来的），他们“时聚时散”的生活充满了日常的节奏。科内尔给正在扎科帕内哈拉玛别墅度假（雅士别墅已经被别的作家协会接管了）的辛波斯卡写信说，他没能买到肉票，但是幸好在克莱帕什菜市场买到了一只农村里散养的母鸡，他正在熬鸡汤，因为维斯瓦娃要回来了。现在洛加太太在打扫她的公寓，而佐霞太太正在他家里吸尘，并给地板打蜡。他还提到了在护照办理处没能办成事，以及娜沃亚曾打电话来。就在这些日常中，菲利波维奇向收信人表白，对她的情感是永恒不变的，请她不要为此担心。“[……] 星期六的晚上洛加来了，因为地毯是卷起来的，椅子也是四脚朝天放着的，看起来好像整理工作刚刚开始。信箱里有几封信，但也都不重要，还有两张国外寄来的卡片、报纸和银行的信。佐霞太太在离开前也来我这里打扫了卫生（但是非常浮于表面的整理！）。她甚至一边打扫卫生还一边哼起了歌：‘坐火车去任何地方都可以。’……”因为佐霞太太的离开，科内尔不得不再找一个人来帮他打扫整理房间，他在信中也对维斯瓦娃提到了他在找的过程中遇到的一些困难。

除了日常生活，信中也会出现关于文学的话题：

> 我去了波兰航空公司，想订票，但是他们告诉我现在有新规定，只有拿着护照才能订票。我前天寄出了签证材料（我复印了，把复印件附在后面）。[……] 佳佳有时候会上蹿下跳地追人，但是还算乖。天气晴朗，集市上有大量的牛肝菌和油黄口蘑上市了。我们本来要和小埃娃一起去钓鱼，但她扭伤了脚，几乎走不了路。伊莱娜今天邀请人家去烤土豆，我不去

了。施特姆勒请我把我其中一篇小说缩短五页（从二十五页缩到二十页）。他们开出的经济条件还是很诱人的，[……] 但是我不知道，我会不会去。我现在一边读这篇小说一边生气，因为我发现，我完全可以写得更好。但是想要改得更好可不是缩短就行了，而是要把一些没用的片段删除（这是最好的情况了）。总的来说，我心情不好，因为这么好的天气我更愿意去水边待着。

最新情况：我已经准备好了午餐要吃的汤。我还没有去拿粮票。[……] 吻你，我（有一点点）羡慕你能拥有平静与安宁——K。

菲利波维奇的小说要在西德出版，他和维斯瓦娃两个人都可以因此去德国。但是这需要文化艺术部的许可，还需要准备好护照、签证和机票，获得以上任何一样东西几乎都需要有奇迹相助，而且准备这些东西是需要花费很多时间的。维斯瓦娃对于是否能准备好这些材料深表怀疑，对于科内尔表示受够了“准备”这些东西，她也并不惊讶。科内尔在信中写道：“[……] 我不知道我是不是要给文化艺术部部长发一封电报。但我觉得，我们已经做得足够多了，甚至比我们应该做的还要多得多了。我们应该守住我们自己的尊严，守住我们这份职业以及它所代表的群体的尊严。”德国出版商非常希望作者能够参加新书推广会，而文化部似乎对此并不关心。科内尔和维斯瓦娃都希望能够对出版社负责，但是我觉得他们最希望的是能去见见那些不能来波兰的朋友们。科内尔对于这些形式上的事情并没有太担心，这也让辛波斯卡放心了些。“亲爱的维斯瓦娃，我们昨天（星期日）去钓鱼了，”菲利波维奇在信中写道，“我钓上来三条欧鲢，一条非常漂亮，另外两条不太大。今天可真的要冷死人了，但是我很健康。我回来以后，佳佳开始发人来疯（也可能它在热身，因为暖气片依然很凉，而屋里温度只有12到14摄氏度），它上蹿下跳，还把厨房里的酒瓶打碎了。”

在接下来的一封信中他告诉维斯瓦娃：“还是没有新玻璃，因为目前没有这种厚度的玻璃，可能要等到20号以后了。”这里说的玻璃肯定是辛波斯卡写字台上的那块，在那块玻璃板下面，她压着很多好玩的剪贴画、照片和其他手工剪贴的卡片。科内尔在附言中说：“我这里有一本一个叫什么斯坦齐科夫娜写的诗集，也不知道这个人是谁？”他通过这种暗语的方式告诉维斯瓦娃，她的诗歌在巴黎《文化》杂志上发表了。这应该也是维斯瓦娃唯一一首用笔名发表的诗歌作品。

20世纪80年代末是辛波斯卡斩获各种奖项和成功的年代。1986年她获得了文化团结奖和《奥得河月刊》奖。她拒绝接受文化艺术部颁发的奖项。就在这一时期，她的诗集《百般快乐》由德德齐乌斯翻译成德语在德国出版了，出版社是德国著名的苏尔坎普出版社。她的《诗集》的第三版印刷量达到了五万册，1986年出版的新诗集《桥上的人们》发行量达到了两万册，两年后第二版《桥上的人们》又印刷发行了两万册。1989年文学出版社出版了双语诗集系列，其中就有辛波斯卡的英波双语诗集。尽管发行出版量没有达到前面几本诗集的水平，但是她绝对不能抱怨没人对她的书感兴趣。因为在很多她写的信和很多写给她的信中，我们都会看到其他人对于买不到她的书的抱怨，所以辛波斯卡是有资格对自己的受欢迎程度感到满意的。

她的作品在德国大受欢迎也是她和科内尔在 1988 年 5 月（德国统一的前两年）前往联邦德国的原因之一。他们计划要去于利希看望尚采尔夫妇，维斯瓦娃还想去看望住在西柏林的维尔普沙夫妇。但是他们此行只去了于利希，而未能到达柏林。当时玛丽亚·库莱茨卡（维尔普沙太太）患了重病。维斯瓦娃则希望能在这一年的秋天再和玛丽亚见面，她当时想的也是能和科内尔再一起来一次。“我们计划最早在 11 月的时候再来，”她在信中写道，“因为我们不得不考虑家庭、房子以及猫咪，我们不能把它单独丢在家里，11 月的时候就会有人来照顾它了。”维斯瓦娃对于这次见面非常期待：“我们生活在一个异常丰富有趣的时代，我们到时候肯定有好多好多话题要聊。”但是，这次见面依旧没能实现。“我们不得不推迟这次出行，”辛波斯卡在信中说，“这个秋天科内尔哪儿也去不了。如果说我因此而感到难过可惜的话，那也只是因为不能和你见面，因为你也知道，我也不是什么狂热的旅行家。”

维斯瓦娃迈入了一个不太愿意出门旅行的人生阶段，造成她这种“稳定”的另一个原因就是科内尔的身体状况。随着时间的流逝，当年战争期间遭受的饥饿和在集中营遭受的折磨，以及他后来自己本身对健康并不重视，都导致他越来越感觉到身体在走下坡路。他的肾有些问题，还有过敏症，他应该重视自己的心脏健康，但是他非常不喜欢和医护人员打交道。尽管他有很多要好的医生朋友，也没能扭转他不重视医疗健康的态度。

和菲利波维奇在一起的这二十年中，辛波斯卡比过去更愿意出行了。当她的好友、电影导演安杰伊·科西克问到她和科内尔的旅行时，她不假思索地说，愿意和科内尔去天涯海角。他们俩曾经计划要一起去意大利旅行，去各地参观并探望住在国外的朋友，但是这些计划只有一小部分实现了。科内尔的年纪和身体状况还不是造成这些旅行计划未能实现的唯一原因，他因当时创办波兰作家联合会克拉科夫分会的责任感、与之相关的如装修分会会址场地等事宜，以及对一些作家施以无私援手等工作而无法出行。也是从那时起，他的社会责任感找到了用武之地，他为此付出了许多精力和时间。

辛波斯卡也对科西克表达了自己对于旅行非常重要的一个观点。她认为:“旅行是无比美好的，你可以在旅行中看到很多你在其他地方看不到的东西。但是我在旅途中总会感到悲伤和沮丧，因为对于我身边来来往往的人，我都不能更好地去了解他们，以后我们也只能对彼此一无所知。每个人对我来说都是一个独立的世界，旅行可以让我们感受到，我们的生活中拥有的世界是多么渺小，我们拥有的只是碎片和瞬间……我们在生活中与人相识，也大都是一闪而过的，我总是感受到满满的缺憾，我认识那么多人，可是留下来的只有许许多多的碎片。我认为，‘芸芸众生’这个词就是对这种状态最好的描述，因为一切多得令人感到可怕，而又飞旋在一片混沌之中。”[1]

她后来写了一首关于“芸芸众生”的诗，被收录在了诗集

1 安杰伊·科西克和维斯瓦娃·辛波斯卡在筹备电影期间的对话；辛波斯卡的回答未经授权。——原注

《片刻》之中。也许和她与科西克分享的观点类似，那些关于旅途和她所停留过的地方的思考成就了《芸芸众生中》的开头。辛波斯卡的失忆想象空间更像是儿童的想象，以及更像是儿童向大人们提的问题，而非成年人提出的问题。比如，我如果不是我自己，那么我会是谁呢？如果我不是一个人，我的生活会是什么样子的呢？很多诗歌都涉及“事物的本质”，并将这一抽象的哲学概念通过诸如猴子、“害羞的表弟”、雪人、恐龙、乌龟、鱼、昆虫和植物等自然中的形象具像化。

我可以当一个
不那么格格不入的人。
当鱼群、蚁窝、嗡嗡的蜂巢、
被风吹乱的风景中的一员。
…………
一棵深深植根于土中的大树，
而大火正向这棵大树逼近。

我们是否会因为我们不是鱼群里的一条鱼，昆虫社会里的一只蚂蚁、一只工蜂，笼子里的一只水貂或者养来吃肉的火鸡而感到高兴？辛波斯卡并不认为人类的优越性高于其他一切生物，我认为，她将人类的天性和动物的天性相提并论，是想激发我们的同理心。她告诉我们，我们和树、蚂蚁、鱼有着共同的天性。我们的共同点在于，我们活着，而差异是偶然的艺术。无论是人还是动物的存在，或是其他的我们未知的存在，都是秘密，其本质都是被遮挡住的。我认为，辛波斯卡和菲利波维奇都对“人隐藏的一面”很感兴趣，但是她是否想“揭开面纱”——我认为不。她热爱并尊重秘密，她以自己的方式靠近秘密，但是保留着合适的距离。

现在看来，命运对我
一直都是眷顾的。

我原本可能不被赋予
记住美好瞬间的能力。

我原本可能被夺去
对比的能力。

我可以是我自己，波澜不惊，
但是这也就意味着，
我是个完全不同的人了。

（《芸芸众生中》，选自诗集《片刻》，2002 年）

辛波斯卡其中一个与众不同之处就在于她擅长从对世界、自然和人的惊讶好奇中获得幸福。这也是为什么她会为无法更深入地了解所旅游的城市街上来来往往的人而感到懊恼；这也是为什么她愿意追逐一滴大海中的水滴变成某人睫毛上掉落的一滴泪的旅程；这也是为什么她想描绘出在天空中遨游的云的形象。她同情那些需要把这一切呈现在其他语言中的翻译，因为他们可能并不知道“在芸芸众生中”和“改头换面的虚无”是什么意思。

对于辛波斯卡来说，自然的奥秘是形而上学的奥秘，是隐藏在语言之中的可能性的奥秘。她自然兴趣的发展当然离不开菲利波维奇，因为菲利波维奇不仅仅是一个受过自然科学高等教育的人，也是一个真正的大自然爱好者。维斯瓦娃就是和他一起第一次体验了住在帐篷里的生活，在篝火边烧饭，观察鸟类和鱼类，被大雨淋成落汤鸡，体验了划皮划艇的乐趣。她之前一直都生活在城市中。在前文提到的和安杰伊·科西克的谈话中她也说到了这一点。

“我之前一直都是躲在城市里的。这样的生活有自己的优点，也有巨大的不足。我一直都很羡慕那些能够分辨出不同鸟叫声音的作家们，他们会说：‘哦，现在这只鸟说话了，不过这可不是求偶的声音……’自然界中的丰富多彩、千变万化以及细微差别——我觉得，如果一个人不是从小就知道这些，他后面无论怎么努力学习，都会有一些无法知道的东西。[……]我们可能知道一种植物或树木的名称，但是如果不时常到村子中去，我们就无法观察这种植物在整个生长过程中的发展变化。这是巨大的缺失。我羡慕那些直接和大自然接触，并且熟悉自然界发展的所有过程的人。”[1]

尽管我认为，辛波斯卡无论是对城市里的人认知自然的可能性，还是生活在农村的人对自然的认知，评价都不正确，但是这

1 安杰伊·科西克和维斯瓦娃·辛波斯卡在筹备电影期间的对话；辛波斯卡的回答未经授权。——原注

并不重要。最有趣的就是，她是如何看待或评价自己的，因为她很少会提到她自己。和菲利波维奇相比，她认为自己是一个看不到大自然中细微变化的人。我认为他们二人之间的差异在于他们所使用的语言形式的不同。如果辛波斯卡没有通过语言游戏保持距离，她就无法通过眼镜猴或猴子这种见微知著的手法描绘所有生物的命运。对语言中所隐藏的可能性的兴趣，对动植物、自然界中那些民俗的、日常口语不会用到的名称的美感的兴趣，对一成不变的事物改变成全新的事物的兴趣，对于发现把词语从常用的搭配和语境中剥离出来后呈现的魅力，词义的变化等——若没有这些，她的诗歌宇宙也就无法存在，我们也就无法通过看不见的缝隙去窥探存在。

大自然，或者更宽广的概念，整个自然界，在菲利波维奇的写作创作中都扮演着重要角色。大自然在他的创作中并非是背景或场景，他所做的也不仅仅是描述。在 1977 年出版的短篇小说集《湿草丛中的猫》中有一篇关于猫的小说。故事以这只半野生动物的生活为主要场景，这只猫在自己的领地上捕捉猎物。在这个院子中还住着一个玩气枪的小男孩。故事的结尾并不难猜。通过细致和不带感情色彩地描写这只猫生命中最后的片刻，回忆它之前的习惯和生活，菲利波维奇构建了一位动物主角，这位主角比起那个拿着武器的小男孩更容易引起读者的共鸣。

1989 年秋天菲利波维奇因为肾病住院。特蕾莎·瓦拉斯曾给我讲过那段时间菲利波维奇的一件事。维斯瓦娃去医院看望科内尔的时候，问他感觉怎么样。科内尔说，他现在感觉越来越差了。维斯瓦娃问他："那你有没有把这件事告诉医生？"科内尔却说：

“没有，因为我不想让医生担心。”[1]

在那年年底的时候，科内尔还是没有好起来，他依然咳嗽，变得异常消瘦。他对维斯瓦娃隐瞒了他不正常的消瘦，但是在秋天乌尔苏拉·科焦乌来看他时，他给她看了自己裤子的皮带，他不得不在上面再多扎几个眼。从那时起，他就知道，他的健康出了问题。那一年的跨年夜，维斯瓦娃与科内尔是和埃娃·利普斯卡一起过的。

1990 年 1 月的时候，科内尔的病情又加重了，他们不得不决定治疗事宜。那时，维斯瓦娃会经常在科内尔家留宿。他们共同决定，菲利波维奇应该去一个私人诊所拍一个细致的、全方位的大幅肺部 X 光片。当我和亚历山大·菲利波维奇聊起这件事时，他说所有人当时都很怕拍这种“大幅”X 光片。他记得自己父亲在出门去看医生之前，维斯瓦娃帮他理了发，因为他已经很久没去过理发师那里了。亚历山大当时也在帮忙，帮维斯瓦娃指出哪里还有需要修剪的碎发。他们二人都喜欢用当时很流行的玻璃烟嘴抽烟。当 X 光片刚刚拍完，医生就立刻表示情况不太好，但是还需要把照片送到专家那里去会诊。亚历山大告诉我，他父亲并不想知道具体的病情，因为他肯定已经猜到了。医院的诊断结果显示，他已经是肺癌晚期了，没有任何一种治疗可以阻止癌细胞的扩散。菲利波维奇在 2 月底的时候去世了，在家中，在梦中。[2]

在这一切发生之前，维斯瓦娃把科内尔的病情告诉了最亲近的朋友们。1990 年 2 月 5 日，她给万达·克罗米内克写了一封信：

---

1 作者与特蕾莎·瓦拉斯的谈话。——原注

2 作者于 2015 年 7 月与亚历山大·菲利波维奇的谈话。——原注

“亲爱的小万达，很可惜在这封信中我没有任何快乐的消息和你分享。我甚至在圣诞节的时候都没给你送去祝福，因为在那时科内尔就已经病了，而现在他越来越虚弱，咳嗽得很严重，还发着高烧。现在他已经在医院住了一周了，医院的医生已经竭尽全力，把能检查的都检查了。很不幸，是肺癌。科内尔现在非常虚弱，瘦得脱了相，几乎什么都吃不下。但是无论是医生还是我，我们都没有告诉他实情，告诉他又有什么意义呢？既然已经没有希望了，既然不能手术也不能化疗，那么现在唯一能支撑病人坚持下去的药就是没有确定的消息。小万达，我现在特别想你，我特别希望你在我身边，你肯定能想象，现在我的处境是多么艰难。”

这是维斯瓦娃和众多友人通信往来中为数不多的抱怨之一，也是最悲惨的一次。这一次女诗人允许自己公开表达脆弱，而在一般情况下她肯定是更倾向于隐藏这种情绪的。

她还给科内尔的多年挚友尚采尔夫妇写了一封悲痛万分又十分为收信人着想的信，因为她担心年事已高的尚采尔夫妇收到这封信会作何反应。她于 1990 年 2 月 7 日在信中写道：“亲爱的吉扎、埃尔文！我这封信十分悲伤，所以请求你们先放下这封信一会儿，准备好接受这个不幸的消息的心情。你们去吃一点平静心情的药物！”这时信戛然而止，这一页信纸接下来都是空白，直到第二页才开始有字，这也是为了让收信人不要立刻就看到那个坏消息。维斯瓦娃本来想借助这个戏剧化的呈现手法让两位收信人不要那么震惊，然而我觉得这样做是适得其反的。“科内尔病了，病得非常非常严重。医生并没有给出他能够康复的希望。很不幸，他在 1 月初感染了某种流感后，去拍了 X 光片，发现他得了肺癌。现在已经不能再做手术了，因为两边的肺都已经感染了，化疗也没有用了。医院的人都说‘没必要再让他遭罪了’。”维斯瓦娃又在信中写到他们对科内尔隐瞒了他真实的病情。但是她也猜到了，科内尔自己肯定也有所察觉，但是“有所怀疑是一回事，得到确定判决又是另一回事了”。“我当然一直陪在他身边，我也不知道我是怎么回事，我只要在他身边就是快乐的。而当我回到家中，面对着四面白墙……算了，这些都不重要了。”我们很难想象，还会有比那句“我自己的感觉都不重要了”更深情的爱的表白。“我知道，你们有多爱他，就像他爱你们一样。这也是我为什么会写这封信给你们，我不希望你们从别人那里听说这个消息。”

她知道，她就要失去这个她生命中最重要的人了。但我不认为，她当时一心只想着失去，这是后来才会涌上来的感觉。她在想着他，想着科内尔，想着他此时遭受的痛苦——无法动弹又浑身疼痛，想着他之前还要在她面前隐藏这份痛苦，想着失去，想着生命中的一切都会离去。从她给朋友们写的信中来看，在科内尔住院期间，无论是科内尔还是维斯瓦娃，都没有让周围人感受到，他们正在经历着怎样的痛苦。幸好医生让菲利波维奇出院回家了，命运让他们有机会避开其他的旁观者，只有他们两人待在家中。他们可以不戴任何面具，他们可以像他们最希望的那样告别。我能想象，他们中任何一个人都不曾逃避死亡的话题。他们都是不可知论者。如果他们需要慰藉的话，那么相互的陪伴就是慰藉。然后，就只剩下维斯瓦娃一人独在了。

她在一个月后又给尚采尔夫妇写了一封信。

亲爱的们！

科内尔已经不在我们身边了。他于2月28日凌晨在自己家中走了。[……] 我一直和他在一起，所有的事情都是他的朋友们帮忙解决的，每天都会有一个护士来给他打针，晚上的时候医生会来。最后这些针剂、输液对他都起不了任何作用了，他一天天地变得越来越虚弱，[……] 他不允许自己具有因为这种疾病而导致的人类可怕的堕落，他每天依然去洗手间（虽然是在我的帮助下），在那天之前他还刮了胡子，还和我聊天，给我讲了他做的梦。他就在梦中走了，心脏因为缺氧而在某一刻停止了跳动。而在那一刻，我却陷在沉沉的梦中，尽管我夜里醒了好几次。我在这最后一刻，没能握紧他的手。[……] 亲爱的们，我还能说些什么呢。科内尔永远长眠于萨尔瓦托墓园，就在玛丽亚、努娜和母亲身边。很多人都来参加了葬礼，因为他被大家所喜爱、所尊重、所敬佩。有人做了一个非常妙的比喻：在这淹没了我们大地五十年的泥潭中，有人在泥潭中溺亡，有人被没过了脚踝，有人已经污泥及腰，还有的人已经被埋到了耳朵，只有科内尔，双脚干干净净，一尘不染。[……] 可能他到最后还抱有一丝希望，希望不是癌症。我在四个星期前就已经知道了"判决结果"，而在这段时间里，在他身边我一直都是快乐的，（面对他的时候）满怀希望的。直到现在，我才哭了出来，我失去了我生命中最伟大的爱。

这毫不掩饰、直抒胸臆的悲伤和绝望，对我来说，比展示辛波斯卡其他所有秘密更难。在这封信中，她打破了自己"情感的羞涩”，直截了当地写出了自己的痛苦。她还将在多年中多次提到这些情感，但是这些情感不会成为墓志铭。我们必须仔细阅读这些诗歌才会想到，原来死亡是主题背景。然而这些诗歌的创作灵感并非绝望，而是爱情。我们很难相信，这位克制的女诗人在挚爱去世后，写了那么多直接表达情感的诗歌。她还创作了一些真正的挽歌。

> 表面看上去一切都还符合。
> 头型、五官、身高、身材。
> 然而却又不像。
> 或许不是这个姿势？
> 或许是另一种色调？
> 或许是侧面像，
> 好像在张望？
> 或许手中拿着什么？
> 自己的书？别人的书？
> 地图？望远镜？鱼线轮？
> 或许穿的不是这件衣服？
> 九月的军服？集中营的条纹囚服？
> 别的柜子里那件风衣？
> 或者，就像在要到达彼岸的途中，
> 已经没过了脚踝、膝盖、腰间、脖子
> 或者是赤身裸体的？
> 要是给他再画上一个背景呢？

比如一片没割过的草地？
芦苇荡？白桦树？蓝天白云？
或许是他旁边少个人陪？
他和谁在争吵？在开玩笑？
在打牌？在喝酒？
几个女人？还是一个？
或许他站在窗边？
或许他走出门外？
脚边有只流浪狗？
在拥挤的人群中？
不，不，都不是。
他应该是独自一人，
有些人注定如此。
或许不是那么信任他人，不会离得那么近？
远点？或者再远点？
在画的最深处？
在那个哪怕大声呼喊，
都听不到声音的最深处？
那么画面最前面是什么呢？
啊，画什么都行。
只有一个条件，就是要画一只鸟，
一只正在飞过的鸟。

（《记忆中的肖像画》，选自诗集《这里》，2009 年）

通过三十九个问题和一个自相矛盾的答案表达失去挚爱之人的心情，这就是辛波斯卡创作的挽歌。她将死亡融入在横渡冥河的神话之中。她热爱神话，他热爱水……他们的共同生活中有很多值得纪念的时刻。她将想要再见，哪怕只能再见一次这个人的特殊之处的心情，描绘成了孤独。

在死亡、葬礼和悼念之后，或者在这些事情发生的同时，就是时候整理死者的遗物了。菲利波维奇去世后，亦是如此。在此之前，在波兰作家联合会，他的朋友们还组织了纪念菲利波维奇之夜活动，无论是否愿意，维斯瓦娃都参加了这个活动。她悲伤又严肃，不得不带着自己谨慎隐秘的绝望出现在公众面前。

玛丽亚、马尔钦和阿力·菲利波维奇帮助维斯瓦娃一起整理了菲利波维奇位于莱阿大街的公寓。维斯瓦娃只从那里把自己写给科内尔的信拿走了。玛丽亚回忆说，她被维斯瓦娃整理公寓中信件时的谨慎隐忍深深触动了。维斯瓦娃把所有其他女人写给科内尔的信都交给了玛丽亚，好像她自己并不想知道科内尔和其他女人的联系。她也不想带走任何家具或其他物品，她只拿走了桌子上那盏灯罩上有鱼的图案的绿色台灯，以前菲利波维奇就是坐在这盏灯下工作的。他们需要在规定的时间内把公寓腾空，这也不是一件容易的事，因为原来的主人是一位“收藏家”。除了钉子、罐子、铁丝和其他似乎永远都用得着的零碎东西外，还有他收藏的玛丽亚·雅雷马的画作及大量书籍、手稿、打字稿、草稿、笔记本、素描、剪报、记录册……维斯瓦娃十分仔细小心地把她这位人生伴侣留下的纸制品都收集了起来，在征得了遗产继承人的同意后，将这些都交给了雅盖隆大学图书馆。还有一些信件也被一同交到了那里，其中就包括菲利波维奇和什切尔斯基医生之间的往来通信，这些信件大多数是关于鱼类的：鱼的种类、习性、外观及垂钓方式。我认为，如果以这些通信为基础，完全可以写出一本鱼类学和垂钓研究的科普指南，以及如何分享共同爱好的研究。

曾经参与接收这些纸制品的雅盖隆大学图书馆馆员埃娃·马利茨卡女士告诉我，当她跨入公寓的第一刻，就感到公寓里很压抑。这间公寓本身就没有被好好维护过，而在腾空之后就更明显了，在那些老旧肮脏的墙面上看得出被摘下的画框、佩剑和其他纪念品留下的痕迹。曾经，这些对于公寓主人来说都是无比重要和贴近心灵的。[1]

在科内尔去世后，维斯瓦娃收到了一封乌尔苏拉·科焦乌写来的长信，她在信中提到了波兹南一位退休学者发现的特殊的含硅药物，以及罗兹的神父们找到的草药等等。博古斯瓦娃·拉塔维茨也帮助科内尔在各地寻求医疗帮助。然而这两位朋友现在能做的就是帮助辛波斯卡渡过失去爱人的难关。乌尔苏拉·科焦乌建议她来弗罗茨瓦夫住一段日子，她给她准备了单独的房间，如果维斯瓦娃愿意，她们可以一起在城市参观。她们还可以一起去她种了满满一院子鹅莓和醋栗的别墅中度假。

维斯瓦娃的另一位好友、来自托伦的女诗人玛丽亚·卡洛塔-希曼斯卡也向她伸出了援手。从她写来的信中，我们可以知道，维斯瓦娃春天的时候去她那儿待了一段时间，暑假的时候去

1 作者于 2016 年 9 月与埃娃·马利茨卡女士的谈话。——原注

了穆希纳度假，她肯定是和娜沃亚一起去的，因为娜沃亚很喜欢在那里度假；秋天的时候维斯瓦娃一如既往选择了扎科帕内，这次是和卡洛塔－希曼斯卡一起去的，她们住在了哈拉玛别墅。我相信，玛丽亚·卡洛塔－希曼斯卡女士对辛波斯卡的帮助是非常珍贵的，她们相识多年，但是并没有想要拼命挤进对方的朋友圈和社交生活，她们在扎科帕内一同散步。希曼斯卡在11月写的信中非常高兴地表示，维斯瓦娃又开始重新做拼贴画了。她认为，维斯瓦娃回归这种充满幽默的艺术创作形式，意味着她正打起精神慢慢度过这段最艰难的悲痛时期。她还问了科内尔的公寓整理打扫得怎么样了。"我跟你说，就像我秋天时告诉你的，他一直都'跟着'我，"她对维斯瓦娃说，"好像想要什么东西似的，但是我们唯一能给的，就是记忆。我一直都记着他呢！"

乌尔苏拉·科焦乌描述了一个以菲利波维奇为主角的怪梦："[……]科内尔出现在了我的梦里。他从我身边走过，我看到他头上有一个小小的金色皇冠，看起来像一个狭窄的小咖啡杯，就是那种经常用来喝浓得要死的咖啡的那种小杯子。我喊他：'喂，科内尔！'在梦中看不到的W女士非常感兴趣地问我：'你看见科内尔了？'我说：'是的，他头上有个金色皇冠，就像喝浓缩咖啡的那种小杯子。'在梦中看不到的W女士继续说：'哎哟，那不是他。他头顶上有一撮透明的乱发。应该是灯光反光照的吧。''有可能是因为灯光，'我表示同意她的说法，'肯定是某种光照的。'但是就在这一刻，科内尔再次从我身边经过，我看到他头上戴着一个小小的金色皇冠，就像我们平常盛放那种苦涩咖啡的小小杯子。”[1]

维斯瓦娃送给乌尔苏拉一个大理石镇纸作为纪念品，这个镇纸是从科内尔的莱阿大街公寓中拿来的，是一本书的形状，封面上画着一只黄色的小鸟、蝴蝶和其他昆虫，这激起了乌尔苏拉对自然学家科内尔以及他们一同在河边湖边度过的日子的深深怀念。她在信中写道：“小维斯卡，你还记得那个会发出鸣叫的开水壶吗？简直就是个炸弹。那次我们在米利奇的时候，这个开水壶突然在厨房里四处乱飞，洒了我们一身热水，科内尔和菲利克斯想要把它按住，但是好像是徒劳无功的。”乌尔苏拉·科焦乌在写到菲利波维奇的时候，总是会提到他独特的真诚和对友谊的忠实。

菲利波维奇的“魂魄”也去见了雅尼娜·卡茨，卡茨在一首为他作的诗中这样写道：

我昨天在公园里看到他了。
穿着钓鱼的衣服，
手里拿着鱼竿，
嘴里叼着香烟，
腰间挂着的酒壶
摇摇晃晃。
…………
我没有勇气，
拦住他并告诉他：

1《我们曾在科内尔家》，第 193 页。——原注

您好，这里没有河，

没有河的地方，

也不会有鱼。

（《风景》[1]）

《空房子里的猫》这首广受读者欢迎的诗是辛波斯卡在挚爱去世后写的一首挽歌，这首诗总是让我联想起前面提到的菲利波维奇的那篇《湿草丛中的猫》。这样的联想为这首关于空虚和缺席的诗又增添了一种解读，那就是对残酷命运的不认同。老猫的死亡是不可避免也毫无意义的。辛波斯卡并不是一个会去抱怨命运、伤春悲秋的诗人，哪怕是最残忍的现实，她也努力去接受，但是这一次，她允许自己反叛，反叛那让人无还手之力的死亡。

维斯瓦娃不是一个多愁善感的人，她不会把对科内尔的情感转移到他的猫身上，所以佳佳去了一个可以把它照顾得很好的人那里。

在科内尔去世六年后，也就是在维斯瓦娃获得诺贝尔奖后，安杰伊·科西克壮起胆子（也是因为维斯瓦娃非常喜欢他）问了她对于“她生命中的这些男人”的情感。维斯瓦娃回答说，这些感情都是各自不同的，她对于任何一种情感都无怨无悔。她也不会去将生命中的爱情和初恋对比。安杰伊·科西克问她：“哪一段爱情是最重要的呢？”辛波斯卡说：“应该是最后一段吧，这段爱情持续了二十三年，在某种意义上，或者说在任何一种意义上，

1《我们曾在科内尔家》，第 192 页，由博古斯瓦娃·索汉斯卡从丹麦语翻译成波兰语。——原注

这都是我最伟大的情感，是我最伟大的爱情。我在这里不想说其他情感，那些情感我也曾拥有过，也都有过非常美好的回忆。我是不会做残忍的筛选的。”就在这时，特蕾莎·瓦拉斯教授突然问了一句：“也就是说，弗洛伊德在你这儿是不起作用的？”“你知道的，弗洛伊德在我这儿的确没起什么作用。”[1]维斯瓦娃回答道。

1 辛波斯卡于1996年11月在安杰伊·科西克为Arte电视台所拍摄的电影《有些人喜欢诗》中的回答。——原注

第四部分

诺贝尔与诺贝尔奖获得者

人们可能会想，维斯瓦娃在失去了挚爱之人后会把自己关在家里，与世隔绝，陷入悲伤和绝望中无法自拔。但是并没有。她度过了这段艰难的日子，和之前遇到困难时一样，她把“悲伤转移”到了诗歌中。她在诗歌中清点着自己的绝望。其中有一首诗的题目就是《挽歌账单》。在这首诗中首先映入眼帘的并不是悲痛和伤心欲绝，顶多是忧郁而已，一步一步地跟在忧郁背后的，是对人类命运的反思。在最悲伤的这段日子里，斯多葛学派的理念[1]一直陪伴着辛波斯卡。

1 斯多葛学派是早期希腊哲学流派，其主张之一就是有高尚德性的圣人能抵御不幸的情绪。——译注

我认识的人中有多少
（如果我真的曾认识他们的话）
男人，女人
（如果这种划分仍然可行的话）
跨过了这道门槛
（如果这是门槛的话）
穿过了这道桥梁
（如果称之为桥的话）
…………
我无从确定
他们以后的命运
（如果甚至有一个共同的命运
或者再有一次命运）

一切
（如果我用这个词不是设限的话）
都已经在他们身后了
（如果不是在他们面前）

（《挽歌账单》，选自诗集《结束与开始》，1993 年）

当然，无论是弗洛伊德（作为《哀伤与忧郁》的作者）还是当时的心理咨询师，肯定都赚不到她的钱。不仅仅是因为她不喜欢说自己的事，也因为她有一种自我独立调节痛苦、思念、疼痛、愤怒与气愤等悲伤情绪的能力。她在他人面前隐藏着这些情绪，既没有刻意压抑，也没有故意假装。当必要的时候，她会选择短时间或长时间的独处。

值得我们注意的是，她的诗歌和其他把“我”放在第一位的诗人的作品在情感温度上有着很大区别。尽管她有些诗歌也是以第一人称写的，但是并没有越过那条浅浅的、克己、私密的界限。但是我们在一些诗中可以感受到那条隔开内心秘密的线，细心的读者则会在这里触碰到自己的秘密。

比起普通读者，译者们则需要用另一种方式处理好她诗歌中的未知。如果译者不希望译作仅仅是正确翻译的话，那就不能绕过非典型的俗语、熟语及原创的新词，最好还能把这种难以定义的神秘转移到译文语言中。尽管辛波斯卡的诗歌乍看上去非常简单，但是翻译的人很快就会发现，其实并不简单。也许正因如此，辛波斯卡在选择译者上总是很幸运，只有最优秀的译者才会敢于挑战翻译她的作品。辛波斯卡不仅在评奖上给予了译者们支持，她还经常会和译者成为知心好友。

安德斯·博德高是自 80 年代初开始在雅盖隆大学工作的瑞典语教师，他就是在翻译过程中和辛波斯卡成为朋友的：他像解谜一样读她的诗歌，来学习波兰语。他的学习进行得很顺利，因为在几年之后，他就能够在瑞典发表自己的译作了。据说，正是因为这位被辛波斯卡称为“小安”的人的译作，她的诗歌得到了瑞典学院的关注。辛波斯卡对此深信不疑，也曾多次表达过对他的感谢。

辛波斯卡对斯坦尼斯瓦夫·巴兰恰克和克莱尔·卡瓦纳等英语译者也非常关注。巴兰恰克和她关系很好也有多种原因，他是一个诗人，是一个反对派，也是一个特别的人。瑞典学院的推荐专家们读了巴兰恰克和卡瓦纳翻译的辛波斯卡作品英译本，也读了卡尔·德德齐乌斯的德译本。

在《纪念杂物》一书中，安娜·比康特和尤安娜·什琴斯娜用了一个专门的章节来介绍译者们，这些译者们对辛波斯卡诗歌的理解程度几乎和她本人旗鼓相当。[1]她自己也翻译了很多诗歌，对翻译领域研究的问题非常感兴趣，在《选读札记》中经常会写一些对于译本或译本作者的思考和感想。安德斯·博德高说过，《选读札记》中的那篇关于贺拉斯的文章让他认识到了辛波斯卡深厚的翻译理论积累。[2]这篇文章的开头便吸引了我："波兰诗界是否有什么新作呢？有的，那就是亚当·瓦热克翻译的贺拉斯的诗歌。"[3]辛波斯卡经常强调译本和所翻译语言的文学之间的联系。在译本中，她强调了一个如今很少用到的说法——"波兰特色"。甚至，一个出色的译者可以把作品移植到其他文化中，而不是简单地换一种语言。她对于自己的作品在其他文化中的存在也颇有兴趣，她想知道，其他国家的读者是如何接纳她的作品的，她也好奇地想听听她作品中的词句用外语说出来是什么样子的。

1993 年 5 月，维斯瓦娃决定参加在斯德哥尔摩皇家剧院举办的作者见面会，她这个决定也是为了安德斯。对于安德斯来说，这是荣光的一刻，对于瑞典读者来说，这是一个更好地理解她

1《译者与翻译——诗歌就是问题》，摘自安娜·比康特和尤安娜·什琴斯娜所写的《纪念杂物——维斯瓦娃·辛波斯卡传记》，克拉科夫，2012 年，第 269—283 页。——原注

2 同上，第 267—277 页。——原注

3 维斯瓦娃·辛波斯卡，《选读札记》，克拉科夫，2015 年，第 307 页。——原注

的诗歌的机会，而对于维斯瓦娃来说，这是一次浅尝成功滋味的体验。

曾拍摄了维斯瓦娃拜访安德斯的尤安娜·赫兰德在后来表示，这是一次“诺贝尔前”的拜访。安德斯邀请了瑞典学院评审成员之一的厄斯滕·舍斯特兰德来家中做客，他当时和安德斯并无私交。当然辛波斯卡对此也毫不知情。瑞典电影戏剧导演布·佩尔松（陪尤安娜·赫兰德一起来的）还记得，两位男士就维斯瓦娃一首诗的翻译展开了长久而热烈的讨论。厄斯滕·舍斯特兰德是一位诗人，也是一名天主教徒，能够很好地理解波兰的现实生活。正如佩尔松所说，这样的人在瑞典并不多见。[1] 舍斯特兰德其中一本诗集的名字是《从明山回来的路上》。当时由十八人组成的评审委员会中，有六位是诗人，其余绝大多数都是小说家或是研究文学的学者。因此，舍斯特兰德在授予波兰女诗人诺贝尔文学奖上肯定是扮演了重要角色。另一位在最终决定评选辛波斯卡为诺奖获得者上可能发挥了重要作用的评委会成员是维尔纳·阿斯彭斯特伦，他也是为辛波斯卡所写的诗《如果那位波兰女人能在这里》的作者。

早在60年代就已经出版有辛波斯卡诗歌的瑞典语译本。这些诗歌是由埃里克·梅斯特顿翻译的，他是一位来自哥德堡的图书馆管理员，学识渊博，和安娜·阿赫玛托娃、鲍里斯·帕斯捷尔纳克等铁幕后的作家们一直保持着联系。他翻译了20世纪最伟大的诗人们的作品，但是自己却埋没在了巨人的阴影之下，他对

---

1 作者于2016年9月与布·佩尔松及尤安娜·赫兰德的谈话。——原注

职业发展也并不在意。但是佩尔松曾告诉我，在瑞典的文学界内，梅斯特顿是一个传奇般的人物。莱昂纳德·诺伊格是一位在斯德哥尔摩讲学多年的波兰文学教授（也是辛波斯卡的朋友），他强调了第一位将辛波斯卡诗集翻译成瑞典语的译者佩尔–阿尔纳·博丁译本的重要性。[1]辛波斯卡的诗集也有一些是从德语译本转译的。我们也许不能说，在获得诺贝尔文学奖前，辛波斯卡就为瑞典读者所熟知，但是她在瑞典文学界也绝对不是默默无闻的。

我曾问过安德斯，他心中的维斯瓦娃是个什么样的人。安德斯说，她是一个令人心驰神往的人。她的手给他留下了深刻的印象，细长的手掌，纤细的手指，干净柔软。他和她握手的时候，当他的掌心触碰到她温暖干燥的皮肤时，总是感到很舒服。

“她的手对我来说非常重要，因为正是这双手写出了这些作品；她的眼神同样重要，一双温柔的棕色眼睛，总是与人保持着友好的目光接触。”安德斯说，“她从来不会用目光去引诱谈话者。她不轻易表露自己，但是始终与人保持着交流。我总觉得，她和别人谈话聊天的时候，谈话都非常真实，没有打官腔，更没有装腔作势。她在邀请客人去她家的时候，经常会提出各种可供讨论的话题，这是非常经典老牌的方式，在电视发明之前人们都是这样聊天的。”[2]

瑞典学院的学者们能够关注辛波斯卡，也和诺贝尔图书馆的波兰籍工作人员米哈乌·布龙所助的一臂之力是分不开的。他没有做任何超出自己职责范围的事情，在1996年他成功地得到了博德

---

1 作者与莱昂纳德·诺伊格的谈话。——原注

2 作者于2016年8月与安德斯·博德高的谈话。——原注

高所翻译的、尚未发表的辛波斯卡的诗作，所以瑞典学院的学者们不仅了解到了辛波斯卡早期的创作，也接触到了她最新的诗作。

和前几年一样，90 年代中期也是辛波斯卡频繁获奖、广受赞誉、发表感谢演说的一段时期。她对此类活动其实并不喜欢。她认为成为这样光鲜亮丽的主角就好像是要穿上一双很漂亮却挤脚的鞋子。但是我们可以发现，她是深思熟虑后才做出担任这样或其他角色的决定的，哪怕有时候角色并不太适合她。但是她深知这是自己做的决定，所以她始终能保持内心的自由。哪怕是穿着博士服的时候，她也能心平气和地做自己。但是她也付出了很多努力，这让她感到很累。所以对于辛波斯卡经常会拒绝参加颁奖仪式，以她的名义命名、授奖的活动，以及其他这样的场合，大家并不陌生。有些人称赞她的谦虚，而有些人则认为她是故意的。那些想要纪念她的成就，以她的名字命名学校、童子军团或者图书馆的人们感到很失望，就和那些想要请她做评委、把她评为“成功女性”“年度波兰女性”“年度女诗人”，或者“十年来最伟大的波兰女性”等头衔的人一样。在获得诺贝尔奖后，她才迎来了人生中真正的“授奖巅峰”。布罗尼斯瓦夫·马伊曾经开玩笑地把她斩获诺奖称为“斯德哥尔摩之灾”，并认为这是对她的束缚。这些玩笑字里行间也包含着担心，担心她会陷在成功中一蹶不振。或许她对自己的形容才是最恰当的，她说她有一身“鳄鱼皮”。[1] 所以和这些担心恰好相反，她非常自如地处理好了这些多到可能会令人眩晕的赞誉。

---

1 米哈乌·鲁辛奈克，《凡事不凡——关于维斯瓦娃·辛波斯卡》，克拉科夫，2016 年，第 21 页。——原注

哪怕是安娜·鲁德尼茨卡和塔德乌什·内赤克来拜访她，请她接受《选举报》的采访，她依然对获得诺奖感到很惊讶。前一年她肯定也在诺奖公布获奖名单那段时间被记者和他们提的问题团团围住。她在9月初的时候曾从雅士别墅给万达·克罗米内克寄了一张明信片："亲爱的小万达！希望你到克拉科夫的时候，这张小卡片可以欢迎你，因为你已经到了，对吧？我这里的所有信息你在这张卡片背面（风景画那一面）都可以找到。我试图在这里工作，但是目前来看进展不佳。炎热的夏天根本都没出现。要是哪天天气好，你愿意来雅士别墅吗？"当时她写的日期是10月1日，但是当天并没有寄出，后来她又把日期改成了10月3日。是的，就是那个10月3日。

几个小时以后，在瑞典学院公布了获奖结果后，辛波斯卡对《超级特快》这份她肯定从没读过的报纸的记者说："我被恐惧所包围了，我根本不知道我是不是能够承受如此盛大的仪式，我的性格根本就不适合参加这种类型的活动，[……]我真希望我有个替身。这个替身比我年轻个二十岁，会对着镜头摆姿势，比我更上相。这个替身可以去参加活动，接受采访，而我就专心写作。"[1]她本身并不排斥写诺贝尔奖受奖词并在颁奖晚宴上念出来，但是她很乐意放弃一切需要在公开场合抛头露面的任务。她渴望能够躲开这些麻烦事，而保留能表达重要严肃信息的特权。

辛波斯卡坚决地拒绝了所有把她打造成获奖明星的见面会。她这样做不仅仅是因为谦虚，也是因为她清楚地知道，这个角色

1 米罗斯瓦夫·科奇民，马莱克·索乌提克，《我想有个替身》，1996年10月5日至6日《超级特快》。——原注

并不适合她。但是为了不让尊敬她、喜爱她的读者失望，在获奖名单公布后、颁奖典礼开始前的那段时间内，她同意参加一次公众见面会。这次见面会是于 1996 年 11 月 18 日在克拉科夫老剧院的大舞台厅举办的，1945 年的时候同样也是在这间大厅，她聆听了在战争中获救的诗人们朗诵的自己的作品，也是在那次，切斯瓦夫·米沃什给她留下了深刻的印象。这次活动的组织者特意没有为本次见面晚会增加严肃冗长的气氛，他们邀请了辛波斯卡的朋友作了一些向她表示祝贺的小诗并当场朗诵。正是因为这次见面会，很多来参加的人才知道，辛波斯卡也写了很多主题并不严肃的作品，在她获诺奖之前，只有很小一部分人知道这件事。组织者在老剧院这次见面会上还安排了抽奖环节，奖品是很多人都渴望得到的、辛波斯卡亲笔签名的诗集。但非常讽刺的是，诗集最后被辛波斯卡的朋友抽中了，他们在她获得诺奖前就已经有不止一本她签名并且写着赠言的诗集了。[1]

除了名誉，第二件让这位新晋诺奖获得者发愁的就是诺奖奖金。辛波斯卡声明，她愿意将这笔奖金分享，当时她指的分享是将钱捐给提供各类型资助的机构。她在接受采访的时候并没有具体说明,所以很多“寄予厚望”的公众反映和她的初衷背道而驰。[2]就在诺贝尔奖公布后短短几天的时间里，很多个人寻求物质帮助的信件如雪崩般到来。她根本没有能力一一回复这些特殊的信件，

---

1 耶日·伊尔格,《我的标志——关于诺贝尔奖获得者、喜剧、友谊、书籍、女性，新时代与杰出人物》，克拉科夫，2019 年，第 116 页。——原注

2 很少有人知道（除非是与此事相关的人员），辛波斯卡此前曾用所获的一项奖项的奖金为普罗科奇姆儿童医院捐赠了昂贵的诊断设备。——原注

1996年10月4日，波兰，扎科帕内雅士别墅，辛波斯卡在获知得到诺奖的第二天

她将这些信件都保存了起来，我认为这也是她大爱之心的最好体现。在具有资金分配经验的专业人士的帮助下，她将一部分诺贝尔奖金以最优方式进行了捐赠分配。

《超级特快》采访她的记者半开玩笑地对她说，财富也有好的一面。

“诺贝尔奖金非常丰厚，超过了100万美元，您是否曾想过，有了这么多钱，您就不用再继续写作了呢？”

“多少钱也代替不了写作的魔力、魅力和幸福感。”辛波斯卡笑着回答道。[1]

和公众们的期待完全相反，这位拥有丰厚奖金的新晋诺奖获得者并没有开上金色奔驰四处游玩，而是和雅努什·斯坦宾斯基坐着一辆小菲亚特从扎科帕内回到了克拉科夫，就和她在得知获诺奖前的计划一样。她回到家后，家中的电话铃响个不停，但是她却不能拔掉电话线，因为接口在一个非常沉重的柜子后面。在没能找到替身及无法驯服电话铃和雪片般的信件的情况下，她找了一位秘书。特蕾莎·瓦拉斯向她推荐了当时二十四岁的米哈乌·鲁辛奈克。他是这个职位的不二人选。他在陪辛波斯卡去斯德哥尔摩前刚刚结束了一次旅行——蜜月旅行，那时他正好刚刚结婚。辛波斯卡非常认可他的幽默感，这也是她和人交往的重要评判标准。鲁辛奈克身上有很多闪闪发光的优点，但是并非仅仅是自身的优秀让他能陪辛波斯卡走到人生最后一刻，除此之外，还有他们之间的真挚友谊。这段友谊——这种对辛波斯卡来说最重要的人际关系，给予了她支持、灵感、关心和欢乐，特别是在她晚年的时候。

当我看到所有媒体都在高唱对这位诺贝尔奖获得者的狂热赞歌时，我并不感到奇怪。在波兰，有称赞，就必有谴责。关于她母亲具有犹太人血统的话题也出现了，显然这个话题在我们这个满是“正义之士”的国家中是不可避免的。在多年之后，当维斯瓦娃·辛波斯卡所有的资料档案被转交给雅盖隆大学图书馆后，我认真翻阅了她的通信人名录。这个文件夹中有十几页密密麻麻

---

1 米罗斯瓦夫·科奇民，马莱克·索乌提克，《我想有个替身》，1996 年 10 月 5 日至 6 日《超级特快》。——原注

电脑打字记录的人名和机构名称，其中大部分都是在她获得诺奖后给她寄来的贺信。

除了众多的如作家协会、国际笔会分会[1]或者其他类型的诗歌文学研究机构，以及从世界各地寄来的信外，在字母 A 一栏下面还可以找到许多来自医学院、体育学院及军事学院[2]的信。从阿联酋到坦桑尼亚，从阿尔巴尼亚到中国，从很多国外的大使馆都寄来了贺信。驻波兰的外交官们也纷纷发来了贺信。除此之外，国家图书馆、（许多其他国家的）学术图书馆、县级图书馆以及公共图书馆等各个级别的图书馆也都对辛波斯卡获诺奖做出了热烈回应。在字母栏 F 下面，我们可以看到既有来自纽约外国新闻协会的信，也有来自马佐夫舍地区奥斯特鲁夫家具厂的信；既有来自青年波侨基金会的信，也有来自以尤利安·亚历山德罗维奇教授命名的预防治疗血液疾病基金会的来信（辛波斯卡知道并很敬重这位教授，所以如果她有机会读到这封信的话，肯定会令她非常开心的）。许多机构、大使馆、协会、联合会给她寄来贺信的人，她都认识。马松－拉菲特文学研究院也寄来了一封信，她曾经提心吊胆地去那里拜访过盖德罗耶茨，因为在当时那样做就是在犯罪。我不知道她是否曾经有时间和机会想过，在她荣获诺贝尔桂冠的那一刻，她在全世界那么多地方都有认识的人。

我从这份长长的名单中挑了一些让我觉得非常惊讶的机构的名称，比如独立波兰联盟或奇梅卢夫瓷器厂，还有退休教师联盟写来的贺信也让我很惊讶。像米丽娅姆·阿卡维亚以希伯来作家

1 国际笔会（PEN）是一个世界性的非政府作家组织。——译注

2 学院、大使馆等词在波兰语中以字母 A 开头。——译注

协会的名义写来的贺信，来自辛波斯卡的父亲创办的库尔尼克树木研究所或特蕾莎·瓦拉斯五行打油诗粉丝俱乐部的来信，甚至是克拉科夫都主教弗朗齐歇克·马哈尔斯基的来信都已经让我觉得习以为常，但是格沃古夫五年级小学生和其他十几所学校的学生们写来的信让我觉得不可思议。要是辛波斯卡的诺贝尔奖颁奖日能成为比亚瓦－波德拉斯卡、米里纳、阿尔韦尼亚、沃维奇、斯奇波格等地的学校里的节日就好了。我希望，孩子们在学校里读诗甚至背诗，当然也希望他们不是被迫做这些事的。各大电视台也都对辛波斯卡表示了祝贺，还有各个协会（其中也包括辛波斯卡和亚当·弗沃德克结婚时捐赠了的儿童之友工人联合会），以及从欧盟到波兰医生联盟等各种联盟也都发来了贺信。

我在读这封长长的“获得诺奖之际的来信”名单时，感觉仿佛置身于当时颁奖的气氛之中。那一天毫无疑问是波兰诗歌，乃至波兰的荣耀时刻。在这位诺奖获得者自己看来，这些荣光是陌生的，她更开心能和最亲近的好朋友庆祝。但是不幸的是，那些“她抢了兹比格涅夫·赫贝特的诺贝尔奖”的声音还是传到了她的耳朵里，赫贝特在 90 年代的时候被波兰政坛右翼人士认为是“自己人”。这样的声音一定让她很难过，她更担心的是，赫贝特自己是不是也这样想。她在回复他简短的祝贺电报时写道：“兹比舍克，伟大的诗人！要是我能决定的话，现在应该是你在为演讲稿烦恼了……”[1]

在辛波斯卡去斯德哥尔摩领奖之前，她和瑞典大使见了面，

1 维斯瓦娃·辛波斯卡，兹比格涅夫·赫贝特，《一些恶毒的神明残忍地嘲笑了我们，1955—1996 年间的书信往来》，第 147 页。——原注

这也是诺贝尔奖颁奖典礼前的固定流程：每位获奖者都要在自己的国家拜访瑞典大使。辛波斯卡邀请了亚采克·库龙和雷沙德·卡普希钦斯基，特蕾莎·瓦拉斯也陪她一同前往。沃齐米日·齐莫谢维奇及其夫人也参加了这次见面。特蕾莎本以为这次见面不过是外交礼节性的交流，但是没想到，因为参加此次会面的来宾们选得恰到好处，而大使本人又很博学，所以固定流程变成了一次非常有趣的交谈。这也打消了一些辛波斯卡在去参加颁奖典礼前的担心和焦虑。

媒体事无巨细（实时更新）地报道了辛波斯卡的此次斯德哥尔摩之旅，和她同行前往的人们也将这一事件写在了回忆录中。诺奖获得者可以邀请十个人与之同行，而费用由瑞典学院承担，他们也被确保可以获得参加所有典礼的入场许可。其余在此名单之外的人则必须自行想办法获取入场券，我们都能猜到，入场券名额是非常有限的。米哈乌·鲁辛奈克就要自己解决入场券的问题，但是因为他是辛波斯卡的秘书，所以很幸运地得到了所有典礼活动的入场券，也正因如此才能把这一切盛事都记录下来。[1]对于那段让人兴奋不已的日子，每个参与者都有自己丰富多彩的故事。辛波斯卡邀请的嘉宾们也都玩得很开心：他们在她的豪华汽车旁边、斯德哥尔摩大饭店的房间里拍照，对于他们大多数人来说，这一切资产阶级的富丽堂皇充满了异国风情，他们甚至在路边的广告牌旁边拍照留念。男士们穿着马甲和借来的燕尾服，女士们穿着闪闪发光的拖地长裙。他们除了吃主办方提供的“正餐”

1 米哈乌·鲁辛奈克，《凡事不凡——关于维斯瓦娃·辛波斯卡》，第 17—55 页。——原注外，还去吃了酒店附近的麦当劳，和斯德哥尔摩的波兰侨胞及著名文人们聚会。在玩得不亦乐乎、昏天黑地后，塔德乌什·赫扎诺夫斯基丢了“波兰重获独立”纪念勋章，夏德·克雷尼茨基丢了一件黑色大衣。

事实上，辛波斯卡没办法“服务于”所有计划中安排的活动。幸好她得到了特蕾莎·瓦拉斯的悉心照料，并得到了这位诗人的诺贝尔随员米卡·拉尔森的支持。米卡毫不犹豫地帮她取消了一些活动，因为对她来说，辛波斯卡的身体和心情才是最重要的。我们很难想象，如果给她安排的是一个不懂变通的随员，到时候会发生什么……在此期间，特蕾莎全权负责辛波斯卡的外表和着装。其实这也有点讽刺，一位研究文学的教授，日常进行的都是高深莫测的文学理论研究，在这期间要给诺奖女诗人买裙子、大衣，还要拿着用一把小尺子量好的辛波斯卡脚的尺码去鞋店帮她买鞋。辛波斯卡对于她的优雅品位赞赏有加，这也是出错的原因。维斯瓦娃在出发前往瑞典之前无法不声不响地去购物，所以需要经历一些复杂的物流过程，才能把她打扮得适合出席这次盛会。瑞典学院对于诺贝尔奖获得者的着装有着严格的要求，需要买西服套裙（辛波斯卡日常并不经常穿）和连衣裙：酒会穿的、舞会穿的，以及简单优雅的款式。还要准备大衣外套、手包、手套、礼帽、长袜和围巾等配饰。维斯瓦娃的衣柜里没有这样的衣服，她的优雅非常低调，风格简约，并不是那种夺人眼球的。她可以从旧衣服摊子里寻找出非常优雅知性、有女人味的套装，完全可以在公共场合穿着，并且看起来也会很不错。她很喜欢柔软舒适、不会让她行动不方便的衣服。我猜她穿着那些精致繁复的礼服感觉就像参加了一次冗长的变装舞会。

对于维斯瓦娃来说最难的是在短短的斯德哥尔摩之行期间必须参加安排得满满当当的活动。如果把这些都挤在一个星期内必须做完的事放在一个月之内来做，她也许可以轻松自如地完成这些工作。不知道是因为年龄的问题，还是因为隐藏的完美主义占了上风，不管是什么原因，她最终都表示了，她无法参加所有的活动。她没有去参加自己的见面会和图书签名会，她也没去参加和世界文化名人一起的午餐，诺贝尔基金会组织的招待会上她也只是待了一小会儿，和其他诺奖获得者合影留念后就走了。她也没去安德斯为她准备的庆祝晚宴。博古斯瓦娃·拉塔维茨和爱德华·巴尔采然（她在波兹南的朋友，一位是诗人，另一位是作家、文学研究学者）安慰她说，没有什么事是她必须要去做的，毕竟她都获得诺贝尔奖了，没有任何事是诺奖获得者必须做的。然而这与现实情况完全相反，辛波斯卡对此苦涩地回答说："没有人真正了解我在想什么。"她指的更多的是情感上的了解，也许朋友熟人中没有任何一个人能理解她当时的感觉是什么样的。博古斯瓦娃女士曾经这样写道："她【辛波斯卡】说，自己直到现在才理解了被酒神狂女们撕成碎片的俄耳甫斯，她边说边用手摩擦着脸颊，仿佛希望能把脸上毫无光泽的、厚厚的面具摘掉。现在才知道，这根本就不是一个比喻。"[1]

巴尔采然教授一家回忆起斯德哥尔摩之旅的时候，提到了维斯瓦娃所倡导的戏剧化的社交方式：

---

1 博古斯瓦娃·拉塔维茨，《玫瑰将会亲吻谁》，1998 年第 4 期《奥得河月刊》。——原注

“她从来不用任何特别或者隐藏的手段，就能将周围的一切按照她自己的风格、自己的幽默感、自己的修辞方式来安排。和辛波斯卡见面的时候，我们谈天、玩乐、一言一行仿佛都是按照她的方式，她就像一个深藏不露的指挥家。这是一种传统的荒谬。我们遵照她的期待，但是不曾有一丝一毫被牵着鼻子走的感觉。她提出了交流交往的模式，但是没有剥夺任何一个人做自己的自由。她又仿佛是一个运筹帷幄的导演，让演员们都能够感到真实性和自我。我们从来没感觉我们是在假装什么，这是我们做游戏时戴的面具。我们从来没感觉我们是被她安排或者受她制约，我们也没有假装任何人。她也没有假装任何人。”[1]

她在斯德哥尔摩的时候不得不出席在诺贝尔剧院举办的活动，最重要的还是在音乐厅举行的主要典礼仪式。为了让每一位获奖者都能记住“先向国王，再向评审学者，最后向观众”这样一个正确的鞠躬致谢的顺序，在此之前会有一个颁发奖章和证书的彩排。可怜的辛波斯卡在典礼时还是弄错了已经排练过的上台动作，她意识到之后赶忙做了一个令人印象深刻的动作来挽救当时的情形。当然没有人怪她弄错了动作，所有人都对她抱以衷心的微笑和掌声。但是这个小错误对她来说却是个不愉悦的经历。怎么能在这个也许是她职业生涯中最重要的时刻出错？而且还是在全世界的眼前。

维斯瓦娃动作错了后引发了一系列小插曲：一位代替已经去世的朋友领奖的学者没有向任何人鞠躬，而代替另一位获奖者出

1 博古斯瓦娃 · 拉塔维茨、爱德华 · 巴尔采然于 2016 年 8 月与耶日 · 伊尔格的谈话。——原注

席的评审学者过早地走上了领奖台，在莫扎特咏叹调中又赶忙退了下去。

诺贝尔奖领奖仪式每一个最小的细节都是设计好的，不允许有任何即兴发挥的空间，每一个不按照设计好的形式进行的动作都会引起慌乱。辛波斯卡偏偏“脱颖而出”，做了一个不符合礼仪的举动，她在晚宴的时候向国王提出了吸烟申请。我有时候甚至会想，她是不是故意这样做的，因为（对于其他旁观者来说）很难想象出比这更有趣的场景了。国王自己及他的涵养都让他不能拒绝一个比自己年长并且刚刚获得了诺贝尔奖的女士。但是皇室礼仪规定，不可以在公共场合抽烟。瑞典人都知道，国王爱抽烟，卡尔十六世·古斯塔夫也借此机会，“打破皇室规定”和辛波斯卡一起抽了一支烟。至少从抽烟“被禁止”开始，好像在维斯瓦娃之前没有人敢在宴会上抽烟。这绝对是一个罕见的景象，所以尽管禁止拍照，大家还是给两位“烟民”拍了照，但是不能公开这些照片。只有一份报纸大胆地公开了一张照片（摄影师非常巧妙地没有拍到国王），所以辛波斯卡的读者们可以看到那张诺奖女诗人头上的烟圈仿佛一座正在爆发的火山的照片。这张照片广受欢迎，幸运的摄影师几乎因此变得和诺奖获得者一样富有。

在诺奖结果宣布后，拍摄照片和纪录片的工作就开始进行了。最受欢迎的就是作家们了，因为公众们最能看懂和理解的就是他们的作品，所以每年都会拍摄出一部关于诺贝尔文学奖获得者的纪录片和一本有丰富照片插图的传记故事。辛波斯卡的记录电影是由拉尔斯·赫兰德拍摄的，报道照片由玛丽亚·瑟德贝里拍摄。维斯瓦娃知道，她必须同意这两种向瑞典人介绍她的方式，但是她并没有给完成这项工作的人提供便利。她不想在摄像机的陪伴下在克拉科夫漫步，也不想在自己家里拍摄照片。如果当时她要是知道，这位玛丽亚·瑟德贝里积极参与各项为妇女争取权益的活动，曾在阿富汗战争期间拍摄了一部关于当地女性的纪录片，知道她刚刚从萨拉热窝回来，知道她曾在那里做一名战地记者，知道她是一位艺术家而不是花里胡哨的杂志记者，她肯定会积极配合她的。但是当时她并没有时间了解这两位拍摄她的人是谁，辛波斯卡只希望快点完成这项工作，所以她请了耶日·伊尔格带上她和玛丽亚及自己的狗狗去个风景漂亮的地方散步。这只狗的名字就叫诺贝尔，也正因此她才想出了这个主意。他们去了科希丘什科山丘脚下散步，照片拍得也很成功，瑞典的报纸上整版都是女诗人和一只跟她握手的毛茸茸的大狗的照片，只不过照片下的注解被报社写错了，他们写的是“辛波斯卡出版人的狗”。耶日·伊尔格当时还不是辛波斯卡的出版人，她的出版人更喜欢猫，也因为这个错误感到被冒犯了，并写了一封信给瑞典的媒体，请他们更正这一信息。但是这样做根本就是毫无意义的添乱。我认为一个有涵养、温柔礼貌的人，被“扔进”另一个规则、习惯和计划完全不同的环境中，就会出现无法控制的混乱。我相信，辛波斯卡也对这一切感到疲惫。

辛波斯卡在回到克拉科夫以后，努力想要回到原有的平静生活之中。她认为最有效的方式就是认真地梳理自己能为社会，或者说得更崇高一些，为波兰做的贡献。她将由米哈乌·鲁辛奈克装在口袋里带回来的诺贝尔奖章捐赠给了雅盖隆大学五月大礼堂博物馆。她将财务问题都交给亚采克·库龙，他当时是社会援助

辛波斯卡和名为诺贝尔的狗 © Maria Söderberg

基金会的赞助人。她也把特蕾莎·瓦拉斯请到家中，感谢她一直以来的帮助和支持。她还想和瓦拉斯探讨一下关于成立旨在帮助支持年轻作家发展基金会的问题。这个基金会将以遗嘱的形式生效，也就是说在辛波斯卡去世后开始生效。辛波斯卡在世的时候就由她自己来决定对谁进行资助。特蕾莎·瓦拉斯回忆说，维斯瓦娃谈起自己的死亡时非常自然，不带任何的粉饰。当时她七十三岁。我们都知道，她在十五年后才去世，但是她当时已经把自己的身后事想好了。她也决定要以亚当·弗沃德克来命名基金会，为了纪念亚当·弗沃德克曾经对青年作家的关照和帮助。特蕾莎当时对这个想法并不完全赞同，但是在这件事上没办法和维斯瓦娃争论。另外，根据诺奖女诗人的计划，瓦拉斯教授应该成为这个基金会的负责人，瓦拉斯教授对此感到非常迷茫。她开玩笑地回应这个建议："维斯瓦娃，等到你想让我当基金会负责人的时候，我已经老得让人无话可说了。"辛波斯卡就把这个玩笑当成了玩笑。[1]

另外一个重要决定就是买房。她的秘书非常高效率地完成了这项工作，搬家却用了很长时间（就好像她当时搬到霍奇姆斯卡大街一样），因为维斯瓦娃要整理家中的资料。1997年6月18日，她的姐姐娜沃亚去世了。她的姐姐已经病了很长一段时间了，所以她的离开对辛波斯卡来说并不是一个突如其来的意外，但是对于女诗人来说，肯定是失去了一个和家庭及童年记忆紧紧相连的人。我觉得，维斯瓦娃在姐姐去世后开始整理那些在之前她并不太感兴趣的纪念品和文件。她处理了姐姐的遗产，将拉齐维沃夫斯卡大街公寓送给了埃尔兹别塔和扬·品德洛夫夫妇，他们在娜沃亚生病期间一直都在照顾她。她自己并不想在拉齐维沃夫斯卡大街公寓中居住。我觉得，哪怕姐姐留下的这间公寓符合她的需求（比如公寓楼中有电梯），她也不会想再回到这个她在二战结束几年后就搬离的家中。当时她在这里也有一种叛逆和陌生感，她在反对资产阶级家庭背景之下从家中搬走，所以她怎么会想要那些记忆呢？

1 作者与特蕾莎·瓦拉斯的谈话。——原注

***

米哈乌·鲁辛奈克在自己的书《凡事不凡》中记录了辛波斯卡在获诺贝尔奖后的生活。女诗人经常在各种场合对特蕾莎·瓦拉斯半开玩笑半认真地说，她最感谢的就是瓦拉斯给她推荐了秘书，这位秘书是最大的宝藏。辛波斯卡说得没错。如果不是米哈乌，辛波斯卡没办法在十五年中能有那么多次不平凡的旅行，比如在爱尔兰利默里克市参观的时候也去了莫赫悬崖，或者在去科莱奥内时在有城市名字的牌子下拍照，这也是一种继续和科内尔一起旅行的方式。[1] 如果不是米哈乌，她也没机会在意大利、瑞典、以色列及众多波兰城市中和喜爱她的读者面对面交流。在做旅行和见面会的计划时，一个不爱出家门的人和一个热爱旅行的人的观点出现了碰撞，所以女诗人和她的秘书明确地提出了各自让步的界限——一年出国一次，这样就不用针对那些从世界各地如雪片般飞来的邀请而做无意义的讨论。他们还商量好，考虑到跨洋飞行的禁烟规定，她不会同意此类远途出行。尽管这个让步有些牵强，但是对双方都没有坏处，他们两个都是对世界充满好奇的人。从某种意义上来说，他们俩也都会为出行做准备。鲁辛奈克负责交通并保证自己“老板”的旅途舒适度，而辛波斯卡负责计划行程，更具体地说是将她曾对安杰伊·科西克提到的忧郁程度降低：她不是去其他国家旅行参观，她会拜访特定的人，给自己时间去了解他们，和他们在一起待一段时间，聊一些深刻的话题

1 科莱奥内和科内尔发音相似。——译注

（哪怕是需要译者进行翻译），而不是礼节性的寒暄。这些出行看起来是和推广她的诗集译本相关，但是事实上是进行一些重要的会面。就像她去意大利的时候，因为她和雅罗斯瓦夫·米科瓦耶夫斯基是好朋友，所以她决定去拜访翁贝托·艾柯。我们从照片上（以及卡塔日娜·克伦达－扎列斯卡所拍摄的纪录片中）可以看到辛波斯卡被这位身材魁梧的学者拥抱着，这可能是维斯瓦娃唯一的在男人怀抱中的照片！

在意大利之旅中，女诗人一直以来对古代文明的迷恋显而易见。维斯瓦娃是希腊和罗马文学、哲学方面的专家，在菲利波维奇还在世的时候，他们就曾计划要一起去那不勒斯和西西里。然而命运无常，她注定只能在晚年且没有科内尔的陪伴下实现当年的梦想。我们在她在阿格里真托拍的照片上经常可以看到女诗人在古代神殿的废墟中沉思的身影。

在拍摄电影《有些人喜欢诗》的时候，导演安杰伊·科西克问维斯瓦娃："你背负着自己的世界吗？"只有科西克能向她提这种私人的问题。维斯瓦娃回答说："我一直在努力。有时候有些东西会从我的背包中撒落，有些时候又不会。"[1]因为她和鲁辛奈克一起出行，似乎有更多的东西从背包中掉落。其实可以给他所写的那本关于他担任辛波斯卡秘书时发生的事情的书加一个副标题，就叫"如何保证女诗人拥有幸福的孤独"。

辛波斯卡在获得诺贝尔奖后，卢博米日就成了她的秘密"藏身之所"。她从1992年7月起就和巴夏·查乌琴斯卡一起去那里

1 辛波斯卡于1996年11月在安杰伊·科西克为Arte电视台所拍摄的电影《有些人喜欢诗》中的回答。——原注

度假。她们居住在纳赫曼夫妇的别墅中，这栋别墅在卢博米日山谷中的一个高坡上，那里人烟稀少，但是周围舒适宜人的环境让这里显得与众不同。几十米开外处是奇日教授夫妇的度假别墅，当巴夏和维斯瓦娃在卢博米日度假时，都很愿意去拜访他们。巴夏·查乌琴斯卡是埃尔兹别塔·图尔闹和玛丽亚·奇日（婚前姓图尔闹）的表妹，维斯瓦娃和她们在《文学生活》编辑部工作的时候就认识。50年代的时候，她们的父母曾在《文学生活》编辑部担任校对，因为是“阶级敌人”，所以找不到任何其他工作（在1953年之后，斯特凡·图尔闹先生才重回记者行业，索菲亚·图尔闹女士一直到退休都从事校对工作）。只有和辛波斯卡关系最亲近的人才知道她7月（有时候6月）在哪里过暑假，当有必要时，就帮她向其他想和她一起来度假的人提供她的“不在场证明”。

辛波斯卡选择卢博米日作为度假之地并非偶然，第一次就是玛丽亚·奇日帮维斯瓦娃和巴夏在纳赫曼夫妇的别墅中租了一个房间，然后把她们送到那里，并邀请她们一起在这里度假。那时候她们在一起度过的时间并不算多，顶多就是维斯瓦娃在下午的时候会去奇日夫妇家里喝咖啡，但是就是这样短暂的相处时光，足够她发现这对夫妇也是黑色荒谬幽默的爱好者。正是这样一个机缘巧合的机会，在科内尔去世两年后，维斯瓦娃找到了一个不是亲人，胜似亲人者组成的“新家”。她在这里可以沉浸于戏剧化的社交方式，可以不被日常生活中她不太喜欢的元素所困扰。当她第一次来卢博米日的时候，就对埃尔兹别塔和玛丽亚说：“我还记得你们俩鞠躬打招呼的样子。”[1] 二十年来，她们在那里（经常是单独前往）度过了每一年的暑假。

玛丽亚·奇日讲述的她们一起度假的故事是那么引人入胜，我甚至想全篇引用，而且她还以一种非常风趣幽默的方式呈现出了这些故事。她曾和维斯瓦娃一起成立了“不抱怨协会”，辛波斯卡任命玛丽亚女士为协会会长。我猜想，这些假期时光对于辛波斯卡来说，也是一段难忘的快乐岁月。她在这里既可以享受美妙的独处，又有好友相伴。有此时光，夫复何求？

在纳赫曼夫妇家住了几年之后，越来越多来这儿度假的人，以及简陋的条件让维斯瓦娃开始感到有些不适应。她不想让纳赫曼夫妇难过，所以也没有去租附近其他的度假屋。就在这时，安杰伊·比亚瓦斯教授出现了，他在奇日夫妇教授家的别墅旁有一栋自己的别墅。他邀请辛波斯卡去他那里度假，而且还和她说，她想在他那栋别墅中住多久就住多久，甚至可以一直住到她去世。这位知名的物理学教授甚至还写了一份声明，辛波斯卡心存感激地接受了这份邀请，自此她将他称为“好心人教授”。自 1999 年开始，她和巴夏·查乌琴斯卡就住在比亚瓦斯教授家中，和奇日夫妇的联系也更紧密了。比亚瓦斯教授制作了一本签名纪念册，维斯瓦娃和来看望她的人都会在上面签名。

2000 年的夏天，辛波斯卡诗集的美国译者克莱尔·卡瓦纳来到波兰，并表示非常想和维斯瓦娃见面。米哈乌·鲁辛奈克安排她和维斯瓦娃在卢博米日见面。“从米哈乌先生拍的照片可以看

1 作者于 2017 年 6 月与玛丽亚·奇日的谈话。——原注

出，这次见面非常成功，”埃尔兹别塔女士说，“他们坐在（凉亭）树荫下【一棵很大的落叶松下，那里摆着一张木桌子，旁边有一个凉亭——作者注】，一个小女孩（鲁辛奈克夫妇的女儿，娜塔莉亚）在铺在地上的毯子上爬来爬去。奇娜（玛丽亚·奇日的昵称）请所有人吃了午饭。也许就是从那时开始，辛波斯卡脑海中萌生了想邀请朋友来这里聚会的想法，每年都会有两三次这样的聚会。除了‘好心人教授’，其他人都是诗人和作家，以及他们的配偶。这些聚会也非常特殊，因为辛波斯卡从来都不让这些客人去她居住的宽敞的房子中。每次的聚会都是经过精心准备的，他们在聚会之前会在下姆沙纳买好一切需要的东西。”[1]

在接下来的几年中，奇日夫妇和埃尔兹别塔女士经常接待维斯瓦娃的朋友们，除此之外还接待了导演安东尼·克劳泽和他的整个拍摄团队，他们拍摄了一部关于这位诺奖获得者的纪录片（但是辛波斯卡并未在此影片中出镜）。“维斯瓦娃来卢博米日的时候，总是已经有安排好的接待计划了，她会在坐车来的路上把她的安排和想法告诉我们。有一次，也是她来度假的最后几次中的一次，她自己说：‘你们必须承认，我接待的都不是一般人。’如果我当时和奇娜坐在一起，我们俩肯定会偷偷在底下互相踢对方脚踝，因为就在那一刻，我们俩都懂了，这位女诗人的客人们来到我们家，不仅仅是一起聚会玩耍，也是为了增强我们的价值，是将我们引领入精英中的精英的圈子的机会，因为在她看来，文化人是站在社会金字塔顶端的人。我们的这位好朋友可能没想到，

1 埃尔兹别塔·图尔闹教授未公开发表的回忆录，为此要特别感谢她的姐姐玛丽亚·奇日女士。——原注

对我们来说，学者可能才是精英。无论如何，我们结识了很多善良可爱、风趣幽默的名人。”[1] 埃尔兹别塔女士是一位研究地球古代植物的教授。在我看来，辛波斯卡认为最重要的就是可以一起享受智慧的乐趣。埃尔兹别塔女士、玛丽亚女士、奇日教授，以及比亚瓦斯教授对辛波斯卡来说是梦寐以求的玩伴。

在奇日教授夫妇的收藏品[2]中有一张印着大象背影的明信片，上面写着：“大象正在去你们那里的路上。在这个问题上，我将沉默视为同意，抗议视为批准。”也许维斯瓦娃也是这样宣布其他客人的到访的……在卢博米日也流传着，女诗人爱上了一位帅气的美男子，叫安杰伊·戈沃塔[3]。“你们还会听到关于乡绅贵族的传说的。”她在给奇日夫妇的剪贴画上这样写道。大家最经常讲述的故事就是一位停车管理员爱上了奇娜（玛丽亚·奇日女士），他经常给玛丽亚女士写信，他的字迹和辛波斯卡有点像。有几封信也被保留了下来，可以说是一首纯粹的诗歌（下面这封信原文就是这样写的[4]）：

尊敬的奇娜太太！

您一定猜不到，这在写我这封信的人是谁。我一直以来都在看着您，一直想着您，而我是一个男人，光是想对我来说

1 埃尔兹别塔·图尔闹教授未公开发表的回忆录，为此要特别感谢她的姐姐玛丽亚·奇日女士。——原注

2 玛丽亚·奇日女士将这些收藏都捐赠给了波兰艺术与科学院、波兰科学院、克拉科夫科学图书馆。另外，安杰伊·比亚瓦斯教授多年来一直都是波兰艺术与科学院的主席。——原注

3 安杰伊·戈沃塔是一位拳击手。——译注

4 原文中有一些语法和拼写错误，译文保留了这些错误。——译注

是不够的。我希望能和您在其他地方见面，其他的事您肯定能想到，咱也不是小孩子了。我弟媳夫的嫂子在姆沙纳有一家二手旧衣店，我在那儿给别人配钥匙，晚上的时候我们在换一间可以共筑甜蜜的小窝。我的这封信请您不要给您丈夫看，因为我和他是好朋友。您要是想给自己姐姐看，那就随便您了。她我也挺稀罕的。但是我不稀罕那两个夏天来这儿度假的女的，那两个娘们儿一看就很坏。我期待从您甜蜜的小嘴里给我的回复！

此致敬礼！

停车场管理员

对了，我的名字叫小亨。

去二手旧衣店购物是姆沙纳之行最核心的事情。

“如果刚好有人在姆沙纳认出了维斯瓦娃，”玛丽亚·奇日回忆说，“我每次都会说，辛波斯卡女士不在纸上签名，只在书上签名。想要签名的人就飞奔去书店。开书店的那位女士非常和蔼可亲，她那里总是有维斯瓦娃的诗集。我们有时候也会去那里转转，卖书的女士会向我们推荐一些有趣的新书，这已经成了我们的固定项目了。我们有时候也去利曼诺瓦。有一次我们在那里喝咖啡的时候，几位当地图书馆的女士走了过来，问我们愿不愿去她们那里参观一下。让人惊讶的是，维斯瓦娃竟然同意了，我们就在那几位女士的引领下一起去了当地的图书馆。到了那里以后我们需要在签名册上留名，那次我们相谈甚欢，所以时间过得很快。我们本来约好了要在卢博米日吃午饭，维斯瓦娃却说我们什么事都不用担心，我们是有正当‘请假’理由的。几位图书馆的女士真的给我们写了‘请假条’，还在上面盖了章。维斯瓦娃让这几位女士也加入到了我们的玩笑之中。”[1]

维斯瓦夫·奇日教授是一位知名的理论物理学家，他认为光是参观二手旧衣店不能填满一个月的假期时间，每年他都会为维斯瓦娃准备特殊的活动：为她介绍书籍。

“他们会挑选一些维斯瓦娃不知道的书，因为那些书都没被翻译成波兰语。我们通过亚马逊网站购买英文书籍，最常见的书籍就是传记类的。我人生中读过的最好看的一本书就是由克莱尔·托马林写的简·奥斯丁的传记——这也是第一本我们翻译，然后介绍给维斯瓦娃的书，”玛丽亚女士回忆道，“然后是狄更斯的传记，也是托马林写的。然后是罗伯特·弗罗斯特的传记，这本书对于维谢克[2]来说是最难的。他做了很多笔记，弗罗斯特也让他有了很多重要的人生思考。维谢克特别认真地准备这次介绍书籍的活动，他提前写好了大纲，他对这件事非常看重。维斯瓦娃提出了一些问题，我们都看得出，她也对这本书很感兴趣。维谢克提前准备好了一些片段，先是读给她听，然后又翻译给她。”

我认为，辛波斯卡非常珍视并感谢维斯瓦夫教授为她付出的努力和挑选的书籍。在很多不同的社交场合，她都提到了这种向她介绍书的方式，她清楚地记得书籍中主人公的命运和具体细节。我觉得，伊丽莎白·毕肖普的故事深深地打动了她，因为她经常会提起。

---

1 作者于 2017 年 6 月与玛丽亚·奇日的谈话。——原注

2 维谢克是维斯瓦夫的昵称。——译注

她在那棵落叶松树下的木桌旁讲的故事一般来说都是她编的。玛丽亚女士清楚地记得一个来自皮夫尼察附近的家庭的故事：

“一周以来，维斯瓦娃讲述的这个家庭的故事都牵动着我们的心，这个故事里细节非常丰富，她讲述得又真切又鲜活。那是一家非常穷的人家，丈夫是个酒鬼，经常打老婆，孩子们过得也不好。维斯瓦娃告诉我们，她和他们的女邻居有联系，我们必须趁着丈夫不在家去那里把那个可怜的女人和孩子救出来带走，帮他们租一个房子。她讲得绘声绘色，活灵活现，所以我们三个人都相信了。我当时非常害怕，想象着我们偷偷进入那个房子，以及警察到处追查我们的情景。”[1]

不得不承认，这个游戏有些残忍，这样做是利用了人们的善心，因为女诗人知道这些人都是心地善良的好人，但是他们也都不是年轻人了。可以经受得住这样考验的友谊一定有着非常坚实的基础，奠定这样的基础不是仅仅有幽默感就够了，还要有宽容的心。

宽容界限的试探有时候也来自另一方。安杰伊·比亚瓦斯教授回忆了一个让人感到压抑的情形。有一次大家聚在一起去附近的餐厅吃鳟鱼的时候，比亚瓦斯教授讲了一个笑话，不仅没逗笑这位诺奖女诗人，还让原本快乐的气氛降到了冰点。

“我们坐在乡村小饭馆，旁边就是养鳟鱼的水池。一个男服务员当着我们的面把那些鳟鱼捞上来，然后用个什么东西打鱼的头，把它们弄晕。我们坐在那里边聊天边看这个谋杀鳟鱼的过程，

---

1 作者于 2017 年 6 月与玛丽亚·奇日的谈话。——原注

然后我就讲了一个笑话，这个笑话至今都让我觉得很好笑。客人在餐厅里吃一道用鸡肉做的菜，他觉得非常美味，就问服务员：‘请问，你们是怎么准备这些鸡的？’服务员说：‘很简单，我们就告诉它们，你们不得不死了。’”[1]

很明显，维斯瓦娃并不喜欢用必须要杀掉自己要吃的东西这件事开玩笑。

> 我们为了活着，就要吃掉别的活着的生命。
> 猪排死者和去世的白菜。
> 菜单就是讣告。
> …………
> 哪怕是最多愁善感的诗人，
> 哪怕是最遵守戒规的僧人，
> 也要咀嚼和吞咽，
> 那些生长出来的东西。
>
> 我很难赞同那些心善的神仙的做法，
> 也许他们是轻易相信别人的，
> 也许他们是天真幼稚的，
> 他们把全部权力都交给了大自然。
> 而疯狂的大自然赋予了我们饥饿，
> 哪里有饥饿，

1 作者于2016年9月与安杰伊·比亚瓦斯教授的谈话。——原注

哪里就不再有无辜。

各种感受也立即随饥饿而来：
味觉、嗅觉、触觉和视觉，
因为菜肴是什么样的，
装在什么盘子里，
都不是随随便便的。

甚至听觉也加入进来，
加入到发生的这件事中，
因为餐桌旁经常都会听到愉快的交谈。

（《强制》，选自诗集《足矣》，2012 年）

对于辛波斯卡的幽默感，我曾问过她许多不同的朋友，他们的回答都很相似：维斯瓦娃喜欢在聚会的时候开玩笑，这是她的核心，是她在每次聚会上都期待的事情。她会为晚餐聚会挑选客人，在那些互相从来都没见过的人中，她总会保证有一个非常好玩的人被邀请来参加。开玩笑是有限度的，他们相互之间慢慢了解玩笑的底线在哪儿，哪怕有时候过界了，也基本上都是无心之举。在那时候维斯瓦娃就会换个话题，假装她没听见那个玩笑。她会谅解朋友们的小失误，也会宽容他们一些更严重的错误，因为他们的友谊并不像糖块一样容易融化，对某人行为的批评也不违反她的初衷，相反正好是在她设定的框架之内。就像玛丽亚女士说的，对待朋友们，她身上总是散发着几乎可以触碰到的温暖。

如果面对面说到一些更私密的话题，比如在一起抽烟的时候，辛波斯卡可以完全转为用一种非常严肃的口吻。她这样做并不是为了想要自己倾诉，而是考虑到和她交谈的人的需要。女作家尼利·阿米特就曾经有过这样的经历，她是奇日夫妇的多年好友，维斯瓦娃曾经和她聊过关于失去挚爱男人的感受。那次她们还聊了很久关于安杰伊·戈沃塔的事以及资助在他“官邸”中修建泳池的必要性（当然，这些都是辛波斯卡编出来的，只不过来的宾客们并不知道）。这是一次非常特殊的情况。

埃尔兹别塔·图尔闹在自己的卢博米日回忆录中试图回答：在这二十年间，数百个畅谈的小时中，辛波斯卡的朋友们了解了多少她个人的生活和创作呢？“并不多。一开始的聊天让我感觉挺奇怪的。我们一开始的时候不是在聊天，是被她带着一起玩儿，我的意思是，诗人给我们讲了很多她自己想象出来的有趣的故事。[……]过了一阵子我们就慢慢习惯了，这位诗人不经常聊天，但是经常开玩笑，我们慢慢都习惯了这种风格，觉得非常有趣。[……]维斯瓦娃为未来的传记作家创造了很多素材，可以写一部关于她的长篇小说。[……]她对于自己私人的事情和情感绝口不提。但是有一个例外，当她看到我和我姐姐一直可以达成共识的时候，她反复强调这是一个非常与众不同的情况，因为她绝对不可能和自己的姐姐一起住，哪怕是偶尔住在一起也不行。她还说，她和姐姐互相都很爱对方，但是并不喜欢对方。”[1]

这句话把诗人和蔼温柔的面具撕开了一个口子，让我们看到

---

1 埃尔兹别塔·图尔闹教授未公开发表的回忆录。——原注

了一个小女孩、一个女人、一个年事已高的女人的忧伤，她最亲近的人是这些不是家人却胜似家人的朋友。这份忧伤是不是从她还是个十几岁的少女，发现自己和周围人并不一样的时候就开始了呢？是不是因为生活没有满足我们的要求，所以我们要换种方式把它讲述出来呢？

多年以来，她一直都这样寻找朋友，这样结交朋友。她关心他们，也注意要保留自己的舒适空间。人们可能会尝试去重建这个精神空间。这些不是亲人胜似亲人的朋友们有共同的特点，那就是幽默感，以及在平庸无趣的生活中寻找快乐的能力。另外，能够趣味横生地将事情讲述出来，也是很重要的特征。他们应该有共同的世界观，但这也不是必须的，但是其实他们在重大问题上的宽容程度非常低。他们需要保持安全的距离，保证不会去打扰干涉别人的私人生活。不管不顾地“掏心掏肺”是绝对不可能的，确切地说在社交生活中是被排除在外的。乌尔苏拉·科焦乌回忆说，她和维斯瓦娃曾经互相开玩笑说：“我现在要把我一生的故事都告诉你。”我觉得，这是辛波斯卡和朋友交往的本质：朋友们自己观察到多少，就对她有多少了解。她不谈论自己，不倾诉，没有那种“掏心掏肺”的朋友。她的友谊来自“智慧”，来自共同的聚会玩乐，来自欢声笑语，来自互相讲述的世间趣事。她也和很多男性保持着友谊，也许她觉得打情骂俏也是件趣事呢？

她也给“普通事”留了时间和空间，比如她和姐姐的交往就属于这种“普通事”，或许和学生时代的朋友的交往也属于这种“普通事”。她年轻时在结婚之前就从家中搬出去了，她并没有和妈妈或者姐姐断绝联系，甚至也没有特意去保持距离：我们都还记得，她在星期日总是回拉齐维沃夫斯卡大街公寓的家中吃饭，把做好的一罐罐的饭菜带回家，对于妈妈的管教也没有叛逆，没有为自己的独立付出过什么努力，但是也不曾放弃过独立。我猜，她把家庭中的相互不理解也都当成笑话，不会为鸡毛蒜皮的事情争论，她就直接关上了自己世界的大门，然后忘掉一切。也许正因如此，她的妈妈和姐姐也都接受了她后来的男友们，接受亚当和“小帕维乌”会一起出现在圣诞家庭晚餐的餐桌旁，接受她一个人去旅行以及在她们看来维斯瓦娃那些奇奇怪怪的爱好。她们接受了她不会像其他波兰女性一样做果酱，不会做美味的饭菜（连“烫掉下巴”汤都没做过，这可是他们家的传家菜），不烤蛋糕（她根本也不喜欢吃甜点），她分不清香肠火腿的种类，对其他任何“女性”特长也都不感兴趣。如果从信件的内容来看，无论是安娜女士，还是娜沃亚，都很有幽默感。所以这也就成了这三位性格迥异的女性相互理解的平台，她们三个之间的不同还是非常多的。

先是由《纪念杂物》的两位作者将辛波斯卡的幽默感公之于众，然后其他作者们也进行了描述。[1] 我们不能将她语言上的幽默——或者更广义的幽默，甚至古波兰语中的幽默，和她的诗歌创作分割开来，从她写给亚当·弗沃德克的信中就可以看出这点。克拉科夫当代艺术博物馆（MOCAK）于 2014 年举办的剪贴画展览中，也将她的信件带进了现代艺术沙龙之中。她收集的这些老旧的明信片，有的甚至很俗气，都将她对传统审美的玩味补充得

1 其中最重要的就要数鲁辛奈克的《凡事不凡》。——原注

更为丰富。她还特别喜欢业余演员的话剧表演，她特别喜欢克拉科夫铁路工人剧院。她的爱好和品位都是非常独特的。

和“物理学家们”（辛波斯卡把卢博米日的朋友们称为“物理学家们”）一起的假期聚会在克拉科夫也能找到相对应的活动——他们经常会在“新省咖啡馆”聚会。曾经有一段时间，马林娜·图尔闹是这个咖啡馆的主人。在新省咖啡馆曾经举办过几次喜剧之夜活动，辛波斯卡曾经担任主角（或者配角），很多人都参与了活动的组织，除了图尔闹夫妇外还有布罗尼斯瓦夫·马伊、塞巴斯蒂安·库达斯、卢卡什·菲拉克，以及根据不同情况的不同的诗人、小说家，还有众多和辛波斯卡关系很好的演员和音乐家。

2007 年 5 月，他们为布罗尼斯瓦夫·马伊举办了一场晚会，并放映了关于作家之家衣帽间管理员洛拉女士的电影。马伊把洛拉女士塑造成了一个神话般的人物，通过她的嘴讲述出了住在克鲁普尼察大街公寓中的作家们爱上她的故事。辛波斯卡和在场所有的观众都被马伊那沙哑的嗓音讲出的段子逗得捧腹大笑。亨里克·乌尔巴内克拍摄了一部关于洛拉女士的纪录片，布罗尼斯瓦夫·马伊是这部电影的共同编剧，并配了旁白。他们在新省咖啡馆放映了这部电影，大家也纷纷讲了“洛丽塔”女士的趣事。

其他在新省咖啡馆举办的游戏和聚会与当年辛波斯卡和亚当·弗沃德克在一起时玩的游戏相关：他们给很多在场者都认识的、身体尚很健康的人们写了墓志铭。在克鲁普尼察大街公寓中，人们写墓志铭是向邻居们致以敬意，而在新省咖啡馆是向参加这个游戏以及作家圈知名的人致以敬意。辛波斯卡将自己当年和亚当·弗沃德克一起写的墓志铭命名为《碑文》。

【卡齐米日·】维卡
谁从我们的眼前消失？
是维卡，是卡齐米日。

【弗瓦迪斯瓦夫·】马海耶克
小弗在说话时有严重的结巴，
老天，希望他还是个天才作家！

【耶日·】霍尔登斯基
如果他们给死人也付稿酬，
他肯定第一个积极举手。

【雅鲁·】库雷克
库雷克[1]滴滴答答流淌
直到死神把水龙头拧上。

埃娃·利普斯卡、安托夏·图尔闹、布罗尼斯瓦夫·马伊、米哈乌·鲁辛奈克、格热戈日·图尔闹和塞巴斯蒂安·库达斯在新省咖啡馆组织的这次墓志铭创作之夜都写了墓志铭小诗。马林娜·图尔闹出版了这本八十页的诗集，这本由塞巴斯蒂安·库达

1 波兰语中库雷克一词有水龙头的意思。——译注

斯和卢卡什·菲拉克担任美编的书的封面是黑色的，设计得非常有品位。这本题为《致来新省和没来新省的人的墓志铭》于2005年出版，本书在埃娃·利普斯卡没有具体所指的哀叹中拉开了帷幕：

赤裸裸的真相就躺在这儿。
身上盖着悲伤。
墓地旁默默无语，
我将永远和你在一起。

然后是两篇辛波斯卡写的墓志铭：

生命短暂，艺术长存。
诺曼·戴维斯长眠于此。
谢默斯·希尼也躺在这里，
“和稀泥”也没能躲过死神。
他在标志出版社吃了点小吃，
就晕倒在了椅子上。

爱尔兰诗人谢默斯·希尼和辛波斯卡互相欣赏，他曾几次来过克拉科夫，那几次我亲眼看到他是多么认真地聆听维斯瓦娃说话。他认真的样子让人感觉，虽然他不懂波兰语，但是他也能听懂她的话。在他还在世的时候听到给他写的墓志铭，让我觉得很好笑。但是，给活着的人写的墓志铭就是这样，在某个时刻这些墓志铭就失去了自己的魅力。格热戈日·图尔闹和布罗尼斯瓦夫·马伊鼓起勇气给辛波斯卡写了墓志铭，他们俩肯定都知道，哪怕她认为他们俩说了什么过分的话，也会原谅他们的。但是他们俩并没有越界。我在这本书开始的时候已经将图尔闹写的墓志铭呈现给各位了，现在我们来看看马伊写的：

权力、天赋、盛誉……
维斯瓦娃埋这块墓地。
你们听呀，可怜的她在哀号：
“他们不让我在这儿抽烟！”

布罗尼斯瓦夫·马伊特别喜欢黑色幽默，所以在这本诗集中，他是写了最多墓志铭的一位作者。

马林娜·图尔闹出版的这本诗集中的诗，比弗沃德克当年在小卡片上写的有趣多了，这个游戏更高级，幽默感更深刻。辛波斯卡对于过去传统的坚持也让我感到很惊讶。或许她认为，笑话（趣闻、概念、游戏）都不会过时，也许她是对的，这个游戏的延续非常成功。[1]

在其他聚会场合，辛波斯卡也曾提起她过去玩过的词语游戏。她在 50 年代时曾经深深被马切伊·斯沃姆琴斯基的五行打油诗吸引，然后就很经常地在聚会上玩这个游戏。声势浩大的诺贝尔奖

1 安娜·比康特和尤安娜·什琴斯娜于 1998 年出版了一本题为《墓志铭，即某些尸体所表达的魅力》的诗集。尽管这本诗集是在华沙出版的，但是它与辛波斯卡和朋友们进行的文字游戏有着密切的联系。——原注

公开了一切跟女诗人相关的事，五行打油诗也因此开始广泛流行起来。真正让五行打油诗流行起来的还要数安娜·比康特和尤安娜·什琴斯娜，她们出版了一本题为《五行打油诗——无稽之谈那恶俗至极或光彩照人的顶峰》的诗集，书中插图是由亚采克·加沃夫斯基绘制的。[1]

在五行打油诗之后，开始流行新的游戏——莫斯卡利克幽默诗[2]，之前菲利波维奇和“比普洛斯塔文学集团”成员们经常玩这个诗歌游戏。1999 年，辛波斯卡曾在标志出版社成立四十周年之际解读过这类诗歌的创作特征，当时她的朋友熟人们都纷纷上台展示了自己创作的莫斯卡利克幽默诗改编的歌曲。这类诗歌中必须要包含某个国家的人、对这个国家的人产生的暴力威胁，以及作为事件发生舞台的地点。这类诗歌的无心插柳的创作先驱是劳伊诺尔德·苏霍多尔斯基，他曾创作过大量四行歌谣：

> 科希丘什科，你从天上看着我们，
> 当我与敌人浴血奋战，
> 需要你的剑为我们傍身，
> 解放祖国大好河山！

---

1 安娜·比康特，尤安娜·什琴斯娜，《五行打油诗——无稽之谈那恶俗至极或光彩照人的顶峰》，华沙，1998 年。——原注

2 莫斯卡利克幽默诗，指的是短小押韵的幽默诗，写作风格和格式模仿 1831 年劳伊诺尔德·苏霍多尔斯基创作的《科希丘什科波罗乃兹》。这类小诗有四行，第一句一般以类似“是谁曾说过”的句式开头，韵式为“abab”。这类诗歌从 20 世纪 50 年代开始流行，据辛波斯卡说，是弗沃德克引领了写莫斯卡利克幽默诗的风潮。——译注

我认为，苏霍多尔斯基的这句“当我与敌人浴血奋战”的用词和整句话读出来的感觉让辛波斯卡大为赞叹，这句话非常适合用于朗诵考试。我从维斯瓦娃写的众多莫斯卡利克幽默诗中挑了三首作为例子，请大家来看一看，这三首诗都对朗诵有着多高的要求：

是谁说扬基人
总是清晨早起
起死回生的奇迹也无法成真
哪怕是在皮亚里斯特会修士的拱廊里

是谁告诉我们，意大利
是个勤劳的民族，
他们在圣齐塔祈祷堂里
自求鲜血流出。

是谁说萨尔马提亚[1]
无论他们和谁结成对子
都应在圣克莱尔教区之下
人都应对他们大发脾气。[2]

---

1 萨尔马提亚人，也译为萨尔马特人，曾是东伊朗的部落，在古代曾生活在东欧。尽管波兰的贵族和这一部落群体并无历史关联，但他们自称是萨尔马提亚人，为的是显示古代贵族出身而增加自己的尊严。

2 安娜·比康特，尤安娜·什琴斯娜，《莫斯卡利克幽默诗——也可称作是萨尔马提亚人对其他民族的优越性》，华沙，2014 年，第 28 页。——原注

莫斯卡利克幽默诗根本不在乎政治正确，成了一直都非常活跃的诗歌类型。鼓励《选举报》读者们将自己的创作寄来的比康特和什琴斯娜，则收到了如洪水般涌来的大批或搞笑或不那么搞笑的莫斯卡利克幽默诗创作。

在新省咖啡馆还举办了很多其他的聚会活动，如《巴尔采罗维奇的辩护》的出版仪式、安杰伊·戈沃沃塔的诗歌之夜、经现代化改编的维斯皮安斯基的《婚礼》首映式（专门为图尔闹夫妇结婚纪念日准备的）等。大家在“戈沃沃塔诗歌之夜”（故意写成戈沃沃塔是为了不误导此次活动的参与者）创作的诗歌是作为礼物送给即将迎来八十二岁生日的辛波斯卡的。这些诗歌都是对波兰经典诗歌的一些仿写，其中包括莱希曼、密茨凯维奇和斯沃瓦斯基等人的作品。这本诗集的作者是布罗尼斯瓦夫·马伊、埃娃·利普斯卡和米哈乌·鲁辛奈克。这本由马林娜·图尔闹精心设计出版的诗集，看起来很像国家图书馆出版的奥索林斯基系列。

聚会的规模不断扩大，参与者每次都兴高采烈地离开咖啡馆。没人在意咖啡馆拥挤逼仄的空间（新省咖啡馆面积不大），来参加聚会的辛波斯卡与图尔闹夫妇的熟人和朋友们越来越多。咖啡馆的主人们尽自己所能招待来参加的朋友们，他们搬来了长凳摆在墙边，在小舞台周围摆满了密密麻麻的小椅子，在旁边的侧厅也安装了扩音音响设备，尽管如此来的人还是坐不下。坐在咖啡馆中的幸运儿们，尽管被挤得满头大汗，但还是爆发出一阵阵热烈的笑声，引得咖啡馆楼上的公寓中很多不明所以的邻居都探头观望。这也许就是所有能够在纸上介绍的关于当时在新省咖啡馆里发生的一切，一切试图重现当时诗人们、演员们、歌手们及“票友们”表演的尝试都是徒劳，因为那里发生的一切都是无法复制的，当然也是无法用语言表达的。

其实，大多数聚会活动都是为了辛波斯卡而安排的。辛波斯卡对此并不知情，所以她也没有拒绝过。每次组织者们都担心她会拒绝，而他们组织这些活动的心意是为了能够让她开心。我认为，她从来没有后悔来新省咖啡馆参加活动，尽管这些聚会都呈现在公众视野面前，但是这里的公众大多是她相识的人，很少有人会缠着她要签名。她时而上台表演，时而在台下静静欣赏。我相信，这里就是她的剧场，就像曾经的克鲁普尼察大街公寓，也有点像“比普洛斯塔文学集团”成员们在一起时的样子，和她在卢博米日时的氛围息息相关。我们在这里就可以重提爱德华·巴尔采然的问题了：她是如何做到的呢？是如何做一个运筹帷幄的导演（不费吹灰之力，甚至她不曾想过自己是在导演），让这么多人都遵照她的节奏却又乐在其中的呢？每在离开时大汗淋漓，甚至在半地下的新省咖啡馆里几乎透不过气的人都知道，没有必要提这样的问题。因为答案只有一个——曾来到这里，我们是何其幸运。

除了公开的喜剧（幽默诗歌朗诵）表演，我们还应该关注辛波斯卡为更亲密的朋友们准备的一项活动——抽奖，邀请朋友们来各种不同场合的聚会，给他们送上非常好玩的小礼物以及多年来的剪贴画创作。当比康特和什琴斯娜描述辛波斯卡从事的剪贴画创作这项并不为读者所知的活动时，遇到了来自各方的指责。他们都是诺奖女诗人严肃诗歌的读者，他们认为报道辛波斯卡做的除了写诗之外的这些“不务正业”的事是对她的嘲笑。在我看来，这种指责在当时真的是荒谬至极。然而随着时间的推移，我们可以清楚地看到大众文化机制不可抗拒的发展，将辛波斯卡塑造成了一个开朗爱笑，喜欢和好朋友们开玩笑，并给他们送自己创作的好玩的剪贴画的老太太形象。这当然不是《纪念杂物》这本书的两位作者的错，这本书认真地描绘出了诗人的形象。这本传记在普及辛波斯卡完全严肃的主题的作品上也功不可没，也许也正因如此，它展现出了这位诺奖女诗人的另一面。但是，也不得不承认，女诗人的形象发生了变化。她喜欢剪贴画和打油诗，喜欢收集俗气的杂物的形象，比起她的诗人形象更深入人心。我们可以想到，这一切都发生在她还活着的时候，其实她本应该要抗议的。但是，她从来都不曾这样做过。

她在自己周围建立起一个幽默的喜剧舞台，为的是能够认真严肃地观察笑话。她愿意戴上小丑的面具并描述他们的生活，通过猴子的形象讲述人的故事，为难以言喻的痛苦披上神话的长袍。她将人与自然结合在一起，怀疑个体力量的同时又肯定它。她在向谁讲述着她眼中这个丑陋可怕又令人神往的世界呢？她是否以这种方式在这个世界中坚守着呢？

当她被问到诗人是为谁而写作时，对于有人说诗人是为自己写作而感到愤然。可是，她所有的那些戏剧呈现、那些隐藏的悲剧和对死亡的公开嘲笑，难道不也是为了她自己吗？

当我准备开始写这本书时，一位我采访的对象告诉我，辛波斯卡生活中最重要的东西，都在她的诗歌里。且只在那里。[1] 我觉

1 作者于 2015 年 7 月与塔德乌什·内赤克的谈话。——原注

得，的确如他所说。辛波斯卡朋友们的讲述及她的通信都为我提供了趣味非凡的资料，让她的形象更为丰满。然而，辛波斯卡的内心生活，在很大程度上对我来说依然是个秘密。我接受了这个秘密，因为这个秘密让我回到她的诗中，让我重新去阅读诗，阅读她。

“如果艾萨克·牛顿不曾对自己说‘我不知道’，或许花园中的苹果在他眼前只会如冰雹般落下，他顶多弯腰拾起一个，津津有味地品尝罢了；如果我的同胞玛丽亚·斯科沃多夫斯卡－居里不曾对自己说‘我不知道’，她可能一直是个在私立学校为那些名门望族的小姐们教化学的老师，在这份看起来颇为体面的工作中度过余生。[……] 诗人亦是如此，一个真正的诗人必须要一直对自己重复‘我不知道’。他所创作的每一篇作品都是在试图为这个问题找一个答案，可是当他刚刚画上句点，就已经被怀疑重重包围，他就已经开始意识到，他的这个回答只是暂时的，也是远远不够的。所以，他会一次又一次地尝试，然后历史学家和文学家会用一个巨大的别针将他这些对自己不满的证据串联在一起，然后将其称为‘成果’。”[1]

1 维斯瓦娃·辛波斯卡的诺贝尔演讲词，选自《辛波斯卡诗选》，克拉科夫，2012 年，第 406—407 页。——原注

告别

维斯瓦娃·辛波斯卡于2012年2月1日去世了。死亡并非突如其来，她从前一年的11月开始身体状况急剧恶化，大家都知道对于她能恢复健康没有必要抱有幻想。她自己也没有抱什么希望。安杰伊·什切克利克教授和她谈起她的身体状况时，她好像有些心不在焉。教授认为，她似乎没有理解检查结果，而我觉得她应该是没有表露出来。她一开始住在医院，后来回到家中，不允许任何人探望，无论是熟人还是亲近的朋友。一直以来都是秘书鲁辛奈克照顾她，他也尽量保证，即使有病痛折磨，也尽量让她在家中感到舒适。他在她的家中安排了医疗机构级别的条件，这样她就能够留在自己的家中，她也会感到安心。她最亲近的友人之一——雅努什·斯坦宾斯基向我讲述了他和辛波斯卡的最后一次见面：

“维斯瓦娃不想让我去看她，她说，只有秘书和在她姐姐弥留之际一直照顾娜沃亚的品德洛夫夫妇可以去看她。尽管如此，我还是去了，那时她还在斯卡文斯卡大街的医院里。埃拉·品德洛娃一看到我就走进了维斯瓦娃的房间，告诉她我来了。‘他一直等着呢，就让他进来吧，我们喝一杯咖啡。’维斯瓦娃回答说。我走了进去，她和我聊了几句，然后要我保证，我再也不来看她了，因为她不想让我记住她在医院的样子。她希望我能记住她在卢博米日的样子，记住在她家里我们相聚的日子……她还说，她这一生过得丰富多彩，身边好友众多，她现在不会死死拽住这条命不放的。”[1]

她也向米哈乌·鲁辛奈克和安杰伊·什切克利克教授表达了自己的决定，她不希望采取一些强制挽留她生命的治疗方式。大家都尊重了她的决定。

报刊和电视媒体都隆重报道了女诗人的去世和葬礼。她的诗歌在许多国家都引起了当地读者的共鸣，仿佛那些语句就是直接写给他们的，直抵心灵深处。这些语句温暖，充满关注和关爱，有智慧，同时又通俗易懂。

在《纽约客》杂志发表了对女诗人悼念的作者亚当·戈普尼克曾经写道，他的妻子之前手里拿着女诗人的书，望着封面上她的照片说：“我希望她能不抽烟了。”诗歌本来并不经常会引起读者对作者的关心、关爱和呵护。“我妻子说的这句话，恰好就体现

1 作者与雅努什·斯坦宾斯基的谈话。——原注

了辛波斯卡对于一个和她未曾谋面的读者的影响。读者们想起她，都会把她当成自己的朋友、邻居或是顾问，当成一个他们要去关心的人，他们对她的情感不是‘敬佩’这样的空话就能表达的。[……]美国艺术界的简·赫斯菲尔德、比利·柯林斯、伍迪·艾伦等，都是她的朋友和粉丝。”[1]

将辛波斯卡的诗翻译成英文的（和斯坦尼斯瓦夫·巴兰恰克一起）译者克莱尔·卡瓦纳也有着相似的感受。她的诗集在美国的发行量巨大（她的诗集在获得诺奖后仅在美国就售出了12万册），女诗人在美国也受到了极大的欢迎，但是她自己好像对此并不知情。被问及辛波斯卡在美国如此受人喜爱的原因时，卡瓦纳表示：

“从一开始读者们就对她的作品表现出了非凡的热情，而这一热情至今仍未消减。所谓的‘普通读者’也都在读辛波斯卡。有很多博客博主，他们可能根本不是研究文学的，在她去世后都在博客中写道，她的去世不仅仅是她诗歌创作的结束，也是真挚友谊的终结，就好像他们都曾真正与她结识。这一点非常奇怪，因为辛波斯卡明明很少写自己的事。我一直都会收到读者写来的关于她的信，比如我收到了一个兽医的来信，他说辛波斯卡对动物的理解非常深刻。我朋友的父亲是一位水文物理学家，他在上课的时候会引用《水》这首诗中的句子。我还收到了很多粉丝的来信，他们说之前从没有读过书，更不要说读诗了，但是他们却

1 亚当·戈普尼克，《维斯瓦娃·辛波斯卡：感受智慧的幸福》，发表于2012年2月号《纽约客》，由埃娃·赫伦波维奇－亚伯勒翻译。——原注

爱上了辛波斯卡，对她的诗集更是爱不释手。”[1]

辛波斯卡在意大利读者中也享有盛誉。她的诗集在意大利的出版量也屡破纪录，作者见面会上人山人海，其中大多数是年轻人。她的受关注程度在她获得诺奖后达到了顶峰，而在接下来的若干年中，始终处于巅峰状态，不曾减弱。她参加的为数不多的读者见面会，大多数都是在克拉科夫诗歌节的时候，吸引了成百上千的听众。她和爵士小号演奏家托马什·斯坦科的共同表演，无论是对于观众来说，还是对于两位艺术家来说，都可以算是一次非同凡响的体验。在她去世前不到一年的时候，这位诺奖获得者还参加了“米沃什节”读诗会，当时她在克拉科夫卡齐米日犹太区和尤利娅·哈特维格、拉尔斯·古斯塔夫松及奥绍克·瓦伊佩伊一起朗诵了诗歌。

米哈乌·鲁辛奈克在那本记录了他担任诺奖女诗人秘书期间的书中，描述了他和辛波斯卡相识十五年的点点滴滴，书中记录了他们一同去国外参加活动、在卢博米日度假、最后一次在扎科帕内的时光、最后一次去电影院……我在快要写完这本传记的时候，又重新拿起了这本《凡事不凡》。在这本书出版四年后，我又再次重读了一遍鲁辛奈克的讲述，我想要从中汲取一些关于辛波斯卡获得诺奖时的信息。我当时也是无意中读到这本书的，但是当我开始读，就根本放不下了。同时我还出乎意料地理解了自己，为什么决定要写这本传记。我突然清醒地意识到，在我的心灵深处，埋藏着我对她的思念和失去她的痛苦，因为她是一个以一种

1 作者与克莱尔·卡瓦纳的谈话。——原注

难以名状的形式存在着的、对我非常重要的人。尽管我不是她的朋友，算不上她的密友圈中人，但是她曾经和现在都是我生命中重要的存在。我在潜意识中应该一直都是知道这一点的。我从孩童时期就开始读她的诗歌和专栏，多次反反复复地品读她的作品。我欣赏她的拼贴画，听她读诗，一开始的时候是听硬胶唱片中的录音，她那低沉而温暖、柔软又亲切的声音让我难以忘怀，后来又有机会现场听她朗诵。我望着她，她盈盈浅笑，她低头不语，时而感动，时而努力控制自己颤抖的拿着诗稿的手……所以，这本书，是我和她的告别。

我相信，辛波斯卡对很多人来说都是至关重要的人，有多少人，就有多少种原因。而在我看来，其中有一条对我来说特别重要：艺术可以战胜困难、危机和不幸，这点在辛波斯卡身上淋漓尽致的体现，令她卓尔不群。她是如何拥有这种气质的呢？这也是她性格的奥秘吧。我们能够观察到的只是她的“方法”。她的创作毋庸置疑是最重要的方法，因为维斯瓦娃在创作中疗伤，或者换句话说，她在其中理解对她的伤害。第二个重要方法就是幽默，无论是幽默感还是幽默的灵感，都让她可以在几乎所有情况下看到光明的一面，看到好玩的一面，起码是看到奇特或引人入胜的东西。除此之外，她还非常善于将这些大大小小的快乐和周围人分享。不仅是通过诗歌，她还通过笑话、拼贴画、聚会、俗气搞笑的小物件、朋友的逸闻趣事和现实生活的奥秘等，成为“发散”快乐和笑容的源泉。她特别喜欢现实生活中的奥秘，她不仅喜欢讲述，也愿意聆听。她珍视那些可以用趣闻故事吸引她注意力的人。雅努什·什伯坦斯基就是这样一个人，他是一位和考古专家合作的冶金学教授，他给她讲述齐格蒙特大钟内部裂痕、多年前的修补补丁和其他与大钟修复工作有关的趣事。她因为类似的原因而喜欢看自然纪录片，她从未停止对自然奥秘的好奇。

她自己的生活中同样充满了奥秘，突如其来的事情，周围人难以理解的决定。在阅读了大量她的信件之后，我认为，她并不像她开玩笑地和安娜·比康特和尤安娜·什琴斯娜说的那样：她"自己活得像一只蝴蝶"。她的生活也曾面临艰难痛苦，但是我也欣慰，她在生命最后的时光还是能认为自己的一生是丰富多彩的。对于很多她诗歌的读者和她的仰慕者来说，女诗人曾参与左派思潮活动是一个最难理解的秘密。我们无从确定，她做出这一决定是否是有意识及经过深思熟虑的，做出这个决定的原因就在她那个阶段的生活中：在波兰被纳粹占领的末期，当时包围着她的是年轻的、未来的艺术家，画家，作家，诗人。他们也许是具有左翼思想的，但也许只是叛逆，一切都是未知。也许正是这个圈子塑造了她，只是她离开了这个圈子，她和亚当·弗沃德克相恋，也加入了他的圈子。为什么会这样呢？我们也只能猜测了。有可能是因为那些她曾经关系亲密的圈子里的年轻人们也都走散了，他们也放弃了自己年轻时的梦想，开始了平凡的生活；而她在自身写作发展至关重要的几年中，陷入了观念的迷雾中，这与她的天性南辕北辙。也可能我们不会再获得任何与这个话题相关的信息，因为没有人会去讲述这些事了。

不愿意向他人袒露自己的心声，是维斯瓦娃始终具有的一种特质。乌尔苏拉·科焦乌曾在 1971 年给她写的信中开玩笑说："我们没能进行的那些谈话都快把箱子的盖子顶翻了。"肯定很多辛波斯卡的好友都会觉得，在他们之间未进行的谈话远多于他们之间进行过的谈话。她就是这样一个人，而她的朋友们也都接受她是这样一个人。但这也只是一部分她和他人交往的真实情况。米哈乌·鲁辛奈克在自己的书中引用了辛波斯卡那篇关于埃拉·菲茨杰拉德的专栏文章中的句子，因为他觉得他引用这句话的时候，仿佛就是在阅读辛波斯卡本人。我也紧随其后，引用这句话，因为我和他有类似的感受："在她的声音中常常有一种天真无邪的少女气息，我认为对此最贴切的形容莫过于对他人的善意。[……]埃拉的歌声让我和生活和解，对我就是一种慰藉。[……]埃拉从来不会在歌中过度渲染，她总是有点游离在歌词之外，绝不会强行制造感动。"[1] 所以我们都可以用读维斯瓦娃的诗来代替和她进行"没能进行的"对话；我们可以在想象中凝望这位严肃、消瘦的金发女子，她微笑着，我们都知道，她其实是一个真正的幽默大师。

1 米哈乌·鲁辛奈克，《凡事不凡——关于维斯瓦娃·辛波斯卡》，克拉科夫，2016年，第75页。——原注

家族族谱附录

维斯瓦娃·辛波斯卡并不在意自己家庭的历史，对于家族族谱也不甚感兴趣。《纪念杂物》一书的两位作者付出了极大的努力，重建了这位诺奖获得者的家族族谱，但是也从未期待过能够得到辛波斯卡的关注。然而没想到的是，辛波斯卡“饶有兴致，甚至温情脉脉”地翻看了这份族谱。[1]

她知道，她的父母文岑蒂先生和安娜女士背负着沉重的家庭记忆走到了一起，这些沉重的记忆也让他们的生活变得沉重。文岑蒂先生没有父亲，后来母亲去世后成了孤儿，他从很小的时候就一切都依靠自己，没有任何的物质保障，还被结核病所威胁。

1 安娜·比康特，尤安娜·什琴斯娜，《纪念杂物——维斯瓦娃·辛波斯卡传记》，克拉科夫，2012 年，第 30 页。——原注

成为孤儿或半孤儿的命运在辛波斯基家族中的每一代都重复着。维斯瓦娃和娜沃亚既没见过爷爷，也没见过奶奶。而在安娜女士这一边，则有很多人都过早地去世了：安娜女士的哥哥，除了其中一个以外，都尚未成年就去世了，一个和她关系很好的表妹也英年早逝，而伊赫娜的表弟曾是一位童子军，在华沙起义中丧命。虽然他们曾是个相亲相爱的大家庭，但是童年夭折的阴影对家庭成员之间的关系有着负面的影响。维斯瓦娃和家庭中的同龄人保持着非常偶尔的联系，相比之下，上一代人之间的关系显然更为密切。

在这本传记中，已经用了很多笔墨来描写安娜女士，所以在接下来的这一部分中，我将介绍她这个大家庭中的其他成员。我之前写文岑蒂先生不算太多，所以在这里应该来介绍一下他。

***

文岑蒂·辛波斯基，考尔文纹章[1]，娜沃亚和维斯瓦娃之父

文岑蒂于1870年4月5日出生于大查尔特基。他的父母没能一起幸福和谐地生活，他们俩都被贫穷所困。“我甚至猜测，我的父亲对他自己的父亲并没有什么特别的敬意。他几乎不认识他，自由地在离他很远的地方长大，”辛波斯卡在一次采访中曾谈到，“我的爷爷在较晚的时候和比自己年轻很多的斯坦尼斯瓦娃·普萨

1 纹章是指属于某个个人、家族或团体的徽章，原本是中世纪欧洲骑士在战袍或盾牌上的标记，用来辨认其身份，后作为识别个人、军队、教会、机关团体和公司企业的世袭或继承性标记。——译注

尔斯卡小姐结了婚。[……] 一年之后，[……] 他们的儿子，也就是我的父亲文岑蒂出生了。不久之后，爷爷的岳母介入了他们的生活，她是一个霸道又严厉的女人。她和自己的女婿之间，因为某些原因，相处得非常不好，她很讨厌自己的女婿。所以，在某一天，她驾着一辆马车，把自己的女儿和小外孙放在车上后，狠狠地扬起鞭子，扬长而去。从那以后，我的父亲就在自己母亲和外婆的抚养下长大，没过多久其实就只有外婆在养活他了，因为他的妈妈很早就去世了。”[1]

文岑蒂的家教除了让他学会了对能够战胜物质贫困的女性的尊重，还培养了他对文学和历史的兴趣，因为他的妈妈和他的外婆娜塔莉娅·普萨尔斯卡都博览群书，十分重视教育。安东尼也一直努力在这方面为儿子做些什么，为自己儿子的教育出了一份力。“[……] 我曾带他们去过两次华沙。他们在那里参观了主教堂，去画廊看了安格尔和其他画家的画，去了瓦津基的动物博物馆。除此之外我还带他们去了维拉努夫国王夏宫，欣赏了约翰国王三世留下的宝藏及画廊。”[2] 安东尼曾这样写道。然而他们之间的联系也仅此而已，他们似乎在以后就再也没见过面了。

文岑蒂并没有步自己那位周游世界、浪迹天涯的父亲的后尘。他过着一种比自己父亲要稳定得多的生活。他在卡利什上完中学后计划去读农业大学。他希望能够去管理家族财产。然而当娜塔莉娅去世后，家族的农庄已经负债累累，他不得不放弃自己继续

---

1 安东尼·辛波斯基，《暴风骤雨般的命运流转——我的日记（1831—1881）》，克拉科夫，2000 年，第 296 页。对维斯瓦娃·辛波斯卡的采访是辛波斯基回忆录的后记。——原注
2 同上，第 289 页。——原注

上大学的梦想，以及在查尔特基东山再起的希望。因为考虑到会被传染肺结核的危险，所以他决定去塔特拉山脚下寻找工作。他非常幸运地找到了管理扎莫伊斯基庄园的工作，并且他一生都从事这个职业。

如果用当今的眼光来看的话，文岑蒂先生的观点是非常保守的，或者可以说，他是一个非常典型的旧时代的天主教波兰人。他非常重视对两个女儿的爱国主义教育，他属于波兰经历了三次被瓜分后，参与到国家重生中的那一代人，他深知国家独立的重要性。他于 1936 年 9 月 9 日于克拉科夫去世。

安东尼·辛波斯基，考尔文纹章，文岑蒂·辛波斯基之父，娜沃亚和维斯瓦娃的祖父

1831 年出生的安东尼·辛波斯基是一个遗腹子，他是维斯瓦娃唯一一个可以从第一手资料了解到的祖先，因为安东尼曾写了一本日记。这本日记的手稿一直被保存在维斯瓦娃的父母家，她对此非常感兴趣，在阅读了安东尼的回忆录后，她将其中的片段于“一月起义”一百周年之际在《文学生活》上发表。根据回忆录中的记录，安东尼的生活丰富多彩，充满了惊心动魄的冒险。他的回忆录也展现了波兰人在民族起义和移民时代的跌宕起伏的悲壮命运，展现了波兰人民为争取独立而英勇斗争和被残忍迫害，以及最终小贵族的贫穷和失败。维斯瓦娃很欣赏祖父的写作风格和在颠沛流离中发现的新地方的描述方式，她承认，在读这本回忆录的时候，感受到自己和祖父安东尼·辛波斯基的某种惺惺相惜。“这当然是一种神秘的联结，这个联结有着一段巨大的距离。

[……] 当我出生的时候，他已经去世四十多年了。可惜我不知道他的坟墓在哪里，或者说他的坟墓是不是还在。我甚至不知道，在他刚刚去世的那几年是不是有人常去看看他，给他留一束系着白红丝带[1]的花束。”[2]

安东尼出生于卡利什的郊区大查尔特基。他的父亲（名字也叫安东尼）于1831年在格罗霍夫战役中丧命，当时安东尼·辛波斯基尚未出生。安东尼·辛波斯基自己也曾参加大波兰地区的“人民春天起义”，他先被关进了波兹南要塞监狱，后来又被关进了科斯琴和马格德堡要塞监狱。被囚禁并没有能够挡住他加入争取独立的战役中，他加入了约瑟夫·贝姆领导的军团，参加了匈牙利起义。他的生活直到1863年都充满了战役和流浪，然后他为了加入下一次起义——“一月起义”而回到了祖国，他的足迹曾遍及意大利、瑞士和土耳其，他甚至还去了加利福尼亚体验了一把淘金者的生活。在一月起义失败后，他被囚禁在华沙要塞的监狱中，奇迹般地逃出了死亡的魔爪。当他终于安定下来，婚姻和事业却都失败了。他无法找到一个适合的生活之地，也找不到一个能够发挥自己能力的用武之地。生活让他变得一年比一年更困苦，在生命的最后时刻，他曾抱怨自己的孤苦伶仃，不曾享受家庭的温暖。他希望能把自己的经历讲述给自己的儿子听。祖父安东尼在回忆录中写道：“我亲爱的孩子，如果有一天你愿耐心读一读我写的这些，请你用心读一读，这样你就能够了解父亲所经历

1 波兰国旗的颜色。——译注

2 安东尼·辛波斯基，《暴风骤雨般的命运流转——我的日记（1831—1881）》，克拉科夫，2000年，第301页。——原注

的苦难，并且努力避免我所经历的这一切。”[1]

安东尼在回忆录中简单扼要地记录了自己的婚姻和孩子的出世：“我与斯坦尼斯瓦娃·普萨尔斯卡小姐结了婚，她是来自比亚韦斯库雷家的娜塔莉娅和埃拉兹姆的女儿。我在斯托扬努夫的维拉兹沃夫斯基家认识了我的妻子。[……]我于1868年6月13日在赫莱沃举行了婚礼。我的儿子，名叫文岑蒂，于1870年4月5日出生于赫洛车诺村中（更广泛的叫法是苏勒姆维克村）。”[2]我们从这本回忆录中找不到更多关于他的妻子和儿子的信息了，他用了大量的篇幅写了自己的租约问题，他的租约被火烧了，而他在这场火灾中失去了左手。这些不幸的遭遇导致了他“破产荡业”，他写的这些其实更是他对于不幸命运的抱怨，而非对于失去财产的惋惜，因为他在之前其实也并没有什么可支配的财富。

辛波斯卡所讲述的那件更悲惨的事发生了：“1876年出现了一次大别离。我的妻子和她的妈妈一起搬到了查尔特基村，我妻子的财产都交给了我岳母年轻时的朋友安东尼·博古斯瓦夫斯基。”[3]他把所有自己被抛弃的悲惨境遇都怪到了自己岳母的头上，根本不曾想过现实的导致分离的原因。“她的妈妈是远近闻名的喜欢八卦新闻和搞阴谋诡计的人，什么事都反对。她最有能耐的就是为了任何事都能和人吵起来，我就是那个被她攻击的倒霉蛋。”[4]我们从这段记录中可以知道，安东尼把自己在查尔特基村的庄园

1 安东尼·辛波斯基，《暴风骤雨般的命运流转——我的日记（1831—1881）》，克拉科夫，2000年，第293页。——原注

2 同上，第279页。——原注

3 同上。——原注

4 同上，第280页。——原注

家产留给了自己的妻子，而年轻的文岑蒂曾经想要拯救的庄园遗产也在大查尔特基。但是我们无从确定，这究竟是不是只是家产庄园和村子刚好重名了。

安东尼直到生命的最后时刻一直管理着杜赫尼采的庄园，他于1881年3月去世。

斯坦尼斯瓦娃·辛波斯卡，婚前父姓普萨尔斯卡，文岑蒂·辛波斯基之母，娜沃亚和维斯瓦娃的祖母

在拉齐维沃夫斯卡大街公寓的壁柜中还保留着一个辛波斯卡祖母的笔记本，但是因为经过某人的“审查”，上面的纸被撕掉了几张，本子上只留下她还是少女时期的一些记录。斯坦尼斯瓦娃·普萨尔斯卡，波莱希奇茨纹章，生于1848年。这份笔记大概写于1863年和1864年，《我最年少时生活的日记》补充了这本记录。

这本日记以及孩童时期回忆的核心都是斯坦尼斯瓦娃的父亲埃拉兹姆的去世以及与之相关的悲伤痛苦。[1] 1863年一月起义爆发的时候，斯塔霞十四岁，对于父亲应该去参加起义，她没有一丝一毫的怀疑。她在日记中写道：“[……]作为一个真正的波兰人，出于祖国大地的儿子的责任感，在战争的号角吹响时，尽管许多年轻人都躲在家中，[……]他第一个加入了帕尔切斯基军团，成为其中一员。”他们在维伦附近和莫斯卡尔人[2]发生了冲突。帕尔

1 作者参考了由多纳塔·奥赫曼和阿尔图尔·切萨克费尽千辛万苦手抄的打字机稿《女诗人亲爱的奶奶的日记》，这份打字机稿保存在标志出版社。——原注

2 指的是白俄罗斯、乌克兰和波兰等国对12至15世纪居住在莫斯科大公国境内的居民的称呼，在18世纪末19世纪初乃至二战期间，这个称呼是对俄罗斯人具有贬义的称呼。——译注

切斯基军团被击败了，英勇应战的埃拉兹姆不幸战死沙场。面对如此不幸的遭遇，斯塔霞从卡利什的私立学校退学，回到了沉浸在悲伤泪水中的母亲身边。她很担心母亲的悲伤最终会变成“抑郁”，“父亲死后留下的繁重又多的工作都落在了母亲头上，这让她每日忙于劳作，而无暇过度伤心”。[1]

与此同时，她在日记中也写到了一些她所享受到的周围环境中的“快乐”，她时常在周围或远或近的地方走动，这也是在寻找一位合适的丈夫人选。她在日记中提到了很多追求她的人，可是没有一个能拨动她的心弦。“我在寻找一个完美的人，的确非常难找到，但是我觉得，我终于在我的人生道路上遇见了一个在某些条件上符合我期待的完美之人，但是没过多久我就发现，这是一个错误，随之而来的就是失望。”接下来又有一位候选人因为流言蜚语和一封关于她的匿名举报信而放弃了她。其实最有可能让她一直难以缔结婚约的最大障碍就是没有嫁妆。至于她为什么会和安东尼·辛波斯基结婚，我们无从得知。或许是因为他曾勇敢地参与战役？或许是他绘声绘色讲述的那些冒险？是害怕会变成老姑娘孤独终老？她这段时间的日记都被撕掉了，也许也不是没有原因的……

这段婚姻并没有持续很久，是安东尼·辛波斯基在回忆录中记录的。在看了十几段辛波斯卡祖母少女时代的日记之后，我们就很难不去怀疑，他对于他们夫妻分手的原因的评价并不客观。如果我们相信他在回忆录中的讲述，他的岳母就是个地狱里的恶

1《女诗人亲爱的奶奶的日记》，第 10 页。——原注

魔。但是我眼前出现的却是一个对自己独生女儿的生活和健康关爱有加的母亲和对外孙的抚养十分负责的外祖母的形象。坚强的娜塔莉娅能保证自己的女儿和外孙过上比那个倒霉蛋安东尼更好的生活。最重要的是，她能为自己的女儿提供物质和精神支持，而她女儿的丈夫，似乎更关心自己。斯塔霞在自己丈夫的农庄中的命运也并不轻松，她的健康状况出现了严重的问题，她在回到妈妈身边不久后就去世了，1878 年年仅三十岁的她，死于肺结核。

娜塔莉娅·普萨尔斯卡，婚前父姓比亚韦斯库雷，文岑蒂·辛波斯基的外祖母，娜沃亚和维斯瓦娃的曾外祖母

斯坦尼斯瓦娃·辛波斯卡的母亲，娜塔莉娅·普萨尔斯卡，婚前父姓比亚韦斯库雷，出生于 1822 年。她当时不得不像很多在波兰被瓜分的悲惨时期的贵族妇女一样，在丈夫去世后担起了管理农场的重担，因为这是唯一可以养活自己和女儿的方式。我们说的这个农场是由普萨尔斯基一家所租，当租约到期后，女人们不得不找到其他能够养家糊口的方式。斯塔霞曾经提过，她和其他亲朋好友都曾劝说过妈妈去其他地方谋生定居，但是妈妈最终都没有下定这个决心。她在苏勒姆维克村租了一块地，自己负责这块地的播种和收成。

在女儿死后，她负责抚养外孙。我们从文岑蒂以后的生活中可以看出，她培养了他广泛的兴趣爱好、理性的思考能力和幽默感。

***

娜沃亚和维斯瓦娃的母亲安娜·辛波斯卡女士的祖先，罗特蒙德一家的家史（1890—1960年）完全不同。无论是罗特蒙德还是安娜女士妈妈那一边的库巴斯一家，在历史条件允许的情况下，都过着非常安逸平静的生活。这两个家庭几代人都来自小波兰省，两个家庭也都是人数多、分枝多的大家庭。资料显示，罗特蒙德一家是克拉科夫人，他们的命运也都可以在城市登记手册中找到记录。在华沙市民登记册中也能找到罗特蒙德家的人，根据资料可以看出，他们应该是在17世纪从荷兰到达那里的。根据语言学家伊雷纽什·卡尼亚分析，他们家族的姓氏发音也可以证明这一点。他们可能是在当时波兰对于这些受天主教会迫害的异教徒们很宽容的那段时间，来到波兰的新教徒。很多迹象都可以表明，他们很快就被同化，融入到了社会中，成了波兰的爱国主义者。

自18世纪以来，拥有波兰贵族头衔的罗特蒙德家族一直生活在加利西亚地区。1857年在利沃夫出版的《加利西亚和布克维纳贵族图册》[1]上记录了四位来自克莱查（Klecza）的罗特蒙德家族成员。塔德乌什·加伊尔所著的《波兰纹章图鉴》中记录了罗特蒙德家族的贵族纹章，这是一个被承认的外来贵族，是“对外国的贵族或资产阶级授予的认可其国内的公民身份及与之相关的公

1 作者参考了波兰科学院库尔尼克图书馆出版于1988年的《加利西亚和布克维纳贵族图册》电子复制版本。——原注

民特权”[1]。该纹章是由斐迪南皇帝于1560年授予托马什·罗特蒙德的个人纹章，这也就意味着这枚纹章只能由这一个家庭使用，这个纹章的主要图案是一条鲤鱼。罗特蒙德家族中使用纹章的习俗一直持续到20世纪，在维斯瓦娃的出生证明上还写有安娜女士使用卡尔普纹章，如果当时她能够找到《加利西亚和布克维纳贵族图册》，在占领时期就很容易证明自己的身份了……

1830年11月29日至30日夜间，密谋攻占贝尔维德尔宫的人们想要刺杀沙皇亚历山大一世的弟弟康斯坦丁大公，其中一名来自华沙大公国的军官名叫爱德华·罗特蒙德，他是彼得·维索茨基将军的好朋友。他们后来一起策划了“11月起义”。[2]而在克拉科夫城市历史博物馆的退伍军人照片中，有一张是约瑟夫·罗特蒙德于1880年在克拉科夫拍摄的照片，他是一个居住于此的商人，是安娜·辛波斯卡的祖父。他是否和爱德华是亲戚呢？也许是吧，他们可能是表兄弟，特别是爱德华和后来定居在克拉科夫的罗特蒙德家族一样，也来自上克莱查。

约瑟夫·罗特蒙德，尤利娅·罗特蒙德，婚前父姓鲁特科夫斯卡，他们是安娜·辛波斯卡的祖父母，娜沃亚和维斯瓦娃的曾外祖父母

当军校爱国起义爆发时，十五岁的约瑟夫（生于1814年，

1 参考维基百科上对于“外国贵族”的词条解释。——原注

2 斯瓦沃米尔·弗嫩克所写的文章《11月的夜影——卢德维克·纳别拉克（1804—1883）浪漫主义肖像》对此有描述，该文章发表于2014年第14期《科尔布绍瓦年鉴》上。——原注

于1899年去世）正是一名军校学生，在11月起义失败后，他成了流亡到比利时的起义军中的一员。当他回到克拉科夫后，成了一名商人。克拉科夫市人口登记簿上的信息为我们提供了一些想象他命运的空间。商人约瑟夫·罗特蒙德于1850年曾和“家人”一起住在市中心广场356号。他和妻子鲁特科夫斯基家的女儿尤利娅共同建立了这个家庭（他们于1848年结婚），并育有卡齐米日和兹齐斯瓦夫两个儿子。不久后，他们又生下了五个孩子，分别是尤利安、尤瑟法、扬·赫里佐斯托姆、弗瓦迪斯瓦夫和毛雷齐。根据1880年的人口登记记录，约瑟夫·罗特蒙德已经成了一名鳏夫，和五个儿子及一个女儿（尤利安结婚后住在华沙）住在维利奇卡大街19号。

尤利娅，1825年出生，四十五岁时就早早去世。当时她最小的儿子只有六岁，最大的儿子二十一岁。和当时大多数妇女一样，她生命中大部分时间都花在了生儿育女上。她的丈夫比她大十余岁，当时已经不工作了，这一点我们从她的讣告中可以看出："尤利娅·罗特蒙德，婚前父姓鲁特科夫斯卡，是曾经的商人的妻子，[……]在长期被病痛折磨后，接受了主的圣礼保佑，于1870年11月6日长眠于克拉科夫。她将在丈夫和孩子以及众多亲朋好友的见证下安葬，她的家庭已经在克拉科夫经历了三个半世纪了，葬礼将于11月8日举行。"显然，罗特蒙德家族对于自己克拉科夫居民的身份还是自豪的。既然维斯瓦娃·辛波斯卡将这张已经泛黄的简报收藏在自己的档案之中，那么它对于家庭来说应该有着很深厚的情感价值。不知道维斯瓦娃在整理家族档案时，看着这张已经焦黄暗淡的旧报纸，她会如何去思考这位几乎在一百年前出生的曾祖母的命运呢？

扬·赫里佐斯托姆·罗特蒙德，安娜·辛波斯卡之父，娜沃亚和维斯瓦娃的外祖父

扬·赫里佐斯托姆·罗特蒙德，出生于1858年1月。根据1880年克拉科夫人口登记记录，他是一名“退伍军人”，单身，在“铁路上”工作，是一名刹车员，在“铁路上”住，应该是在工作的公寓中。十年后，也就是1890年，他已经结婚，有一个名叫卡罗尔的儿子和一个叫安娜的女儿。根据记录，他家有五口人，未被记录的应该是他们最年长的名叫卢德维克的大儿子。我们通过这些记录还了解到，他们住在施拉克街45号一层一套带有独立厨房的两居室内。

过了一段时间后，扬晋升为火车乘务员，在卡尔·路德维希铁路公司工作。这曾是一组私人铁路线路（随着时间的推移经历了国有化和国有化重组），运行区域为克拉科夫至东部地区，全长共850公里左右，主运行线路就是通过登比察从克拉科夫至利沃夫。这条线路在19世纪90年代并入到皇家国王国有铁路之中，扬·罗特蒙德成了一名国家工作人员，并享有一切特权。根据保留下来的证件看，他的女儿在20世纪30年代时还曾享有乘车优惠。

我没有找到扬去世的日期，他在1917年的时候肯定还在世，因为当时他是安娜女士婚礼的证婚人。在菲利波维奇儿子儿媳家保留了一件在他生病期间留下的家具，因为当时他年事已高，又身患重病，必须长时间卧床，并使用一个适合床高度的小桌子。

这张小桌子是一件沉重的铸铁家具，维斯瓦娃的外公扬·罗特蒙德经常在上面摆纸牌。这张小桌子先是被留在科内尔·菲利波维奇的公寓中，后来维斯瓦娃又将它送给了沃拉尤斯托夫斯卡别墅中的住户。

罗特蒙德家的尤瑟法、卡齐米日、兹齐斯瓦夫、尤利安、弗瓦迪斯瓦夫和毛雷齐，安娜·辛波斯卡的姑祖母和叔祖父们

扬·赫里佐斯托姆（也就是维斯瓦娃的外祖父）的六个兄弟姐妹中，只有尤利安和毛雷齐两人接受了高等教育。关于他们最年轻的弟弟毛雷齐，我们已经有较多的了解了。他出生于1864年（于1931年去世），学习神学并成了一名神父。他终身未嫁的姐姐一直和他生活在一起，帮他打理农田（也曾担任过一段时间的教师）。正是毛雷齐主持了文岑蒂·辛波斯基和罗特蒙德家的安娜的婚礼，后来又经常在教区接待他们的女儿来过暑假。从更早些的1890年的人口登记记录来看，毛雷齐之前住在克拉科夫斯特拉多姆街的一套两居室中。这份登记记录是由大学校长签署的，所以很有可能这个两居室是属于神学院或教区的。后来，毛雷齐在罗马学习神学，很显然他是一个非常有才华的人，教区的负责人对他的教育给予了很大期望。但是可惜的是，他自己并没有珍惜这个机会，他对社交生活、玩牌和美酒更感兴趣，所以教会将他派到了乡村当神父。他先是当教区牧师，后来在多年间担任沙弗拉雷的教区主教，是一位受当地居民喜爱的教区负责人。在他的倡议下，在拉尼斯伯格山丘上建立了一个纪念格隆瓦尔德战役胜利五百周年的十字架雕塑。1918年一战结束后，在沙弗拉雷召开了一次爱国主义集会，毛雷齐在这次集会上进行了激动人心的布道，周围村子的居民纷纷宣誓，将效忠祖国波兰。

尤利安完成了大学化学系的学习后，和自己的父亲一样，成了一名商人。在圣十字教堂的登记簿中记录了他的命运，他的儿子卢德维克在这个教堂中受洗，并继承了自己母亲来自格罗霍夫斯卡家的卢德维卡的名字。卢德维卡和尤利安共育有五个子女（卢德维克、斯特凡、尤利娅、塔德乌什和雅尼娜）。罗特蒙德家的安娜就是他们家女儿们的好朋友，经常在毛雷齐叔叔所在的沙弗拉雷教区修道院见面玩耍。雅尼娜从 1908 年起在沙弗拉雷的一所一级制小学担任老师，后来在马鲁希纳学习担任老师。她嫁给了托马什·布瓦，但不幸的是她死于难产。根据《加利西亚年鉴》[1]，卢德维克·罗特蒙德于 1906 年至 1907 年间担任克拉科夫科学之友协会副秘书长。斯特凡·罗特蒙德在 1919 年后成了国家民主议会议员，他之前曾几次因社会活动家身份被捕，但是这并没有阻止他学习医学专业，他撰写出版了多部学术著作，还是一些医生协会、医学院的创始人，在自由波兰期间是一名知名的政治家和社会活动家。但是安娜女士是否和自己好友尤利娅和雅尼娜的这位兄长有来往，我们就很难下定论了。

我们在 1890 年的人口登记簿中也可以找到比扬·赫里佐斯托姆大两岁的哥哥兹齐斯瓦夫·罗特蒙德的信息。兹齐斯瓦夫是

1 该年鉴全名为《加利西亚和洛多梅里亚王国与克拉科夫大公国政治机构年鉴》，是一本由奥地利政府于 1782 年至 1914 年间以德语出版（1870 年起也以波兰语出版）的介绍该地区政权管辖机构的年刊，其中记录有机构负责人的姓名。——原注

克拉科夫铁路段的货车司机，他的妻子叫安娜。在之前那次人口登记后，他们搬到了华沙大街的一套两居室中，和他们的父亲约瑟夫·罗特蒙德住在一起，孩子们都长大了，老父亲也可以得到他们的照顾。

卡罗琳娜·罗特蒙德，婚前父姓库巴斯，她是安娜·辛波斯卡的母亲，娜沃亚和维斯瓦娃的外祖母

卡罗祖母，也就是来自库巴斯家（也可能是库巴驰，因为在一些旧资料中登记的是这个姓氏）的卡罗琳娜·罗特蒙德，于1864年10月出生于博赫尼亚（于1948年于博赫尼亚去世）。她有两个姐妹，叫卢德维卡和玛丽亚，还有一个叫弗瓦迪斯瓦夫的弟弟。有一张这四姐弟的漂亮合影被保存了下来：三个姐姐坐着，后面站着一个年轻男子，应该就是她们的弟弟。卢德维卡·库巴斯在婚后改随夫姓米赫莱维奇，她的名字出现在了公证书中，证明她将博赫尼亚维高达街的房产转让给了卡罗琳娜·罗特蒙德，卡罗琳娜·罗特蒙德于1929年向她支付了250克朗。这一年，她们的母亲弗兰齐斯卡·库巴斯去世了。在这之前，1913年8月，卡罗琳娜向弗瓦迪斯瓦夫·库巴斯支付了1 000克朗，弗瓦迪斯瓦夫便不再具有房产权。根据公证人的证明，弗瓦迪斯瓦夫·库巴斯是“一位住在美国布鲁克林，时而会来博赫尼亚的商人”。很明显，他们的姐姐玛丽亚并没有获得维高达街的房产权。但是我们无从得知为什么会是这样，根据保留下来的信件我推测，她应该是继承了其他在博赫尼亚的房产。

玛丽亚·斯克塔，婚前父姓库巴斯，她是安娜·辛波斯卡的姨妈

卡罗琳娜的妹妹玛丽亚·库巴斯（1870—1951）嫁给了铁道官员的儿子阿道夫·斯克塔（1870—1935）。在教区婚姻登记信息中可以找到玛丽亚·库巴斯家庭成员的信息，所以卡罗琳娜的名字自然也在上面。娜沃亚和维斯瓦娃的曾外祖父扬·库巴斯是一名铁路乘务员，曾外祖母弗兰齐斯卡在婚前曾姓瓦希尼奥夫斯卡。这两个铁路工作人员的女儿也都嫁给了铁路工作人员。玛丽亚和阿道夫有一对出生于1900年的双胞胎女儿，分别是卡齐米拉·奈伊曼和索菲亚·布津斯卡。[1]她们俩都毕业于师范学院，并在毕业后成了老师。娜沃亚和维斯瓦娃都曾与她们通信并见面。

罗特蒙德家的卢德维克、卡罗尔和塔德乌什，安娜·辛波斯卡的兄弟们，娜沃亚和维斯瓦娃的舅舅们

我不知道卡罗琳娜·库巴斯和扬·赫里佐斯托姆·罗特蒙德结婚的具体日期，我只知道他们的大儿子卢德维克于1886年出生，二儿子卡罗尔于1888年出生，1890年的时候女儿安娜·尤利娅·尤瑟法（后来的安娜·辛波斯卡）出生了，1892年三儿子塔德乌什出生了。维斯瓦娃·辛波斯卡在之前曾经回忆过，卡罗琳娜和扬还生了第四个儿子，但是只有塔德乌什一人没有夭折且活到了成年，但是他也在自己唯一的儿子扬出生后就去世了。罗特蒙德家的儿子们在儿童或青少年时期都死于肺结核。卢德维克

1 奈伊曼和布津斯卡为二人结婚后改姓的夫姓。——译注

活到了十五岁，当时他是新沃尔斯基中学（现圣安娜中学）的学生，于 1901 年被埋葬在了拉科维茨基墓园的集体墓冢中（或许是出于流行病的考虑）。1903 年卡罗尔也去世了。根据教区的登记记录，他也被埋在了集体墓冢中。卡罗琳娜和扬第四个儿子的生卒日期不详。

罗特蒙德一家住在克拉科夫，在地址登记册中可以看到他们先住在长街 34 号，后来又搬到了施拉克街 53 号。他们大概于 1914 年从克拉科夫搬到了博赫尼亚，因为他们在 1913 年的时候还被纳入了皇家都城克拉科夫的人口登记册中。他们一定是遭受了战火纷飞以及在物资供给上的问题才从大城市搬到了小城市，也有可能是因为克拉科夫高昂的房租。除此之外，博赫尼亚的环境肯定比克拉科夫好多了，他们认为在环境好的地方更有治愈结核病的希望。他们在维高达街那间不大的小房子有一个小院子，可以在那里种菜、养鸡。

娜沃亚和维斯瓦娃和自己的表弟小扬在童年时期是好朋友，小扬是舅舅塔德乌什·罗特蒙德（安娜女士唯一活着的兄弟）的儿子。舅舅于 1925 年去世。在战争结束后，扬·罗特蒙德在克拉科夫学医，曾住在辛波斯基家拉齐维沃夫斯卡大街的公寓中。安娜女士认为自己有义务帮助弟媳玛丽亚，特别是在战争刚结束之后。她一直都在照顾身体情况不断恶化的卡罗琳娜。卡罗琳娜外婆家在博赫尼亚的这栋小房子一直到 20 世纪 40 年代都是他们家庭聚会和度过暑假的地方。

参考文献

书籍

1. 安娜·比康特，尤安娜·什琴斯娜，《五行打油诗——无稽之谈那恶俗至极或光彩照人的顶峰》，华沙，1998 年
2. 安娜·比康特，尤安娜·什琴斯娜，《莫斯卡利克幽默诗——也可称作是萨尔马提亚人对其他民族的优越性》，华沙，2014 年
3. 安娜·比康特，尤安娜·什琴斯娜，《纪念杂物——维斯瓦娃·辛波斯卡传记》，克拉科夫，2012 年
4. 扬·布翁斯基，《姆罗热克所有戏剧作品》，克拉科夫，1995 年
5. 弗瓦迪斯瓦夫·博德尼茨基，《克鲁普尼察大街的缪斯》，克拉科夫，1982 年
6. 克日什托夫·利索夫斯基主编，《我们曾在科内尔家——关于科内尔·菲利波维奇》，克拉科夫，2010 年
7. 罗歇·凯卢瓦，《活力与秩序》，安娜·塔塔尔凯维译，华沙，1973 年
8. 安杰伊·赫瓦尔巴，《被占领的克拉科夫 1939—1945》，克拉科夫，2002 年
9. 沃伊切赫·楚赫诺夫斯基，《伤痕——1953 年克拉科夫教区审判》，克拉科夫，2003 年
10. 阿格涅什卡·道克沙，《雅雷马家的女人》，克拉科夫，2019 年
11. 卡尔·德德齐乌斯，《来自罗兹的欧洲人——回忆录》，克拉科夫，2008 年
12. 科内尔·菲利波维奇，《我亲爱的、自豪的小城》，克拉科夫，2017 年
13. 安杰伊·弗拉纳塞克，《赫贝特传》第一卷，克拉科夫，2018 年
14.《给亚当的时间——忆亚当·弗沃德克》，克拉科夫，2000 年
15. 安娜·格罗霍夫斯卡，《条条大路通克鲁普尼察》，克拉科夫，2017 年
16. 兹比格涅夫·赫贝特，塔德乌什·赫扎诺夫斯基，《我的亲人，我的兄弟》，

1950—1998 年两位作家的书信往来，由兹比格涅夫·巴朗策划编辑，克拉科夫，2016 年
17. 耶日·伊尔格，《我的标志——关于诺贝尔奖获得者、喜剧、友谊、书籍、女性，新时代与杰出人物》，克拉科夫，2019 年
18. 爱德华·库巴尔斯基，《在克拉科夫的德国人》，克拉科夫，布达佩斯，2010 年
19. 尤安娜·库尔莫娃，维斯瓦娃·辛波斯卡，《真正女诗人的模样——库尔莫娃和辛波斯卡书信集》，克拉科夫，2019 年
20. 塔德乌什·克维亚特科夫斯基，《非隐秘回忆的魅力》，克拉科夫，1982 年
21. 雅努什·马卡尔奇克，《我的所见所闻——旅行回忆录》，华沙，1957 年
22. 亚当·米哈伊沃夫，瓦尔德马·帕茨瓦夫斯基，《加利西亚文学——从战后到后现代》，克拉科夫，1991 年
23. 斯瓦沃米尔·姆罗热克，《伯沙撒》，华沙，2006 年
24. 马乌戈热塔·涅姆钦斯卡，《姆罗热克，神经质的脱衣舞》，华沙，2013 年
25. 塔德乌什·内赤克，《奇迹市场》，华沙，2015 年
26. 尤安娜·奥尔查克 – 罗尼基尔，《当时：战后的克拉科夫生活》，克拉科夫，2015 年
27. 亚采克·奥尔齐克，《克拉科夫的文学生活》，克拉科夫，2016 年
28. 康拉德·罗基斯基，《1956—1970 年间波兰人民共和国时期文人学者与执政者的关系》，华沙，2001 年
29. 米哈乌·鲁辛奈克，《凡事不凡——关于维斯瓦娃·辛波斯卡》，克拉科夫，2016 年
30. 扬·约瑟夫·什切潘斯基，《日记》（第二卷，1957—1963 年），克拉科夫，2011 年；《日记》（第三卷，1964—1972 年），克拉科夫，2014 年
31. 维斯瓦娃·辛波斯卡，斯坦尼斯瓦夫·巴兰恰克，《一些积极情绪也会上升——辛波斯卡和巴兰恰克 1972—2011 年间书信集》，克拉科夫，2019 年
32. 维斯瓦娃·辛波斯卡，科内尔·菲利波维奇，《书信集——世界上过得最好

的就是你的猫》，克拉科夫，2017 年
33. 维斯瓦娃·辛波斯卡，兹比格涅夫·赫贝特，《一些恶毒的神明残忍地嘲笑了我们，1955—1996 年间的书信往来》，克拉科夫，2018 年
34. 朱迪特·维奥斯特，《那些我们必须失去的——爱情、幻想、依靠和无法实现的期待，那些我们必须要放弃才能成长的》，亚历山大·格莫拉译，波兹南，2000 年
35. 亚当·弗沃德克，《我们的战利品》，克拉科夫，1970 年
36. 安娜·扎日茨卡，《辛波斯卡的革命，1945—1957——该时代背景下诗人的早期作品研究》，波兹南，2010 年
37. 维托尔德·泽亨特，《生命如匆匆流水》（第一卷、第二卷），第二版（增补版），克拉科夫，1975 年

文章

1. 娜塔莉亚·阿莱克修恩，《姆罗热克一家的故事》，参见 sprawiedliwi.org.pl 网站
2. 爱德华·巴尔采然，《在世界这所学校中》，《第二文选》，1991 年第 4 期
3. 巴尔巴拉·查乌琴斯卡，《雅雷马家族》，《文学十年》，1998 年第 12 期
4. 巴特沃梅伊·多布拉琴斯基与阿格涅什卡·科扎克题为《波兰人与狂欢的斗争》的访谈，《高跟鞋》特刊，2017 年 12 月 15 日
5.《西维茨基公馆》/《猎人之家》，由彼得·巴伊科编撰，比亚沃维耶扎原始森林在线百科全书，参见 encyklopedia.puszcza-bialowieska.eu 网站
6. 米罗斯瓦夫·科奇民，马莱克·索乌提克，《我想有个替身》，《超级特快》，1996 年 10 月 5 日至 6 日
7. 卡齐米日·克拉瓦日，参见 powiatowy.pl 网站的文岑蒂·辛波斯基传记
8. 塞西莉亚·库塔，《自由诗人的声音，口述杂志〈发声〉》，参见 nowahistoria.interia.pl 网站

9. 博古斯瓦娃·拉塔维茨,《玫瑰将会亲吻谁》,《奥得河月刊》, 1998 年第 4 期
10. 乌尔苏拉·利索夫斯卡 – 科茹赫,《1945—1970 年的〈波兰日报〉中书籍的讨论与推广》, 博士论文, 卡托维茨, 西里西亚大学, 2007, 西里西亚数字图书馆, 参见 sbc.org.pl 网站
11. 亚采克·武卡谢维奇,《报纸内部的诗》,《第二文选》, 1991 年第 4 期
12. 雅努什·马耶夫斯基和玛格达莱娜·里加蒙蒂的谈话,《我们都是"性"中人》,《直面》, 2015 年 1 月 11 日
13. 彼得·巴伊科编撰, 比亚沃维耶扎原始森林在线百科全书, 参见 ency-klopedia.puszcza-bialowieska.eu 网站
14. 马乌戈热塔·涅姆钦斯卡,《维斯瓦娃·辛波斯卡的葬礼——在天堂与埃拉相见》,《选举报》, 2012 年 2 月 10 日
15. 马切伊·斯沃姆琴斯基,《五行打油诗——我恶俗的爱》,《研究——文学艺术杂志》, 1995 年第 1 期(秋)
16. 尤安娜·什琴斯娜,《我曾写诗, 我在写诗, 我将继续写诗》, 辛波斯卡诗集《黑色的歌》序言, 克拉科夫, 2014 年
17. 安娜·鲁德尼茨卡对辛波斯卡的采访,《逃离吸血鬼》,《选举报》, 1993 年 3 月 10 日
18. 亚当·扎加耶夫斯基,《土耳其咖啡》,《给初学者的诗》, 华沙, 2017 年

电影

1. 卡塔日娜·克伦达 – 扎列斯卡 2009 年为 TVN 电视台拍摄的纪录片《有时生活还算过得去》
2. 安杰伊·科西克 1996 年为 Arte 电视台所拍摄的电影《有些人喜欢诗》

实物资料

1. 维斯瓦娃·辛波斯卡基金会存放于雅盖隆大学图书馆手稿部的信件、档案资料及笔记
2. 亚当·弗沃德克档案资料中的信件及笔记
3. 1971 年 11 月 30 日维斯瓦娃·辛波斯卡写给卡尔·德德齐乌斯的信，法兰克福维亚德林欧洲大学馆藏，由斯武比采波兰学院图书馆提供
4. 由玛丽亚·奇日女士提供的埃尔兹别塔·图尔闹教授未公开发表的回忆录

致谢

如果没有以下这些朋友的鼎力相助，这本书就不可能写成。在此，我想向以下这些朋友表示诚挚的感谢：

斯坦尼斯瓦夫·巴尔普斯、爱德华·巴尔采然、安杰伊·比亚瓦斯、安德斯·博德高、克莱尔·卡瓦纳、阿尔图尔·切萨克、玛丽亚·奇日、玛丽亚·菲利波维奇－鲁德克、玛丽亚和亚历山大·菲利波维奇夫妇、尤利娅·哈特维格、尤安娜·赫兰德、康拉德·海特尔、玛丽亚和伊雷纽什·卡尼亚夫妇、万达·克罗米内克、卡塔日娜·克伦达－扎列斯卡、安杰伊·科西克、约瑟夫·科萨克、乌尔苏拉·科焦乌、卡齐米日·克拉瓦日、塞巴斯蒂安·库达斯、博古斯瓦娃·拉塔维茨、安娜·卢托斯瓦夫斯卡－亚沃尔斯卡、布罗尼斯瓦夫·马伊、亚历桑德拉·马库赫、玛丽亚·马库赫、埃娃·马利茨卡、帕夫林娜·马沃赫莱布、瑟尔维亚·米乌科夫斯卡、克里斯蒂娜和莱谢克·亚历山大·莫丘尔斯基夫妇、莱昂纳德·诺伊格、塔德乌什·内赤克、布·佩尔松、扬·皮耶什查霍维奇、埃尔兹别塔和扬·品德洛夫夫妇、玛丽亚·波德拉察－克维亚特科夫斯卡、比塞尔卡·拉伊契奇、米哈乌·鲁辛奈克、特蕾莎·斯克钦斯卡、博古斯瓦娃·索汉斯卡、克谢尼娅·斯塔罗谢利斯卡、贝阿塔·希曼斯卡、约阿夫·韦克斯勒、玛尔塔·维卡、亚当·扎加耶夫斯基及埃尔兹别塔·泽亨特。

我还要向雅盖隆大学图书馆手稿部负责维斯瓦娃·辛波斯卡档案资料的乌尔苏拉·克拉特卡博士表示由衷的感谢。如果没有她的鼎力相助，我自己无法应对数量如此庞大的资料，特别是我无法找到那些对于本书写作来说至关重要的信件。

马雷克·穆申斯基教授是我在家谱信息查询上的向导，没有他的指引和协助，我无法进行这次深远的时间旅行。尽管家族族谱并未出现在本书的中心位置，但还请教授先生接受我最诚挚的感谢。

我想特别鸣谢的还有埃娃·赫伦波维奇－亚伯勒和特蕾莎·瓦拉斯教授，我希望，作为第一批读到这本书其他章节的两位读者，她们能够接受我的致谢。感谢她们提出的宝贵意见、建议及必要的支持。

我要对本书的两位编辑安娜·舒尔钦斯卡和卡塔日娜·温格拉尔奇克表达最热烈的感谢（感谢她们无数次的拯救，让我免于陷入尴尬困境！）。

我还想感谢我的丈夫耶日·伊尔格，感谢他始终比我更相信我能够写完这本书，以及感谢他对我一直以来的支持和鼓励。

译名对照

人名

阿道夫·希什科–博胡什
Adolf Szyszko–Bohusz

阿尔图尔·格罗特盖
Artur Grottger

阿尔图尔·明齐热茨基
Artur Międzyrzecki

阿尔图尔·切萨克
Artur Czesak

阿尔图尔·桑道尔
Artur Sandauer

阿尔图尔·韦克斯勒
Artur Weksler

阿拉·比亚伍德
Ala Bijałd

阿纳托尔·法朗士
Anatole France

安娜·切齐克威楚夫纳
Anna Ciećkiewiczówna

埃尔文·尚采尔
Erwin Szancer

埃尔兹别塔·莫拉维茨
Elżbieta Morawiec

埃尔兹别塔·图尔闹
Elżbieta Turnau

埃拉·菲茨杰拉德
Ella Fitzgerald

埃莱奥诺拉·伊姆贝尔曼
Eleonora Imberman

埃里克·梅斯特顿
Erik Mesterton

埃罗尔·弗林
Errol Flynn

埃娃·赫伦波维奇–亚伯勒
Ewa Hryniewicz–Yarbrough

埃娃·利普斯卡
Ewa Lipska

埃娃·马利茨卡
Ewa Malicka

爱德华·巴尔采然
Edward Balcerzan

爱德华·库巴尔斯基
Edward Kubalski

爱德华·雷兹–希米格维
Edward Rydz–Śmigły

爱德华·罗特蒙德

Edward Rottermund

爱丽丝·米拉尼

Alice Milani

安德斯·博德高

Anders Bodegård

安东·帕夫洛维奇·契诃夫

Anton Pawłowicz Czechow

安东尼·波杰维奇

Antoni Bodziewicz

安东尼·博古斯瓦夫斯基

Antoni Bogusławski

安东尼·弗瓦迪斯瓦夫·雅各布斯基

Antoni Władysław Jakubski

安东尼·克劳泽

Antoni Krauze

安东尼·帕岑斯基

Antoni Pacyński

安东尼·斯沃尼姆斯基

Antoni Słonimski

安东尼·托马什·尤拉什

Antoni Tomasz Jurasz

安杰伊·比亚瓦斯

Andrzej Bialas

安杰伊·多温格夫斯基

Andrzej Dołęgowski

安杰伊·弗拉纳塞克

Andrzej Franaszek

安杰伊·戈沃塔

Andrzej Gołota

安杰伊·戈沃沃塔

Andrzej Gołłota

安杰伊·赫瓦尔巴

Andrzej Chwalba

安杰伊·科西克

Andrzej Koszyk

安杰伊·雷比茨基

Andrzej Rybicki

安杰伊·什切克利克教授

Andrzej Szczeklik

安杰伊·扎克

Andrzej Żak

安杰伊·克罗米内克

Andrzej Klominek

安杰伊·蒙德科夫斯基

Andrzej Mundkowski

安杰伊·塞维林

Andrzej Seweryn

安娜·阿赫玛托娃

Anna Achmatowa

安娜·比康特

Anna Bikont

安娜·格罗霍夫斯卡

Anna Grochowska

安娜·卡缅斯卡

Anna Kamieńska

安娜·雷德诺夫娜

Anna Rydlówna

安娜·卢托斯瓦夫斯卡–亚沃尔斯卡

Anna Lutosławska–Jaworska

安娜·鲁德尼茨卡

Anna Rudnicka

安娜·辛波斯卡

Anna Szymborska

安娜·扎日茨卡

Anna Zarzycka

奥尔吉耶德·泰尔莱茨基

Olgierd Terlecki

奥绍克·瓦伊佩伊

Aśok Wadźpeji

奥斯卡·王尔德

Oscar Wilde

巴尔巴拉·查乌琴斯卡

Barbara Czałczyńska

巴特沃梅伊·多布拉琴斯基

Bartłomiej Dobroczyński

保罗·艾吕雅

Paul Éluard

鲍里斯·帕斯捷尔纳克

Boris Pasternak

比利·柯林斯

Billy Collins

彼得·维索茨基

Piotr Wysocki

彼得·雅罗谢维奇

Piotr Jaroszewicz

波莱斯瓦夫·贝鲁特

Bolesław Bierut

波伊·热伦斯基

Boy Żeleński

博古米娃·希齐博尔–帕霍尔斯卡

Bogumiła Ścibor–Pacholska

博古斯瓦夫·帕约尔

Bogusław Pajor

博古斯瓦娃·拉塔维茨

Bogusława Latawiec

博古斯瓦娃·索汉斯卡

Bogusława Sochaska

博赫丹·德罗兹多夫斯基

Bohdan Drozdowski

博莱斯瓦夫·普鲁斯

Bolesław Prus

布·佩尔松

Bo Persson

布罗尼斯瓦夫·巴奇科

Bronisław Baczko

布罗尼斯瓦夫·科莫罗夫斯基

Bronisław Komorowski

布罗尼斯瓦夫·马蒙

Bronisław Mamoń

布罗尼斯瓦夫·马伊

Bronisław Maj

布瓦加·季米特洛娃

Błaga Dimitrowa

崔斯坦·查拉

Tristan Tzara

达努塔·赫伯特-乌拉姆

Danuta Herbert-Ulam

达努塔·米哈沃夫斯卡

Danuta Michałowska

多纳塔·奥赫曼

Donata Ochmann

厄斯滕·舍斯特兰德

Östen Sjöstrand

弗拉基米尔·马雅可夫斯基

Władimir Majakowski

弗朗齐歇克·哈拉什

František Halas

弗兰齐斯卡·库巴斯

Franciszka Kubas

弗兰齐斯卡·瓦希尼奥夫斯卡

Franciszka Waśniowska

弗朗齐歇克·杰林斯基

Franciszek Zieliński

弗朗齐歇克·考辛斯基

Franciszek Kosiński

弗朗齐歇克·马哈尔斯基

Franciszek Macharski

弗朗齐歇克·茹穆尔卡

Franciszek Żmurka

弗里德里希·荷尔德林

Friedrich Hölderlin

弗瓦迪斯瓦夫·罗特蒙德

Władysław Rottermund

弗瓦迪斯瓦夫·安德斯

Władysław Anders

弗瓦迪斯瓦夫·博德尼茨基

Władysław Bodnicki

弗瓦迪斯瓦夫·布罗涅夫斯基

Władysław Broniewski

弗瓦迪斯瓦夫·贡索夫斯基

Władysław Gąssowski

弗瓦迪斯瓦夫·马海耶克

Władysław Machejek

弗瓦迪斯瓦夫·沃津斯基

Władysław Łoziński

弗瓦迪斯瓦夫·雅雷马

Władysław Jarema

格热戈日·图尔闹

Grzegorz Turnau

葛丽泰·嘉宝

Greta Garbo

海莱娜·格鲁什琴斯卡

Helena Gruszczyńska

海莱娜·内尔肯

Helena Nelken

汉娜·莫什科维奇-奥尔查科娃

Hanna Mortkowicz-Olczakowa

汉娜·皮耶卡尔斯卡

Hanna Piekarska

赫塔·戈隆奇科

Herta Gorączko

亨里克·福格勒

Henryk Vogler

亨里克·乌尔巴内克

Henryk Urbanek

亨利克·显克维奇

Henryk Sienkiewcz

吉泽拉·尚采尔

Gizela Szancer

加布里埃尔·戈特利布

Gabriel Gottlieb

加里·库珀

Gary Cooper

简·赫斯菲尔德

Jane Hirshfeld

卡尔·德德齐乌斯

Karl Dedecius

卡尔十六世·古斯塔夫

Karol XVI Gustaw

卡罗尔·奈伊曼

Karol Nejman

卡罗尔·沃伊蒂瓦

Karol Wojtyła

卡罗丽娜·苏鲁夫卡

Karolina Surówka

卡罗琳娜·罗特蒙德

Karolina Rottermund

卡蒙斯

Luís de Camões

卡齐米拉·奈伊曼

Kazimiera Nejman

卡齐米日·罗特蒙德

Kazimierz Rottermund

卡齐米日·巴尔纳斯

Kazimierz Barnas

卡齐米日·布兰迪斯

Kazimierz Brandys

卡齐米日·戴梅克

Kazimierza Dejmek

卡齐米日·克拉瓦日

Kazimierz Krawiarz

卡齐米日·维卡

Kazimierz Wyka

卡塔琳娜·弗罗斯滕松

Katarina Frostenson

卡塔日娜·克伦达－扎列斯卡

Katarzyna Kolenda–Zaleska

康拉德·罗基斯基

Konrad Rokicki

康斯坦蒂·伊尔德方斯·加乌钦茨基

Konstanty Ildefons Gałczyński

科内尔·菲利波维奇

Kornel Filipowicz

克莱尔·卡瓦纳

Clare Cavanagh

克莱尔·托马林

Claire Tomalin

克里斯蒂娜·那拉帕

Krystyna Nalepa

克里斯蒂娜·那斯图兰卡

Krystyna Nastulanka

克利什多夫·巴克

Krzysztof Bak

克日什托夫·卡米勒·巴钦斯基

Krzysztofa Kamila Baczyński

拉尔斯·古斯塔夫松

Lars Gustafsson

拉尔斯·赫兰德

Lars Helander

莱昂·汉斯霍贝尔

Leon Henschober

莱昂·克鲁奇科夫斯基

Leon Kruczkowski

莱昂·韦楚科夫斯基

Leon Wyczółkowski

莱昂纳德·诺伊格

Leonard Neuger

莱赫·修达

Lech Siuda

莱尼亚·米恩塔－米克瓦耶维奇

Renia Miętta–Mikołajewicz

莱斯瓦夫·巴特尔斯基

Lesław Bartelski

莱谢克·埃莱克托罗维奇

Leszek Elektorowicz

莱谢克·赫德根

Leszek Herdegen

莱谢克·科瓦科夫斯基

Leszek Kołakowski

莱谢克·舒曼

Leszek Szuman

莱谢克·亚历山大·莫丘尔斯基

Leszek Aleksander Moczulski

赖纳·马利亚·里尔克

Rainer Maria Rilke

劳伊诺尔德·苏霍多尔斯基

Rajnold Suchodolski

雷沙德·卡普希钦斯基

Ryszard Kapuściński

雷沙德·科吉克

Ryszard Kozik

雷沙德·克雷尼茨基

Ryszard Krynicki

雷沙德·马图谢夫斯基

Ryszard Matuszewski

利奥波德·斯塔夫

Leopold Staff

利迪娅·扎姆科夫

Lidia Zamkow

莉莲·哈维

Lillian Harvey

卢德维卡·格罗霍夫斯卡

Ludwika Grochowska

卢卡什·菲拉克

Łukasz Filak

路德维克·弗拉申

Ludwik Flaszen

罗伯特·弗罗斯特

Robert Frost

罗曼·布拉特内

Roman Bratny

罗曼·普兰科维奇

Roman Plenkiewicz

罗歇·凯卢瓦

Roger Caillois

马里安·艾勒

Marian Eile

马里安·斯塔拉

Marian Stala

马利安·马格拉

Marian Magier

马林娜·图尔闹

Maryna Turnau

马林娜·扎古尔斯卡

Maryna Zagórska

马切伊·斯沃姆琴斯基

Maciej Słomczyński

马乌戈热塔·涅姆钦斯卡

Małgorzata Niemczyńska

马乌戈热塔·斯坦尼斯瓦夫斯卡

Małgorzata Stanisławska

马乌戈热塔·谢尔霍娃

Małgorzata Szerchowa

玛尔塔·维卡

Marta Wyka

玛丽亚·奥布莱姆巴

Maria Obremba

玛丽亚·波德拉察–克维亚特科夫斯卡

Maria Podraza–Kwiatkowska

玛丽亚·卡洛塔–希曼斯卡

Maria Kalota–Szymańska

玛丽亚·科诺普尼茨卡

Maria Konopnicka

玛丽亚·罗特蒙德

Maria Rottermund

玛丽亚·马库赫

Maria Makuch

玛丽亚·帕约尔

Maria Pajor

玛丽亚·普鲁赫尼茨卡

Maria Próchnicka

玛丽亚·奇日

Maria Czyż

玛丽亚·琴若瓦

Maria Czynżowa

玛丽亚·瑟德贝里

Maria Söderberg

玛丽亚·维斯瓦娃·辛波斯卡

Maria Wisława Szymborska

玛丽亚·希尔绍维奇

Maria Hirszowicz

玛丽亚·雅雷马

Maria Jarema

玛丽亚·库莱茨卡

Maria Kurecka

玛琳·黛德丽

Marlene Dietrich

毛雷齐·罗特蒙德

Maurycy Rottermund

米哈乌·布龙

Michał Bron

米哈乌·鲁辛奈克

Michał Rusinek

米赫莱维奇

Michalewicz

米卡·拉尔森

Mika Larsson

米科瓦伊·罗斯特沃洛夫斯基

Mikołaj Rostworowski

米丽娅姆·阿卡维亚

Miriam Akavia

米龙·比亚沃谢夫斯基

Miron Białoszewski

米奇斯瓦娃·布奇库夫娜

Mieczysława Buczkówna

米奇斯瓦夫·什切尔斯基

Mieczysław Szczerski

米奇斯瓦夫·亚斯特伦

Mieczysław Jastrun

莫迪凯·格布尔蒂希

Mordechaj Gebirtig

那谭·格罗斯

Natan Gross

娜塔莉亚·阿莱克修恩

Natalia Aleksiun

娜塔莉娅·普萨尔斯卡

Natalia Psarska

娜沃亚·辛波斯卡

Nawoja Szymborska

尼古拉·瓦普察洛夫

Nikoła Wapcarow

尼利·阿米特

Nili Amit

欧根纽什·拉尔斯基

Eugeniusz Ralski

佩尔－阿尔纳·博丁

Per–Arne Bodin

齐格蒙特·鲍曼

Zygmunt Bauman

齐格蒙特·采利霍夫斯基

Zygmunt Celichowski

齐格蒙特·克拉辛斯基

Zygmunt Krasiński

齐格蒙特·希姆恰克

Zygmunt Szymczak

齐普里扬·诺尔维德

Cyprian Norwid

切斯瓦夫·米沃什

Czesław Miłosz

让－克洛德·阿尔诺

Jean–Claude Arnault

塞巴斯蒂安·库达斯

Sebastian Kudas

塞缪尔·佩皮斯

Samuel Pepys

塞维伦·波拉克

Seweryn Pollak

塞西莉亚·库塔

Cecylia Kuta

圣约瑟夫·塞巴斯蒂安·佩尔查尔

Józef Sebastian Pelczar

史佩乌

Szpeł

斯塔霞·普拉图夫娜

Stasia Platówna

斯坦尼斯瓦夫·巴尔普斯

Stanisława Balbus

斯坦尼斯瓦夫·巴兰恰克

Stanisława Barańczak

斯坦尼斯瓦夫·巴利茨基

Stanisław Balicki

斯坦尼斯瓦夫·迪加特

Stanisław Dygat

斯坦尼斯瓦夫·格罗霍维亚克

Stanisław Grochowiak

斯坦尼斯瓦夫·莱姆

Stanisław Lem

斯坦尼斯瓦夫·莱温斯基

Stanisław Lewiński

斯坦尼斯瓦夫·雷沙德·多布罗沃尔斯基

Stanisław Ryszard Dobrowolski

斯坦尼斯瓦夫·鲁热维奇

Stanisław Różewicz

斯坦尼斯瓦夫·马尔恰克

Stanisław Marczak

斯坦尼斯瓦夫·米科瓦伊奇克

Stanisław Mikołajczyk

斯坦尼斯瓦夫·齐迟

Stanisław Czycz

斯坦尼斯瓦夫·斯多马

Stanisław Stomma

斯坦尼斯瓦夫·斯克热谢夫斯基

Stanisław Skrzeszewski

斯坦尼斯瓦夫·斯塔希茨

Stanisław Staszic

斯坦尼斯瓦夫·希曼斯基

Stanisław Szymański

斯坦尼斯瓦夫·耶日·来茨

Stanisław Jerzy Lec

斯坦尼斯瓦娃·普拉图夫娜

Stanisława Platówna

斯坦尼斯瓦娃·菲利波维奇

Stanisława Filipowicz

斯坦尼斯瓦娃·罗赫奇茨卡

Stanisława Rochcicka

斯特凡·奥特文诺夫斯基

Stefan Otwinowski

斯特凡·基谢列夫斯基

Stefan Kisielewski

斯特凡·莫拉夫斯基

Stefan Morawski

斯特凡·帕普

Stefan Papp

斯特凡·茹乌凯夫斯基

Stefan Żółkiewski

斯特凡·维赫茨基

Stefan Wiechecki

斯特凡·亚拉奇

Stefan Jaracz

斯特凡尼亚·格罗津斯卡

Stefania Grodzieńska

斯瓦沃米尔·弗嫩克

Sławomir Wnęk

斯瓦沃米尔·姆罗热克

Sławomir Mrożek

索菲亚·布津斯卡

Zofia Budzyńska

索菲娅·雷休芙娜

Zofia Rysiówna

索菲娅·热伦斯卡

Zofia Żeleńska

塔德乌什·奥尔谢夫斯基

Tadeusz Olszewski

塔德乌什·奥赫莱夫斯基

Tadeusz Ochlewski

塔德乌什·博罗夫斯基

Tadeusz Borowski

塔德乌什·盖伊茨

Tadeusz Gajcy

塔德乌什·赫扎诺夫斯基

Tadeusz Chrzanowski

塔德乌什·霍乌伊

Tadeusz Hołuj

塔德乌什·加伊尔

Tadeusz Gajl

塔德乌什·康维茨基

Tadeusz Konwicki

塔德乌什·克维亚特科夫斯基

Tadeusz Kwiatkowski

塔德乌什·库比亚克

Tadeusz Kubiak

塔德乌什·内赤克

Tadeusz Nyczek

塔德乌什·努茨科夫斯基

Tadeusz Nuckowski

塔德乌什·诺瓦克

Tadeusz Nowak

塔德乌什·佩珀

Tadeusz Peiper

塔德乌什·严查里克

Tadeusz Jęczalik

泰隆·鲍华

Tyrone Power

唐纳德·图斯克

Donald Tusk

特奥多尔·阿克森托维奇

Teodor Axentowicz

特奥多尔·彼得罗夫斯基

Teodor Piotrowski

特蕾莎·瓦拉斯

Teresa Walas

提莫特乌斯·卡尔普维奇

Tymoteusz Karpowicz

托马什·布瓦

Tomasz Buła

托马什·费乌科夫斯基

Tomasz Fiałkowski

托马什·罗特蒙德

Tomasz Rottermund

托马什·斯坦科

Tomasz Stańko

瓦尔德马·帕茨瓦夫斯基

Waldemar Pacławski

瓦尔特·乌布利希

Walter Ulbricht

万达·克拉根

Wanda Kragen

万达·奈伊曼

Wanda Nejman

万达·瓦西莱夫斯卡

Wanda Wasilewska

威廉·马赫

Wilhelm Mach

维尔纳·阿斯彭斯特伦

Werner Asperström

维克多·沃罗希尔斯基

Wiktor Woroszylski

维拉兹沃夫斯基

Wylazłowski

维尼亚尔斯基

Winiarski

维斯瓦·雅妮娜·潘科维奇

Wisła Janina Pankiewicz

维斯瓦夫·奇日

Wiesław Czyż

维斯瓦娃·奥苏布卡－莫拉夫斯卡

Wisława Osóbka-Morawska

维托尔德·采利霍夫斯基

Witold Celichowski

维托尔德·卡乌卡

Witold Kałka

维托尔德·罗维茨基

Witold Rowicki

维托尔德·泽亨特

Witold Zechenter

维托尔德·贡布罗维奇

Witold Gombrowicz

维托尔德·维尔普沙

Witold Wirpsza

文岑蒂·考尔文·辛波斯基

Wincenty Korwin Szymborski

文岑蒂·克拉希科

Wincenty Kraśko

翁贝托·艾柯

Umberto Eco

沃齐米日·布鲁斯

Włodzimierz Brus

沃齐米日·齐莫谢维奇

Włodzimierz Cimoszewicz

沃伊切赫·楚赫诺夫斯基

Wojciech Czuchnowski

沃伊切赫·杰杜舍茨基

Wojciech Dzieduszycki

沃伊切赫·利盖扎

Wojciech Ligęza

沃伊切赫·普莱温斯基

Wojciech Plewiński

乌茨雅·普鲁斯

Łucja Prus

乌尔苏拉·科焦乌

Urszula Kozioł

乌尔苏拉·克拉特卡

Urszula Klatka

乌尔苏拉·利索夫斯卡－科茹赫

Urszula Lisowska-Kożuch

伍迪·艾伦

Woody Allen

雅各布·贝尔曼

Jakub Berman

雅鲁·库雷克

Jalu Kurek

雅罗斯拉夫·赛弗尔特

Jaroslav Seifert

雅罗斯瓦夫·米科瓦耶夫斯基

Jarosław Mikołajewski

雅罗斯瓦夫·伊瓦什凯维奇

Jarosław Iwaszkiewicz

雅尼娜·霍洛威楚夫纳

Janina Horowiczówna

雅尼娜·卡茨

Janina Katz

雅尼娜·克舍沃热卡

Janina Krzyworzeka

雅尼娜·伊波霍尔斯卡

Janina Ipohorska

雅努什·马卡尔奇克

Janusz Markaczyk

雅努什·什伯坦斯基

Janusz Szpotański

雅努什·斯坦宾斯基

Janusz Stępiński

亚采克·巴鲁赫

Jacek Baluch

亚采克・库龙

Jacek Kuroń

亚采克・马伊赫洛夫斯基

Jacek Majchrowski

亚采克・武卡谢维奇

Jacek Łukasiewicz

亚采克・加沃夫斯基

Jacek Gawłowski

亚当・波莱夫卡

Adam Polewka

亚当・戈普尼克

Adam Gopnik

亚当・格莱茨

Adam Golec

亚当・米哈伊沃夫

Adam Michajłów

亚当・米赫尼克

Adam Michnik

亚当・密茨凯维奇

Adam Mickiewicz

亚当・萨皮哈

Adam Sapiecha

亚当・瓦热克

Adam Ważyk

亚当・扎加耶夫斯基

Adam Zagajewski

亚历山大・奥古斯特诺维奇

Aleksander Augustynowicz

亚历山大・法捷耶夫

Aleksandr Fadiejew

亚历山大・格莫拉

Aleksander Gomola

亚历山大・瓦特

Aleksander Wat

亚历山大・希齐博尔－雷尔斯基

Aleksander Ścibor–Rylski

亚历山大・泽尔维罗维奇

Aleksander Zelwerowicz

扬・布热赫瓦

Jan Brzechwa

扬・布翁斯基

Jan Błoński

扬・赫里佐斯托姆・罗特蒙德

Jan Chryzostom Rottermund

扬・赫里佐斯托姆・帕塞克

Jan Chryzostom Pasek

扬・卡罗尔・文得

Jan Karol Wende

扬・卡美齐克

Jan Kamyczek

扬・柯特

Jan Kott

扬·洛曼
Jan Lohmann

扬·帕维乌·加夫利克
Jan Paweł Gawlik

扬·皮耶什查霍维奇
Jan Pieszczachowicz

扬·齐赫
Jan Zych

扬·斯坦尼斯瓦夫斯基
Jan Stanisławski

扬·约瑟夫·利普斯基
Jan Józef Lipski

扬·约瑟夫·什切潘斯基
Jan Józef Szczepański

耶日·安杰耶夫斯基
Jerzy Andrzejewski

耶日·博贝尔
Jerzy Bober

耶日·但科维奇
Jerzy Dankiewicz

耶日·哈拉希莫维奇
Jerzy Harasymowicz

耶日·霍尔登斯基
Jerzy Hordyński

耶日·科尔查克
Jerzy Korczak

耶日·克拉希斯基
Jerzy Krasicki

耶日·皮奥尔科夫斯基
Jerzy Piórkowski

耶日·皮尔赫
Jerzy Pilch

耶日·普特拉门特
Jerzy Putrament

耶日·图罗维奇
Jerzy Turowicz

耶日·瓦尔多夫
Jerzy Waldorff

耶日·伊尔格
Jerzy Illg

耶日·扎古尔斯基
Jerzy Zagórski

耶日·扎维伊斯基
Jerzy Zawieyski

耶日·布罗什凯维奇
Jerzy Broszkiweicz

伊格纳齐·菲克
Ignacy Fik

伊莱娜·潘采什-格拉博福斯卡
Irena Pancerz-Grabowska

伊雷娜·加日泰茨卡
Irena Garztecka

伊雷纽什·卡尼亚
Ireneusz Kania

伊雷纽什·克罗斯塔
Ireneusz Krosta

伊丽莎白·毕肖普
Elizabeth Bishop

伊利亚·爱伦堡
Ilia Erenburg

因卡·雷赫维茨卡
Inka Rychwicka

尤安娜·奥尔查克－罗尼基尔
Joanna Olczak–Ronikier

尤安娜·赫兰德
Joanna Helander

尤安娜·库尔莫娃
Joanna Kulmowa

尤安娜·诺瓦克－罗维茨卡
Joanna Nowak–Rowicka

尤安娜·萨拉蒙
Joanna Salamon

尤安娜·什琴斯娜
Joanna Szczęsna

尤利安·科恩豪泽
Julian Kornhauser

尤利安·罗特蒙德
Julian Rottermund

尤利安·斯特雷伊科夫斯基
Julian Stryjkowski

尤利安·图维姆
Julian Tuwim

尤利安·亚历山德罗维奇
Julian Aleksandrowicz

尤利娅·哈特维格
Julia Hartwig

尤利娅·鲁特科夫斯卡
Julia Rutkowska

尤利娅·罗特蒙德
Julia Rottermund

尤利娅·扎列斯卡
Julia Zaleska

尤瑟法·罗特蒙德
Józefa Rottermund

约阿夫·韦克斯勒
Yoav Weksler

约瑟法·辛格
Józefa Singer

约瑟夫·贝姆
Józef Bem

约瑟夫·布罗茨基
Josif Brodski

约瑟夫·罗特蒙德
Józef Rottermund

约瑟夫·西伦凯维兹

Józef Cyrankiewicz

朱迪特·维奥斯特

Judit Viorst

兹比格涅夫·赫贝特

Zbigniew Herbert

兹比格涅夫·克维亚特科夫斯基

Zbigniew Kwiatkowski

兹比格涅夫·瓦西莱夫斯基

Zbigniew Wasilewski

兹齐斯瓦夫·罗特蒙德

Zdzisław Rottermund

兹齐斯瓦夫·斯托因斯基

Zdzisław Stroiński

地名

阿恩斯贝格

Arnsberg

阿尔韦尼亚

Alwernia

阿格里真托

Agrigento

奥布瓦帕

Obłapy

奥得河

rzeka Odra

奥尔沙区

Olsza

奥科齐姆

Okocim

奥肯切

Okęcie

奥斯维辛

Oświęcim

比得哥什

Bydgoszcz

比亚瓦－波德拉斯卡

Biała Podlaska

比亚沃维耶扎

Białowieża

别尔斯科－比亚瓦

Bielsko–Biała

波德拉谢

Podlasie

波罗宁

Poronin

波特古热区

Podgórze

博赫尼亚

Bochnia

布科维纳

Bukowina

布罗诺维采区
Bronowice

布宁
Bnin

残疾人广场
Plac Inwalidów

长街
ul. Długa

达尔马提亚
Dalmacja

大波兰地区希罗达
Środa Wielkopolska

大波兰省地区
Wielkopolska

丹布尼克区
Dębnik

登比察
Dębica

蒂罗尔
Tyrol

杜赫尼采
Duchnice

杜纳耶茨河
rzeka Dunajec

弗罗布莱夫斯基大街
ul. Wróblewski

弗罗茨瓦夫
Wrocław

格但斯克
Gdańsk

格丁尼亚
Gdynia

格拉纳特
Granaty

格鲁耶茨卡大街
ul. Grójecka

格罗霍夫
Grochów

格沃古夫
Głogów

公羊顶
Kozie Wierchy

古拉卡尔瓦里亚
Góra Kalwaria

哈布夫卡
Chabówka

“海之眼”湖
jezioro Morskie Oko

赫莱沃
Chlewo

黑池
Czarny Staw

红顶

Czerwone Wierchy

华沙大街

ul. Warszawska

霍奇姆斯卡大街

ul. Chocimska

基里

Kiry

吉翁特山

Masyw Giewontu (Giewont)

卡利什

Kalisz

卡斯普罗维峰

Kasprowy Wierch

卡托维茨

Katowice

科莱奥内

Corleone

科曼恰

Komańcza

科斯琴

Kostrzyn

克拉格鲁普

Kragerup

克拉科夫

Kraków

克罗希钱科

Krościenko

克雄日

Książ

库尔尼克

Kórnik

库希尼采

Kuźnice

库兹涅茨克

Kuźnieck

拉巴

Raba

拉布卡

Rabka

拉尼斯伯格山丘

Ranisberg

拉泽夫

Radzew

兰茨克罗纳

Lanckorona

利曼诺瓦

Limannowa

利默里克

Limerick

卢博米日

Lubomierz

鲁夸湖

jezioro Rukwa

罗基齐内

Rokiciny

罗兹

Łódź

马格德堡

Magdeburg

马格尼托格尔斯克

Magnitogorsk

马鲁希纳

Maruszyna

美因茨

Mainz

米里纳

Milina

米利奇

Milicz

莫德林

Modlin

莫吉瓦

Mogiła

莫西齐采

Mościce

默峭峰

Zamarła Turnia

尼亚萨湖

jezioro Niasa (Malawi)

涅博鲁夫

Nieborów

帕维亚

Pavia

帕维亚克

Pawiak

普罗文特

Prowent

强格乌夫卡

Ciągłówka

切申

Cieszyn

萨克森豪森

Sachsenhausen

萨莫科夫

Самоков

萨诺克

Sanok

三诗人大街

Aleje Trzech Wieszczów

桑波尔

Sambor

沙弗拉雷

Szaflary

上克莱查

Klecza Górna

什克拉尔斯卡－波伦巴

Szklarska Poręba

什切青

Szczecin

施察夫诺－兹鲁德伊

Szczawno–Zdrój

斯科普里

Skopje

斯奇波格

Strzyboga

斯特拉多姆街

ul. Stradom

斯特雷亚

Stryja

斯托拉尔斯卡大街

ul. Stolarska

斯托扬努夫

Stojanów

斯沃姆尼克

Słomnik

苏勒姆维克

Sulmówek

索波特

Sopot

索斯诺维茨

Sosnowiec

塔尔努夫

Tarnów

特鲁茨卡维茨

Truskawiec

托伦

Toruń

瓦扎热街

ul. Łazarza

维高达街

ul. Wygoda

维拉努夫

Wilanów

维利奇卡

Wieliczca

维利奇卡大街

ul. Wieliczka

维伦

Wieluń

维普

Wieprz

维斯瓦河

rzeka Wisła

沃布佐夫斯卡大街

ul. Łobzowska

沃尔姆斯

Worms

沃拉尤斯托夫斯卡

WolaJustowska

沃帕特基克日维

Łopatki Krzywe

沃维奇

Łowicz

希莱尼察

Źrenica

西里西亚的彼得罗维采

Piotrowice Śląskie

下磨坊街

ul. Dolnych Młynów

下姆沙纳

Mszana Dolna

新钢铁厂区

Nowa Huta

新礼堂

Colegium Novum

新省咖啡馆

Nowa Prowincja

新塔尔格

Nowy Targ

亚琛

Akwizgran

伊沃维奇

Iwonicz

鹰道

Orla Perć

于利希

Jülich

作品名

《11 月的夜影——卢德维克 · 纳别拉克（1804—1883）浪漫主义肖像》

W cieniu nocy listopadowej. Ludwik Nabielak (1804–1883) : portret romantyczny

《奥得河月刊》

Odra

《巴尔采罗维奇的辩护》

Apologia Balceroviciana

《暴风骤雨般的命运流转——我的日记（1831—1881）》

Burzliwe fortuny obroty. Mój pamiętnik (1831—1881)

《暴怒的缪斯》

Rozgniewana muza

《悲伤回归》

Powrot żalu

《碑文》

Nagrobki

《波尔纳大街》

Ulica Polna

《波兰纹章图鉴》

Herbacz Polski

《波罗的海传奇》

Legendy Bałtyku

《玻璃球》

Szklana kula

《伯沙撒》

Baltazar

《勃鲁盖尔的两只猴子》

Dwie małpy Breughla

《不太快的快板》

Allegro ma non troppo

《差五分十二点》

Za pięć dwunasta

《超级特快》

Super Express

《穿靴子的呼噜噜》

Mruczek w butach

《创作》

Twórczość

《从明山回来的路上》

På återvägen från Jasna Góra

《错过的人》

Mijani

《大众周刊》

Tygodnik Powszechny

《当时：战后的克拉科夫生活》

Wtedy. O życiu w powejnnym Krakowie

《第二文论》

Teksty Drugie

《第二文选》

Teksty drugie

《队伍在歌唱》

Drużyna śpiewa

《对诗的理解和感受——读者们写给女诗人的信》

O rozumieniu i odczuwaniu wierszy. List czytelników do poetki

《儿童十字军》

Krucjata dzieci

《发声》

Na Głos

《凡事不凡——关于维斯瓦娃·辛波斯卡》

Nic zwyczajnego. O Wisławie Szymborskiej

《飞马》

Pegaz

《非隐秘回忆的魅力》

Niedyskretny urok pamięci

《费尔迪杜凯》

Ferdydurke

《浮士德博士》

Doktor Faustus

《歌谣》

Ballada

《给成年人的诗》

Poemat dla dorosłych

《给初学者的诗》

Poezja dla początkujących

《给大孩子的顺口溜》

Rymowanki dla dużych dzieci

《给亚当的时间》

Godzina dla Adama

《工作之声》

Głos Pracy

《公之于众》

Jawność

《关于祖国大地之爱的谈话》

Gawęda o miłości ziemi ojczystej

《和孩子谈话》

Wywiad z dzieckiem

《和石头对话》

Rozmowa z kamieniem

《黑色的歌》

Czarna piosenka

《横截面》

Przekrój

《呼唤雪人》

Wołanie do Yeti

《话语》

Słówka

《怀疑论者》

Sceptyk

《记忆中的肖像画》

Portret Pamięci

《加利西亚和布克维纳贵族图册》

Poczet szlachty galicyjskiej i bukowińskiej

《加利西亚文学——从战后到后现代》

Literary Galicia. From Post–War to Post–Modern

《骄傲与喜悦》

Duma i radość

《结束与开始》

Koniec i początek

《惊讶》

Zdumienienie

《科尔布绍瓦年鉴》

Rocznik Kolbuszowski

《科希丘什科波罗乃兹》

Poloneza Kościuszki

《克拉科夫不远处》

Niedalcko od Krakowa

《克拉科夫回声报》

Echo Krakowskie

《克拉科夫日报》

Dziennik Krakowski

《克拉科夫文学之家》

Świetlica Krakowska

《客体研究》

Studium przemiotu

《空房子里的猫》

Kot w pustym mieszkaniu

《来到〈文学生活〉杂志社的年轻诗人》

Młody poeta w „Życiu Literackim"

《来自波恩的歌》

Piosenkaz Bonn

《来自特日米鲁夫山的故事》

Opowiadania z Trzmielowej Góry

《另一种模样》

Inaczej

《流浪汉》

Kloszard

《卢德维卡·瓦夫任斯卡走后的一分钟默哀》

Minuta ciszy po Ludwice Wawrzyńskiej

《旅行挽歌》

Elegia podróżna

《玛丽亚·居里与皮埃尔·居里的爱情》

Miłość Marii i Piotra Curie

《没梳理好的思绪》

Myśli nieuczesane

《没有任何事会发生两次》

Nic dwa razy

《每日特快图报》

Ilustrowany Kurier Codzienny

《梦》

sen

《铭记》

Upamiętnienie

《陌生军人的吻》

Pocałunek nieznanego żołnierza

《莫斯卡利克幽默诗——也可称作是萨尔马提亚人对其他民族的优越性》

Moskaliki, czyli o wyższości Sarmatów nad inszymi nacjami

《墓志铭，即某些尸体所表达的魅力》

Epitafia, czyli uroki roztaczane przez niektóre zwłoki

《墓志铭》

Nagrobek

《奴役》

Niewola

《片刻》

Chwila

《奇迹市场》

Jarmark cudów

《强制》

Przymus

《人民之声》

Folks Sztyme

《人群的照片》

Fotografia tłumu

《人与景都在变》

Zmienia się krajobraz i człowiek

《任何意外》

Wszelki wypadek

《如果那位波兰女人能在这里》

Om hon från Polen vore Här

《生命如匆匆流水》

Upływa szybko życie

《生日》

Urodziny

《剩余》

Reszta

《诗歌释疑》

Próba obrony wiersza

《诗人重建》

Rekonstrukc ja poety

《诗选》

Wybrane Wiersze

《时代》

Pokolenie

《实用的半身铠甲》

Półpancere praktycznye

《世纪的衰落》

Schyłek wieku

《世界上过得最好的就是你的猫》

Najlepiej w życiu ma twój kot

《说出这个词》

Powiedz to słowo

《斯卡曼德洛斯》

Skamander

《谈谈自己》

Sami o sobie

《天空》

Niebo

《条条大路通克鲁普尼察》

Wszystkie drogi prowadzą na Krupniczą

《土耳其咖啡》

Kawa po turecku

《托马斯 · 曼》

Tomasz Mann

《挽歌账单》

Rachunek elegijny

《万灵节》

Zaduszki

《文化博览》

Przegląd Kulturalny

《文学报》

Gazeta Literacka

《文学日报》

Dziennik Literacki

《文学生活》

Życie Literackie

《文学十年》

Dekada Literacka

《文学周刊》

Tygodnik Literacki

《文艺写作》

Pismo Literacko–Artystyczne

《我的亲人，我的兄弟》

Mój bliźni, mój bracie

《我们曾在科内尔家》

Byliśmy u Kornela

《我们的战利品》

Naszłub wojenny

《我们之所以活着》

Dlatego żyjemy

《五个诗人的迟来首发》

Prapremiera pięciu poetów

《五行打油诗——无稽之谈那恶俗至极或光彩照人的顶峰》

Limeryki, czyli o plugawości i promienistych szczytach nonsensu

《先见之明》

Prometej

《现实要求》

Rzeczywistość wymaga

《小波和小罗》

BolekiLolek

《小石头》

Kamyk

《小音乐家扬科》

Janko Muzykant

《写作》

Pismo

《辛波斯卡的纪念杂物、朋友和梦》

Wisławy Szymborskiej pamiątkowe rupiecie, przyjaciele i sny

《新文化》

Nowa Kultura

《绣旗帜》

Szyciesztandaru

《需要》

Trzeba

《宣誓颂歌》

Rota

《选举报》

Gazeta Wyborcza

《学生》

Student

《学校里的星期日》

Niedziela w szkole

《雅典学院》

Ateneum

《盐》

Sól

《钥匙》

Klucz

《一些恶毒的神明残忍地嘲笑了我们，1955—1996 年间的书信往来》

Jacyś złośliwi bogowie zakpili z nas okrutnie

《一月记忆》

Pamięć o styczniu

《医院记事》

Relacja ze szpitala

《艺术博览》

Przegląd Artystyczny

《影子》

Cień

《雨》

Le deszcz

《越过大海与丛林》

Przzez morza i dżungle

《芸芸众生中》

W zastrzęsieniu

《运送犹太人》

Transport Żydów

《再一次》

Jeszcze

《在世界这所学校中》

W szkole Świata

《战斗》

Walka

《这里》

Tutaj

《拯救》

Ocalenie

《致建设新钢铁厂区的年轻人》

Młodzieży budującej Nową Hutę

《致来新省和没来新省的人的墓志铭》

Epitafia bywalców i niebywalców Nowej Prowincji

《重生》

Odrodzenie

《自我解剖》

autotomia

《最少的话》

Najmniej słów

其他专有名词

安德斯军团

ArmiaAndersa

奥斯特鲁夫家具厂

Fabryka Mebli z Ostrowi Mazowieckiej

贝尔维德尔宫

Belweder

比普洛斯塔集团

Grupa Biprostal

标志出版社

Wydawnictwo Znak

波兰工人党

Polska Partia Robotnicza, PPR

波兰科学院

Polska Akademia Nauk, PAN

波兰统一工人党

Polska Zjednoczona Partia Robotnicza, PZPR

波兰先锋剧院

Cricot

波兰艺术与科学院

Polska Akademia Umiejętności, PAU

波兰作家工会

Związek Zawodowy Literatów Polskich

波兰作家联合会

Stowarzyszenie Pisarzy Polskich

地平线出版社

Wydawnictwo Horyzont

独立波兰联盟

Konfederacja Polski Niepodległej

儿童之友工人联合会

Robotnicze Towarzystwo Przyjaciół Dzieci

飞翔大学

Uniwersytet Latający

国家认证委员会

Państwowa Komisja Weryfikacyjnej w Krakowie

华沙犹太人历史博物馆

Muzeum Polin

华沙扎亨塔国家艺术画廊

Zachęta Narodowa Galeria Sztuki

卡尔·路德维希铁路公司

Carl Ludwig Bahn

科学课程协会

Towarzystwo Kursów Naukowych

克拉科夫怪诞剧院

Teatr Groteska

纽约外国新闻协会

Foreign Press Association

奇梅卢夫瓷器厂

Zakład Porcelany Ćmielów

青年波侨基金会

Fundacja Młodej Polonii

青年社团

Koło Młodych

热舒服科纳尔斯基中学

Liceum Ogólno– kształcącego imienia Stanisława Konarskiego

斯卡利克幽默诗

moskalik

苏尔坎普出版社

Der Suhrkamp Verlag

文化团结奖

Nagroda Kulturalna Solidarności

文学出版社

Wydawnictwo Literackie

文学俱乐部

Klub Literacki

雅盖隆大学五月大礼堂博物馆

Muzeum Uniwersytetu Jagiellońskiego Collegium Maius

雅士度假别墅

Willa Astoria Dom Pracy Twórczej

吟游诗人乐队

Skaldowie

影子别墅

Willa Cienista

犹太人大屠杀纪念馆

Yad Vashem

总督府建筑服务队

Baudienst im Generalgouvernement

图书在版编目（CIP）数据

辛波斯卡 ：诗心独具的私密传记 /（波）尤安娜·格罗梅克－伊尔格著 ；毛蕊译．— 南京 ：译林出版社，2024.04
（辛波斯卡作品）
ISBN 978-7-5447-9784-9

Ⅰ．①辛… Ⅱ．①尤… ②毛… Ⅲ．①辛波斯卡－传记 Ⅳ．① K835.135.6

中国国家版本馆 CIP 数据核字（2023）第 100756 号

著作权合同登记号　图字：10-2023-25 号

辛波斯卡：诗心独具的私密传记　[波兰] 尤安娜·格罗梅克－伊尔格 / 著　毛蕊 / 译

责任编辑　张　睿
特约编辑　李玲慧
装帧设计　廖　韡
校　　对　蒋　燕
责任印制　闻媛媛

出版发行　译林出版社
地　　址　南京市湖南路 1 号 A 楼
邮　　箱　yilin@yilin.com
网　　址　www.yilin.com
市场热线　025-86633278
排　　版　南京新华丰印刷有限公司
印　　刷　南京爱德印刷有限公司
开　　本　850 毫米 ×1168 毫米　1/32
印　　张　20.5
插　　页　4
版　　次　2024 年 4 月第 1 版
印　　次　2024 年 4 月第 1 次印刷
书　　号　ISBN 978-7-5447-9784-9
定　　价　108.00 元